韓國史研究叢書 8

大韓帝國期의 愛國啓蒙運動과 思想

李 松 姬

국학자료원

    이 책은 1905년 을사늑약이 체결된 이후 국권을 되찾으려는 운동으로 전개되었던 애국계몽운동과 그 사상을 정리한 것이다. 특히 계몽운동의 각 지역에서의 실천을 이끌었던 지역학회를 중점적으로 다루었다. 당시 전국규모의 계몽단체로 대한자강회가 설치되었으나 각 지역 출신의 계몽운동가들은 이 운동을 좀 더 대중적 운동으로 이끌어가기 위해 지역 단위의 학회를 설치하기 시작하였다. 서우학회와 한북흥학회가 그 시작이었고 이후 각 지역 단위의 단체가 설립되었다. 이 지역 단체들은 '학회'라는 이름으로 교육을 중점으로 하는 기구라는 것을 외적으로 표방하였지만 실제 국권을 회복하기 위한 일반 단체의 성격을 띠면서 민중을 계몽하는데 앞장섰다.

    그 동안 계몽운동과 사상에 대한 성과는 축적되어 왔고 특히 1990년대 후반에 많은 논문과 저술들이 발간되기도 하였다. 이 책에 실은 논문들은 필자의 석사학위 과정에서 박사 과정, 그리고 1990년대 전반까지 연구한 것들이다. 책으로 이미 출간되었어야 할 것을 미루었던 것은 애국계몽운동과 사상을 좀 더 종합적으로 정리하려는 욕심 때문이었다. 애국계몽운동을 둘러싸고 전개되어 왔던 논란들도 수렴하면서 다시 정리하려고 의도하였었다. 그러나 필자의 연구조건의 변화와 게으름으로 그 방대한 작업을 하지 못하고 시간만 보내고 말았다. 특히 1980년대 상황에서 애국계몽운동 연구에 대한 한계점을 많이 느끼면서 연구 성과를 책으로 펴내지를 못하였다. 하지만 이제 내 자신의 초기 연구 성과를 정리해야 할 필요성이 절실하여졌고, 1970년대 말에서 1990년대 중반까지의 그 시대의 연구 성과를 정리하는 것도 필요하다

는 생각에 부족한 점이 많고 시각에도 한계가 있지만 그 당시 조건에서
의 논문을 그대로 책으로 내게 되었다. 그 때문에 각 장 뒤에 게재지와
연도를 정확히 밝혔다. 단편적인 논문을 묶었기에 부분적으로 내용의
중복도 있고 부자연스러운 구성도 많이 있다.

　저자의 애국계몽운동에 대한 연구는 1977년 석사논문으로 「한말 국
채보상운동에 관한 일 연구」를 준비하면서부터였다. 당시 애국계몽운
동에 관한 연구가 많지 않았는데 김경태 선생님의 지도 아래서 시작하
였다. 그 후 박사과정에서 애국계몽학회에 관심을 갖고 서우학회·한
북흥학회·서북학회·기호흥학회 등을 연구하였고 박사학위논문으로
「대한제국기 애국계몽학회 연구」를 제출하였다. 이러한 연구과정에서
애국계몽운동의 기반이 되었던 사상에 대한 관심이 좀 더 커지게 되었
고, 그 결과로 사회진화론에 관한 연구와 계몽사상가들의 교육관, 여성
교육관, 여성관 등을 고찰하게 되었다.

　이 책은 7장으로 구성되어 있는데 제1장은 애국계몽사상의 기반이
되었던 한말 사회진화론의 수용과 전개를, 제2장은 당시 일본 유학생들
의 교육관을 고찰하여 보았다. 당시 지식인들의 교육관이 어떠하였는
지를 일본유학생들의 글을 통하여 보고 그 것이 우리의 근대교육 성립
에 일정하게 미쳤던 요소들을 분석하였다. 제3장에서는 최초의 지역 학
회인 서우학회를, 제4장에서는 한북흥학회를 고찰하였다. 그리고 제5
장과 제6장에서는 서북학회의 애국계몽운동과 그 사상을 분석하였다.
특히 서북학회는 대표적 지역학회로서 애국계몽운동의 핵심인사들에
의해 지도되었다. 제7장에서는 애국계몽운동에서 가장 대중적 참여를

이끌었던 국채보상운동의 전체적 실상을 참여층의 현실에 기반하여 고찰하였다. 특히 학회와 관련한 논문들은 당시 미개척 분야의 연구들이다 보니 자료에 근거해 그 실상을 밝히는 수준에 머무르고 깊이 있는 탐구가 이루어지지 못하였다. 그리고 주도인물에 대한 연구도 획일적으로 표면적인 면만 이루어져 많은 한계를 드러내고 있다. 그 동안 이 시기의 연구에서 조금 떠나 있었는데 앞으로 내 학문의 고향인 애국계몽운동과 사상에 대한 좀 더 객관적이고 심도 있는 연구를 통해 이 책에서 부족한 면들을 보충하고자 한다.

이 연구가 이루어 질 수 있도록 가르치고 이끌어 주셨던 분들께 이 지면을 통하여 감사드리고 싶다. 학부시절부터 박사과정까지 지도교수로서 많은 도움을 주셨던, 지금은 먼 곳에 계시는 고 김경태 선생님께 감사드린다. 박사과정 수업 때에 애국계몽운동의 연구를 강조해 주셨던 신용하 교수님께 감사의 인사를 드리고, 박사학위 논문 심사에서 많은 것을 지적해 주셨던 강만길 교수님, 또한 연구 과정에서 같은 연구자로서 영감을 주었던 동학들에게 감사드린다. 이 책이 활자화되는 데 도움을 준 많은 분들에게도 고마움을 전하며, 출판을 맡아주신 도서출판 국학자료원의 정찬용 회장님과 실무를 담당해 주신 여러분들께도 감사드린다.

2011년 12월 백양산연구실에서

이송희

목차

제1장

韓末 社會進化論의 受容과 展開

Ⅰ. 머리말

  사회진화론은 1880년대 兪吉濬에 의해 최초로 소개되었으며, 그 후
소수 개화사상가들에 의해 소개된 바 있으나 본격적으로 수용되어 우
리사상에 접합된 것은 1900년대 이르러 계몽사상가들에 의해서였다.[1]
그것은 이 때 제국주의 열강들의 침략과 일본의 제국주의화가 두드러
져 위기의식이 고조되었기 때문이다. 특히 노일전쟁을 계기로 계몽사
상가들은 서구열강들의 제국주의적 침략성을 절감하게 되었고, 더욱
이 을사늑약에 의해 강제로 일제에 국권을 빼앗기자 위기의식이 고양
되어 社會進化論을 적극 수용하였던 것이다. 그리하여 계몽사상가들
은 당 시대를 사회진화론을 빌어 인식하기에 이르렀다. 즉 대한제국이
서구열강의 침략대상이 되고 이제 일제의 반식민지로 전락하게된 것
은 生存競爭·優勝劣敗의 결과라는 것이다.
  이때 수용된 사회진화론은 우리 사회에 소개되었던 어떤 서구사상

---

1) 受容을 개별적 차원의 접촉이 아닌 사회적 기능을 하는 것으로 볼 때 본격적 수용 시기를 1900
  년대로 보는 것이 타당할 것 같다.

보다도 계몽사상가들의 내면에 깊숙이 파고들어 애국계몽사상을 새로운 사상으로 자리 잡게 하는데 크게 기여하였다.

　본 논문은 사회진화론과 啓蒙思想과의 접합을 살펴보고 그것의 社會的 機能을 밝히는데 목적을 두고자 한다. 그것을 위해 기존의 연구성과를 토대로2) 사회진화론이 어떠한 경로와 사상의 형태로 우리사회에 受容되어 한말 啓蒙思想 속에 접합되었는지를 고찰하고자 한다.3) 특히 사회진화론의 어떠한 점이 당시 크게 부각되었는지, 그리고 이를 수용하여 새로운 사상으로서 그 면모를 일신한 애국계몽사상의 진화론적 인식이 갖는 실과 허를 분석하여 보려고 한다. 본 논문은 西友學會 · 西北學會 · 畿湖興學會 · 太極學會 회원들의 글을 주요 분석 대상으로 삼았다.

II. 社會進化論의 受容

1. 社會進化論

　사회진화론이 어떠한 사상의 형태로 우리사회에 수용되었는가를 고찰하기 위해 먼저 사회진화론의 내용을 살펴보겠다.

　영국사회에서는 창조론에 반대하는 진화론이 19세기에 들어와서 몇몇 학자들에 의해 논하여졌는데, 다윈(Darwin, Charles Robert : 1809~1882)에 의하여 체계화되었다. 다윈은 이전의 학자들이 세운 가설을 구체적인 연구를 통하여 체계화하였다.

---

2) 사회진화론에 관해 언급한 논문은 많이 있으나 본격적 연구는 대체로 다음과 같다. 李光麟(1979), 「舊韓末 進化論의 受容과 影響」, 『韓國開化思想研究』, 一潮閣 : 拙稿1984), 「韓末 愛國啓蒙思想과 社會進化論」, 『부산여대사학』 제2집 : 金度亨(1986), 「韓末 啓蒙運動의 政治的 研究」, 『한국사연구』 54호 : 朱鎭午(1988), 「獨立協會의 社會思想과 社會進化論」, 『손보기교수정년기념논문집』.
3) 본 논문은 졸고(1984), 「韓末 愛國啓蒙思想과 社會進化論」을 수정 보완한 것이다.

다윈의 生物進化論은 1859년『種의 起源』의 발표로 세상에 공포되었다. 여기에서의 핵심은 (1) 자연계에는 격렬한 생존경쟁이 일어나고 있으며, (2) 여기에서 살아남는 것은 유리한 변이를 갖는 개체다(適者生存). (3) 이런 변이의 도태가 계속됨으로로써 종의 변화가 일어나는데 이것이 自然淘汰다.[4]

이러한 다윈의 진화론은 맬서스의 인구론과 라마르크의 진화론 등에서 크게 영향 받은 것이기도 하였지만 특히 산업자본주의 시대에 있어서의 근본이념이었던 자유경쟁주의의 반영이었다. 때문에 발표되자마자 열광적인 환영을 받았다.

사회진화론은 바로 생물진화론을 인간사회에 적용시킨 것으로 스펜서(Spencer, Herbert : 1820~1903)에 의해 체계화 되었는데, 스펜서는 1850년 그의 저서 *Social Statics*를 통해 '적자생존'이란 용어를 처음으로 사용하였다.

스펜서의 사회진화론의 핵심은 (1) 사회는 생물과 같은 진화하는 유기체이며, (2) 생물유기체와 같은 사회의 원동력은 생존경쟁이다. (3) 따라서 인간사회도 적자생존, 자연도태의 논리가 적용된다.

스펜서의 사상은 당시 영국 산업화의 산물로서 영국의 과학과 실증사상에 크게 힘입고 있었다. 즉 Lyell의 지질학, Lamark의 진화론, VonBear의 발생학, Coleridge의 보편적 진화론, Hodgskin의 무정부주의, 반곡물법의 자유방임원칙, Malthus의 인구론, 그리고 에너지보존법칙 등이 스펜서사상의 구성요소였다.[5]

스펜서는 모든 지식을 자신의 진화개념에 통합시켰다. 인류의 진화가 그의 주제였으며, 사회는 이 진화 안에서 보편법칙의 특수 사례를 이루었다. 그는 "자연과학과 일치하지 않는 사회질서가 있다는 믿음이

---

4) 정용재(1988),『찰스 다윈』, 대우학술총서 자연과학 53, 88~91쪽.
5) Richard Hofstadter(1944), *Social Darwinism in American Thought*, 1860~1915, Univ. of Pennsylvania, 22쪽.

존재하는 한 과학으로서의 사회학은 전적인 승인을 받을 수 없다"고
하였다.

스펜서의 사상에 무엇보다 크게 영향 준 것은 에너지보존법칙이었
다. 그는 이를 적용하여, 우주는 진화와 해체과정을 통해 물질과 운동
을 끊임없이 재분배하는 특징을 갖는다고 보았다. 즉 진화는 물질의 결
합이며 그에 대응해서 운동이 분산되는 과정이다는 것이다. 그리고 이
과정에서 물질은 비교적 非規定的이고 非一貫的인 동질성에서 비교적
일관적인 이질성에로 이행하며 이 과정의 마지막 결과는 균형상태의
도달이라고 보았다. 진보는 안정되고 조화롭고 완전히 적응된 상태에
서, 가장 큰 완성과 가장 큰 행복의 성립으로 끝난다고 하였다.6)

스펜서는 인간사회에도 똑같은 법칙이 적용된다고 생각하여 사회를
유기체적으로 보고자 하였다. 그리하여 사회도 미분화된 통일의 상태
에서 고도로 복잡하고 분화된 구조 — 이 구조 안에서 개별적 부분들은
점차적으로 자율적이 되고 전문화되면서도 상호의존관계를 증대시킨
다 — 로 진화해가는 생물체와 유사한 것이라고 파악하였다. "성장의
과정은 통합의 과정이다. 그리고 만일 유기체나 사회적 단위가 살아남
으려 한다면 — 즉 그것이 생존경쟁에서 살아남으려 한다면 통합은 이
번에는 반드시 구조와 기능의 진보적 분화를 수반해야 하는 것이다"고
하였다. 단순한 사회에 분화가 존재하지 않는다는 것은 한 개인이 사냥
꾼인 동시에 戰士임을 의미한다. 이렇게 사회는 기본제도상에 構造와
機能에 있어 진보적 변화를 거쳐 발전한다고 보았다. 그리하여 사회는
단순사회에서 복합사회로 그리고 이중복합사회, 삼중복합사회로 진화
하여 간다고 보았다. 여기에 덧붙여, 스펜서는 이 합의가 교란되면 즉
정부가 인위적으로 경제생활과 사회생활의 작용에 간섭하면 전체체계

---

6) 앞의 글, 23~24쪽. 앨런 스윈지우드, 『社會思想史』, 朴性洙(譯)(1987), 67쪽.

의 균형이 위태로워진다고 지적하였다.[7]

한편 스펜서는 사회의 진화에 따라 사회조직을 軍事型사회와 産業型사회로 나누었다. 군사형사회는 그 단위들이 여러 가지 결합된 행동으로 강제된다. 공적 사적 거래에 있어서 시민의 의지는 정부의 의지에 의하여 지배된다. 군사형사회를 유지시키는 협동은 강제적 협동이다. 이 사회는 복합적인 구조적 분화를 결여하며, 중앙집권적 국가와 경직된 지위서열, 순응주의 경향 등에 의해 지배된다. 이와 대조적으로 산업형사회는 자발적 협동과 개인적 자제에 기초하고 있다. 산업형사회는 일반적 진화법칙에 따라 발전하는 보다 복잡하고 구조적으로 분화되어 있는 사회로서 신념의 다양화, 독자적 제도, 탈 중심화, 개인화 경향 등의 특징을 갖는다.

스펜서는 유기체와 같은 사회의 원동력은 생존경쟁이라고 보고, 적자생존(the survival of the fittest), 자연도태(natural selection)의 논리를 사회에 적용하였다. 특히 이러한 가운데서 자유방임을 강조하고 국가의 간섭을 배제코자 하였다. 스펜서는 개인주의적인 사회관에 기초하여 사회가 상이한 원자론적 이해관계로 구성된다해도 개인적인 이익을 공통의 이익으로 종합시키는 '보이지 않는 손'의 작용으로 조화로운 통일이 이루어진다고 보았다. 그는 국가의 유일한 힘은 개인의 권리를 보호하는 일과 외부의 적으로부터 집단을 보호하는 일이다고 규정하고, 이외의 일들은 계약을 맺거나 합의를 보게 되는 개개인들의 자유로운 판단에 맡겨야 한다고 강조하였다. 자연스런 생존경쟁에 인위적인 어떤 것이 끼어드는 것은 옳지 않다고 보았다. 그리하여 심지어는 貧民法에 대해서까지 반대했고 국가가 지원하는 교육, 국립의료, 무료공공도서관의 보급 등을 반대하였다. "만약 그들이 충분히 살기에 완전하

---

7) 루이스 A. 코저, 『社會思想史』, 愼鏞廈·朴明圭(譯)(1986), 144~146쪽.

다면, 그들은 살고 그들이 살아야 하는 것이 맞다. 그러나 그들이 살기에 완전하지 못하다면, 그들은 죽고 그들이 죽어야 하는 것이 최고이다"고 주장하였다. 그리고 인류의 진화과정은 점진적인 것이기 때문에 인위적으로 급격한 사회변혁을 통해서 나아가려는 것은 잘못된 것이라고 보았다.[8]

이 같은 스펜서의 사회진화론적 사상체계는 당시 사회에서 부르주아지들이 누리고 있었던 경제적 부와 사회적 지위를 그들의 능력의 결과이며 보상이라는 것으로 합리화시켜 주었으며, 점진적 진화를 주장함으로써 급격한 사회변혁을 비판하도록 하였고, 유기체설로서 사회의 조화를 강조하여 사회의 각 부분들이 지배질서에 순응하고 조화를 이루어야 그 사회가 발전할 수 있다는 階級調和論을 가져다 주었다.[9]

이러한 사회진화론은 그 후 여러 학자들에 전해 내려오면서 내용들이 조금씩 수정되기도 하였는데, 이는 영국에서보다도 오히려 미국에서 더욱 큰 환영과 호응을 받았다. 그것은 당시 미국이 급속한 산업혁명을 통해 독점재벌이 형성되고 격심한 계급분화가 나타나 폭발적 노동운동이 미국을 휩쓸고 있었으며 서부개척이 완료되어 더 이상의 시장 확보가 불가능해진 상황으로서 미국의 부르주아지들은 크게 위기의식을 느끼고 있었다. 바로 이러한 부르주아지들과 재벌들의 입장을 합리화시켜주는 논리로서 사회진화론이 크게 수용되었던 것이다.

사회학자 W. 섬너(William Graham Sumner)는 적자생존의 원리를 가지고 자본주의 사회의 불평등 현상을 합리화하였다. 적자들이 자신의 능력에 대한 보상을 받는 것은 당연하며, 사회발전이란 수세기에 걸친 점진적 진화의 산물로서, 노동자 빈곤계층이 먼저 해야 할 일은 스스로의 경쟁력을 갖추는 것이지 급속한 개혁이나 혁명을 기대하는 것은 아니

---

8) Richard Hofstadter(1944), 앞의 책, 27쪽.
9) 앞의 책, 41~42쪽 : 주진오(1988), 앞의 논문, 760쪽.

라는 것이다.10)

한편 사회진화론은 人種主義, 膨脹主義, 帝國主義를 합리화하고 그것들이 보다 굳건한 뿌리를 내리게 하는데 기여하였다. 미국사회에서 이전부터 인종주의와 팽창주의는 존재하였는데, 당시 수용된 사회진화론은 정치적 능력이란 모든 민족들에게 공통적으로 주어진 것이 아니라 소수에게만 주어진 것으로 특히 우수한 정치적 능력을 부여받은 것은 앵글로색슨족이라고 하면서, 그들이 전 세계를 지배하는 것은 필연적이라는 논리를 제시해 주었다. 또한 당시 미국의 해외시장 진출과 군비확장을 합리화시켜주어, 미국의 제국주의국가로의 대두에 크게 기여하였다.11)

19세기 한국에서의 기독교 선교는 이러한 미국의 사회진화론적 인식에 기반을 둔 팽창주의, 제국주의 논리와 일정하게 연관을 갖는 것이기도 하였다.

2. 社會進化論의 受容

사회진화론은 1880년대 兪吉濬에 의해 최초로 우리나라에 소개되었다. 兪吉濬은 당시 일본과 미국에 유학하여 일본에서는 福澤諭吉, 미국에서는 동물학자 모스의 지도를 받았다. 이 때 진화론을 접하고, 귀국 후 『競爭論』·『西遊見聞』을 발표하여 인간사회는 경쟁을 통하여 진보한다는 사회진화론을 피력하였으며, 서양의 사회진보를 인정하고 그 근대문명을 끌어들여야 한다는 진보의식을 피력하였다.12) 이 글들 속에서 兪吉濬이 진화론을 직접 소개한 것은 아니지만 진화론의 내용

---

10) Richard Hofstadter(1944), 앞의 책, 51~66쪽.
11) 주진오(1988), 앞의 논문, 761쪽.
12) 이광린(1979), 앞의 논문, 258~259쪽. 당시의 유길준의 글 속에서 강조되었던 점은 개화의
    필요성에 관한 것이었다.

을 흡수하여 글들을 발표하였던 것이다.

이처럼 사회진화론이 단순한 소개에 그치고 수용되지 않은 것은 당시 개화사상가들의 입장이 개항체제하에서 부국강병을 위한 개화를 추진코자 하는 것이었고, 오로지 서구 자본주의를 모델로 근대화하고자 하는 욕구가 무엇보다도 앞서고 있었던 시점이었다.

그 후 朴泳孝·尹致昊·徐載弼 등의 글들에서 사회진화론의 단편적 수용을 엿볼 수 있으나[13] 본격적 수용은 1900년대에 이르러 啓蒙思想家들에 의해서였다. 그것은 이 때 이르러 제국주의 열강들의 침략과 일본의 제국주의화가 두드러져 위기의식이 고조되었기 때문이다. 특히 노일전쟁을 계기로 당시 開化自强派 인사들은 서구열강들의 강력한 힘을 절감하게 되었고, 더욱이 을사늑약에 의해 강제로 일제에 국권을 빼앗기자 위기의식이 고양되고 민족의식이 앙양되어 사회진화론을 적극 수용하였던 것이다.

이 때 사회진화론 수용은 한편으로 일본유학이나 미국유학 및 한국 내 미국 선교사를 통해서,[14] 또 한편으로 중국을 통해서였는데 주된 경로는 중국인의 글을 통해서였다. 특히 梁啓超의 글이 그 중심이 되었다. 嚴復이 헉슬리의 『進化와 倫理』(Evolution & Ethics and other Essays)[15]을 번역하고 스펜서의 사회진화론을 첨가한『天然論』이 조선

---

13) 주진오(1988), 앞의 논문, 771~774쪽. 이 논문에서는 윤치호·서재필 등을 통해 독립협회 단계에서 사회진화론이 본격적으로 수용된 것으로 보고 있다. 필자는 독립협회 단계에서의 사회진화론의 수용은 여전히 개별적·단편적인 것이라고 보아 그 본격적 수용을 1900년대로 보았다.

14) 이 같은 경로로 사회진화론이 소개되기도 하였지만, 국권피탈 후 애국계몽기에는 우리와 상황이 유사한 중국을 통한 수용이 주된 경로였다.

15) 小野川秀美(1975),『淸末政治思想史』, 250~251쪽. 헉슬리는 이 책에서 인간도 우주과정에 종속되어 생존을 위한 경쟁도 하고 우승열패의 경향을 갖는다고 보았다. 그러나 우주과정과 다른 윤리과정이라는 것을 갖는데 사회의 진보가 있다고 보았다. 따라서 윤리과정에서는 우주과정에 있어서보다 자기주장에 대한 자기억제, 생존경쟁에 대신한 상호부조, 권리에 대신한 의무가 요구된다고 강조하였다. 결국 인간진화의 과정은 자연진화의 과정을 초극하여 자연진화의 원동력이 되는 생존경쟁을 배격함으로서 성립된다고 하였다. 이같이 헉

에 전하여지기도 했지만, 『飮氷室文集』이 가장 큰 영향을 주었던 것으로 보인다. 이는 당시 단행본으로도 전하여졌으며16) 또 잡지, 월보, 신문 등에 자주 번역 소개되었다.

『飮氷室文集』은 1903년 2월 상해 廣智書局에서 18책으로 초간되었는데, 내용은 양계초가 戊戌政變 전 變法을 주장했던 1896년 7월『時務報』(상해에서 창간)에 관여했을 때부터 정변 후『淸議報』를 거쳐 1902년 요코하마에서『新民叢報』를 창간했을 때까지 쓴 글들을 모은 것으로, 양의 사회진화론적 사상을 가장 잘 드러내주는 저서이다.

그러면 梁啓超의 사회진화론적 사상은 어떤 것이었는가? 한국사회에 수용된 사회진화론의 내용을 파악하기 위해서는 양의 사회진화론을 분석해 보는 것이 필수적이라 하겠다. 양계초가 진화론을 수용한 것은 1896년 嚴復의『天然論』이 번역 소개되면서 부터였다. 이 책에서는 우승열패, 생존경쟁과 같은 자연계의 현상이 인간사회에도 적용된다는 면을 밝혀 당시 청일전쟁에서 패자의 입장에 있던 중국사회에 큰 영향을 주었다.17) 이 후 양계초는 진화론을 수용하여 이른바 진화론적 사상체계를 이루었다. 양계초의 진화론적 사상체계는 1898년 무술정변을 전후한 두 시기로 명확히 구분된다.18)

___

슬리는 우주과정과 윤리과정을 구별하여 보았다.

16) 이 문집은 1904년 8월 재간행되었고 1905년 11월 三刊되었으며 1907년 1월에 四刊되었다. 以文社(1977), 「飮氷室文集解題」, 『飮氷室文集』상권, 廣智書局本(以文社影印). 이 문집은 초간 즉시 조선에 전하여졌던 것으로 보이며, 이는 당시 지식인의 필독서가 되어 개화자강파의 계몽사상형성에 영향을 주었던 것으로 보인다.

17) 『天然論』에서는 헉슬리의 사회진화론과 더불어 스펜서의 설도 소개되었는데 헉슬리는 人爲干涉主義로, 스펜서는 자유방임주의로 대조적으로 소개되었다. 엄복은 우주과정과 윤리과정을 구별하는 헉슬리의 사상의 근본을 부정하고 스펜서의 사상에 크게 기울어졌다. 그는 스펜서의 저작을 극찬하였다. 小野川秀美(1975), 「淸末의 思想과 進化論」, 『淸末政治思想硏究』, 252쪽: 彭澤周(1976), 「日中兩國의 初期 民權思想과 進化論」, 『中國의 近代化와 明治維新』, 170쪽.

18) 양계초의 전반적인 서구사상의 수용은 무술정변 이후에 적극적으로 되어졌던 것으로 이와 더불어 진화론의 수용도 대체로 이 시기를 중심으로 나누어 볼 수 있다. 張朋園(1974), 『梁啓

먼저 1898년 이전의 진화론적 변법론을 살펴보자. 양은 당시 변법의 필요성을 康有爲의 三世之義로 설명하여 太平·大同이라는 이상단계를 미래에 설정하고 서구문명을 大同·太平으로 잡아 현실의 중국의 변법을 역사적 필연이라고 보았다.[19] 그리고 1896년을 전후한 시기에 진화론과 접하고는 이것이야말로 大同說의 구체적 논리라고 보았다.[20] 즉 據亂世에서 升平世로 승평세에서 太平世에로의 역사발전은 생존경쟁의 원리에 따르는 인간사회의 진화로서 優者가 勝者가 되는 사회진화론으로 설명된다고 보았던 것이다.

이 때 양계초의 변법적 진화론에서 두드러진 특징은 그가 역사를 움직인 동인, 즉 역사진보의 동인을 民智라고 보았던 점이다(春秋三世之義, 거란세는 力으로 勝하고, 승평세는 智力으로 相勝하고 태평세는 智로서 勝한다. 變法通議—학교총론). 그리하여 역사발전을 위해 民智 개발을 강조하였다.[21] 또 역사적 진보를 위해서는 獨의 상태에서 群으로 나아가야 한다고 보았다. 군의 상태에서 민지가 높아지고 강해진다고 보았다(變法通議—論學會). 즉 생존경쟁적 상황에 대응하여 멸망하지 않기 위해 인위적으로 사회의 결합을 강화해야 한다는 것이다. 이는 사회유기체설을 받아들이면서도 스펜서 이론에서의 개인의 자주성에 기초하여 사회적 결합이 생겨난다는 개인주의적 발상은 없어지고 오로지 사회의 유기적 결합이라는 결론적 부분만을 그의 정치변혁론에 적용하고 있다.[22]

超與淸季革命』, 중앙연구원근대사연구소 專刊(11), 臺北, 36쪽.

19) 張朋園(1974), 앞의 책, 11~25쪽.

20) 小野川秀美(1975), 앞의 책, 249~256쪽.

21) 인간의 지적 진보가 역사를 움직이는 動因이며, 인류의 야만상태에서 문명상태로의 변화의 요인이라는 양계초의 관념은 公羊學이 본래 갖고 있는 張三世의 문화발전론적 성격과 강유위의 역사관에서 유래한 것으로 보인다. 양계초는 여기에 스펜서의 사회진화론을 접목하여 한층 선명하고 강고한 관념에 이르렀다. 그는 일본에 망명한 이후에도 민지의 진보가 역사발전의 요인이라고 생각하는 지적 진보주의를 고집하였다. 坂出祥伸(1983), 『중국근대의 과학과 사상』, 280~281쪽: 彭澤周(1976), 앞의 책, 174~175쪽.

　이 같은 양계초의 변법적 진화론은 스펜서가 중산계급의 지적진보 능력에 기대하여 자유방임주의를 주장하고 거기에 특히 국가권력에 의한 간섭을 극히 혐오하였던 이론과는 크게 다른 점이라 하겠다.

　그러나 양계초의 진화론적 인식은 1898년 무술정변의 실패를 계기로 그 양상을 달리하고 있다. 양계초는 무술정변 이후 일본으로 망명하였으며 이 때 더욱 적극적으로 진화론을 수용하여, 진화론을 그의 사상의 핵심으로 하였다. 양은 이제 더 이상 진화론을 三世說의 근거로 생각하지 않고 進化論 자체를 주요사상체계로 받아들여 중국의 변혁을 위한 사상을 전개시켜 나갔다.23) 여기에서 나온 사상이 民族主義, 新民思想, 社會變革思想(革命思想)이다.

　양은 특히 일본에서 사회진화론자인 加藤弘之의 영향을 많이 받았다. 加藤弘之는 生存競爭(struggle), 自然淘汰(natural selection), 强權의 支配(rights of strong)와 같은 진화의 논리를 국가들의 국제관계에 적용시켜 보았다. 加藤弘之는 "나은 지식을 갖고 있는 사람들이 못한 사람들을 근절하며, 정복하고 노예화하여 그들을 문명화시킨다. 오늘날의 문명인들은 필요 없는 人本主義나 慈悲를 키우지 않는다. 다른 사람을 해치는 것은 생물학적 세계의 필요한 조건이다. 이것이 자연법칙이다"고 하였다. 이는 당시의 제국주의를 전체 국민들 사이의 투쟁으로서 형식화하고 있는 것이라 하겠다. 이러한 加藤의 입장은 스펜서의 설에 대한 재해석에서 비롯되고 있는 것으로, 국가의 힘은 사회 에너지들을 활

---

22) 「說群」에서 양은 '群은 天下의 公理', '群은 萬物의 公性'이라고 정의하고 있다. 즉 인간의 사회적 상태를 가장 합리적인 것으로 논의하고 있다. 양에 의하면 멸망하지 않는 것이 초미의 문제였다. "살아서 滅하지 않고 存在하여 없어지지 않기 위해 群을 합하는 것을 第一義로 한다"고 하여 「合群」을 그의 정치변혁의 논리의 출발점으로 하고 있다. 坂出祥伸(1983), 앞의 책, 282~283쪽.

23) 양의 이러한 사상은 1898년에 발간하기 시작한 淸議報(1901년에 정간)와 1902년에 발간되기 시작한 新民叢報(1907년 정간) 등에 잘 나타나 있다. 張朋園(1974), 앞의 책, 273~304쪽. 장붕원은 양의 일본망명 이후 이삼년간 三世之義는 양의 주요사상이었다고 보고 있다.

용하는 효과의 정도에 비례한다는 것에서 비롯되고 있다.24)

양은 그의 사상에 크게 고무되어 국제관계에 대해 새로운 인식을 갖게 되었으며, 여기에서 근대 민족 힘의 원천을 민족주의로 보고 이를 강조하게 되었다.

양은 제국주의를 獨裁國家 帝國主義와 市民 帝國主義로 구분하여 전자는 한 개인의 욕망을 반영하고 후자는 시민들의 부와 삶을 위한 한 나라 시민들의 다른 나라에 대한 투쟁으로 해석하였다. 양은 16세기 이래 유럽의 힘은 민족주의 성장 때문에 팽창하였고, 근래 몇 십 년에 이 민족주의는 民族帝國主義로 발전하였다고 보았다. 이런 관점에서 양은 제국주의는 역사발전의 필연적 산물로서, 유럽문명의 성장과 팽창의 최고점이며 근대문명 전파의 대행자라고 하였다.25) 그리하여 양은 중국도 주권을 살리고 유지시키기 위해서는 중국인민 사이에서 民族主義를 발전시켜야 한다고 강조하였다.26)

그렇다면 민족주의의 발전은 어떻게 가능한가? 이에 대해 양은 合法的 代議政府의 성립만이 민족주의를 육성케 한다고 보았다. 즉 민중들이 일체감을 갖고 참여할 수 있고 민중들이 자신들의 권리를 주장하는 근대 自由民主主義야말로 민족주의의 육성을 가능케 한다는 것이다. 그러므로 민족주의를 육성키 위해 자유민주주의적 代議政體의 수립이 시급하다는 것이다.27)

그리고 근대 자유주의에서 자유민주적 제도의 확립과 개인적 자유의 보장은 사회의 구성원에서 나오는 것이므로 대의정체는 정치적으

---

24) 張朋園(1974), 앞의 책, 29쪽 : Huang Phillip C. (1971), *Liang Ch'i-Ch'ao and Modern Chinese Liberalism*, Univ. of Washington press, 56~57쪽 : 彭澤周(1976), 앞의 책, 164~166쪽.
25) Huang Phillip C. (1971), 앞의 책, 158쪽.
26) 이는 신민설 중 국가사상에 나타나고 있다. 양계초, 「新民說—論國家思想」, 『음빙실문집』 상권, 82~88쪽.
27) 양은 『청의보』 등을 통하여 사회진화론에 근거한 민족주의를 강조하고 이를 기르기 위한 합법적 대의정체의 수립을 요구하였다.

로 의식 있고 능동적인 시민들의 존재를 기초로 한다고 주장하였다. 그
리하여 양은 능동적이고 독립적이고 민주주의적인 새로운 류의 중국
인을 요구하였다. 이에서 양계초는 新民을 강조하고 있다. 또한 양은
근대 문명국가가 되어 국제사회에서 살아남기 위해서도 근대민족국가
의 힘의 원천인 개인들과 사회의 에너지를 적절히 활용해야하므로, 중
국도 새로운 개별적인 중국인 즉 신민을 개발해야 한다고 보았다.28) 新
民說에서는 公德, 國家思想, 進取冒險, 權利思想, 自由, 自治, 進步, 自
尊, 合群, 生利分利, 毅力, 義務思想, 私德, 政治能力 등을 논하고 있다.29)
　양은 이 같은 신민사상을 주창한데서 더 나아가, 破壞만이 고금만국
의 진보를 구하는 有一無二의 길이라고 破壞革命理論을 주창하였다.
이 역시 진화론에 근거를 두고 있다. 양은 영국이나 법국이 오늘날 대
진보한 까닭은 한번의 대파괴를 겪었음을 인정하고, 중국의 오늘날의
양상은 이미 가버린 전통인 政風과 風俗의 속박에 묶여 있는 때문이라
고 지적하면서, 중국이 진보를 구하고자 한다면 하루 빨리 파괴하는 것
이 그 만큼 이롭다고 보았다.30) 양은 중국의 危亡을 구할 진보의 도는
수 천 년의 정체를 파괴함과 학설을 물리쳐 이목을 일신하는 것으로,
정체로는 君主專制를 지적하고 부패한 학문으로는 孔敎를 緣飾하고
공교를 이용하고 공교를 誣圖한 것을 지적하였다. 이 같은 양의 혁명이
론은 1902년에 창간한 『新小說』에 연재한 「新中國未來記」의 구상에

---

28) Huang Phillip C.(1971), 앞의 책, 62~64쪽.
29) 양은 1902년경부터 『신민총보』를 중심으로 신민사상을 주창하였다. 이는 1902년 정월에서
　　1904년 5월에 이르기까지 『신민총보』에 연재되었던 「신민설」에 잘 나타나고 있는데, 신민
　　설의 기초는 "進化生存競爭의 원리로서 民族이 時勢에 적용하지 않으면 자존할 수 없다"는
　　사고였다. 양은 중국이 고대문명은 발전하였지만 금일의 시대적 상황에 순응할 수 없게 된
　　것은 신민의 도가 없이 신법을 추구하였기 때문이라고 지적하고 있다. 그러므로 오늘날 열
　　국이 서고 약육강식 우승열패의 시대에 있어서 국민된 자격이 없다면 자립할 수 없으므로
　　제도 · 국가를 새로이 하는 것보다는 민을 새로이 하는 것이 근본적이라고 생각하였다. 張
　　朋園(1974), 앞의 책, 288쪽 : 양계초, 「新民議―敍論」, 『음빙실문집』 상.
30) 蕭公權, 『中國政治思想史』 6, 765~766쪽.

서 잘 나타난다.[31] 이러한 양의 사상은 1903~1904년에 이르러 후퇴의 경향을 보인다.

양의 民族主義·新民思想·社會改革思想 등 진화론적 사상체계는 서구 시민계급의 이익을 대변하면서 自由放任主義를 주장했던 스펜서의 사상과는 크게 차이점을 보이고 있다. 民族主義思想의 경우에 양은 열렬한 국수주의자였던 加藤弘之의 국제사회진화론을 수용하여 방어적인 차원에서 민족의 힘과 민족주의를 강조하였는데[32] 스펜서는 민족주의나 민족의 힘의 강조는 군사형사회에 속하는 것으로 보고 있었고 이상적인 산업사회에는 있어서는 안 될 것으로 보았다. 그리고 그는 제국주의를 거부하였다. 신민사상과 사회개혁사상의 경우에도 스펜서는 자연스런 법칙을 강조하였기에 양의 인위적인 국가위기 구출을 위한 신민의 양성 더 나아가 혁명사상은 스펜서의 사상과는 다른 방향의 것이었다. 확실히 스펜서의 사상과 사회진화론에 대한 양계초의 해석은 달랐다. 스펜서는 결정론자로서 사회의 진화가 자연스럽게 법칙에 의해서 되어진다고 보았지만, 양계초는 국가의 운명에 대하여 인간이 끊임없이 조정해 나갈 수 있다는 가능성을 강조하였다. 그리하여 인간의 노력으로 국가의 위기를 극복해 보고자 하였다.

애국계몽기에 우리사회에 본격적으로 수용된 사회진화론은 위와 같은 양계초의 진화론적 사상체계였다. 물론 그것이 우리나라에서 똑같이 나타나지는 않았지만 거의 유사하게 나타났는데 그 이유는 당시 중국의 상황이 우리의 상황과 유사했기 때문이 아닌가 싶다.

---

31) 小野川秀美(1975), 앞의 책, 266~267쪽.
32) 加藤은 강자의 입장에서 일본의 힘의 전파를 강조하였고 일본제국주의의 이론적 근거로 삼았다.

Ⅲ. 啓蒙團體들의 社會進化論的 思想 體系

1. 對外認識

당시 계몽단체들은 社會進化論에 의거해 자기 시대를 이해하였다. 즉 지금은 경쟁시대로 優勝劣敗와 弱肉强食의 논리만이 통하는 시대라고 보았다.[33] 특히 제국주의 열강들과 약소국들과의 침탈·피탈의 관계를 사회진화론적 법칙으로 파악하였다. 국제사회에서는 우승열패 약육강식의 생존경쟁의 논리에 의해 優等한 民族·國家(文明)가 劣等한 民族·國家를 약탈하고 침략하여 열등한 민족·국가가 우등한 민족·국가에 의해 핍박당하고 있는 것이 현실임을 지적하였다.[34]

> 現時代에 至하야난 五洋이 大開하고 六洲相通하야 五色人種이 迭相競逐할새 …… 優等人種이 劣等人種을 對하야 目之以野蠻하며 認之以犧牲하야 驅逐과 宰殺을 惟意所慾에 略無顧忌라 …… 現今時代난 劣等人種이 優等人種의게 被逐함은 上古時代에 禽獸가 人類의게 被逐함과 如하니 故로 曰 生存競爭은 天然이오 優勝劣敗난 公例라 함이라.

이 같은 對外認識은 우주는 무수한 진화과정을 거처 발전되어 왔다는 인식에서 출발하고 있다. 계몽사상가들은 천지창조 이래 생존경쟁·우승열패는 계속되어 온 것으로 처음에는 인류와 짐승 간에 경쟁이 있었으며 인류의 승리 후에는 인류간의 경쟁이 계속되어 왔고 지금에 이르러서는 국가와 국가, 민족과 민족 간의 경쟁으로 확대되어 우수

---

33) 崔潤植,「今日之急務난 當何先고」,『西北學會月報』제16호, 11~12쪽, "今日은 競爭時代라 優勝劣敗하며 弱肉强食하나니" : 桂奉瑀,「警告我遊學生諸君」,『西北學會月報』제1권 제5호, 14~15쪽, "20世紀의 世界는 强者가 弱者의 血을 爭연하며 優者가 劣者의 肉을 擇食하나니" : 李春世,「警告我畿湖同胞」,『畿湖興學會月報』제2호, 18쪽 : 崔錫夏,「國家論」,『太極學報』제1호, 10쪽 : 張膺震,「進化學上 生存競爭의 法則」,『太極學報』제4호, 10쪽.
34) 朴殷植,「教育이 不興이면 生存을 不得」,『西友』제1호, 8쪽.

한 민족·국가가 열등한 민족·국가를 약탈 침략하기에 이르렀다고 지적하고 있다.

이들은 좁게는 이 논리를 개인과 개인, 단체와 단체, 크게는 국가와 국가, 민족과 민족 등에 구체적으로 적용하였는데, 국내에서의 개인간 단체간의 경쟁은 事業의 發達과 國力의 强健에 필요불가결한 것으로 긍정하고 장려하고 있다.[35] 반면 국가간 민족간의 경쟁에 대해서는 특히 弱肉强食·蹂躪·淘汰의 측면을 강조하고 있다.[36]

> 現時代난 地球上 人物의 産이 日益繁殖하야 各其生存을 爲하야 競爭이 有한대 知識과 勢力이 優勝한 者난 生存을 得하고 知識과 勢力이 劣弱한 者는 滅亡을 不免함은 固然한 勢라 故로 野蠻의 民族이 文明한 民族을 對하야 抵抗을 不能하야 驅逐을 受하고 蹂躪을 被하야 自然淘汰 斯滅하난 境遇에 至함이로다.

즉 계몽사상가들은 민족·국가 간의 생존경쟁에서 知識과 勢力이 우승한 文明民族·國家만이 생존할 수 있고 열약한 野蠻民族·國家는 문명민족·국가에 의해 구축되어 도태된다고 보았다. 또한 바로 이 논리로 당시 제국주의 열강들의 식민지획득과 식민지지배 등의 속성을 분석하였다.

그리고 이러한 민족간 국가간의 생존경쟁을 구체적으로 우리의 현실에도 그대로 적용시켜 보았다. 사회진화론의 논리로서 우리 국권의 일제에 의한 피탈과 우리 민족·국가의 일제 식민지로의 전락 원인을 파악하였던 것이다. 즉 우리 민족의 지식과 노력이 劣하고 弱하여 민족간의 경쟁에서 敗者의 위치에 서게 됨으로써, 국권을 빼앗겨 민중은 이

---

35) 朴殷植, 「人의 事業은 競爭으로 由하야 發達함」, 『西北學會月報』 제16호, 1~3쪽. 서구발전의 원동력을 경쟁심이라고 봄, 즉 경쟁에 의해 과학 기술 문명이 발전적 성과를 얻었다고 분석하고 있다.
36) 朴殷植, 「本校의 測量科」, 『西北學會月報』 제17호, 3쪽.

제 일제의 노예가 되고 종족이 소멸의 지경에 이르렀다고 결론을 내리고 있다.[37)]

계몽사상가들은 당시 우리 민족이 얼마나 劣하고 弱한 입장에 있었던가를 다음과 같이 뼈저리게 느끼고 있었다.[38)]

> 嗚呼라 今日을 當하야 吾國國勢의 危地에 在함과 生民의 慘境을 陷함은 雖愚夫愚婦라도 不知한자 — 未有함은 再言을 不待하려니와 且 今日은 五洋六洲가 連絡 交通함에 優勝劣敗하고 弱肉强食하난 二十世紀今日이라 然則危者 — 吾國이오 慘者 — 吾民이오 劣者 — 吾種이오 弱者 — 吾族이라.

그리고 현실을 직시할 것을 강조하였다. 이 같은 상황에서 우리가 만일 生存競爭 · 優勝劣敗의 論理를 망각한다면 우리가 열강의 旗幟속에서 독립하는 것은 불가능하므로 현실을 직시할 것을 강조하였던 것이다.[39)]

이와 같은 社會進化論的 對外認識의 강조는 무엇보다 제국주의적인 당시의 상황을 직시하여 위기에서 벗어나자는 것으로서, 국권회복을 일차적 목표로 삼고 있었던 계몽사상가들로서는 사회진화론을 현실타개의 논리로서 철저하게 수용하지 않을 수 없었다. 그리하여 이 논리에 따라 힘을 기르고자 하였다.

그러나 계몽사상가들의 사회진화론적 대외인식에서는 은연중 다음 몇 가지의 기본적 한계점이 나타나고 있다. 첫째, 帝國主義國家들의 침략성을 인식하면서도 힘없고 열등한 민족은 침략을 받는 것이 당연하다고 보고 있다. 제국주의 국가들의 침략을 어쩔 수 없는 公例로서 인정하고 있다. 둘째, 西歐社會를 이상적인 사회로 보고 우리가 지금은

---

37) 安昌浩, 「演說」, 『西友』제7호, 24쪽 : 李奎濚, 「本會創途의 興替關係에 대하야 失心注意할 것을 互相警告라」, 『西友』제3호, 23쪽 : 朴殷植, 「機會」, 『西友』제4호, 3쪽 : 卞榮晚, 「大呼教育」, 『畿湖興學會月報』제1호, 15쪽.

38) 金奎承, 「今日之急務난 當何先고」, 『西北學會月報』제16호, 10쪽.

39) 金源極, 「教育方法必隨其國程度」, 『西北學會月報』제1권 제1호, 4쪽.

劣者·敗子이지만 진보를 거쳐 언젠가는 서구사회와 같이 될 수 있을 것이라고 보고 있다. 은연중에 제국주의 국가와 같이 되고자 하였다. 셋째, 국가와 국가 사이의 힘의 논리만을 강조하여 모든 것을 國家 중심으로 보고 있다.

하지만 계몽사상가들의 사회진화론적 인식은 한계점에 매몰되지 않고 극복의 논리로서 實力養成論으로 이어졌다.

2. 國權恢復을 위한 實力養成論

사회진화론은 애국계몽사상의 핵심인 실력양성론의 형성을 가져다 주었다. 실력양성론은 피탈된 國權과 추락된 民權을 회복하기 위해서는 무엇보다 實力=힘을 길러야 한다는 논리로서, 이는 초기 개화사상의 富國强兵論이나 독립협회의 自强改革思想에서 그 단초를 볼 수 있으나 사상적으로 체계화되어 활동의 기반이 된 것은 1905년 을사늑약 이후이다.

1904~1905년의 노일전쟁을 계기로 제국주의국가들의 속성이 더욱 강하게 드러나게 되고, 더욱이 국권을 피탈 당하게 되자, 개화 자강사상을 계승한 애국계몽사상가들은 민족모순의 해결 즉 국권회복을 제일의 과제로 삼고 이를 위한 근본책으로 사회진화론을 그 논리적 근거로 하여 부국강병책과 자강개혁론을 계승한 實力養成論을 제시하였다.

계몽단체들은 앞서의 사회진화론적 대외인식에 기초하여, 우리 민족·국가가 생존경쟁에서 패배하여 일제에 국권을 빼앗긴 것은 知識과 勢力이 劣하고 弱하였기 때문이라고 보았다. 그러므로 국권을 회복키 위해서는 優·强者가 되기 위해 지식과 세력을 길러야 한다고 강조하였다. 즉 힘(실력)의 양성만이 제국주의적인 시대상황에서 優·强·勝者가 되는 길이라고 보아 무엇보다 가장 시급한 것이 실력(힘)의 양

성임을 강조하였던 것이다.40)

여기에서 중요한 특징은 사회진화론의 수용 자체가 제국주의국가들의 침략적 속성을 인정하는데서 끝나지 않고 속성을 잘 파악하여 대항하려 하였던 점에 있다. 극복의 논리로서 국권회복의 입장에서 사회진화론을 수용하였던 것이다.

그러면 지식과 세력은 어떻게 길러지는가? 이에 계몽단체들은 문명국가가 되게 해주는 지식과 세력은 敎育과 殖産을 통해 이루어진다고 보았다.

1) 新敎育論

계몽사상가들은 실력양성론의 하나로 新敎育論을 제시하였다. 문명국가가 되게 해주는 지식과 세력은 학문에서 연유하므로, 이의 양성은 교육을 통하여 가능하다는 것이다. 지금 현세계의 부강한 나라와 문명한 나라들은 교육에 의해 현재의 위치를 차지하고 있으며 우리나라가 현재 弱·劣·敗자의 어려운 상황에 처하게 된 것은 국민교육을 확장치 못한 까닭이라는 것이다.41) 그러므로 열등민족으로 국권을 피탈당한 우리 대한은 이 지위에서 벗어나 국권을 회복키 위해서는 그 관건이되는 敎育에 힘써야함을 강조하였다.42)

그리고 교육의 내용은 新敎育이어야 함을 강조하였다. 계몽사상가들은 과거에 우리나라에 교육이 없어서 지금과 같은 상황에 빠진 것이

---

40) 朴殷植, 「敎育이 不興이면 生存을 不得」, 『西友』 제1호, 8·10쪽 : 朴殷植, 「賀吾同門諸友」, 『西北學會月報』 제1권 제1호, 1쪽 : 卞榮晩, 「大呼敎育」, 『畿湖興學會月報』 제1호, 15쪽 : 張膺震, 「進化學上 生存競爭의 法則」, 『太極學報』 제4호, 10쪽.

41) 張道斌, 「敎育의 盛衰는 國家勝敗의 原因」, 『西北學會月報』 제16호, 9쪽 : 尹榮鎭, 「勸告國民急務」, 『畿湖興學會月報』 제3호, 6쪽 : 琴洲山人, 「甲乙討論」, 『畿湖興學會月報』 제1호, 24쪽.

42) 朴殷植, 「敬告社友」, 『西友』 제2호, 5쪽 : 崔潤植, 「今日之急務는 當何先고」, 『西北學會月報』 제16호, 12~13쪽 : 李喆柱, 「學究의 禍」, 『畿湖興學會月報』 제9호, 2쪽 : 張膺震, 「我國敎育界의 現象을 觀하고 普通敎育의 急務를 論함」, 『太極學報』 제1호, 15쪽.

아니라 守舊的 교육으로서 일관하였기 때문이라고 지적하고 있다. 즉 우리의 과거의 교육은 道德·文章·科擧 등에만 중점을 두고 국가의 실력과 인민생활에 관한 利用厚生의 學問을 소홀히 하여 퇴보하였다고 보고[43] 과거의 교육이 아닌 새로운 교육에 매진할 것을 강조하였다.[44]

그러면 국권회복을 목표로 실력양성을 위해 강조된 신교육은 어떤 것이었는가?

첫째, 계몽사상가들이 신교육을 주장함에 있어서 가장 핵심으로 삼았던 것이 愛國主義敎育과 國家主義敎育이었다.[45] 즉 그들은 新敎育의 종지는 국가를 위한 精神敎育임을 강조하였다. 만일 우리가 정신교육 없이 文明國을 모방한 신교육을 실시하여 청년들의 정신을 혼란케 하고 이상을 복잡케 하면 교육의 실제를 거두지 못한다. 오히려 적국의 첩자나 적국에 봉사하는 일에 종사케 하여 망국으로 이끌 뿐이므로 국권회복을 위한 신교육은 무엇보다 정신교육을 먼저 실시하여야 한다고 주장하였다.[46]

둘째, 계몽사상가들은 신교육에서는 智育·德育·體育의 삼요소를 고루 갖춘 완전한 인간을 육성하는데 그 목적을 두고 있으므로 지금까지 소홀히 되어온 체육에 강조점을 두자고 주장하였다. 즉 과거의 교육이 지·덕·체를 고루 갖춘 교육이 되지 못하고 독서만이 중심이 됨으로써

---

43) 一惺子,「我韓敎育歷史」,『西北學會月報』제16호, 8쪽 : 李喆柱,「學究의 禍」,『畿湖興學會月報』 제9호, 2쪽 : 洪正裕,「轉學의 禍」,『畿湖興學會月報』제10호, 1쪽 : 魚允迪,「敎育界迷惑解」,『畿湖興學會月報』제2호, 3~4쪽.

44) 究新子,「新學과 舊學의 區別」,『西北學會月報』제1권 제8호, 41쪽 : 安種和,「爲善最樂」,『畿湖興學會月報』제2호, 8쪽 : 金有濟,「老不可不學」,『畿湖興學會月報』제2호, 9쪽.

45) 朴相穆,「敎育精神」,『西友』제11호, 17~18쪽 : 梁大卿,「觀國家之現象하고 余의 所感」,『太極學報』제4호, 16~17쪽.

46) 金元極,「敎育方法必隨其國程度」,『西北學會月報』제1권 제1호, 4~5쪽 : 趙彦植,「精神的 敎育」,『기호』제4호, 2~3쪽 : 尹商鉉,「精神的 敎育」,『기호』제11호, 5~6쪽 : 李喆柱,「敎育의 效果난 精神이 勝於書籍」,『畿湖興學會月報』제9호, 11쪽 : 鄭國采,「國民敎育論」,『畿湖興學會月報』제8호, 8~9쪽 : 李東初,「精神的敎育의 必要」,『太極學報』제11호, 5쪽.

편협한 교육으로 치우치게 되었다고 반성하고 체육교육을 강화할 것을 강조하였던 것이다.47) 특히 체육이 정신적 국민을 양성하는 근본이며 국민의 團合力을 발생케 하는 國家自强의 기초라는 것이다. 더욱이 이를 통해서 국권회복을 위해 언젠가 하게 될 實戰에 대비코자 하였다.48)

이 같은 체육교육의 강조는 당시의 尙武精神과 밀접한 관련을 갖는 것이기도 하였다. 계몽사상가들은 우리가 국권을 빼앗기게 된 원인의 하나가 虛文을 숭상하고 武事를 천시하여 국세가 허약하여져 결국 국권을 빼앗기고 국민은 노예로 전락하게 되었다고 보았다. 물론 武만을 숭상하는 것도 많은 폐단을 가져오지만 文·武야말로 천하의 두개의 大業이라고 하였다.49)

셋째, 계몽사상가들은 신교육이 實業敎育을 그 주요내용으로 하여야 한다고 강조하였다. 국가의 富强과 民産의 富盛은 오로지 실업발전에 달려있으며 실업의 발전은 物質學과 實業學의 발전에 달려있다고 보았다.50) 지금 우리가 이같이 국력이 쇠퇴하고 민생이 어려운 것은 바로 허문을 숭상하고 실업학을 구하지 않은 데에 큰 이유가 있으므로 지금의 상황에서 벗어나기 위해서는 국가의 실력과 인민생활의 이용후생에 관한 物質學과 實業學을 연구 발전시켜야 한다고 보았다.51)

계몽사상가들은 이 같은 신교육의 방법으로 學校敎育과 義務敎育의 실시를 강조하였다. 국권회복과 민권신장을 위한 교육의 성과를 가장 효과적으로 얻을 수 있는 것이 학교교육이라고 보고 강조하였다.52) 지

---

47) 柳東作,「敎育部」,『西友』제1호, 11~12쪽 : 敎育部,「康南海의 敎育大綱」,『西北學會月報』제1권 제12호, 2~3쪽 : 교육부,「敎育學의 區分」,『西北學會月報』제1권 제7호, 4~5쪽 : 李昌烜,「智育 不如體育」,『太極學報』제3호, 53~54쪽 : 崔昌烈,「體育을 勸告함」,『太極學報』제5호, 48쪽.
48) 金義善,「體育의 必要」,『西友』제4호, 14~15쪽 : 李種滿,「體育이 國家에 對한 效力」,『西北學會月報』제1권 제15호, 28쪽.
49) 朴殷植,「文弱之弊는 必喪其國」,『西友』제10호, 1~2쪽.
50) 白南散人,「國民學과 物質學」,『西北學會月報』제1권 제7호, 7쪽.
51) 朴殷植,「孰能救吾國者며 孰能活吾衆者오 實業學家가 是로다」,『西北學會月報』제1권 제7호, 3쪽.
52) 尹商鉉,「罪我者天」,『畿湖興學會月報』제8호, 10쪽 : 皇城子,「私塾을 一切打破」,『畿湖興學會月

금 구미 각국이 막강한 힘을 갖게 된 것은 학교교육에서 얻어진 성과라고 보았던 것이다.53) 그리고 신교육을 해나가더라도 國民敎育을 기반으로 하지 않으면 원래의 목표에 도달할 수 없으므로 의무교육제도를 시행할 것을 주장하였다.54)

또한 신교육을 잘 해나가기 위해서는 무엇보다도 올바른 敎師가 필요하고 이를 위해 敎師養成이 시급하다고 보았다. 교사란 상당한 지식과 도덕과 품행과 이상을 구비한 사람이라야 하는데 지금의 교사들은 교수방법에서 舊習을 그대로 답습하고 있거나 내용면에서도 구태의연하고 國民精神을 실추케 하는 외양만의 풍조에 치닫고 있다는 것이다. 즉 현실에서 필요로 하는 신교육을 담당할 사람이 없음을 통탄하였다.55)

이 같은 계몽사상가들의 신교육론은 국권회복을 위한 실력양성론의 핵심으로서 그 밑바탕에는 사회진화론적 인식이 깔려있으며 특히 양계초의 진화론적 變法論으로부터 크게 영향 받았다. 즉 양의 승패의 요인이 智에 있다는 점, 자강을 위한 '開民智'의 강조와 이를 위한 교육실시와 학교의 설립 등에 관한 주장은 계몽사상에 일정한 영향을 주었다. 그러나 양의 교육론이 부회설에 근거하여 復興을 주장하고 있는데 반하여 계몽사상가들의 교육론은 국권회복이 그 목표였기에 훨씬 國權

報』제1호, 40~41쪽.
53) 朴殷植, 「學校之制」, 『西友』제1호, 17쪽 : 朴漢榮, 「警告關北一路」, 『西北學會月報』제1권 제3호, 9쪽.
54) 朴殷植, 「祝義務敎育實施」, 『西友』제7호, 2쪽 : 李容稙, 「興學의 方針」, 『畿湖興學會月報』제1호, 10쪽 : 鄭國采, 「國民敎育論」, 『畿湖興學會月報』제8호, 9쪽 : 「敎育의 團體」, 『皇城新聞』, 1908년 4월 16일, 잡보 : 張膺震, 「我國國民敎育의 振興策」, 『太極學報』제3호, 7~8쪽 : 鄭錫迺, 「敎育行政」, 『太極學報』제13호, 1쪽.
55) 朴殷植, 「師範養成의 急務」, 『西友』제5호, 5쪽 : 春夢子, 「敎育의 職分」, 『西北學會月報』제1권 제17호, 8쪽 : 張膺震, 「我國國民敎育의 振興策」, 『太極學報』제3호, 11쪽 : 勸學子, 「小學校敎員의 注意」, 『太極學報』제18호, 13~16쪽 : 浩然子, 「敎育界의 思潮」, 『太極學報』제19조, 6~11쪽 : 秋醒子, 「師範養性의 必要」, 『太極學報』제26호, 9~13쪽 : 皇城者, 「私塾을 一切打破」, 『畿湖興學會月報』제1호, 40~41쪽 : 李埈鎔, 「師範敎育이 爲興學之急務」, 『畿湖興學會月報』제2호, 1쪽.

主義的이었으며 愛國主義가 그 핵심이 되었다.

이러한 계몽사상가들의 교육론은 당시의 시대적 요구에 따른 것으로 분명 이를 통해 일정한 성과를 얻을 수 있었다. 그러나 그러한 교육 속에서 길러질 인간상은 자연 한계를 가질 수밖에 없었다. 즉 계몽사상가들의 교육론은 순수한 인격체 형성을 위한 교육으로서 보다는 국권주의적 속성이 강하였기 때문에 여기에서 길러질 인간상은 자못 覇權主義的인 競爭體制 속에서 살아남으려는 데만 매진하는 생존경쟁·우승열패의 개념에 철저한 인간상일 가능성이 많았다. 더욱이 부르주아지가 중심이 되는 애국계몽가들이 교육을 통하여 양성코자 하였던 인간상은 자연 자기 계층 중심의 국가에 헌신하는 그런 인간상이었다고 결론지을 수 있겠다. 또한 그들의 계몽사상에서는 자기 계층을 제외한 民을 主體로서 인정하지 않고 敎化의 對象으로만 보았기 때문에 거기에서 길러질 인간상은 자연 한계를 가질 수밖에 없었다.

2) 實業振興論

계몽사상가들은 실력양성론의 또 하나로 實業振興論을 제시하였다. 이들은 생존경쟁시대에 强·優·勝자가 되게 하여줄 실력양성의 관건이 되는 것이 교육과 더불어 殖産이라고 보았다.56) 이것은 나라의 勝敗와 인민의 生滅이 貧富의 强弱에 달려 있으며 이는 실업의 진흥에 좌우된다는 것이다. 오늘날의 영국·俄國(러시아)·德國(독일)과 같은 열강들의 부강은 실업의 진흥에 힘입은 것이며, 지금 우리 대한이 국권을 피탈당하고 국민이 노예로 전락한 것은 실업을 강구하지 않았기 때문이라고 분석하였다.57)

---

56) 金元極, 「實業獎勵爲今日急務」, 『西北學會月報』 제1권 제2호, 5쪽 : 于岡生, 「喜車君豊鎬遊學日에 實業注意」, 『서북』 제1권 제2호, 24쪽 : 鄭錫迺, 「實業界의 一嚆矢」, 『太極學報』 제11호, 17~18쪽 : 頭山逸民, 「實業發展의 方針」, 『太極學報』 제14호, 19~23쪽.
57) 玉東奎, 「實業의 必要」, 『西友』 제8호, 29쪽 : 朴殷植, 「孰能救吾國者며 孰能活吾衆者오 實業學家

계몽사상가들은 우리 대한의 近代實業이 발달하지 못한 원인으로 무엇보다 虛文을 숭상하고 자연과학 기술을 비롯한 實事를 탐구하지 않은데 그 주원인이 있다고 보았다. 그리고 공업과 상업을 특히 천시하고 학대한 점, 遊衣遊食者가 많은 점, 양반관리배와 아전배가 民産을 약탈해 온 점 등을 그 저해 요인으로 보았다.58) 계몽사상가들은 실업진흥론에서 다음 몇 가지 점을 강조하였다.

첫째, 科學技術의 革新을 강조하였다.59) 과학기술이야말로 근대 실업의 기초로서 산업혁명의 원동력이 되었던 것으로, 오늘날 영국의 부강은 바로 과학기술의 혁신과 발명에서 비롯되었으며 대한의 현실은 과학기술의 낙후성에서 비롯되었다고 인식하였다.60) 계몽사상가들은 특히 문명진화의 핵심이 과학기술의 진화에서 단적으로 드러나며 적자생존과 자연도태의 원리도 기술진화에서 가장 극명하게 나타난다고 보았다.61)

둘째, 工業發展을 강조하였다. 생존경쟁에서 승리를 얻으려면 物産競爭에서 승리해야 하며, 그 방법은 공업 즉 ‘物産製造’를 급속히 혁신하여 ‘化舊爲新’하는 것이라고 생각한 때문이다. 계몽사상가들은 서구 열강의 부강은 바로 ‘物品製造’ 즉 공업이 발전하여 물산이 풍부하게 된 결과라고 보았으며 우리나라의 쇠퇴의 원인으로 공업과 공예의 추락을 지적하고 있다. 그리고 특히 자연과학기술과 공업을 군사력·무

가 是로다」, 『西北學會月報』 제1권 제7호, 1쪽.

58) 朴殷植, 「人民의 生活上 自立으로 國家가 自立을 成함」, 『西友』 제8호, 3~4쪽 : 朴殷植, 「孰能救吾國者며 孰能活吾衆者오 實業學家가 是로다」, 『西北學會月報』 제1권 제7호, 3쪽 : 于岡生, 「喜車君豊鎬遊學日에 實業注意」, 『西北學會月報』 제1권 제12호, 25쪽 : 金元極, 「實業獎勵爲今日急務」, 『西北學會月報』 제1권, 5쪽 : 劉汶鐘, 「祝賀農林學校」, 『西北學會月報』 제1권 제5호, 17쪽 : 竹圃生, 「農方要論」, 『西北學會月報』 제1권 제11호, 45쪽.

59) 金英哉, 「科學의 急務」, 『太極學報』 제20호, 8~10쪽.

60) 「世界의 蒸氣力」, 『西北學會月報』 제1권 제7호, 22쪽 : 「現世界文明은 石炭과 鐵의 力」, 『西北學會月報』 제1권 제9호, 33쪽.

61) 「物質改良論」, 『西北學會月報』 제1권 제8호, 1쪽.

력과 관련시켜 강조하고 있다. 즉 무기제조야말로 열강의 군사력에 대항할 수 있는 武力의 제1요소라 보았던 것이다.[62]

셋째, 구국과 관련한 國土 중시에서 農業振興을 강조하였다. 토지와 인민은 국가구성의 중요요소로서 토지에 근거를 두는 농업이야말로 중요한 산업으로 救國의 전제가 된다는 것이다.[63] 더욱이 농업은 인민으로 하여금 愛國하도록 한다고 보았다.[64] 그리고 당시 일제의 林野·未墾地의 약탈과 관련하여서도 農林을 강조하였다. 이들은 농업의 진흥책으로 농법의 개량, 농업경작방법의 개량을 강조하였으며[65] 종래의 耕種농업에의 치중에서 벗어나 養蠶,[66] 牧畜,[67] 果樹業[68] 등에도 치중할 것을 권하고 있고 임업을 강조하였다.[69] 그리고 농업진흥을 추진키 위한 農會, 農林學校, 農事模範場, 農林講習所, 農林研究會 등의 설치를 권장하고 있다.[70]

넷째, 實業學校를 널리 세워 實業敎育에 매진할 것을 강조하였다. 즉

---

62) 朴殷植, 「孰能救吾國者며 孰能活吾衆者오 實業學家가 是로다」, 『西北學會月報』 제1권 제7호, 1~2쪽.

63) 金鎭初, 「我農界의 前途」, 『太極學報』 제11호, 34~36쪽.

64) 「農業이 令人愛國」, 『西北學會月報』 제1권 제3호, 37~38쪽.

65) 耕世生, 「農業의 改良」, 『西北學會月報』 제1권 제4호, 14~15쪽 : 金志侃, 「農業研究談」, 『太極學報』 제15호, 24~26쪽.

66) 「작잠實驗論」, 『西北學會月報』 제1권 제8호, 26~31쪽 : 「작잠營業에 對하여 勸告我地方同胞」, 『西北學會月報』 제1권 제5호, 1쪽.

67) 金鎭初, 「養豚說」, 『太極學報』 제6호, 42~43쪽. 제9호, 40~43쪽. 제10호, 47~49쪽 : 金鎭初, 「養鷄說」, 『太極學報』 제12호, 35~36쪽. 제13호, 32~34쪽. 제17호, 47~51쪽.

68) 金鎭初, 「果樹園을 創設함」, 『西北學會月報』 제1권 제14호, 43~46쪽 : 金鎭初, 「我韓現在의 果樹改良」, 『西北學會月報』 제1권 제15호, 25~27쪽 : 「農業의 改良」, 『西北學會月報』 제1권 제4호, 14쪽.

69) 耕世生, 「森林의 效用論」, 『西北學會月報』 제1권 제14호, 39~43쪽 : 羅錫琪, 「林政爲富國之機關」, 『西北學會月報』 제1권 제1호, 7쪽.

70) 「農會事業」, 『皇城新聞』 1908년 9월 8일, 잡보 : 「農會發起」, 『皇城新聞』 1910년 5월 6일, 잡보 : 「농림會槪要」, 『황성신문』 1909년 12월 28일, 광고 : 「農林講習所」, 『皇城新聞』 1910년 1월 13일, 잡보 : 「蕭川 葛山洞農會 設立에 대하야 百拜祝賀함」, 『西北學會月報』 제1권 제5호, 1쪽 : 경세생, 「農業振興策」, 『太極學報』 제16호, 10~12쪽 : 경세생, 「農業의 保護와 改良에 관한 國家의 施設」, 『太極學報』 제17호, 39~41쪽 : 金志侃, 「農業界의 思潮」, 『太極學報』 제20호, 6~8쪽.

앞서의 과학기술의 혁신, 공업의 발전, 농업진흥을 꾀해나가기 위해서는 그의 기초학문인 화학, 물리학, 산술 등의 자연과학교육이 실시되고 발전되어야하고,[71] 더 나아가 공학, 상업학, 농학, 鑛學 등이 교육되고 연구 발전되어져야 한다고[72] 보아 실업교육을 강조하였다. 그리고 실업교육을 담당할 실업학교의 건립을 촉구하였다.

이 같은 실업진흥론은 무엇보다도 실력을 양성하여 생존경쟁에서 살아남자는 것이었다. 그러나 한편 계몽사상가들이 당시 서구열강의 산업화 자본주의화를 얼마나 이상적인 것으로 생각하였는가를 가장 잘 드러내주고 있는 논의이기도 하다. 즉 이는 국권회복의 차원에서의 실업진흥이었음에도 불구하고 침략자들이었던 열강들의 입장을 정당화하여 주고 합리화하여 주고 있다.

당시 西北學會 지적에서 이는 잘 드러나고 있다. 서북학회는 당시의 가장 부강한 나라인 영국은 원래 歐羅巴洲의 一小國으로서 그 토지는 독일의 3분지 1에 미치지 못하고 그 국민은 수백만에 지나지 않았는데 문명의 발달과 국력의 팽창이 여러 나라들의 으뜸이 되어 수 백 년이 지나지 않아 수만리의 식민지를 만들고 국민의 증가가 수만에 이르게 되었는데 그 원인은 國民學術界에 物質의 發明이 타국보다 앞서 실업의 이권이 발전한 때문이라고 지적하였다.

이러한 시각은 半植民地적 상황에 있었던 우리로서 열강들의 침략적 속성을 기정사실로 받아들이는 것으로, 사회진화론에 근거한 實業振興論이 가질 수밖에 없는 한계점이었다.

앞서 보았듯이 계몽사상가들의 실력양성론은 현실타개의 논리로서 수용한 사회진화론을 따른 것으로, 한편으로는 제국주의국가들의 침

---

71) 朴漢榮, 「物理學」, 『西北學會月報』 제1권 제16호, 11~18쪽. 제1권 제17호, 15~18쪽 : 椒海生, 「童蒙物理學講談」, 『太極學報』 제11호, 12호, 13호, 14호.
72) 「美國의 工學」, 『西北學會月報』 제1권 제7호, 8쪽 : 「工業大義」, 『西北學會月報』 제1권 제13호, 46~53쪽. 제1권 제14호, 27~32쪽.

략성을 철저히 인식하고 위기에서 벗어나려는 극복의 논리였으며, 또 한편으로는 제국주의의 논리에 순화되는 측면을 갖고 있었다.

사회진화론적 사상체계에서 나온 實力養成論은 양계초의 사상과 무척 유사하다. 양의 民智의 개발에 관한 강조, 群을 강조하여 학회 설립을 주창하였던 점 등이 계몽운동가들의 사상 속에 그대로 논의되고 있다. 그러나 스펜서의 사상과는 거리가 멀다. 사회진화론적 인식을 받아들이고 있으나 역사적 조건에 따라 전개양상은 달라지고 있다.

3. 民族精神의 强調

사회진화론은 중국에서와 같이 계몽사상가들에게 民族主義에 대한 새로운 인식을 가져다주어 계몽사상의 핵심을 이루게 하였다. 民族精神에 대한 강조는 애국계몽사상에 와서 이론적으로 체계화되어졌다.

계몽사상가들은 국권회복을 위한 실력양성에서 필연적으로 갖추어야할 전제조건이 국민의 愛國心이라고 보았다. 이들은 국가의 興亡과 영속을 가져다주는 것은 진정한 精神이라고 보았으며 그 진정한 정신을 愛國思想과 國家思想으로 파악하였다.[73] 그리하여 애국을 國民의 義務로서 강조하고[74] 나라를 사랑할 것을 촉구하였다. 즉 국가의 存亡生滅이 바로 국민의 애국심 여하에 달려있다는 것이다.[75]

> 當此之時하야 國如不國이면 非惟不國이라 民亦不保요 非惟不保라
> 種類가 從而斯滅하나니 可不懼乎아 國之國與不國은 惟在乎國民之愛
> 國如何而已니 國可以 不受乎아.

---

73) 梁大卿, 「觀國家之現象하고 余의 所感」, 『太極學報』 제4호, 16~17쪽.
74) 李潤柱, 「愛國의 義務」, 『太極學報』 제5호, 17~19쪽. 인간이 살아가는데 있어서 마땅히 행해야할 의무가 많지만 가장 중요한 것은 애국의 의무로서 국가의 최대 재앙은 다른 데 있는 것이 아니고 그 국민의 애국심이 결핍함에 있다고 강조하고 있다.
75) 朴聖欽, 「愛國論」, 『西友』 제1호, 27쪽.

이처럼 계몽사상가들이 애국심을 국권회복을 위한 실력양성의 전제로 강조한 것은[76] 과거의 개화운동의 성과에 대한 평가와 서구발전의 원동력에 관한 새로운 평가에서 연유한 것이었다. 즉 근대민족국가의 발전은 단순히 자연과학기술과 제도의 개혁에서만 비롯된 것이 아니라 바로 民族主義에 그 원동력이 있다고 인식한데서 비롯되고 있다. 단순한 富強策만으로는 강력한 근대민족국가로 발전할 수 없으며 강대국들이 오늘날 그 같이 큰 힘을 갖게 된 것은 民族魂 때문이라고 보았다.[77] 다시 말해서 서구발전의 원동력은 민족주의에 있다고 보았던 것이다.[78]

이 같은 민족주의에 대한 새로운 인식은 무엇보다도 進化論을 국제사회에 적용하여 나온 결과였다. 즉 오늘날은 민족과 민족, 국가와 국가가 생존경쟁하는 시대로 勝·敗의 관건이 되는 것은 실력(힘)이지만 그 힘의 원천이 되는 것은 민족주의라는 것이다. 그것은 국가와 민족간의 경쟁은 그 구성원간의 경쟁으로, 국가와 민족의 힘은 사회에너지인 구성원들을 활용하는 정도에 비례하므로 민족주의 여하에 따라 힘의 강·약이 좌우된다는 것이다. 그리하여 서구는 민족주의와 부강책으로서 오늘날의 강력한 국가와 민족으로 성장하였고, 우리 대한은 지금과 같은 국권피탈의 상황에 이르렀다는 것이다. 이 같은 인식은 일본의 加藤과 중국의 梁啓超의 사회진화론적 인식에서 영향 받은 바가 컸던 점인데 이것을 당시 우리의 현실에서 적절하게 접합하고 있다.

그러므로 우리 대한은 강력한 국가와 민족이 되기 위해 과거 몇 십년과 같이 단순한 부강에만 노력할 것이 아니라 그것의 원천이 되는 국민의 愛國心을 함양하는 것을 급선무로 삼아야 한다고 강조하였다.[79]

---

76) 白南散人, 「國民學과 物質學」, 『西北學會月報』 제1권 제7호, 6쪽.
77) 崔錫廈, 「朝鮮魂」, 『太極學報』 제5호, 21~22쪽.
78) 「愛國精神談」, 『西友』 제7호, 13~16쪽. 제8호, 16~19쪽. 제9호, 11~13쪽.
79) 崔錫廈, 「朝鮮魂」, 『太極學報』 제5호, 21~22쪽 : 梁大卿, 「觀國家之現象하고 余의 所感」, 『太極學報』 제4호, 16~17쪽 : 朴聖欽, 「愛國論」, 『西友』 제1호, 27쪽 : 白南散人, 「國民學과 物質

그러면 강력한 힘을 키우기 위한 애국심은 어떻게 하면 함양될 수 있는가?

계몽사상가들은 과거 우리나라 국민들이 애국심을 갖지 않았던 것은 국가를 君主와 宰相의 나라로 여겼기 때문이었다고 지적하였다. 즉 주인의식을 갖지 못하여 애국심을 갖지 않았다는 것이다.[80] 그러므로 애국심의 함양은 國家는 國民에 의하여 형성되며 국가의 주인은 국민이라는 생각을 민중에게 심어주고, 專制政治를 지양하며 국민들이 국가의 일에 참여할 수 있는 정치로 나아가는 것이라고 주장하였다.[81]

이 같은 주장은 계몽사상가들의 國家論 즉 국가에 관한 인식에서 비롯되고 있다. 이들은 국가는 일개인의 소유가 아니라 국민 개개인이 모여서 형성된 것으로 국가의 주인은 국민이고 국가는 국민의 생활의 장으로 하나의 유기체적 성격을 지니고 있다고 보았다.[82] 다시 말하여 국민이 없으면 국가란 있을 수 없고 국가가 없으면 국민이란 있을 수 없는 관계로 국민과 국가는 둘이면서 하나이고 하나이면서 둘인 관계라고 보았다. 이처럼 계몽사상사가들은 國民主權이 인정되는 國民國家를 국가의 像으로 여겼다.

그러므로 국가는 주인인 국민의 손에 달렸고 또한 국가의 存亡은 국민의 존망이므로 국가의 주인인 국민은 국가의 존망에 관여하지 않을 수 없다고 보았다.

그러면 愛國이란 구체적으로 무엇을 의미하는가? 이에 대해 계몽사

學」, 『西北學會月報』 제1권 제7호, 26쪽.

80) 安昌浩, 「演說」, 『西友』 제7호, 26쪽 : 朴殷植, 「人民의 生活上自立으로 國家가 自立을 成함」, 『西友』 제8호, 1쪽.

81) 朴聖欽, 「愛國論」, 『西友』 제1호, 27쪽 : 朴聖欽, 「國民의 性質과 責任」, 『西友』 제3호, 25쪽.

82) 朴聖欽, 「愛國論」, 『西友』 제1호, 27쪽 : 安昌浩, 「演說」, 『西友』 제7호, 26쪽 : 「國家의 概念」, 『西北學會月報』 제16호, 16쪽. 제17호, 14쪽 : 蔡奎丙, 「韓國國民의 生活을 論함」, 『太極學報』 제5호, 22쪽 : 李潤柱, 「愛國의 義務」, 『太極學報』 제5호, 18쪽 : 金太垠, 「個人的自身國家論」, 『太極學報』 제6호, 24쪽.

상가들은 국민들 서로 간에 단결하고 돕고 어려울 때 돌봐주는 것이라고 지적하고, 지금과 같이 외국에 의해 침략을 당하여 국권을 빼앗긴 상황에서는 힘을 합쳐 외세를 막는 것이 바로 애국이라고 보았다.[83]

이 같은 민족정신과 애국심의 강조는 당시의 역사적 조건에서 무척 중요했던 것으로, 특히 국가의 주인은 국민이라는 인식을 기반으로 民族精神과 愛國心을 강조하였던 것은 계몽사상가들의 사상의 진보성을 볼 수 있는 일면이다. 더구나 이 같은 점은 계몽사상가들이 대외인식이나 실력양성론에서 자칫 빠질 수 있었던 제국주의 논리에의 순화에서 벗어나 자신들의 목표를 올바로 지켜나갈 수 있게끔 하여 주었다.

그러나 여전히 문제되는 것은 國民을 어떻게 보느냐의 문제이다. 국민의 범위를 어디에 두고 있으며 어떠한 층에 중점을 두고 있느냐의 문제이다. 물론 자기계층인 부르쥬아를 중심으로 보고 있다. 때문에 여기에서 발생하게 되는 문제는 계몽사상가들이 민족정신 · 애국심을 강조하는 과정에서 타 계층을 자연스럽게 자기계층 중심으로 순화시켜 나가게 된다는 것이다.

4. 新民思想의 鼓吹

사회진화론의 수용은 애국계몽사상에서만 특수하게 강조되었던 新民思想의 형성을 가져다주었다. 신민사상은 지금과 같은 생존경쟁의 시대에 있어서 국민 되는 자격이 없다면 자립할 수 없으므로 국권과 민권을 회복하기 위해서는 무엇보다 국민을 새로이 하여야 한다는 것이었다. 앞의 실력양성론이나 민족정신은 1880년대와 1890년대의 개화사상에서 그 단초를 볼 수 있으나, 新民思想은 애국계몽사상에서만 나타나고 있는 것으로 이는 양계초의 신민사상에서 크게 영향받은 것이

---

83) 朴聖欽, 「愛國論」, 『西友』 제1호, 27~28쪽.

었다. 신민에 대한 강조는 특히 1907년경에 가서 크게 나타나고 있다.

계몽사상가들은 애국계몽사상을 전개해 나가는데 新民論을 주요사상으로 제시하였다.[84] 우리가 생존경쟁에서 국권을 빼앗긴 데에는 우리 민족국가의 실력이 부족하여 劣·弱者의 입장에 서게 된 것에 연유하지만, 더 나아가 국민 각자의 近代民族國家에 부합하는 국민으로서의 자질이 부족한 점에도 그 원인이 있다고 보아[85] 국민 각자의 국민으로서의 자질을 갖추어줄 새로운 국민의 개발을 강조하였던 것이다.[86]

이같이 계몽사상가들의 新民 개발 강조는 무엇보다도 사회진화론의 논리에서 비롯된 것이었다. 즉 지금의 제국주의는 전체 시민들간의 투쟁으로 근대민족국가의 힘의 원천은 개인들과 사회의 에너지를 적절히 활용하는데 있으므로 근대문명국가가 되어 국제사회에 살아남기 위해서는 새로운 개별적인 국민을 개발하여야 한다는 것이다.[87]

또한 계몽사상가들의 新民 강조는 국제사회에서 살아남을 수 있는 近代國民國家·新文明國家·近代民族國家의 존재는 정치적으로 의식 있는 활동적인 민족의 실체를 전제로 하므로 새로운 국민을 개발해야 한다는 것이다. 즉 국가의 주인은 국민이므로 국가의 존재를 위하여 국민을 새로이 개발하여야 한다는 것으로 계몽사상가들의 國家論에 연유한 것이다.[88]

그러면 계몽사상가들이 구상하고 있었던 당시의 문제를 해결해 줄 수 있는 新民이란 구체적으로 어떤 것인가?

---

84) 朴殷植, 「舊習改良論」, 『西友』 제2호, 7쪽 : 李奎濚, 「本會前途의 興替關係에 對하여 失心注意할 것을 互相警告라」, 『西友』 제3호, 23쪽 : 靑隱生, 「祝辭」, 『西北學會月報』 제1권 제9호, 4쪽.

85) 金益三, 「敬告靑年」, 『西友』 제2호, 29~30쪽 : 朴聖欽, 「國民의 性質과 責任」, 『西友』 제3호, 152~154쪽 : 尹商鉉, 「告社會志士諸公」, 『畿湖興學會月報』 제3호, 17쪽 : 窺豹子, 「小別漢文」, 『畿湖興學會月報』 제5호, 10쪽: 朴載灝, 「習慣改良論」, 『太極學報』 제10호, 10~14쪽.

86) 朴殷植, 「新年祝辭」, 『西友』 제2호, 4쪽 : 朴殷植, 「機會」, 『西友』 제4호, 3쪽.

87) 朴殷植, 「敬告社友」, 『西友』 제2호, 5쪽.

88) 주 80) 참조 : 李奎濚, 「本會前途의 興替關係에 對하여 失心注意할 것을 相互警告라」, 『西友』 제3호, 23~24쪽 : 靑隱生, 「祝辭」, 『西北學會月報』 제1권 제9호, 4쪽.

무엇보다 신민으로 國家思想을 강조하였다.[89] 이는 근대민족국가의 힘의 원천이 민족주의에 있다는 것에서 나온 것으로 대한이 지금과 같은 상황에 빠진 것은 국가사상이 없었기 때문이라고 보고 국가사상을 키워나갈 것을 강조하였던 것이다. 특히 올바른 국가관이 정립되지 못하여 그러한 결과가 왔다고 보고,[90] 국가는 國民과 國土로서 성립된 것으로 독립의 주권을 갖는 것인데 그 목적은 公安 利益을 꾀하는데 있다고 그 개념을 제시하였다.[91] 그리고 더 나아가 서북학회는 國體·政體에 대해서 자세히 설명하고 바람직한 것은 共和制度(國體)와 立憲(政體)의 조화라고 강조하였다.[92]

이와 관련하여 계몽사상가들은 權利思想과 義務思想을 新民의 요건으로 강조하였다. 국민의 권리는 自由權·請求行爲權·參政權이며 국민의 의무는 統治權에 복종할 의무, 병역의 의무, 납세의 의무 등이 있으나 우리 대한은 국권피탈이라는 특수 상황에 놓여 있으므로 국가에 대한 자유와 권리보다는 대외적인 자유와 권리를 행사하는데 주력할 것을 당부하고 국가에 대한 義務를 權利보다 앞세워 국권회복으로 나아갈 것을 강조하고 있다.[93]

그리고 進步思想을 신민의 요건으로 강조하고 있다.[94] 지금 우리가 살고 있는 20세기는 전지구가 신세계를 조성하는 시대이고 우리 대한

---

89) 朴殷植, 「告爲人父兄者」, 『西北學會月報』 제1권 제4호, 1쪽 : 白南散人, 「國民學과 物質學」, 『西北學會月報』 제1권 제7호, 6쪽.
90) 「權迎出瀛留學生諸君渡國」, 『西北學會月報』 제1권 제4호, 9쪽.
91) 「國家의 槪念」, 『西北學會月報』 제16호, 16쪽.
92) 선우, 「國家論의 槪要」, 『西北學會月報』 제1권 제11호, 14~18쪽. 제1권 제12호, 7~10쪽. 제1권 제14호, 9~12쪽. 國體는 국가주권의 조직으로, 주권이 어디로부터 비롯하느냐에 따라 차이가 생기는 것으로 공화제도·귀족제도·군주제도·연합제도·보호제도로 분류할 수 있고, 政體는 주권행동의 형태로 전제·입헌의 2종으로 나누어 볼 수 있다고 설명하고 있다.
93) 金翼瑢, 「今日 吾人의 國家에 대한 義務 及 權利」, 『西北學會月報』 제1권 제1호, 27~32쪽.
94) 朴殷植, 「舊習改良論」, 『西友』 제2호, 7쪽 : 白南散人, 「國民學과 物質學」, 『西北學會月報』 제1권 제7호, 5쪽.

도 이 시대를 맞아 국가의 주권을 되찾고 민권을 회복키 위해서는 개명하고 새로워져야 하는데 우리나라 사람들의 대부분이 固陋하고 守舊的이며 舊習과 舊思想에 젖어 새로운 것을 추구하지 않는다는 것이다.95) 특히 우리 대한의 지식층인 儒林들이 진보적이지 못하고 고루하고 수구적인 점을 문제시하였다.96) 계몽사상가들은 이 같은 고루성과 수구성에서 벗어나 進步·進取의 사상을 갖는다면 국권의 회복과 인권의 신장이 가능하리라고 보았다.

또한 冒險心과 勇進을 신민의 요건으로 강조하였다.97) 즉 지금과 같은 어려운 상황에서 대한의 유지인사들은 한숨과 통곡으로 보낼 뿐 행동하여야 할 일을 당하면 속수무책으로 가만히 있다고 하면서 모험심과 용진이 없음을 무척 애통해 하고 있다. 지금 서구의 민족이 세계에서 優·强하게 된 것은 다른 이유가 아니라 바로 모험과 진취에서 비롯되고 있는 것으로, 사람이 이를 가지면 살고 없으면 죽으며 나라가 이를 가지면 흥하고 없으면 망하는 것으로 우리가 가져야 할 것이 바로 이것이라고 하였다.

더 나아가 신민의 요건으로 團合을 강조하였다.98) 우리 대한은 黨派·偏黨이 고질적 폐단으로 이 때문에 공정한 여론이 조성되지 못하여 국민의 사상이 통일되지 못하고 행동이 단합될 수 없어서 自强力과 自信力이 없었음을 지적하였다.99) 그러므로 당파·편당의 고질적 폐단을

---

95) 朴殷植, 「舊習改良論」, 『西友』 제2호, 6쪽 : 金元極, 「敎育方法必隨其國程度」, 『西北學會月報』 제1권 제1호, 4쪽.

96) 朴殷植, 「師範養成의 急務」, 『西友』 제8호, 2쪽 : 玉東奎, 「實業의 必要」, 『西友』 제8호, 29쪽 : 金秉鉉, 「賀腐儒就新」, 『西友』 제10호, 24~26쪽 : 朴殷植, 「告爲人父兄者」, 『西北學會月報』 제1권 제4호, 1~2쪽 : 朴殷植, 「賀吾同門諸友」, 『西北學會月報』 제1권 제1호, 1쪽 : 謙谷生, 「儒敎求新論」, 『西北學會月報』 제1권 제10호, 12~18쪽.

97) 柳東說(譯), 「奮鬪的 生活」, 『西友』 제6호, 8쪽 : 金河琰, 「冒險勇進은 靑年의 天職」, 『西友』 제12호, 1~4쪽.

98) 朴殷植, 「團體成否의 問答」, 『西友』 제3호, 5~8쪽 : 文錫獻, 「一與各의 成敗論」, 『西友』 제6호, 25~27쪽.

혁파하고 단합하여 대한의 최대사업인 국권회복과 민권회복으로 나아가자고 주장하고 있다.

계몽사상가들은 신민의 요건으로 그 외에 公利, 公益, 勤勉性, 勞動 등을 강조하고 있다.

이러한 신민사상은 어떠한 사상보다도 양계초의 진화론적 사상에 크게 힘입은 것으로 그 내용이 거의 일치하고 있다. 물론 개화파나 개화자강파들에 의해 弊習改革論이 논의되기도 하였으나 新民이라는 개념으로 정립되어 주장되기에 이른 것은 양계초의 사상이 전하여진 후이다. 그러나 양의 사상처럼 社會革命思想으로까지 발전하지 못하였다.

이 같은 신민으로서의 요건을 볼 때 당시 계몽사상가들이 이상으로 하는 국민상이 어떠한 것이었는가를 쉽게 볼 수 있다. 대체로 입헌군주국가에 맞는 상식적인 시민으로서의 요건이 강조되고 있다. 그러나 국권회복을 당면의 과제로 삼고 있었기 때문에 국민 한 사람 한 사람의 개인적 삶이 중요시 되기 보다는 國權이 앞선 획일적인 國民像을 요구하고 있다.

무엇보다도 신민사상이 가질 수 있는 함정은 자칫 국권피탈의 원인을 전적으로 내부사정 즉 民族性으로 돌려서 국권회복의 방법을 완전히 내부에서만 찾게끔 하여 국권회복에의 투쟁성을 상실하게 할 우려가 있다는 것이다. 그러나 당시의 조건속에서의 신민의 강조는 '民族性改造'와 같은 의미가 아니라 민족정신과 애국심을 근간으로 새롭게 태어나야 한다는 사회개혁사상으로의 의미가 좀 더 크게 부각되었기에 그러한 함정에 빠지지는 않았다.

---

99) 友洋生, 「我韓은 公平한 與論을 要함」, 『西北學會月報』 제1권 제14호, 19~21쪽.

Ⅳ. 맺음말

이상에서 社會進化論이 어떤 思想의 형태로 우리사회에 수용되고, 우리사상에 어떻게 구체적으로 영향을 미치고 있었는지를 당시의 西友學會·西北學會·畿湖興學會·太極學會 등의 학회를 중심으로 살펴보았다.

우리가 수용한 社會進化論은 서구사회의 역사적 조건의 산물인 스펜서의 사회진화론과는 조금 거리가 있는 것이었다. 生存競爭·適者生存·自然淘汰라는 기본논리, 인간사회가 진보를 거쳐 완전한 이상적 사회에 도달하리라는 믿음 등은 그대로 받아들였다. 하지만 이 논리를 주로 국제관계에 적용하여 국권을 강조하고 민족주의를 주장한 것은 극히 동양적인 것이었고 우리 역시 그 점을 크게 수용하였다. 사회진화론은 시민계급의 능력을 철저히 믿고 경쟁을 사회의 원동력으로 보는 자본주의의 논리였기 때문에, 그와 다른 체제의 사회에서는 자연히 다른 형태로 나타날 수밖에 없었다. 그러나 한편으로 그 논리는 자연스럽게 다른 체제의 사회를 제국주의 논리로 순화시켜 나갔다.

특히 계몽사상가들의 사회진화론 수용과정에서 두드러진 특징은 梁啓超의 進化論的 思想體系를 거의 그대로 수용하여 우리 현실에 적용시켰다는 것이다.

사회진화론은 우리 계몽사상과 접합되어 進化論的 對外認識·實力養成·民族精神·新民思想으로 표출되었는데 이것은 모두가 국권회복을 위한 차원에서 강조되었다. 즉 사회진화론을 받아들여 제국주의의 침략성과 제국주의의 세계 재편을 인식함으로서 당시의 우리 대한의 입장을 철저히 인식할 수 있었다. 그리고 극복을 위한 敎育과 殖産을 중심으로한 실력양성을 강조하였다. 제국주의 국가들의 힘이 교육과 식산에서 나온 것으로 파악하여, 제국주의의 침략에서 벗어나기 위해서는 교육·식산을 중심으로한 힘(실력)을 키워야 한다는 것이었다. 또 서구 제국주의의 제패는 단순히 힘에만 있는 것이 아니고 힘의 원천인 그들의 民族主義에 있음을 인식하고 民族精神·愛國心을 함양해 나갈 것을 촉구하였다. 더 나아가 제국주의국가에 의한 우리의 패배가 우리 자신들의 弊習에도 그 원인이 있었다고 파악하고 새롭게 태어나야 한다는 新民思想을 강조하였다. 우리가 새로워지지 않으면 이 새로워진 세계 속에서 우리의 국권을 찾을 수 없다고 보았던 것이다. 이처럼 社會進化論은 우리의 국권을 찾고자 하였던 계몽사상가들에게 國權恢復의 논리를 펴나갈 수 있도록 크게 도움을 주었다.

그러나 문제는 동전의 양면처럼 계몽사상가들이 진화론을 수용하여 국권회복사상에 접합시켜 나갔던 이면에는 당시의 帝國主義 論理에 순화되어가는 측면이 있었다.

계몽사상가들은 모든 것을 힘의 논리로만 파악하여 제국주의 국가들의 침략을 어쩔 수 없는 公例로서 은연중 생각하고 있었으며, 우리가 지금은 敗者이지만 進步를 거쳐 언젠가는 서구사회와 같이 되어야 한다고 생각하였다. 따라서 그들의 教育論에서도 覇權主義的 경쟁체제 속에서 살아남으려는 데만 매진하는 생존경쟁·우승열패의 개념에 철저한 그러한 인간을 이상적으로 그리고 있는 점이 있다. 또 그들의 實業論을 보면 바로 침략의 당사자인 서구열강의 産業化·資本主義化를 가장 이상적인 것으로 보고 있다. 이러한 자본주의사회에 대한 흠모는 그들이 국가의 주인은 국민이라는 인식을 기반으로 民族精神·愛國心을 강조하면서도 그 국민의 실체를 부르주아지에 두고 있음에서 잘 드러난다. 그리고 계몽사상가들이 주창한 新民의 요건을 볼 때도 자본주의사회에서 요구하는 부르주아지의 요건이 강조되고 있음을 볼 수 있다.

이처럼 社會進化論은 우리 사상과 접합되는 과정에서 양면성을 갖고 긍정적인 면과 부정적인 면에서 동시에 작용하였다. 이러한 사회적 기능은 오늘날의 사고방식에도 그대로 전해 내려오고 있다.

위에서 살펴본 바와 같이 社會進化論은 國權恢復의 논리를 제공해 줌과 동시에 제국주의의 논리를 심어주는 이중적인 역할을 하였다. 즉 계몽사상가들이 제국주의의 논리로서 제국주의를 극복하려고 하였기 때문에 자연히 그것의 논리에 순화되어간 측면이 있었던 것이다.

(『釜山史學』제22집, 1992년 6월, 부산사학회)

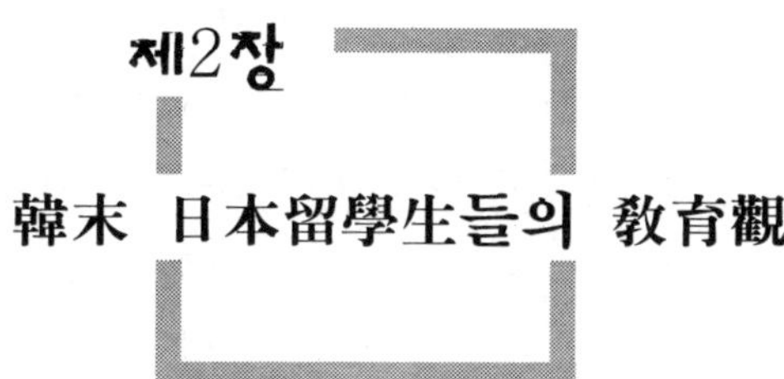

第2장
韓末 日本留學生들의 敎育觀

Ⅰ. 머리말

　　대한제국 말기(1905~1910)의 啓蒙運動家·啓蒙團體들은 국권회복이라는 당면의 민족과제를 해결키 위해 실력양성의 양대지주로서 敎育과 殖産을 강조하였다.

　　그리하여 교육운동은 계몽운동의 가장 큰 비중으로 전개되었으며 그것을 뒷받침하였던 교육사상은 계몽사상의 근간을 이루었다.

　　따라서 교육사상과 교육운동은 애국계몽사상·애국계몽운동의 연구에서 가장 중요하게 다루어져야할 부분이다. 더욱이 애국계몽사상·운동의 성격분석과 그 역사적 위상설정이 요구되는 시점에서 교육사상과 운동은 좀 더 심도있게 연구되어야 하겠다. 즉 구국운동으로서 또한 민족교육으로서 교육이 전개 되었다던가 등의 기존의 연구에서 벗어나 교육의 방향과 내용이 좀 더 구체적이고 구조적으로 분석되어져야 할 것이다. 교육에서 어떠한 人間像을 바람직하다고 보았으며, 어떠한 인간을 형성해 나갈려고 했는지, 또 교육의 주체를 누구라고 보았는지를 밝히는 작업이 이루어져야 당시의 교육사상과 운동, 더 나아가 애국계몽사상과 운동이 올바르게 평가될 수 있을 것이다.

그런데 지금까지의 연구는 몇 편의 논문[1]을 제외하고는 교육사상과 운동에 관한 구체적이고 구조적인 분석 없이, 사상에서는 구국의 측면에만, 운동에서는 국권회복을 위한 민족교육 측면에만 초점을 맞추어왔다.

본 논문에서는 가능한 기존의 연구태도에서 벗어나 당시 일본유학생 단체 太極學會[2]의 敎育觀을 분석하여 봄으로써 계몽운동기의 교육사상을 좀 더 면밀히 파악하고자 한다. 나아가 애국계몽사상과 운동의 역사적 위상 설정에도 일정한 도움을 주었으면 한다.

특히 여러 단체 중 태극학회를 그 대상으로 삼은 것은 첫째 日本留學生들의 단체라는 점이다. 일본유학생은 근대학문의 섭취에 가장 앞장섰던 집단이며, 유학생들은 그들 자신이 피교육자의 입장에 서 있으면서 동시에 계몽운동가로서 활동하고 있었고, 특히 일본유학생들의 경우에 공부하고 있는 지역이 일본이었던만큼 近代主義敎育에 치달을 수 있었던 조건 속에 있었다. 둘째, 태극학회는 유학생단체에서 가장 핵심단체였으며, 애국계몽운동의 중심 지역이었던 서북 지역단체들과 연관을 갖고서 활동하였던 단체였다는 점이다. 때문에 그들의 교육관

---

1) 尹健次(1987), 『韓國近代敎育의 思想과 運動』, 심성보(역), 청사.
　金度亨(1989), 「大韓帝國末期의 國權恢復運動과 그 思想」, 연세대학 박사학위논문.
2) 태극학회의 사상·활동·조직에 관한 논문 : 金祥起(1985), 「太極學會의 思想과 活動」, 『嶠南史學』 창간호, 영남대학교 국사학회.
　일본유학생단체에 관한 연구로는 다음의 논문들이 있다.
　崔德壽(1983), 「韓末 留學生 團體 硏究 其一」, 『공주사대논문집』 21집.
　崔德壽(1983), 「韓末 日本留學生의 對外認識硏究」, 『공주사대논문집』 22집.
　鄭濬(1983), 「舊韓末 在日本 韓國留學生 團體運動」, 『大邱史學』 제25집.
　金淇周(1985), 「大韓學會에 대하여」, 『변태섭박사 화갑기념 사학논총』, 삼영사.
　韓詩俊(1985), 「韓末 日本留學生에 관한 一考察」, 『천관우선생 환력기념 한국사학논총』, 정음사.
　韓詩俊(1989), 「國權恢復 運動期 日本留學生의 民族運動」, 『한국독립운동사연구』 2.
　본 논문에서의 태극학회의 교육관은 태극학회의 회지였던 『태극학보』에 실린 회원들의 글을 분석한 것이다.

은 일본유학생들과 애국계몽 사상가들의 교육관을 동시에 보여주는 것이라고 하겠다.

본 논문에서는 태극학회가 교육의 목표를 어디에 두었고, 강조한 교육내용은 무엇이었으며, 그러한 교육을 통하여 어떠한 인간을 길러내려고 했는지, 그리고 그것들은 궁극적으로 당시의 역사적 조건 속에서 무슨 의미를 갖는 것인지를 보려고 한다.

II. 國權恢復을 目標로 하는 敎育

태극학회의 교육 목표는 무엇이었나? 때로는 개인의 인격체의 완성과 관련시켜 보기도 하였지만3) 주로 국권회복에 그 목표를 두었다. 즉 교육을 국권회복에 도달하기 위한 방법으로 생각하였다.

태극학회는 우리가 국권을 빼앗기게 된 주요한 원인은 無學에 있다고 보았다. 즉 학문이란 한나라의 性命으로서 학문의 有·無가 나라의 文明과 野蠻을 구분하며 지식의 優·劣이 强弱의 기준이라고 보고서, 학문 없이 이 세상에서 경쟁하려 하는 것은 양이 호랑이를 적대하는 것과 같다고 주장하였다.4) 이같이 태극학회는 국권피탈의 중요원인을 無學으로 보고서 국권을 회복하기 위해서는 무엇보다도 교육에 힘써야 함을 강조하였다. 그리하여 진실로 국가를 위한다면 '子弟를 교육하라'고 2천만 동포에게 강조하고,5) '이미 추락된 국권을 회복하며 이미 죽은 民氣를 扶植키 위해 학문에 정진하여 성취할 것'을 회원들에게 촉구

---

3) 禹敬命(역), 「敎育의 目的」, 『태극학보』 제10호, 17~19쪽. 이글은 번역한 글로서 사람이 교육을 받는 것은 장래 사회에서 활동 할 때 사람의 職分을 완전케 하는데 있다고 강조하고 있다. 즉 사람의 職分은 自己에 관한 관계, 家族에 관한 관계, 國家에 관한 관계, 社會에 관한 관계 등을 원활히 해나가는데 있다고 보고 있다. 교육을 상당히 포괄적으로 보고 있다.
4) 金永爵, 「無學의 不幸이라」, 『태극학보』 제1호, 22쪽.
5) 尙灝, 「告我二千萬同胞」(寄書), 『태극학보』 제1호, 27쪽.

하였다.6) 또 국권회복을 위해 현재의 급선무는 청년을 敎育 養成함에 있다고 주장하였다.7)

태극학회가 이같이 교육을 국권회복을 달성키 위한 가장 중요한 방법으로 생각한 것은 사회진화론8)에 근거한 시대인식에서 비롯된 것이었다. 태극학회는 현재 20세기는 생존경쟁의 시대로서 우승열패와 약육강식은 자연의 이치라고 보고 있었다.9) 특히 인류는 단체생활을 영위하는 동물로서 생존경쟁도 또한 團體(國家)간에 행하게 된다고 보고서 만일 그 團體(國家)가 생존에 적합한 성질이 있으면 生存 自保할 것이고 그렇지 못하면 敗亡 衰滅한다고 강조하였다.10) 그리고 그 단체의 分子되는 개인이 강하면 그 조직은 강하여 생존경쟁에서 우승의 위치를 차지하게 된다고 하였다.11)

이 같은 시대인식 위에서 그 생존책으로서 국가구성원인 국민들의 啓發과 實力養成을 강조하였으며12) 그 방법으로 교육을 강조하였던 것이다.

> 夫 敎育의 遠大흔 目的은 個人의 品格과 國家의 人格을 高尙히 發遠
> 흠에 在흐나 其直接의 目的은 今日 生存競爭에 處흐야 自活自存에 必
> 要흔 方策을 講究흠에 在하도다 此 二十世紀는 다못 武力의 競爭時代
> 가 아니라 智識의 競爭이요 經濟의 競爭이요 權力의 競爭이니 故로 國

---

6) 朴庠鎔,「敎育이 不明이면 生存을 不得」,『태극학보』제10호, 33쪽. "學問成就흐야 已墜之國权
   을 恢復흐며 已死之民氣을 扶植흠도 吾輩의게 在흐고"
7) 梁大卿,「觀國家之現象흐고 余의 所感」(寄書),『태극학보』제4호, 15쪽.
8) 사회진화론의 수용과 영향에 관한 연구로는 다음의 논문들이 있다.
   李光麟(1979),「舊韓末 進化論의 受容과 영향」,『韓國開化 思想研究』.
   李松姬(1984),「韓末 愛國啓蒙思想과 社會進化論」,『부산여대사학』제2집.
   朱鎭五(1988),「獨立協會의 社會思想과 社會進化論」,『손보기정년기념한국사학논총』.
9) 崔錫夏,「國家論」,『태극학보』제1호, 10쪽. "現今二十世紀는 生存競爭時代라 優勝劣敗와 強食
   弱肉은 自然之理勢라" : 一歲生,「新時代의 思潮」,『태극학보』제14호, 15쪽.
10) 張膺震,「進化學上生存競爭의 法則」,『태극학보』제14호, 15쪽.
11) 앞의 글, 8쪽 : 抱宇生,「競爭의 根本」,『태극학보』제22호, 24~25쪽.
12) 張膺震,「進化學上生存競爭의 法則」,『태극학보』제4호, 10쪽.

家는 活動生存으로써 目的을 定치아니치 못흘 것이요 國家의 要素되
는 人民은 生存에 堪能흘 勇氣를 培養ᄒ며 不屈의 精神을 研磨치 아니
치 못흘지라.13)

이렇듯 태극학회는 사회진화론적 시대인식 위에서 국권회복을 목표
로 하는 교육을 강조하였다.

이와 같은 강조는 태극학회 교육론의 몇 가지 한계점을 보여준다.

첫째, 교육 본래의 목적인 인간을 인간답게 하는 것, 즉 성장·발달
에 유의하면서 아동을 하나의 독립된 인격으로서 육성한다는 관점이
소홀히 되고 있다. 태극학회가 교육의 목적을 '個人의 人格體의 完成'
또는 '個人의 品格의 發達' 등으로 언급하고는 있으나 국권회복이라는
당면의 과제 앞에서 교육의 본래의 목적을 부차적으로 생각하고 있다.
그리하여 교육이 철저하게 국권회복의 방법·도구로서만이 존재할 수
있다는 문제점이 지적된다. 물론 당시의 역사적 조건속에서 국권회복
이 가장 시급한 민족과제임에는 분명하지만 인간을 인간답게 하는 교
육 본래의 목적이 상실되었을 때 그 교육 속에서 형성된 인간상은 국권
회복을 주도하고 있었던 애국계몽인사들이 원하는 인간상으로 고정되
어져 버릴 수 있다. 즉 부르주아지라 할 수 있는 애국계몽인사들이 바
라는 인간상으로 고정되게 된다. 그 인간상은 부르주아지 주도하의 상
황에 가장 협조적인 인간상이 될 것이다. 그리고 그 같은 교육은 자칫
국수주의적이며 國權主義的 교육에 빠질 우려가 있다. 일본 교육과 유
사한 교육으로 갈 가능성을 갖는다.

둘째, 당시 다른 학회들에서도 유사하게 나타나지만, 태극학회가 사
회진화론적 시대인식에 빠져 모든 것을 파악하고 있다. 태극학회가 도
달하고자 하는 국가의 像을 보면 당시 제국주의국가들을 모델로 하고

---

13) 張膺震,「我國教育界의 現象을 觀ᄒ고 普通教育의 急務를 論홈」,『태극학보』제1호, 15쪽.

있음을 볼 수 있고 교육을 통하여 길러내고자 하는 人間像을 보더라도 제국주의국가의 국민들을 이상으로 하고 있음을 종종 볼 수 있다. 민족현실에 맞는 救國教育을 주장하면서도 한편으로 그러한 모순점을 드러내고 있다.

Ⅲ. 精神教育과 新學問이 주가 되는 教育

1. 時勢에 맞는 教育

太極學會가 주장하는 구체적 교육의 내용은 무엇이었나? 태극학회는 과거 우리나라에 교육이 없어서 지금과 같은 상황에 빠진 것이 아니라 시대에 맞지 않은 교육으로서 일관하여 왔기 때문이라고 지적하고 지금 필요로 하는 교육은 생존경쟁에 맞는 新教育이어야 한다고 강조하였다.

태극학회는 신교육이란 전체적으로 知·德·體의 전통교육개념을 기초로 하면서도 동시에 과학지식과 기술을 배우는 것이라고 보았다.

> 教科는 各國이 當時의 狀況을 顧察ㅎ야 取捨選擇ㅎ는거시요 또 教科는 開化의 全般을 包括치 아니치 못ㅎ거신則 科學도 또흔 心的科學과 物的科學이 適宜히 調和ㅎ야 統一흔 世界觀을 得케 ㅎ는거시 必要ㅎ도다.[14]

태극학회는 이 같은 전제 아래 교육의 주요한 과목을 (1)수신과 (2)언어과(國語 및 외국어) (3)수학과 (4)역사과 (5)지리과 (6)理科(동물, 식물, 광물, 물리, 화학, 人身生理, 위생) 등의 순으로 열거하고 있다.[15]

위의 교과의 순서를 볼 때 태극학회가 추구하는 신교육이 무조건적

---

14) 張膺震, 「敎授와 敎科에 對ㅎ야」, 『태극학보』 제13집, 6쪽.
15) 앞의 글, 『태극학보』 제14집, 27~32쪽.

인 近代主義敎育이 아니었음을 알 수 있다. 더욱이 이 같은 입장은 태극학회의 근대주의교육의 폐단에 대한 비판에서 잘 드러난다.

무엇보다도 태극학회는 당시 시세에 따라 설립된 外國語學校의 문제점을 지적하였다. 즉 당시의 외국어교육기관이 제 구실을 다 하지 못하고, 더욱이 학도들은 목적 없이 세상풍조에 휩쓸려서 출세주의에 치닫고 있음을 개탄하고[16] 이 같은 폐단을 줄이기 위해 외국어학교를 합병 통일할 것을 주장하였다.[17]

또 태극학회는 외국에 유학생파견을 권장하면서도 그것이 안고 있는 문제점으로 본국사정을 잘 알지 못하고 自國 精神이 없는 사람이 외국에 오래 거주하면서 단순히 지식을 섭취할 때 자국정신은 더욱 소멸되고 외국관념에 빠져 든다고 지적하였다.[18]

그리고 태극학회는 이른바 당시의 학교교육에서 파생되는 문제로서 학교가 내실이 없이 단순히 技術을 가르치는 곳으로 전락하여 假飾的 外華文明에만 심취되어 있음을 지적하였다.[19] 또한 일본인교사들을 초빙하는데, 이는 신지식 수입에는 도움이 될지 모르지만 일본주의를 고취시킬 가능성이 많은 것으로, 오히려 얻은 것 없이 잃은 것만 많을 것이라고 주장하였다.[20]

이같이 태극학회는 시대에 맞는 新敎育을 강조하였지만 교육이 맹목적 근대주의교육으로 흐르는 것에 대하여는 극히 경계하였다.

---

16) 張膺震, 「我國敎育界의 現象을 觀ᄒ고 普通敎育의 急務를 論흠」, 『태극학보』 제1호, 14쪽.

17) 張膺震, 「我國國民敎育의 振興策」, 『태극학보』 제3호, 11~12쪽.

18) 앞의 글, 13쪽.

19) 李東初, 「精神的 敎育의 必要」, 『태극학보』 제11호, 8쪽. "現今속에 學校之設備ᄂ 雖曰足矣ᄂ 學校ᄂ 不過是技術之敎場이오 實無內養薰陶ᄒ니"

20) 앞의 글, 8~9쪽.

2. 愛國主義敎育

태극학회가 신학문 흡수과정에서 가장 강조한 것은 정신교육 즉 애
국주의교육이었다. 그것은 태극학회의 愛國思想의 강조에서 비롯된
것이었다. 태극학회는 국가의 흥망과 영속을 가져다 주는 것은 진정한
정신이고, 이는 애국사상·국가사상이라고 파악하였다.[21] 그리하여
태극학회는 愛國의 의무를 강조하였다.[22]

> 吾人이 斯世에 生ᄒ야 當行홀 義務가 頗多ᄒ나 其中에 가장 重要ᄒ
> 者ᄂ 愛國의 義務가 是라 …… 國家의 最大災厄은 政治法律의 不振이
> 아니오 農工商業의 萎靡가 아니오 軍制의 未備가 아니오 人族의 寡弱
> 이 아니오 但其國民의 愛國心이 缺乏홈에 在ᄒ다 ᄒ노라.

즉 태극학회는 국가의 최대재액은 그 국민의 애국심의 결핍이라고
파악하였다. 태극학회는 다른 강대국들이 오늘날 그 같이 큰 힘을 갖게
된 것은 民族魂 때문이라고 강조하고 우리도 다른 강대국들과 같이 朝
鮮魂을 발기하여 국권을 회복하자고 부르짖었다.[23] 그리고 민족선각
자들의 급선무는 국가사상을 국민에게 주입하여 진정한 정신을 잃지
않게 하는 것이라고 보았다.[24]

이같이 태극학회가 애국을 강조하였던 것은 그의 국가관에서 비롯
된 것이었다. 태극학회는 국가를 人民의 集合體라고 파악하고[25] 국가
와 인민과의 관계를 다음과 같이 보았다.

---

21) 梁大卿,「觀國家之現象ᄒ고 余의 所感」(寄書),『태극학보』제4호, 16~17쪽.
22) 李潤柱,「愛國의 義務」,『태극학보』5호, 17~19쪽.
23) 崔錫廈,「朝鮮魂」,『태극학보』제5호, 21~22쪽.
24) 梁大卿,「觀國家之現象ᄒ고 余의 所感」(寄書),『태극학보』제4호, 16~17쪽.
25) 蔡奎丙,「韓國國民의 生活을 論홈」,『태극학보』제5호, 22쪽. "大槪 國家ᄂ 人民으로 組成흔 團
體라."

바로 이 같은 시각으로 국가를 파악하였기에, 愛國思想 · 愛國精神
을 국권회복의 주요관건으로 파악하였던 것이다.

그리하여 교육내용에서도 무엇보다도 우선되어야할 것이 애국주의
교육 즉 정신교육이라고 보았던 것이다. 즉 정신교육을 통해서만이 국
권회복에 가장 필수적인 애국사상이 고취될 수 있다고 믿었던 것이다.
李東初가 '精神的 敎育의 必要'에서 우리교육에서 가장 필요한 것은
'尙彼浮輕흔 敎育에 물들지 말고 처음부터 정신적 교육을 함양시켜야
한다'고 주장한 것27)은 바로 태극학회가 시대에 맞는 교육이라고 하여
무조건 시세에 따르려고 한 것이 아니라 정신교육을 무엇보다도 가장
중요시 하였음을 말하여 준다. 특히 李東初는 근대교육을 실시한다고
하여 일본교사를 초빙해와서 교육하는 것이 우리가 의도하는 원래의
교육실시의 목적과 얼마나 동떨어지고 반대되는 것인가를 지적하고,
儒生學者를 중앙사범학교에서 모집하여 일단 新空氣로 세뇌시킨 다음
신교육을 연구시키어 지방학교에 파견하여서 지방교육을 맡게 하자고
주장하였다.28) 그래야만 청년의 두뇌에 애국사상을 심어줄 수 있고 우
리의 주권도 되찾을 수 있다는 것이다.

그리하여 교육을 시킬 때 그 시대정신에 가장 적합한 敎科材料를 선
정할 것을 촉구하였다.29)

---

26) 李潤柱, 「愛國의 義務」, 『태극학보』 제5호, 18쪽 : 金太垠, 「個人的自身國家論」, 『태극학보』 제6
호, 24쪽에서는 "國家라 흐 는 거슨 국가가 不能自國家라 衆多人이 合勢흐야 國家 團體이뤄거
든"이라고 하고 있다.
27) 李東初, 「精神的 敎育의 必要」, 『태극학보』 제11호, 5쪽.
28) 앞의 글, 10쪽.
29) 張膺震, 「敎授와 敎科에 대흐야」, 『태극학보』 제13호, 3~4쪽.

3. 智 · 德 · 體의 균형에 기초한 敎育

태극학회의 정신교육과 신학문이 주가 되는 교육은 지 · 덕 · 체가
균형을 이루는 전통적 교육관에 기초를 두고 있었다.

智育은 앞서 살펴보았듯이 시세에 맞는 신지식, 신교육의 강조에서
찾아볼 수 있다. 德育은 논리 · 도덕의 재확립이라는 점에서 강조되었
으며, 정신교육 애국주의교육과도 일정하게 관련되었다.

태극학회는 新世界에 태어나서 신학문과 신지식을 불가불 연구해야
하겠지만 그것을 취하는 과정에서 가장 중요한 것은 道德이라고 보았
다. 만일 사람이 도덕관이 없으면 학문이 풍부하다고 하더라도 사회 사
업상의 경영과 개인적 가정의 행복을 기할 수 없다고 주장하였다.30) 즉
지육에만 치우치면 교육의 목적에 맞는 올바른 인간―'장래 성장한 후
에 독립자재한 영역에 도달하여 능히 인간된 직분(자기 · 가족 · 국가 ·
사회 · 자연)을 완전히 하는 것'―을 길러낼 수 없다고 보고 그 방법으
로 지육 · 덕육 · 체육을 동시에 실시할 것을 강조하였다.

태극학회는 따라서 敎授에 있어서 지식을 주입하는데 치중하고 心
的陶冶를 돌보지 않아 자못 잡다한 材料를 기계적으로 축적하면 인격
에 문제가 생기고 습득한 지식도 활용키 어려워 가르침의 본 뜻이 무효
에 이른다고 지적하였다. 또 만일 心的陶冶만을 유일의 목적으로 삼고
知識의 修養을 경시하게 되면 편견에 빠지고 세상사에 소월해진다고
강조하면서, 이 두 가지가 어느 한쪽으로 치우침 없이 병행되어야만 교
수의 진정한 효과를 기할 수 있다고 보았다.31)

이 같은 기본입장과 관련하여 태극학회는 가장 중요한 제1의 교과로
修身科를 들고 있다. 물론 태극학회는 수신과의 내용을 古來의 東洋에

---

30) 張啓澤, 「家庭敎育」, 『태극학보』 제1호, 12쪽.
31) 禹敬命(譯), 「敎育의 目的」, 『태극학보』 제10호, 17쪽.

서의 修身 道德 그대로라고 보지 않고 그것의 장점을 살리고 단점을 버려 개선해야 한다고 보았다.

그리고 태극학회는 이 같은 수신교육은 학교교육에서 뿐만 아니라 가정교육을 통해서 이루어져야 한다고 보고 학교교육에 못지 않은 가정교육을 강조하였다. 그것은 德育이야말로 순수한 영아에서부터 시작해야 하므로 가정교육이 중요하다고 보았던 것이다.32) 또 가정교육과 관련하여 가정교육의 중심은 어머니이므로 女子敎育에도 힘써야함을 강조하였다.33) 즉 수신교육과 관련하여 가정교육·영아교육·여자교육을 강조하였던 것이다.

태극학회의 體育에 대한 강조도 역시 균형있는 교육이라는 기본시각에서 나온 것이다.

> 盖體育의 目的은 身體를 鍛鍊하야 精神을 發展케 흠에 在ㅎ니 換言ㅎ면 精神을 發展키 爲하야 身體를 鍛鍊흠이니 假令思想을 綿密케 하랴면 頭腦를 健實케 할지며 氣力을 擴大케 하랴면 筋骨을 强壯케할지로다. 所以로 德智兩育을 完全케 하랴면 몬져 體育을 完全케 할지니.34)

즉 체육은 신체의 강건과 인내력을 양성케 하는 것으로 덕육·지육의 기본이 된다는 것이다. 태극학회는 만약 사람들이 지육에만 열중하고 체육에 태만하여 질병을 얻는다면 金錢·官位·名譽·智德을 보존치 못하고, 신체가 건강한 사람은 정신이 활발하여 여하한 곤란이라도 이겨낼 수 있다고 강조하고 체육이 우리 일반 행복의 기초이니 체육에

---

32) 張啓澤, 「家庭敎育」, 『태극학보』 제1호, 12쪽. "然則 家庭敎育의 重要흔 것은 多論을 不待ㅎ고 明瞭흔 者니"
33) 金洛泳, 「녀ᄌ교흌」, 『태극학보』 제1호, 38~42쪽.
   朴相洛, 「隨感隨筆」, 『태극학보』 제1호, 47~48쪽.
   張啓澤, 「家庭敎育」, 『태극학보』 제1호, 12쪽.
   吳錫裕, 「家庭敎育」, 『태극학보』 제6호, 21~24쪽.
34) 文一平, 「체육론」, 『태극학보』 제21호, 13쪽.

힘쓴 후에 지육을 개발하자고 하고 있다.[35]

　이같이 태극학회는 지·덕·체의 균형에 기초한 교육을 강조하였던
것이다.

4. 精神敎育, 新敎育의 한계

　위의 내용을 종합해 볼 때 태극학회가 주장하는 구체적 교육의 내용
은 무엇보다 시세에 맞는 新學問과 精神교육, 愛國主義敎育이었으며
또 이것을 뒷받침하고 있었던 것이 지·덕·체의 균형적 교육이었다.
앞서의 것들은 분명히 국권피탈의 상황에서 주장되었던 것임에도 몇
가지 한계점을 지적하지 않을 수 없다.

　그 한계점은 무엇보다도 정신교육 즉 애국주의교육의 강조에서 드러
나고 있다. 태극학회는 정신교육을 통해 朝鮮魂을 발기하여 정치권·
재정권·외교권을 회복하고자 하였다.[36] 하지만 여기에서 주장되는 애
국이나 또 국가의 혼은 국가주의적인 것이었다고 보인다.

> 所謂國家團體를 助成維持ᄒᆞᄂᆞᆫ 民族은 其國有ᄒᆞᆫ 國魂을 有ᄒᆞ얏도다
> 其實例를 擧論컨대 武士道를 崇尙ᄒᆞ야 國家를 爲ᄒᆞ야 自己의 生命을
> 草芥갓치 視ᄒᆞᄂᆞᆫ 것은 日本人의 大和魂이오 …… 四海海上權을 掌握
> ᄒᆞ야 海外에 植民地를 多設ᄒᆞ고 商業權으로써 天下에 雄飛코져 ᄒᆞᄂᆞᆫ
> 것은 英人의 英國魂이오 ……

　여기에서 볼 수 있듯이 일본의 전체주의·군국주의, 영국의 제국주
의를 그 나라의 魂으로 파악하고 그것을 위해 힘쓰는 것을 애국으로 파
악하였던 것이다. 즉 애국이라는 것을 국가에 대한 헌신적이며 무조건
적인 사랑으로 파악하여 그 국가가 지향하는 방향에 관계없이 국민은

---

35) 李昌煥, 「智育不如體育」(寄書), 『태극학보』 제3호, 53~54쪽 : 崔昌烈, 「體育을 勸告흠」, 『태극학
　　보』 제5호, 48쪽.
36) 崔錫夏, 「朝鮮魂」, 『태극학보』 제5호, 19~22쪽.

국가에 대해 애국을 해야 하는 것으로 보고 있다. 이는 태극학회의 국가관이 어떤 것이고 국가의 정체에 대해 어떻게 생각하였는가를 은연중에 보여준다. 앞서 살펴보았듯이 태극학회는 국가와 국민과의 관계를 가장 친밀하고 가장 강고한 契合으로서 보고 있고,[37] 국가와 국민과의 관계를 상호보완적 또는 유기체적인 관계로서 설명하면서, 실제 국민의 국가에 대한 무조건적인 헌신을 강조하고 있다.

이는 다음과 같은 태극학회의 사회진화론적인 또는 제국주의 중심적인 세계관과도 일정한 관련을 갖는다.

> 生存競爭은 社會原理가 아니며 民族帝國主義ᄂ 天下風潮가 아닌가 …… 然ᄒ 즉 吾人은 此原理原則을 利用ᄒᄂ者ᄂ 此時代에서 能히 生存을 保全홀者오 利用ᄒ지 못ᄒ고 한갓 時勢를 罵詈ᄒᄂ者는 人爲陶汰를 免ᄒ지 못ᄒ者라.[38]

때문에 이 같은 정신교육 애국주의교육이 지나치게 강조될 때 전제주의 · 제국주의 국가에서 요구되는 人間像이 형성될 가능성이 많아진다.

결국 태극학회가 정신교육 애국주의교육을 통해 길러내고자 한 인간상은 국가의 당면과제인 '국권회복'에 매진할 國權主義的 인간이었으며, 覇權主義社會에 잘 적응하는 生存競爭 · 優勝劣敗의 개념에 철저한 인간일 가능성이 많다. 그리고 태극학회의 국가와 국민의 개념에는 애국계몽가 자신들의 자기계층 중심적인 것이 크기 때문에 여기에서 형성될 인간은 부르주아지 중심의 사회에서 요구되는 人間像일 가능성이 크다.

---

37) 주 26) 참조.
38) 崔錫夏, 「平和會義에 대ᄒ 余의 所感」, 『태극학보』 제9호, 24쪽.

Ⅳ. 普通敎育 중심의 國民敎育論

앞에서 살펴본 태극학회의 교육목표와 교육내용, 그리고 더 나아가 태극학회의 교육관을 명확히 밝히기 위해서는 태극학회가 생각하는 敎育의 範圍를 밝히지 않을 수 없다. 그리고 이것은 태극학회가 교육을 통해 어떤 인간상을 길러내려 했는가를 드러내준다.

태극학회는 국권회복을 교육의 목표로 삼고 교육의 내용으로 신교육과 애국주의교육을 강조하면서 무엇보다도 시급한 것이 國民敎育임을 주장하였다.

태극학회는 우리나라에 신교육의 풍조가 고양되어 외국어학교가 생겼으되 거기에서 공부한 학생들의 대부분이 外人의 통역에 만족하거나 사리사욕을 찾는 일에 열중하고 있고 또 청년들은 개화병에 걸리는 등 청년의 정신이 부패하고 사상이 비루한 상황을 지적하고, 이는 그 원인이 다름 아닌 국민교육의 부진에 기인한다고 보았다.39) 즉 신교육을 해 나가더라도 국민교육을 기반으로 하지 않으면 원래의 목표에 도달할 수 없다는 것이다. 다시 말하면 국민교육의 기반이 닦여져야만 新敎育에서 효과를 얻을 수 있고 궁극의 목표인 국권회복에 도달할 수 있다는 것이다.

이 같은 사고는 역사의 주체는 國民이라는 기본시각에서 나온 것이라고 할 수 있다. 태극학회는 국민을 다음과 같이 파악하고 있다.

> 然則獨立自由는 我韓時代의 要求오 我韓國民의 希望이라 此理想을
> 貫徹홀者 — 卽 我韓의 大人物이니 誰가 如此혼 大責任을 負擔ᄒ겠ᄂ
> 뇨 …… 卽義務를 知ᄒᄂ 國民이라 ᄒ노라 …… 古人이 云ᄒ되 大英雄

---

39) 張膺震, 「我國 敎育界의 現象을 觀ᄒ고 普通敎育의 急務를 論홈」, 『태극학보』 제1호, 14쪽. "近日我國의 開化病痛이라 …… 其發源을 推究ᄒ면 靑年의 罪가 아니오 實은 社會精神의 腐敗와 國民敎育의 不振에 起因홈이로다"

> 이 大國民만 不如ᄒ다ᄒ니 至哉라 此言이여 …… 東西洋古今歷史를
> 閱考홈에 英雄이 建設ᄒ 國家ᄂ 其運命이 短ᄒ고 國民이 建設ᄒ 國家
> ᄂ 其運命이 長ᄒ도다.40)

즉 이같이 국민의 기본적인 힘과 의무 속에서만이 국가가 존립할 수 있고 독립·자유도 되찾을 수 있다고 보고 있다.

이러한 기본 시각 아래 태극학회는 국민교육의 진흥을 강조하고 이를 위해서는 무엇보다도 普通敎育이 우선되어야 한다고 주장하였다. 즉 건전한 국민을 양성코자 하면 小學時代 敎育에 주목하지 않을 수 없는데 그것은 아동의 순수한 머리에 건전한 정신과 습관을 주입할 수 있는 것은 소학시대이기 때문이라고 보았던 것이다. 태극학회는 국민들에 대한 광범한 보통교육이 무엇보다도 먼저 시행되어야함을 다음과 같이 강조하고 있다.

> 此普通敎育이 普及完成홈으로써 國民의 敎育이 畢ᄒ다 謂홈이 아니
> 라 實로 普通敎育이 無ᄒ면 個人으로써 自己의 職分을 完守ᄒ야 文明
> 社會에 容立키 難ᄒ고 國家에 對ᄒ야 國民의 義務를 盡ᄒ기 不能ᄒ리
> 니 普通敎育은 人民의 一大義務요 國家의 一大任務라 稱ᄒ리로다.41)

그리고 이 같은 국민들에 대한 광범한 보통교육이 먼저 시행된 다음에야 각기 전문적 교육이나 기술교육·어학교육 등이 효과를 거둘 수 있고 그렇지 못한 경우에는 교육이 효과를 거둘 수 없다고 강조하였다.42)

태극학회는 보통교육은 尋常小學과 高等小學校로부터 中學校까지라고 보고, 그 과목은 지리·역사·물리·화학·수학·수신·국어·작문·博物·도서·체조·외국어 등이라고 규정하고 있다.43)

---

40) 崔錫夏, 「韓國이 渴望ᄒᄂ 人物」, 『태극학보』 제7호, 16쪽.
41) 張膺震, 「我國敎育界의 現象을 觀ᄒ고 普通敎育의 急務를 論홈」, 『태극학보』 제1호, 15~16쪽.
42) 雙城樵夫, 「二十歲僅內外 靑年의 敎育範圍」, 『태극학보』 제23호, 18~19쪽.
43) 李東初, 「少年國民의 養成」, 『태극학보』 제16호, 9쪽.

이 같은 태극학회의 보통교육의 강조는 幼年者에 대한 즉 소위 少年 國民에 대한 교육인 소학교육의 강조로 귀착되었으며, 이에 따라 다음의 몇 가지를 주장하게 되었다.

첫째, 태극학회는 義務敎育制度를 시행할 것을 주장하였다. 태극학회는 일개의 완전한 독립국을 형성하려면 지금의 세계에 상응하는 보통지식을 주입하여 실력을 양성하여야 하는데, 이 중대한 업무를 私營에 일임하고 國家에서 담당치 않으면 교육의 정신이 일반국민에게 널리 보급되지 못한다고 보고 의무교육제도를 실시하여 교육을 널리 보급할 것을 주장하였다.[44] 태극학회는 교육행정에 관한 공법상의 가장 중요한 원칙을 就學義務라고 규정하였다. 즉 아동들이 일정한 기간에 일정한 정도의 교육을 받을 수 있게 해야 한다는 것이다. 국민에게 상당한 지식과 기능을 교수하는 것은 국가존립의 제1요건이므로 강제적으로 취학시키는 것을 의무화해야 한다는 것이다.[45]

둘째, 태극학회는 普通敎育(小學敎育)을 잘 하기 위해서는 무엇보다도 올바른 교사가 필요하고 이를 위해 교사양성이 시급하다고 보았다. 교사란 장래의 少年國民을 양성함에 중대한 책임을 가졌음으로 상당한 지식과 도덕과 품행과 이상을 구비한 사람이어야 하는데,[46] 우리나라의 경우 정규사범학교 졸업생은 드물고 보통학교, 중학교 졸업생이거나 또 외국유력자 또는 외국교사 등이 교육을 담당함으로써 교육의 실을 거두기 어려운 실정이라고 통감하였다. 교사들을 보면 심지어 교수방법에서 구습을 그대로 답습하고 있거나 내용면에서도 구태의연하고, 국민정신을 실추케 하는 외양만의 풍조에 치닫고 있다는 것이다.[47]

---

44) 張膺震, 「我國國民敎育의 振興策」, 『태극학보』 제3호, 7~8쪽.
45) 鄭錫迺, 「敎育行政」, 『태극학보』 제13호, 1쪽. "대개 國民의게 相當흔 學識과 技能을 敎授홈은 國家存立의 第一要件이니 고로 强制力으로써 就學ᄒᆞᆫ 것을 義務로 負擔케홈이라"
46) 浩然子, 「敎育界의 思潮」, 『태극학보』 제19호, 6~7쪽.
47) 張膺震, 「我國國民敎育의 振興策」, 『태극학보』 제3호, 9~10쪽.

그러므로 교사의 양성이 무엇보다 시급하고[48] 이를 위해 국가는 외국의 제도를 본 따 사범학교를 관립으로 설립하고 일체의 경비를 다 들여 교사를 양성할 것을 강조하였다.[49] 또 시급히 경성에 敎員養成所를 설립하여 각 군의 才德이 특출한 사람들을 받아 일정기간 교육시킨 후에 각기 고향에 돌아가 普通學校, 小學校의 교원으로 종사하도록 하자고 하였다.[50] 교원양성소의 교원은 外國留學 卒業生을 초빙하자고 하였다.

셋째, 태극학회는 보통교육의 실시를 지금까지의 독지가 유지 중심의 私營에만 맡기지 말고 국가가 더불어 추진해 나갈 것을 강조하였다. 태극학회는 교육을 사인의 경영에만 맡기는 영국과 같은 放任主義와 독일과 같은 국가가 오로지 하는 國家主義는 다 폐해가 있으므로 프랑스와 같은 병행주의로 나아가자고 주장하였다.[51] 즉 초등교육은 그 설비가 간단하므로 가정이나 사립학교에서 시행하는 것이 가능하지만, 국가는 교육보급을 위해 교육을 私人에게만 맡기지 말고 직접 경영하자고 하고 있다.

위의 세 가지 주장에 덧붙여, 태극학회는 광범한 국민교육론에 입각하여 아동교육은 가장 순수한 영아 때부터 시작해야만 효과가 있으므로 아동교육에 힘쓰자고 강조하였으며,[52] 아동교육은 가정교육을 통해서 이루어지는 면이 크므로 학교 · 사회교육에 못지않게 가정교육이 중요함을 역설하였다.[53] 또 아동교육 · 가정교육의 담당자는 여성이므

---

48) 秋醒子, 「師範養成의 必要」, 『태극학보』 제26호, 9~13쪽.

49) 張膺震, 「我國國民敎育의 振興策」, 『태극학보』 3호, 11쪽.

50) 浩然子, 「敎育界의 思潮」, 『태극학보』 제19호, 9쪽.

51) 金鎭初, 「國家와 敎育의 關係」, 『태극학보』 제16호, 6쪽. 프랑스와 같이 국가에서도 경영하며 개인의 사업으로도 허용하는 것이 가장 바람직한 제도라고 강조하였다.

52) 金洛泳, 「ᄋᆞ히기르는 방법」, 『태극학보』 제2호, 35~38쪽 : 硏究生, 「兒童敎育說」, 『태극학보』 제22호, 21~24쪽 : 禹敬命, 「집안에서 어린ᄋᆞ히기르는법」, 『태극학보』 제11호, 37~40쪽.

53) 張啓澤, 「家庭敎育」, 『태극학보』 제2호, 10~12쪽 : 吳錫裕, 「家庭敎育」, 『태극학보』 제6호, 21~24쪽. 태극학회는 외국의 「가정교육법」을 여러 차례에 걸쳐 번역 · 소개하기도 하였다.

로 여성교육에도 힘써야 한다고 주장하였다.54)

이 같은 태극학회의 普通敎育 중심의 國民敎育論을 살펴볼 때 태극학회가 엘리트나 소수가 아닌 광범한 국민을 교육의 대상으로 삼고 있었음을 알 수 있다. 이는 태극학회가 교육의 영역을 전 국민으로 넓혔다는 것을 말하여준다.

그러면 태극학회가 교육의 영역을 국민으로 넓힌 속에서 길러내고자 하는 國民의 像은 어떤 것이었는가? 이 문제는 앞서도 언급하였지만, 태극학회가 생각하는 바람직한 국민의 상은 개인적 차원에서의 직분을 다 해내는 것뿐만 아니라 국민의 의무를 다하는 다름 아닌 국권회복이라는 국가의 목표에 이바지할 수 있는 인간이었다. 태극학회는 바로 보통교육을 통해서 이 같은 인간을 길러내고자 하였던 것이다.

이는 교육과 국가와의 관계에 관한 태극학회의 기본입장에서도 잘 드러난다. 태극학회는 교육이란 국가와 개인이 같이 해나가는 竝行主義가 가장 이상적이라고 생각하였지만, 당시의 상황에서 교육이 좀 더 하나의 원칙 아래서 추진되기를 바라고 있고 특히 국권회복이라는 교육의 목표에 따라 거기에 맞는 인간을 키워내기 위해서는 국가의 강압 아래서라도 교육이 추진되어야 한다고 보았던 것이다.

이렇게 볼 때 太極學會의 國民敎育論은 大衆敎育論이라는 차원에서 교육의 영역을 전국민으로 넓혔다는 점에서 높이 평가할 수 있다. 하지만 반면 거기에서 키워질 인간은 자못 국권적 가치관만을 앞세우는 규격화된 인간일 가능성이 높다.

---

54) 金洛泳, 「녀즈교육」, 『태극학보』 제1호, 38~42쪽: 朴相洛, 「隨感隨筆」, 『태극학보』 제1호, 47~48쪽.

V. 近代敎育의 문제점 시정 촉구

태극학회는 新敎育과 普通敎育 중심의 國民敎育論 등을 주장하면서
도 당시 근대교육이 시행되는 과정에서 많은 문제점들이 빚어지고 있
음을 직시하고 그 문제점들을 고쳐나갈 것을 주장하였다. 당시 교육의
강조로 많은 근대학교들이 설립되고는 있으나 그 학교들이 본래의 역
할과는 거리가 먼 출세의 발판으로 전락하고 있으며[55] 被敎育者들은
교육을 조금받으면 사리사욕을 찾는 일이나 외인의 통역에나 만족하
는 등 민족구국교육이라는 본래의 의도에서 크게 벗어나고 있음을 지
적하였다.[56]

무엇보다도 먼저 태극학회는 당시 학생계에 대하여 무한한 애정을
갖고서 충고하였다. 즉 국권회복과 民智의 文明, 그리고 민심의 단합을
위해 학생들이 당시 근대교육과정에서 갖게 되는 문제점을 고쳐 나갈
것을 강조하였다. 특히 학생들이 '지금의 시대는 民權自由의 時代다'라
는 미명 하에 또는 신학을 오해하여 지켜야 할 본분과 예의에서 벗어나
는 경우가 있어, 근대교육을 받은 학생들의 명예를 땅에 추락시키고 있
음을 지적하고, 학생들이 앞날의 주인공이 되어야 할 것을 권고하였다.

> 嗚呼諸氏여 曁自今으로 道德性을 善養ㅎ고 技術學을 精究ㅎ면 他
> 日 文明社會의 主人翁이 되야 諸氏의 一擧手에 二千萬人이 山斗갓치
> 信仰ㅎ고 諸氏의 一號令에 二千萬人이 天柱갓치 倚望ㅎ리니[57]

그리고 학생들이 교육을 받는 피교육자로서 순수하게 교육에 임하
고 있는 것이 아니라 學課를 仕官에 나가기 위한 하나의 단계로서만 생

---

55) 中叟, 「內地各學校設廢의 情形」, 『태극학보』 제25호, 15~21쪽 : 桂奉瑀, 「學校의 弊害」, 『태극
　　학보』 제26호, 17~21쪽.
56) 張膺震, 「我國敎育界의 現象을 觀ㅎ고 普通敎育의 急務를 論홈」, 『태극학보』 제1호, 14쪽.
57) 松南, 「我國學生諸氏여」, 『태극학보』 제26호, 9쪽.

각하고 매사에 자유라는 미명 아래 윤리상에 不恭不敬한 일이 허다하
게 일어나고 있음을 지적하였다.58)

　다음으로 태극학회는 교육담당자인 敎師의 자질·노력 등을 크게
중요시하고, 당시 교사들이 교육자로서 상당한 지식과 도덕과 품행과
이상을 구비하지 못하고 있음을 지적하였다. 특히 정식의 사범학교 졸
업생은 드물고 교사자격이 불충분한 사람들이 대부분 교직을 맡게됨
에 따라서 교수방법이나 내용이 수준 이하에 머무르고 있다는 것이
다.59) 즉 태극학회는 近代學校가 설립은 되고 있으나 그 학교에서 교육
이 올바로 이루어지지 못하는 중요한 이유가 교사의 영도력 부족에 있
다고 분석하였던 것이다.60) 심지어 어떤 학교의 경우는 옛날의 서당에
다 그대로 모 사립학교라는 명칭만을 붙여서 운영할 뿐이며 그 교육내
용은 옛날 교육 그대로이고 교사도 전혀 자격을 갖추지 못한 사람들로
구성되어 국권회복이라는 교육의 목표와도 거리가 먼 한심한 상황이
벌어지고 있다는 것이다.

　그러므로 學校敎育에서 성과를 얻기 위해 무엇보다도 시급한 것이
敎師의 養成임을 강조하였으며,61) 또한 교사들에게는 교사로서 마땅
히 해야 할 그 구체적 지침서를 제시하고62) 특히 소학교의 교사들에게
는 다음과 같은 당부를 하였다.

　　莫大흔 國家를 建設홀 第二國民을 養成흠은 小學敎員의 職分이니
　　宜當히 國民의 先覺者로써 自任홀거시오 子弟를 率흠에도 口로써 흐

---

58) 桂奉瑀, 「學校의 弊害」, 『태극학보』 제26호, 17~18쪽.
59) 浩然子, 「敎育界의 思潮」, 『태극학보』 제19호, 6~7쪽.
60) 桂奉瑀, 「學校의 弊害」, 『태극학보』 제26호, 8쪽.
61) 浩然子, 「敎育界의 思潮」, 『태극학보』 제19호, 9쪽 : 秋醒子, 「師範養成의 必要」, 『태극학보』 제
　　26호, 9쪽.
62) 勸學子, 「小學校敎員의 養成」, 『태극학보』 제18호, 13~16쪽.

지말고 道로써 ᄒ라 古人이 云ᄒ되 我는 道로써 天下를 救援ᄒ리니
…… 道라흠은 心을 原ᄒ고 理를 從흠이라 ᄒ엿슨즉 人物을 養成코져
ᄒ는 小學敎員이여 此言을 深亮ᄒ라.63)

또한 태극학회는 학교교육이 제대로 시행되지 못한 중요한 이유로
부적격한 學校設立者나 運營者들을 지적하였다. 즉 일부의 설립자들
이 기분과 유행으로 학교를 설립함으로써 기본시설을 제대로 갖추지
않고 교육을 시작하고 있으며 조금이라도 어려운 상황에 처하면 예사
로 학교 문을 닫기까지 하고 있음을 한탄하였다.64) 전혀 교육에 대한
뜻과 이상이 없는 인사들이 有志者로서 자처하며 우후 죽순격으로 학
교를 설립하여 근대교육의 발전에 차질을 가져오고 있다는 것이다.65)

태극학회는 近代學校 設立의 동기를 세 가지로 분류하고 있다.66) 첫
째는 愛國志士가 학교설립이 급무임을 알고 설립하는 경우, 두번째는
협잡배들이 학교설립을 빙자하여 공적인 지원과 사적인 의연금을 뜯
어내기 위한 경우, 세번째는 인근지역에서 학교가 설립되면서 자기 지
역에 공공재산과 의연금을 청구하면 반드시 필요하지 않은 경우라도
학교를 설립하는 경우이다. 태극학회는 두번째, 세번째의 경우는 원래
의 교육의 뜻에 맞지 않은 경우이기 때문에 오히려 교육발전에 차질을
가져오고 문제를 야기시키고 있다고 지적하고, 개인의 명예를 탐하고
사리사욕의 야심에서 학교를 세운 설립자들에게 회개하고 학교운영에
전력을 다하여 분발할 것을 촉구하였다.67)

그리고 위와 관련하여 재정의 곤란, 교과서의 미비68) 등을 근대교육

---

63) 浩然子, 「小學校員의 天職」, 『태극학보』 제17호, 7쪽.
64) 浩然子, 「敎育界의 思潮」, 『태극학보』 제19호, 8쪽.
65) 桂奉瑀, 「學校의 弊害」, 『태극학보』 제26호, 8쪽.
66) 中叟, 「內地 各學校 設廢의 情形」, 『태극학보』 제25호, 17쪽.
67) 浩然子, 「敎育界의 思潮」, 『태극학보』 제19호, 4~11쪽.
68) 앞의 글, 6~7쪽.

의 문제점으로 지적하였다.

태극학회가 이같이 강력하게 근대교육의 문제점 시정을 촉구하였던
것은 근대교육이 좀 더 철저하게 태극학회가 원하는 敎育目標 · 敎育
內容 · 敎育方向으로 나아가도록 하기 위한 것이었다.

Ⅵ. 맺음말

태극학회의 교육관은 다음 몇 가지의 특성으로 결론지을 수 있겠다.

첫째, 태극학회가 교육을 통하여 길러 내고자 한 바람직한 人間像은
무엇보다도 國權을 앞세우는 인간이었다는 점이다.

교육 본래의 목적인 인간을 인간답게 하는 것, 즉 성장 · 발달에 유의
하면서 아동을 하나의 독립된 인격체로서 육성한다는 관점이 소홀히
되고 있다. 즉 국권회복이라는 당면의 과제 앞에서 교육의 본래의 목적
은 부차적으로 되고 교육이 국권회복의 방법 · 도구로서만이 존재함으
로써 여기에서 길러지게 될 인간상은 國權主義的 人間일 수밖에 없었
던 것이다.

둘째, 태극학회가 추구한 교육의 내용은 지 · 덕 · 체의 균형적 교육
에 기초한 新敎育과 精神敎育, 愛國主義敎育이었다. 더욱이 국권주의
적 인간을 바람직한 인간상으로 여기고 있었던 태극학회는 자연히 정
신교육에 치중할 수 밖에 없었다. 태극학회가 구상한 애국은 국가의 혼
(朝鮮魂)을 위해 매진하는 것으로서 이는 국가를 위해 자기의 생명을
초개같이 여기는 것이라고까지 보았다. 즉 애국이라는 것을 국가에 대
한 헌신적이며 무조건적인 사랑으로 파악하여 그 國家가 지향하는 방
향을 접어둔 채 국민은 국가에 대해 愛國을 해야 한다고 보았다. 따라
서 태극학회가 구상하는 애국주의교육에 따라 교육을 시행할 때 거기

에서는 자연히 國權主義的 인간이 형성될 수 밖에 없었다.

셋째, 태극학회는 普通敎育 중심의 國民敎育을 강조하였는데 이는 교육의 주체를 광범위한 국민으로 설정한 것으로 교육의 영역을 크게 넓혀 나갔다고 하겠다. 교육을 소수의 엘리트 중심의 것이 아닌 전체 국민의 것으로 보고 국민교육을 강조하였던 것이다. 즉 국민의 기본적인 힘과 의무 속에서만이 국가가 존재할 수 있고 독립·자유도 되찾을 수 있다고 보았기 때문이다. 그러나 태극학회가 광범한 국민교육을 통해서 길러내고자 하였던 인간상은 역시 국민의 의무를 다하는 국권회복에 이바지할 수 있는 인간이었다. 이렇게 볼 때 태극학회의 국민교육론은 교육의 영역을 전체 국민으로 넓혔다는 점에서는 높이 평가할 수 있지만, 반면 거기에서 키워질 인간은 자못 규격화된 인간이었다고 하겠다.

넷째, 위와 같이 敎育目標·敎育內容·敎育領域이 확고하였기에, 태극학회는 신학문·신교육을 강조하였으되 선진국 일변도의 근대주의 교육에 치중하는 것에 대해서는 극히 경계하고, 당시 근대교육에서 빚어지고 있었던 문제점 시정을 강력히 촉구하였다. 즉 당시의 근대교육이 좀 더 철저하게 태극학회가 원하는 교육목표·교육내용·교육결과로 나아갈 수 있도록 교육과정에서 생겨나는 문제점을 시정하도록 하였던 것이다.

몇 가지의 특성으로 결론지을 수 있는 태극학회의 교육관을 볼 때 당시 愛國啓蒙運動家·愛國啓蒙團體들이 구상하였던 敎育觀이 어떠한 것이었는가를 생각해 볼 수 있다. 즉 당시의 교육사상은 순수한 인격체 형성을 위한 교육으로서보다는 국권주의적 속성이 강하고, 또 거기에서 길러질 인간상은 자못 패권주의적 경쟁체제 속에서 살아남으려는 데만 매진하는 생존경쟁·우승열패의 개념에 철저한 인간상일 가능성이 많다. 더욱이 부르주아지가 중심이 되는 애국계몽가들의 국민·국

가의 개념에는 자기계층 중심적인 것이 철저하기 때문에, 애국계몽운
동가들이 교육을 통하여 양성코자 하였던 인간상은 자기계층 중심의
국가에 헌신하는 그런 인간상이었다고 결론지을 수 있다.

(『釜山女大史學』제6·7합집, 1989년 12월, 부산여대사학회)

제3장

韓末 西友學會의 愛國啓蒙運動과 思想

Ⅰ. 머리말

개항 이래 우리 근대사에 있어서 민족의 중심문제는 半封建·半侵略의 문제로 일관되어 왔는데, 1905년 을사늑약에 의하여 국권이 박탈되고 식민지화 정지작업이 강요되자, 이제 우리의 문제는 일본 제국주의로부터의 국권회복으로 집중되었다. 당시 한국 민족의 국권회복운동은 愛國啓蒙運動과 義兵運動으로 전개되었다.

의병운동은 국권상실이란 민족적 국가적 위기에 직면하여 일본에 맞서서 무력으로 투쟁하여 국권을 되찾으려는 무력항쟁으로서 당초에는 유생층이 선도적 역할을 수행하였다. 그리고 이 운동은 1907년 고종 강제 퇴위와 조선군대해산을 계기로 전국적 규모로 확대되었으며 의병과 지도층의 사회적 구성도 광범위한 사회층으로 보충되었다.

애국계몽운동은 한국민족의 실력(힘)이 일본제국주의 실력(힘)보다 현저히 부족하다고 인식한 사람들이 이를 양성하여 국권을 회복하려는 민력양성운동이었다. 이 운동을 이끌어간 사상은 개화자강사상을 계승한 애국계몽사상이었다.

애국계몽운동이 전개된 부분은 정치 · 경제 · 사회 · 교육 · 문화 · 언론 · 종교 · 문학 · 예술 · 학술 · 군사 등 모든 분야에 걸친 것이었다. 분야별로 성과의 차이가 있긴 하지만 총괄적으로 짧은 기간에 다대한 성과를 내어 민족 역량을 크게 증강시킨 것이 사실이었고 이때 양성한 실력이 독립운동의 가장 큰 원동력을 공급하였으며 3 · 1 독립운동으로 폭발하여 일단 결실을 맺어 주었다.

이같이 애국계몽운동이 활발히 전개되어 그 후의 국권회복과 독립쟁취의 실력을 공급할 수 있었던 배경은 무엇보다 민중의 자각에 의한 애국적 분발을 들 수 있겠다. 당시 민중들은 일본의 정치 · 경제적 침탈에 의하여 국권을 상실하여 가고 생활의 기반을 잃어 가는 과정에서, 신흥시민층의 성장, 근대교육의 성장, 잡지 · 신문 · 지식인의 계몽의 영향으로 각기 나름대로의 위기의식을 갖고 국권회복운동에 주체 · 객체로서 열렬히 참여하였던 것이다.

또 하나의 배경으로는 애국계몽운동가들의 단체 활동을 들 수 있겠다. 즉 개인 차원이 아닌 집단과 조직으로 구국운동을 전개함으로써 민중의 계몽과 실력양성에서 많은 성과를 얻을 수 있었던 것이다.

이렇게 애국계몽운동을 전개하기 위한 단체들이 설립되기 시작하였을 즈음 西友學會는 운동의 초기 단계에 關西地方의 知識人과 新興市民層에 의해 조직된 단체였다. 당시는 몇몇 선구적 애국계몽운동가들에 의해 운동이 전개되는 정도의, 아직은 민중의 총력을 끌어들이지 못하고 있었던 단계였다. 따라서 서우학회는 애국계몽운동의 초기단계에서 선구적 역할을 한 것으로 보아야 할 것이고 다른 단체 활동의 모델이 되었으며 근간이 되었던 단체로 보아야 할 것 같다.

그리고 관서지방은 애국계몽운동의 중심이 되었던 지역이고 민중의 활약이 가장 활발하였던 곳이며, 많은 애국계몽운동가들이 관서지방 출신이었음을 볼 때 서우학회가 비록 지방 인사에 의한 단체라 하더라도 애국계몽운동기에 소홀히 볼 수 없는 단체라 하겠다.

그런데 종래 서우학회는 단순히 교육운동만을 해온 지역 학회만으로 언급되어 왔고, 또 서북학회의 전신으로만 언급되어 왔을 뿐 그 활동과 사상을 분석하여 그 전체적 실상을 밝힌 바가 없었다.

그리하여 본고에서는 愛國啓蒙運動의 樣相과 思想의 전개를 밝히고자 하는 하나의 시도로 서우학회의 전체적 실상을 실증적으로 분석코자 한다.

II. 西友學會의 設立과 組織

1. 西友學會의 設立

서우학회는 憲政研究會를 모태로 1906년 4월에 창립된 대한자강회의 실력양성운동이 전개되고, 또한『大韓每日申報』·『皇城新聞』·『帝國新聞』등 언론의 계몽운동이 전개되고 있던 1906년 10월에 설립되었다.

당시 개화자강파 인사를 비롯한 지식인들은 국권피탈의 근본적 원인이 힘이 약한 데 있음을 각성하기 시작하였으며, 특히 신지식층과 신흥시민층이 사회적 주도 세력으로 현저히 등장하였었던 관서지역에서는 이러한 각성이 다른 지역보다 훨씬 앞서 있었다. 바로 이러한 분위기 속에서 서우학회가 설립되었던 것이다.[1]

주축이 되었던 인물들을 보면, 朴殷植·金秉熹·申錫廈·張應亮·金允五·金秉一·金達河·金錫桓·金明濬·郭允基·金基柱·金有鐸 등 12인이 발기인이 되었고, 그 외 鄭雲復·姜華錫·柳東作·崔在學·安秉瓚·李甲·柳東說·盧伯麟·李裕禎·玉東奎·鄭在和·朴景善·

---

1) 國史編纂委員會(편)(1965),『獨立運動史』1, 957쪽.

李達元 등이 중심이 되었다.[2]

이러한 서우학회의 모체로서의 역할을 하였던 것으로 다음 몇 개의 단체와 집단을 들 수 있겠다.

첫째, 1906년 4월에 설립되어 국력회복을 위한 정치 사회활동을 폈던 大韓自强會를 들 수 있다. 이 단체는 尹致昊·張志淵·尹孝定을 주축으로 鄭雲復·金明濬·呂炳鉉·金相範·南宮薰·林炳桓·崔在學·安秉瓚 등이 중심이 되어 교육·산업을 통한 국력배양을 촉구하였던 정치단체였다.[3] 자강회가 주장한 의무교육실시안은 정부에 의해 거부되었지만 서우학회에 의해 평양 지방에 실시되기도 하였다.

둘째, 基督敎靑年會를 중심으로 활동하여 온 애국계몽집단을 들 수 있다. 기독교청년회는 매주 연설회·토론회를 열고 민중의 애국심을 고취하고, 민중에게 근대적 신정신·신지식을 전달하였던 집단이다.[4] 鄭雲復·玉東奎·崔光玉 등 많은 사람들이 연사와 교사로서 활동하였다.

셋째로는 李儁·李原兢·徐相八·全德基 등에 의해 1904년 9월에 설립된 國民敎育會[5]를 들 수 있다. 이들은 당시 정치활동이 용인되지 않고 문화와 교육에 관한 것만이 용인되자 국민교육회를 조직하고 국민교육을 전반화하고자 하였다. 그리하여 夜學校인 普光학교를 열고 노동청년과 상공청년들을 계몽하였고, 1906년 9월에는 유지들의 도움으로 漢南學敎를 설립하였으며,[6] 10월에는 국민교육문화 운동에 더욱 매진코자 李東輝·李甲·玄采·柳瑾 등을 보강하여 전국적으로 운동을 전개했다.[7]

---

2) 「西友學會趣旨書」, 『大韓每日申報』 1906년 10월 6일 雜報.
　「西友學會趣旨書」, 『皇城新聞』 1906년 12월 1일 雜報.
3) 李鉉淙(1966), 「大韓自强會에 대하여」, 『진단학보』 29·30집, 157쪽.
4) 姜在彦(1980), 『朝鮮의 開化思想』, 岩波書店, 363쪽.
5) 柳子厚(1947), 『李儁선생전』, 東邦文化社, 115~122쪽 참조.
6) 『大韓每日申報』 1906년 9월 25일 雜報.
7) 『大韓每日申報』 1906년 10월 13일 雜報.

넷째로는 전·현직 武官으로 애국계몽운동을 전개하였던 집단을 들수 있겠다. 柳東說·盧伯麟·金有鐸·金達河·李甲 등으로 이들은 당시 실력 양성의 중요 관건으로 체육교육·상무교육을 강조하고 언젠가 올 국권회복전쟁에 대비할 것을 주장하였다.8)

다섯째로는 『大韓每日申報』·『帝國新聞』·『皇城新聞』 등의 언론을 통해 계몽운동에 참여하였던 집단을 들 수 있다. 朴殷植·鄭雲復 등은 언론활동에 참여하여 民智를 계발하는 데 노력하였다. 이들 신문들은 서우학회의 활동을 일일이 雜報를 통해 소개하여 서우학회의 계몽운동에 많은 효과를 주었다.

이 다섯 개의 단체·집단의 인사들은 대체로 獨立協會·萬民共同會運動을 시작으로 改革黨運動·憲政硏究會 등의 일련의 정치활동에 참여하였던 개화자강파 노선의 지식층으로서 이들은 을사늑약에 의한 사태의 근본적인 변동에 대처하여 종래의 개화운동을 국권회복운동으로 전환시켰던 것이다.

서우학회는 바로 이 같은 다섯 개의 애국계몽단체와 집단을 근간으로 關西地方 인사들에 의해 설립되었다.

이들은 정치활동을 표면에 내세울 수 없는 시점에서 學會라는 명칭으로 敎育振興運動만을 표방한 것으로 내세웠지만, 그 실제적 목표는 民力 養成을 통한 국권의 회복과 인권의 신장이었다.9) 그리고 학회의 운영도 대중적 역량에 기반을 두고자 개방적으로 하여, 관서지방민이라면 官과 民을 상관치 않고 누구나 회원으로 받아들이는 것을 원칙으로 하였다.10)

---

8) 國史編纂委員會(편)(1965), 『獨立運動史』1, 950쪽. 安重根의 伊藤博文 암살사건 심문 과정 기록에서 당시 애국계몽운동가들에 대한 평이 나오고 있다.

9) 國史編纂委員會(編)(1965), 『獨立運動史』1. 885쪽에서 學會의 性格을 논평한 統監報告書가 나오고 있다 : 日本外務省(編), 『일본외교문서』第40卷 1冊, 568쪽. 西友學會의 政治活動에 대해 統監이 日本政府에 보고하고 있다 : 柳子厚(1947), 앞의 책, 124쪽. 西友學會의 排日思想·政治團體로서의 활동을 말하고 있다.

1906년 10월 26일 임시총회[11]가 개최되었는데 108인이 참석하였으며 임시 서기인 金有鐸의 취지서 낭독과 임시 회장인 金明濬의 서우학회 취지에 관한 설명이 있었다. 그리고 柳東作·鄭雲復·金明濬의「學術研究의 主義」와「社會團合의 理由」라는 주제의 연설이 있었다.

이때 선출된 임원은 회장에 鄭雲復, 부회장에 金明濬, 평의원에 李甲·柳東說·柳東作·金達河·安秉瓚 등이었다.

이들 임원들의 당시 활동상황을 보면 鄭雲復은 독립협회·만민공동회·개혁당·대한자강회 등에서 활약하여 온 당시의 대표적 애국계몽운동가로 기독교청년회와 각 사회단체의 연사로서도 활약하였고, 제국신문사의 사장으로 취임하기도 하였다. 金明濬과 金達河는 군수 등의 관직에 있었던 관료들이었으며, 金明濬은 독립협회·만민공동회와 대한자강회운동에도 참여하였던 인사였다. 安秉瓚은 대한자강회의 평의원을 역임한 인물로 후에 平北 檢査로 임명되었다. 李甲은 독립협회·만민공동회와 개혁당·국민교육회 등에서 활동해 온 현직 무관으로 서우학회 설립시 재정적으로 많은 기여를 했고 계속 매달 300원씩을 기부금으로 내놓았다. 柳東作도 李甲과 같이 무관으로 서우학회 설립 시에 회관 건물을 기증하였다.[12]

이같이 서우학회의 초기 지도층은 앞서의 다섯 개의 단체·집단을 중심으로 활동하여 온 지식인·관료·무관들이었다.

2. 西友學會의 趣旨와 目標

서우학회의 設立 趣旨는 당시 자신들의 시대에 대한 사회진화론적

---

10)「西友學會」,『皇城新聞』1906년 10월 27일 雜報.
11)「西友學會」,『皇城新聞』1906년 10월 27일 雜報:「西友開會 第一回」,『大韓每日申報』1906년 10월 28일 雜報:『西友』제1호, 45쪽 會錄.
12)『西友』제1호, 50쪽 第一回 寄金收納報告.

인식에서 출발하고 있다. 즉 지금은 제국주의의 시대로 강력한 힘을 가진 나라나 민족이 약한 나라나 민족을 침략하는 優勝劣敗와 弱肉强食의 논리만이 적용되는 시대라고 보았다. 그러므로 優·勝者가 되기 위하여는 强者가 되기 위한 실력양성을 강구하지 않을 수 없다고 보았다.

이 같은 서구 시민사상의 흐름인 사회진화론이 우리나라에 본격적으로 받아들여진 것은 1900년대로 주로 梁啓超의 저서들이 읽혀지면서 자연스럽게 수용되었고 生存競爭·優勝劣敗·適者生存의 용어가 쓰여지기 시작하였다.13) 이 사회진화론은 을사늑약 이후 우리의 상황과 관련하여 일반 민중에게 위기의식을 주어 국권회복에 박차를 가하게 해준 사상이었다.

또한 서우학회는 民權思想(國民主權論, 國民國家論)에 기초하여, 국권회복을 위한 실력양성은 국민·민중을 기반으로 한 민력양성이어야 한다고 생각하였다. 즉 국가는 국민이 만드는 것이며 주권은 국민에게 있고 국력은 민력에서 나오는 것이라고 확신하였던 것이다. 이 같은 서구시민사상의 흐름이며 서구계몽사상의 흐름인 민권론·국민국가론·국민주권론도 역시 양계초의 저술을 통하여 수용되었다.14)

이와 같은 기본인식에서 출발하고 있는 서우학회의 취지를 보면 다음과 같다.15)

凡物이 孤ᄒ면 危ᄒ고 羣ᄒ면 强ᄒ하고 合ᄒ면 成ᄒ고 離ᄒ면 敗홈은 固然之理라. 矧今世界에 生存競爭은 天演이오 優勝劣敗ᄂ 公例라 謂ᄒᄂ故로 社會의 團體成否로써 文野를 別ᄒ며 存亡을 制ᄒᄂ니 今日 吾人이 如此히 劇烈ᄒ 風潮를 撞着ᄒ야 大而國家와 小而身家의 自保自全之策을 講究ᄒ면 我同胞靑年의 敎育을 開導勤勵ᄒ야 人才를 養成ᄒ며 衆智를 啓發홈이 卽是國權을 恢復ᄒ고 人權을 伸張ᄒᄂ 基礎라.

13) 李光麟(1979),「舊韓末 進化論의 受容과 그 影響」,『韓國開化思想研究』, 257쪽.
14) 愼鏞廈(1980),「韓末 愛國啓蒙思想과 運動」,『韓國史學』1집, 278쪽.
15)「本會趣旨書」,『西友』제1호, 1쪽 :「西友學會 趣旨書」,『大韓每日申報』1906년 10월 16일 雜報.

<blockquote>然이나 此重大 事業을 振起擴張고ᄌ ᄒ면 公衆의 團體力을 必資ᄒ
지니 此ᄂᆫ 今日 西友學會의 發起ᄒ 所以라.</blockquote>

서우학회의 목표와 취지를 정리해보면 다음과 같다.

첫째, 서우학회의 궁극적 목적은 국권을 회복하여 自由獨立國을 세우고 國民國家, 近代的 市民社會를 건설코자 하는 것이었다. 물론 국권회복이 무엇보다 시급하지만 국권회복과 국민국가의 건립이 불가분의 관계임을 주장한 것이었다. 이것은 당시의 개화파 인사들이 국권피탈의 상황에서 국권회복을 시급한 목표로 하고 있지만 近代 市民社會를 지향하는 방향에는 변함이 없음을 보여 준다.

둘째, 우리의 국권이 일제에 의해 피탈된 것은 힘이 없고 團結力이 약하기 때문이므로 무엇보다도 국권을 회복할 수 있는 실력을 양성하고 단결력을 강하게 해야 한다는 것이다.

셋째, 실력을 양성하기 위하여는 民力을 양성하여야 한다는 것이다. 이는 서우학회가 국가는 국민으로 구성되며 국가의 부강은 국민의 부강에서 나온다는 사상에 의거하고 있음을 나타내는 것이라 하겠다.

넷째, 團體力을 강하게 하여 국권회복을 할 수 있는 길은 단체를 설립하여 민력을 결집시키는 것이다. 이러한 민력의 결집을 강조한 점도 바로 국가는 국민으로 구성되므로 국가의 존립은 국민에게 달려 있음을 강조하는 것이다.

다섯째, 民力을 양성하고 민력을 결집기 위해 다음과 같은 사업을 하고자 하였다.

① 雜誌를 간행하여 민중의 지식을 계발코자 하는 것.

② 啓蒙活動을 통해 국민들에게 애국심을 고취시켜 국권회복을 위한 민력을 양성토록 촉구하는 것.

③ 學校를 설립하여 人才를 양성하는 것.

④ 각 사립학교의 敎育方針을 지도하는 것.

⑤ 留學靑年을 指導하는 것.

⑥ 討論會 등의 학회활동을 통해 회원들 서로간의 愛國心을 촉구하
   는 것.

3. 西友學會의 組織과 會員의 構成

서우학회는 漢城에 中央會를 두었는데 그 기구조직과 임원들을 보
면 회장 1인, 부회장 겸 總務員 1인, 評議員 20인, 敎務員 5인, 交際員 2
인, 會計員 2인, 庶務員 2인, 書記 2인, 司察員 2인으로 구성되었다.

그리고 따로 월보간행 사업을 위하여 주필 1인, 편집 1인, 協撰員 19
인을 두었다.

이러한 기구 구성은 서우학회 설립시에서 1908년 1월 서북학회로
통합될 때까지 일관성 있게 존재하였다.[16]

그 임원구성을 보면 다음과 같다.

    회 장 : 鄭雲復
    부회장(총무원) : 金明濬[17]
    교무원 : 朴殷植 · 盧伯麟 · 崔在學 · 李裕楨 · 玉東奎
    교제원 : 柳東作 · 金錫泰
    회계원 : 金達河 · 金允五
    서무원 : 鄭在和 · 朴景善
    서기원 : 李達元 · 金有鐸
    사찰원 : 崔在學 · 安秉瓚
    평의원 : 李 甲   柳東說   柳東作   金達河   安秉瓚
             姜華錫   朴殷植   申錫廈   金錫桓   金允五

---

16) 『西友』 제1호, 45~48쪽 會錄.

17) 제8회 통상회에서 김명준이 부회장직을 사면청원하여서(『西友』 제8호, 會報) 제9회 특별총
    회에서 金達河를 부회장겸 총무원으로 선출하였다(『西友』 제9호, 會報).

盧伯麟　金羲善　金亨燮　崔在學　金基柱
金舜敏　安　漢　呂炳鉉　李達元　金有鐸[18]

월보간행 사무임원
주　필 : 朴殷植
편　집 : 金明濬
협찬원 : 金達河　朴聖欽　金錫桓　柳東作　安秉瓚
　　　　崔在學　李裕楨　盧伯麟　周時經　李奎濚
　　　　金鳳觀　張應亮　玉東奎　田龍奎　郭允基
　　　　鄭雲復　鮮于叡　金有鐸　李達元

그리고 서우학회는 새로운 사업을 추진할 때마다 비상위원회를 두어 일을 추진시켰다. 開會順序基礎委員으로 柳東作·柳東說·安秉瓚 등을 선출하였으며[19] 月報規定 基礎委員으로 朴殷植·崔在學·金明濬·金達河·柳東作 등을 선출하였다.[20] 또한 師範夜學校 設立方法委員[21], 地方勸諭委員推薦委員[22]을 선출하고 地方規則 基礎委員으로 金明濬·柳東作·金有鐸을 선출하였으며[23] 국채보상관련 總代로 金達河·金有鐸을 선출하였다.[24] 그리고 平壤 各學校聯合運動會總代로 金明濬·金羲善을 뽑았으며[25] 支會規則 基礎委員으로 金達河·柳東作·

---

18) 金舜敏·安漢은 11월 8일에 열렸던 특별통상회에서, 呂炳鉉, 李達元, 金有鐸은 1906년 12월 1일에 열린 제2회 通常會에서 評議員으로 加選되었다(『西友』제1호, 46쪽 會報:『西友』제4호, 46쪽 會報). 그리고 제3회 통상회에서 評議員 李達元, 金有鐸, 金基柱 3人의 辭免을 받아들이고 대신, 金基東, 金秉憙, 吳奎殷 3人을 평의원으로 선정하였다(『西友』제3호, 43쪽 회보). 제5회 통상회에서 安秉瓚, 安漢이 사면청원하여(『西友』제5호, 43쪽 회보), 제7회 통상회에서 金潤漋(『西友』제7호, 會報), 제10회 통상회에서 金錫泰(『西友』제10호, 會報)를 평의원으로 선출하였다.
19)『西友』제1호, 46쪽 會報, 제1회 特別通常會錄.
20)『西友』제1호, 46쪽 會報, 제1회 特別通常會錄.
21)『西友』제3호, 40쪽 會報, 제3회 通常會錄.
22)『西友』제3호, 40쪽 會報.
23)『西友』제3호, 41쪽 會報, 제2회 特別總會錄.
24)『西友』제6호, 46쪽 會報, 제6회 通常會錄.
25)『西友』제6호, 46쪽 會報, 제6회 通常會錄.

李甲 등을 선정하였다.26)

이같이 임원들이 새로운 일이 시작될 때마다 준비위원으로서의 역할을 하였음을 볼 수 있다.

서우학회는 위와 같은 중앙조직기구를 갖고 있었으며, 지방을 관장하는데 있어서는 가장 먼저 각 도에 각각 地方勸諭委員을 파견하였다. 파견 시기는 도별로 차이가 있지만 대체로 1907년 1월경이라 볼 수 있다. 지방권유위원의 역할은 서우학회의 취지와 公函을 알려 회원을 모집하고 민중을 대상으로 실제 계몽활동을 하는 것이었다.27)

이 지방권유위원이 파견되기 이전에 咸從郡·江西郡·平壤郡에서 입회 신청·찬성원 신청 등이 있었다.28) 처음 평남권유위원으로 崔在學과 李裕楨을 파견하였는데29) 그 성과가 상당히 좋아 각 지역으로부터의 회원·찬성원의 가입 신청이 계속되었다.

그리고 지방권유위원의 파견과 아울러 지방사무소 규칙기초위원을 선출하여 그 규칙을 고안케 하였다. 그리하여 일정한 회원이 모인 곳에 각기 지방사업소를 설치하였는데, 평양에 가장 먼저 설치하였다. 지방사무소 규칙에 따르면, 지방사무소의 사무원은 일단 명예로 일을 맡다가 그 지역의 회원이 100인 이상에 달할 때에는 상당한 월급을 지급하기로 하였다.30)

회원가입·지방사무소·지회가 설치된 지역을 보면 龜城郡·祥原郡·咸從郡·江西郡·平壤郡·雲山·郭山·長淵·慈山·寧邊·寧遠·成川·肅川·平山·殷山·永柔·順安·朔州·江東·碧潼·開城·

---

26) 『西友』 제9호, 53쪽 會報, 제11회 通常會錄.
27) 『西友』 제3호, 40~41쪽 會報, 제3회 통상회록, 제2회 특별총회록 : 『西友』 제5호, 42쪽 會報, 제5회 통상회록.
28) 咸從郡과 (『西友』 제3호, 40쪽 회의록) 江西郡에서 (44~45쪽) 입회신청 奇函을 보내왔다. 平壤郡에서는 入會申請과 贊成員申請의 (46~47쪽) 奇函을 보내왔다.
29) 『西友』 제4호, 會報.
30) 『西友』 제7호, 43쪽 會報, 제7회 통별총회록.

三和·江華·定州·宣川 등 기록에 나타난 지역만도 25개 지역에 해당하였다. 이렇게 많은 지역과 직접 연관을 가졌다는 것은 서우학회의 애국계몽운동이 대중운동으로 전개되었음을 말하여 주는 것이다.

그런데 서우학회는 지방사업소의 설치는 허가하면서도 支會의 설치에 대하여는 허락치 않다가, 1907년 7월에 가서야 지역의 회원 수와 상황에 따라서 인가할 것을 허락하였다.[31] 그리고 지회 규칙 기초위원을 선정하여 지회설립안을 고안케 하였다. 이같이 지회설립을 보류하였던 것은 민중이 개발되지 않은 상황에서 폐단이 따를까 두려웠기 때문이었다.

그리고 특이한 점은 서우학회가 總校長職을 두었다는 점이다. 취지에서 밝혔듯이, 서우학회의 사업 중의 하나가 관서지방의 각 사립학교의 교육방침을 지도하는 것이었는데 서우학회는 이 일을 총괄할 인물 1인을 선정하여 담당케 하였던 것이다. 총교장으로는 독립협회·개혁당 운동에 참여했었고 평안도의 관찰사를 역임한 李道宰가 선정되었다.[32] 이도재는 자기가 관찰사 시절에 모았던 忠義社의 돈을 서우학회에 기부하여 관서의 교무를 원활케 하고 교육의 효과를 얻게끔 하는데 기여하였다.[33]

이 같은 중앙조직, 중앙과 지방과의 연관을 갖고 있던 서우학회의 회원 자격은 무엇이었나? 회원 자격에 규정이 있는 것은 아니고 관서지방민으로서 관과 민을 막론하고, 국권회복을 염원하는 사람은 누구나 회원이 될 수 있었다. 다만 입회금으로 1인당 각 1圜씩 내고 月捐金으로 20전씩을 내는 정도였다. 월연금은 1907년 4월 1일 20전에서 10전으로 인하되었다.[34] 회원의 숫자는 신입회금을 낸 숫자로 통계를 내 보

---

31) 『西友』 제9호, 53쪽 會報, 제11회 통상회록.
32) 「總校長推選」, 『大韓每日申報』 1907년 2월 26일 雜報.
33) 『西友』 제5호, 43쪽 會報, 제5회 통상회록 : 李道宰, 「敬告兩西士友」, 『西友』 제6호, 4~5쪽 別報.
34) 『西友』 제6호 廣告.

면 1,027명에 이르고 있다.35)

　그러면 서우학회의 사회적 기반은 어떠한가? 즉 사회의 어떤 층들을 기반으로 애국계몽운동을 전개해 나갔는가? 서우학회의 월보인『西友』에 실린 회원의 동정과 그리고 중앙회에 復函과 奇函을 올리고 있는 지방거주의 회원들의 예로써 살펴보면 학교장, 교사, 군수, 郡主事, 府主事, 檢事, 副尉, 正尉, 전문학교학생, 技手, 通譯官補, 警務官, 總巡, 副贊議, 軍監, 무관학교중대장, 종두위원, 參奉, 稅務主事, 변호사, 飜譯官補, 상업 등의 직업을 갖고 있는 사람들이었다.36) 즉 신지식층 · 신흥시민층 · 중하급관료 · 무관이 대부분이라는 것을 알 수 있다. 다시 말하여 당시 새로이 사회지도층으로 대두하고 있었던 계층이라 할 수 있다. 이러한 사회적 기반으로 볼 때 서우학회의 활동 대상이 민중이었고, 사상에 있어서도 민권론에서 출발하고 있지만 그 성격은 시민적 특성을 강하게 갖도록 조건 지어졌다 할 수 있겠다.

　서우학회의 주도회원의 명단을 보면 다음과 같다.

姜華錫	郭允基	金明濬	金達河	金錫泰	金錫桓	金允五	金義善
金亨燮	金基株	金舜敏	金有鐸	金興淵	金鳳觀	金秉熹	金秉一
金淵澯	金秉鉉	金益三	金基柱	金義庚	金祥演	金圭鎭	桂英三
盧伯麟	文錫瓛	閔丙奭	朴殷植	朴景善	朴台永	朴相穆	方興周
朴聖欽	徐光浩	申錫廈	鮮于叡	安昌一	安昌浩	安秉瓚	安　漢
玉東奎	柳東作	柳東說	呂炳鉉	吳奎殷	李昇薰	李　甲	李奎濚
李道宰	李裕禎	李政秀	李達元	鄭雲復	周時經	張應亮	張起學
田龍奎	鄭在和	鄭秉善	張在植	崔光玉	崔在學	崔　烈	韓興鎬
韓敎學	車宗鎬						

---

35) 신입회원 가입수를 보면 제1회 177명, 2회 45명, 3회 36명, 4회 66명, 5회 250명, 6회 104명, 7회 72명, 8회 27명, 9회 105명, 10회 4명, 11회 66명, 12회 50명, 13회 15명, 14회 10명.
36)『西友』의 會員 동정에서 고찰할 것임.

서우학회를 주도한 주요회원들의 사상적 계보와 인적 계보를 보면 서우학회조직과 구성원의 성격은 명확해진다.

가장 주목되는 것은 주도회원의 많은 사람들이 독립협회·만민공동회 운동에 참여했던 인사들이라는 점이다. 서우학회활동의 대표적 인사인 鄭雲復·安昌浩는 만민공동회의 총무부장 겸 부장급으로, 金明錫·李昇薰은 재무과장 및 부장급으로, 安秉瓚은 지방부과장 및 부장급으로, 盧伯麟·李甲은 간사부과장 겸 부장급으로, 朴殷植·李道宰는 문교부장·과장급으로 활약하였으며 姜華錫·金錫桓·崔光玉·周時經 등도 독립협회·만민공동회의 주요 회원으로 활약하였다.37)

이 점은 서우학회가 개화자강파의 사상과 활동을 계승 발전시키고 있다는 것을 말하여 준다. 즉 사상적으로는 西歐市民思想의 도입과 改新儒學的 전통을 배경으로 한 국내사상의 성장의 흐름을 합류한 개화자강파의 사상을 계승하고 있음을 알 수 있다. 그리고 서우학회의 활동이 당시의 급박한 시점에서 국권회복을 위한 실력양성 운동으로 기울어지고 있지만, 근대시민사회를 지향한다는 점에는 변함이 없음을 알 수 있다. 그리고 서우학회의 주요 회원들이 신지식층에 기반을 두고 있음을 알 수 있다.38)

또한 이들 주요회원 중 李甲·朴殷植·盧伯麟·李道宰 등은 1902년에 결성되었던 비밀결사 改革黨의 주요 간부로 활약하기도 하였다.39) 그리고 이들 주도 회원들은 1905년 이후 애국계몽운동을 전개하였던 단체·언론·교육·문화활동에 참여하고 있었다. 金明濬·鄭雲復·安秉瓚 등이 대한자강회의 평의원으로 활약하였으며 李甲은 1904년 9월에 설립된 국민교육회에 참여하고 있었다. 그리고 鄭雲復·金明濬은 기독교청년회에, 또한 그 외의 많은 회원들이 『황성신문』·『대한매일

---

37) 愼鏞廈(1976),『獨立協會研究』, 一潮閣, 98~104쪽.
38) 앞의 책, 104~106쪽.
39) 柳子厚(1947), 앞의 책, 59쪽.

신보』·『제국신문』, 그리고 각 학교의 교사 등으로 활약하고 있었다.

이때 전개되고 있었던 애국계몽운동은 주로 신지식층과 신흥시민층이 주체가 되어 전개되던 국권회복운동이었으며 사상적으로는 개화자강파의 사상을 계승하고 중국·일본을 통하여 들어오고 있었던 서양의 신사상·신지식을 도입하여 그들의 정신적 자원으로 하고 있었다.

이렇게 볼 때 서우학회는 지식층을 기반으로 하고 더욱 더 사회의 주체세력으로 부상하기 시작한 신흥시민층을 광범위하게 흡수하여 국권회복운동을 전개하였음을 알 수 있다. 그리고 사상적으로 개화자강사상을 기반으로 1900년대에 들어온 서구의 신사상·신학문을 받아들여 애국계몽사상을 형성하였다는 것을 알 수 있다.

더욱이 서우학회의 많은 주도회원들이 바로 1907년 4월 비밀결사단체인 新民會를 결성하고 그 국권회복 운동에 적극 참여하였다. 金達河·盧伯麟·朴殷植·安秉瓚·安昌一·安昌浩·玉東奎·柳東說·柳東作·李甲·鄭雲復·崔光玉·崔在學·李昇薰 등이 창립·주요 주도회원으로서 교육구국운동과 계몽강연운동, 그리고 민족산업운동, 청년운동, 독립군기지건립운동 등에 열렬히 참여하였던 것이다.[40] 이 점은 서우학회의 계몽운동과 그들의 사상이 신민회운동의 사상적·사회적 기반을 마련하여 주었음을 말하여 주는 것이라 하겠다.

서우학회는 1907년 3월부터 西北學生親睦會를 통해 漢北興學會와 토론회·강연회·운동회를 공동으로 개최하면서 결연단체로서 계속 관계를 갖다가, 1908년 1월 한북흥학회와 통합하여 西北學會로 출발하였다.[41] 이 같은 한북흥학회와의 관계, 서북학회로의 통합은 바로 신민회운동과의 직접적 연관이라 하겠다.[42]

---

40) 愼鏞廈(1977),「新民會의 創建과 그 國權恢復運動」,『韓國學報』8·9輯 참조.
41)「兩會團合」,『皇城新聞』1908년 1월 1일 雜報. 1908년 1월 9일 廣告 :「西北團合」,『大韓每日申報』 1908년 1월 4일 雜報. 1908년 1월 5일 廣告.
42) 愼鏞廈(1977),「新民會의 創建과 그 國權恢復運動」하,『韓國學報』9輯, 128~129쪽 참조.

III. 西友學會의 愛國啓蒙運動

1. 敎育救國活動

서우학회가 국권회복을 위한 民力養成運動 중 가장 기본으로 하였
던 것이 新敎育救國運動이었다. 서우학회의 설립 당시에 이미 교육구
국운동이 시작되고 있긴 하였지만 아직은 민중교육의 차원으로까지
진전되지 못하였고, 또한 미약한 것이었다. 그러다가 서우학회의 열띤
교육운동으로 新敎育熱이 조장되어, 교육운동이 대중교육운동으로 발
전되어서[43] 전국 곳곳에서 학회의 설립과 학교의 설립이 잇따랐다. 즉
이때부터 교육운동은 선각자에 의한 개인의 운동에서 집단적 운동으
로 전환하였던 것이다.

서우학회의 교육구국운동은 대체로 네 가지 측면에서 전개되었다.

첫째, 국민들에게 국권회복을 위한 신교육의 절실한 필요를 계몽하
여 학교를 설립하고 신교육을 실시하도록 지도하는 것이었다.

둘째, 관서지방과 각 사립학교의 의무를 찬성하는 것이었다.

셋째, 유학청년을 지도하는 것이었다.

넷째, 서우학회 자체가 학교를 설립하여 국권회복을 위한 인재를 양
성하는 것이었다.

1) 신교육계몽 사업

첫 번째의 사업 활동을 보면, 이 활동은 학회의 總會 · 通常會, 그리
고 懇親會 · 親睦會 · 運動會 등을 통하여 이루어졌다. 또한 學報發刊을
통해서도 이 사업을 전개해 나갔다. 통상회 · 총회 · 간담회에서는 강연
회나 토론회를 열어서 국민들의 교육사상을 일깨우고 교육활동을 촉

---

43) 姜在彦(1973), 『近代朝鮮の變革思想』, 日本評論社, 238쪽 참조.

구하였으며, 운동회에서는 반드시 민중을 대상으로 한 강연을 개최하여 민중의 애국심 고양과 실력양성을 촉구하였다.

이 사업의 가장 중요한 역할을 하였던 것이 學報이다. 학보에서는 교육부를 따로 두어서 민중의 교육사상을 일깨우고 교육활동을 촉구하는 논문들을 소개하고, 특히 梁啓超의 글들을 번역하여 西洋의 新敎育論, 新敎育思想, 敎育制度를 소개하고 있다. 즉 지금 우리의 현실에서 열강으로부터 국권을 되찾기 위하여 기본적인 것이 교육임을 강조하고, 민중들이 자각하여서 민중 스스로 교육사업을 전개하자고 계몽하고 있다.44) 즉 의무교육의 실시, 학교의 설립, 교사의 양성, 학교 재정의 보조 등 민중의 교육활동을 촉구하고 있다.

그리고 관서 三道에 道勸諭委員을 파견하였던 것도 바로 민중을 상대로 신교육의 필요성을 계몽하여 학교를 설립케 하고 신교육을 실시토록 하고자 한 것이었다. 25개 지역의 地方事務所 · 支會의 설치와 1,000여 명에 이르는 회원가입은 바로 이러한 사업의 결과였다.

그리하여 관서지역 회원들의 힘으로 학교가 설립되고 신교육이 실시되어 관서지역은 어느 지역보다도 신교육운동이 활발히 전개되었다.45) 평양에서 의무교육이 제일 먼저 실시된 점, 서울과 더불어 사범학교가 설립된 점 등은 바로 서우학회의 역할에 의한 것이었다.

그리고 이러한 교육운동에 기반하여 관서지역의 애국계몽운동이 가장 활발히 전개되었다.46)

2) 관서지방 각 사립학교 교육 지도 사업

두 번째의 사업을 보자. 서우학회는 당시 관서지방 등에서 학교가 계

---

44) 이 문제는 學報刊行運動, 啓蒙講演運動과 그리고 서우학회의 愛國啓蒙思想에서 상세히 다루어질 것이다.
45) 姜在彦(1980), 「敎育的開化と近代學校の成立」, 『朝鮮の開化思想』, 岩波書店, 367쪽 참조.
46) 앞의 글, 391~392쪽 : 姜在彦(1973), 앞의 책, 216~217쪽.

속 설립되고 있으나 획일된 敎科나 書籍이 없고 자금도 넉넉지 않아 학교운영이 제대로 되지 못해 교육의 효과를 올릴 수 없다고 지적하고 있다. 이 문제를 타개키 위해 서우학회는 각 학교의 교육을 지도코자 하였던 것이다.

서우학회는 이를 위해 西友學校 總校長을 두고 각 사립학교의 교무를 관할하였다. 그러나 이 직위는 명예직으로 실제 각 학교의 교육지도를 담당하였던 것은 중앙의 교무원이었다. 특히 지방학교에서 公函·來函·復函을 통해 각 학교의 사무 관장을 요구할 때는 평의원회가 관장 여부를 결의하였다.

이 교육지도 사업의 결과로 평양에서의 의무교육실시가 가능하게 되었다. 의무교육실시에 대한 건은 많은 애국계몽가들에 의해 논의되어 왔던 것으로, 1906년 10월 대한자강회가 의무교육실시 건의서를 제출하고 10개조로 된 義務敎育條例大要를 제출하여 1907년 1월 21일 중추원에서 최종 통과되었다. 그러나 일제에 의해 이 의무교육실시는 저지되었다. 이러한 때 서우학회가 義務敎育案을 내놓고 실제로 시행하였던 것이다.

1907년 1월 2일 개최된 서우학회의 간친회에서 김유탁은 '의무교육을 실시한 후에야 인재를 양성하여 국권을 회복할지니 오로지 우리 西道 同胞는 自强會獻議도 不問하고 政府實施도 不待하고 自家之事는 자기가 실행하는 것이 당연한 의무라' 하며 의무교육실시를 촉구하였다.[47] 이같이 서우학회는 나름대로의 의무교육실시를 추진하여 평양군에서 우선 실시하기로 하였다.[48] 그리하여 各 面에 學務員 2인씩을 선정하고 각 면에 소학교 하나씩을 정하여 실시키로 하였다.[49]

---

47) 『西友』제3호, 44쪽.
48) 「夕陽寸心」, 『大韓每日申報』1907년 2월 26일.
49) 「義務敎育實施」, 『帝國新聞』1907년 3월 9일 雜報 : 「의무교육사건과 교육의 실효」, 『帝國新聞』
　　1907년 3월 12·13일, 논설 : 「祝義務敎育實施」, 『西友』제7호, 1쪽 논설에서 평양의 의무교육

서우학회의 사립학교 교육지도에 따라 각지에서 지도 요청이 있었
는데 직접 公函을 서우학회에 보내 관할해 주기를 요청한 학교를 보면
中和郡 培英學校,50) 平山 丹邱大興學校,51) 殷山 文昌學校,52) 강서군
聞天師範學校,53) 開城敎育總會,54) 江東郡 吳州學會,55) 郭山 興襄學
會,56) 삭주 養心學校,57) 순안 順成學校,58) 定州 五山學校59) 등이다. 이
는 회보에 나타난 정도이고 실제로는 더 많은 학회·학교 등이 서우학
회가 직접 교육에 관여하여 주기를 바랐던 것으로 생각된다. 서우학회
는 교육지도의 일환으로 신사상·애국사상을 고취시킬 신교육에 적합
한 교과서를 평양 사무소를 통해 지방학교에 배포하였다.60)

그리고 서우학회는 청소년 학도들의 강건한 애국주의와 尙武敎育을
고취하기 위하여 각 지역의 사립학교들이 聯合運動會를 열도록 장려
하였다. 이 운동회는 단순히 체력 증진을 꾀하고자 한 것이 아니라 체
력을 길러 언젠가의 국권회복에 대비하자는 것이었다. 일본인 학부차
관은 이에 대하여 "그 규모의 大할 뿐 아니라 盛히 喇叭을 吹하고 大鼓
를 鳴하여 宛然한 武裝적 示威의 運動會"라고 보고 있다.61)

실시를 축하하고 있다.
50) 『西友』제6호, 24쪽 雜報.
51) 『西友』제7호, 43쪽 會報 : 『西友』제9호, 52쪽 會報.
52) 『西友』제9호, 52쪽 會報 : 『西友』제7호, 43쪽 會報.
53) 『西友』제7호, 43쪽 會報.
54) 『西友』제8호, 47쪽 會報.
55) 「吳州興學」, 『帝國新聞』1907년 1월 13일 雜報 : 「吳州學會趣旨書」, 『皇城新聞』1907년 1월 17일
　　雜報.
56) 『西友』제5호, 43쪽 會報.
57) 『西友』제9호, 52쪽 會報.
58) 『西友』제12호, 43쪽 會報.
59) 『西友』제14호, 50쪽 會報.
60) 『西友』제6호, 46쪽 會報 : 國史編纂委員會(編)(1965), 『독립운동사』1, 919쪽 자료 171.
　　『警務月報』1號, 大韓人民들이 敎科書를 통해 정치문제·시사문제를 은연중 다루고 있음에
　　주의할 것을 경고하였다: 「敎育模範」, 『大韓每日申報』1907년 4월 24일 雜報.
61) 國史編纂委員會(編)(1965), 『독립운동사』1, 919쪽 자료 171.

서우학회는 각 지역에서 지방사무소의 회원들로 하여금 운동회를 개최하게 하였으며, 운동회가 열릴 때에는 중앙회에서 임원들을 파견하여 운동회를 지도하였다. 1907년 3월, 평양에서 23개 군의 학생 2천여 명이 집합하여 춘기대운동회가 열렸는데, 이 역시 서우학회 지방사무소의 역할에 의한 것이었다. 이때 중앙회에서는 金明濬·金羲善을 총대로 파견하여 운동회를 지도케 하였으며 안창호를 파견하여 계몽강연을 하게 하였다.62)

그리고 서우학회는 학교설립에도 많은 관여를 하였는데, 대표적으로는 평양에 사범학교가 설립되는 데 후원을 하였으며, 또 그 운영에도 관여하였다.63) 평양 사범학교는 1907년 9월 平壤民會의 교육부 임원이었던 鄭在命과 崔光玉(서우학회 회원)에 의해 사범야학으로 시작되었다. 그 후 1908년 1월 서우학회의 地方勸諭委員으로 평양에 와 있던 崔在學과 더불어 교육규정을 제정하여 사범학교를 설립하였고64) 상업회의소 사무소를 빌어 학교로 사용하였다.

3) 유학생 지도 사업

세 번째의 유학생 지도 사업을 보면, 서울에 와서 공부하는 관서지방 학생들의 애국주의를 함양하고 국권회복사상을 심어 주어 그들이 국권회복을 위해 행동하도록 지도하는 데 그 목적을 두었다. 그리하여 관서지방과 함경도의 유학생들로 하여금 친목회를 조직토록 하여 한북흥학회와 같이 서북학생친목회를 지도하였다.65)

서북학생친목회는 1906년 3월 17일 서우학회의 회원인 韓光鎬·韓

---

62) 『西友』제6호, 46쪽 會報 : 『皇城新聞』1907년 4월 6일.

63) 「師範養成의 急務」, 『西友』제5호, 3쪽 論說.

64) 「平壤學務會 歷史」, 『皇城新聞』1908년 1월 10·11일 雜報.

65) 「西北親睦」·「西北學生 親睦會」, 『大韓每日申報』1907년 3월 16일 雜報 : 「學生親睦」, 『皇城新聞』 1907년 3월 15일 雜報.

景烈과 한북홍학회의 회원인 尹益善 등의 발의에 의하여 설립되었다.66) 이 친목회는 매달 한 번씩 서우회관이나 한북학회관에서 모임을 가졌는데, 이는 회원 서로간의 친목을 도모하고 더 나아가 애국심을 고취하여 애국의 길을 도모하는 데 그 목적을 두었다. 그리하여 연사를 초청하여 국권회복이나 民權伸張과 관련된 연설67)을 듣거나, 이러한 논제로 토론68) 하는 등 계몽사상계발에 초점을 두었다. 그리고 친목회가 개최될 때에는 서우학회·한북홍학회 회원들이 참석하여 친목회를 지도하였다. 이 친목회를 토대로 서우학회·한북홍학회가 1908년 1월 통합하기에 이르렀다.

그리고 서북학생친목회는 서우학회와 한북홍학회의 후원 하에 대운동회를 개최하여 학생들을 강건하게 훈련하고 상무정신을 고취시켰다. 1907년 5월 1일 동대문 밖 三仙坪에서 대운동회를 열었는데 대성황이었다. 운동회의 비용은 한북홍학회의 회장인 吳相奎가 전담하였고 준비는 서우학회와 한북홍학회가 맡았다.69) 운동회에서는 연사를 초청하여 애국심을 고취하는 강연을 들었다. 서우학회 회원 安昌浩가 학생들과 민중을 상대로 연설을 하였는데 국권을 회복키 위한 전쟁에 대비키 위해 준비를 하자는 요지의 연설이었다.70) 이 연설은 당대의 유명한 연설의 하나로 운동회에 참석하였던 이들의 마음을 발분시켰다.71)

또한 서우학회는 서울에 거주하는 관서지방의 학생들만 지도한 것이 아니라 일본에 있는 유학생과도 연락을 갖고 도움을 주었다. 朴殷植

---

66) 「西北學生親睦會」,『大韓每日申報』1907년 3월 16일 雜報.
67)『大韓每日申報』1907년 12월 13·14·18일 雜報.
68)『大韓每日申報』1907년 12월 8일 雜報 :『皇城新聞』1907년 11월 8일 雜報.
69) 「西北學生聯合運動」,『皇城新聞』1907년 4월 30일 雜報 :『大韓每日申報』1907년 4월 20일 廣告 : 「吳氏義擧」,1907년 4월 24일 雜報 : 「學會運動」, 1907년 5월 5일 雜報 : 「運動更定」, 1907년 5월 8일 雜報.
70)『西友』제7호, 24~27쪽.
71) 島山紀念會(刊)(1947),『續編 島山 安昌浩』, 태극서관, 139쪽.

은 서우학회의 창립 후 바로 일본유학생단체인 太極學會 회원들에게 公函을 보냈다. 그 내용은 서우학회의 취지가 학술을 연구하고, 교무를 찬성하고, 동포의 지식을 계발하여, 국권을 회복하고 인권을 신장코자 하는 데 있음을 알리는 것이었다.[72]

그리고 태극학회에서도 계속 공식적인 연락을 취하였다. 태극학회 회장 張膺震은 당시 일본 동경의 천도교 파견 유학생 21인의 斷指同盟 事件을 공함을 통해 알려왔으며, 이에 서우학회에서는 그들을 돕기 위하여 의연금을 모금하였는데, 1월 13일 특별회에서 거친 기금만도 190여환에 이르렀고, 회원 李政秀는 매월 3환씩을 기부하기로 하였다.[73] 그리고 『서우』 4호의 논설은 유학생들의 용기를 칭송하고 이 정신을 우리 청년들의 머릿속에 주입한다면 우리의 앞날은 밝다는 것을 말하고, 21명의 단지동맹에 참여한 유학생의 명단을 발표하였다. 21명 중 경기 파주 출신 閔在賢과 경성 출신 咸俊灝를 제외한 19인 모두가 평남·평북 출신이었다.[74]

그리고 유학생들이 계속 寄函과 公函을 보내와, 서우학회는 유학생들과 연결관계를 유지하고 그들을 지원하였다.[75]

4) 학교 설립 사업

네 번째 사업으로는, 서우학회 자체가 학교를 설립하여 국권회복을 위한 인재를 양성하려는 것으로 師範夜學校의 설립과 西友學校의 설립이 그것이다.

서우학회는 지금 국권회복을 위한 실력양성에 있어서 시급한 것이

---

72) 「大韓西友學會員 朴殷植敬函于在日本 東京太極學會 會員足下」, 『大韓每日申報』 1906년 11월 11일, 奇書.
73) 『西友』 제3호, 41쪽 會報.
74) 「悲喜」, 『西友』 제4호, 3~6쪽 論說.
75) 『西友』 제9호, 23쪽 : 『西友』 제5호, 43쪽.

인재를 교육시켜야 할 교사양성이라고 보고 1907년 1월 사범야학교 속성과를 설립하였다.76) 당시 여러 가지 어려운 상황 때문에 야학으로 하였는데, 교장에 朴殷植, 교감 金達河, 교사는 서우학회의 임원 5인으로 하였다.77)

입학할 수 있는 자격은 25세 이상 40세 이하의 평소 舊學을 공부하였던 사람으로, 과정에서 이수할 과목은 算術·地誌·歷史·法律·物理學·敎育學·英語·日語·作文 등으로 신사상, 신지식을 고취시키는 것들이었다. 특히 지지나 역사와 교육학 같은 과목에 비중을 두고 있는 것은 애국주의 교육이 당시의 목적이었다는 것을 보여 준다. 장소는 서우회관이었다.

이와 같이 사범학교 설립을 시급히 하였던 이유로 朴殷植은 「師範養成의 急務」라는 論說에서 다음과 같이 말하고 있다.78)

첫째, 사범학교는 모든 학교의 기초다. 즉 올바른 교사가 있어야만 완전한 학생이 있고, 완전한 학생이 있어야 완전한 국가가 있기 때문이다. 둘째, 지금 학생을 가르치는 교사의 자질을 보면, 현실성이 없는 浮虛不實한 학문을 하는 정도로 신학문·신사상·신지식도 모르는 인사들이다. 그런데 이들에게 학생을 맡긴다면 현실의 문제를 극복할 수 있는 실력 있는 인재를 양성할 수 없다. 셋째, 지금 각 지역에서 학교가 설립되고 있지만 학생을 교육시킬 만한 교사가 없어 人才를 양성하고 문화발전의 실효를 거둘 수 없다는 것이다.

회원 金有鐸이 지은 서우사범학교 學徒歌를 보면 더욱 사범양성의 목적을 알 수 있다.79)

---

76) 「西友設校」, 『皇城新聞』 1906년 12월 24일 雜報 : 『西友』 제2호 廣告.
77) 『大韓每日申報』 1907년 2월 26일 雜報, 1907년 3월 3일 雜報 : 『西友』 제3호 會報.
78) 「師範養成의 急務」, 『西友』 제5호 論說.
79) 「西友師範學校 學徒歌」, 『西友』 제4호 詞藻.

生存競爭 當此시대에
國家興亡이 닉게 달녓네
列强의 待遇를 生覺홀사록
奴隷犧牲의 恥辱뿐일세
二千萬同胞 우리 兄弟아
此時가 何時며 此日 何日고
六大洲 大陸의 形便 살피니
弱肉强食과 優勝劣敗라
國權을 保全ᄒ고 同胞救濟ᄂ
우리들 兩肩上에 擔任業務라
血淚를 揮灑ᄒ고 奮發心으로
實地上學問을 硏究합세다.

재정상 야학교로 운영되었던 이 학교는 1907년 11월 회원들의 노력에 의하여 정식으로 서우학교로 건립되었다. 물론 이 서우학교 역시 사범양성에 주력하였으며 졸업 후에는 관서지방의 각 학교의 교사로 배치하려는데 그 목적을 두었다.[80]

입학할 수 있는 자격은 18세 이상으로 漢文 · 算術 · 四則의 시험에 합격한 사람에 한하였다. 그리고 과정중에 교수 받은 과목은 外國語(日語) · 敎育學 · 歷史 · 地誌 · 물리 · 화학 · 수학 · 漢文 · 圖書 · 博物 · 植物 · 礦物 · 生理學 · 星學 · 창가 · 체조 등이었다.[81] 장소는 서우회관에 두었으며, 학생의 留宿을 편리케 하기 위하여 기숙사까지 마련하였다. 교장에 姜華錫, 교감에 金基東, 부교감에 李達元이었다.[82]

---

80) 『西友』 제12호, 35쪽 別報 : 『西友』 제12호, 43쪽.
81) 『大韓每日申報』 1907년 10월 16일 廣告 : 『皇城新聞』 1907년 10월 17일 廣告.
82) 「西友設校」, 『皇城新聞』 1907년 11월 14일 雜報 : 「西友校式」, 1907년 11월 20일 雜報 : 「西校進就」, 1907년 12월 14일 雜報.

2. 學報刊行活動

서우학회가 교육운동과 더불어 중요 사업으로 여겼던 것이 일반민중의 계발이었다. 즉 일반민중의 지식을 계발하고 애국심을 고취시켜, 민중들로 하여금 국권회복을 위한 민력양성에 힘쓸 것을 촉구하도록 하였다. 그 방법으로서 가장 중요시 되었던 것이 잡지(학보)의 발간이었으며, 학보 발간은 서우학회 활동 중 가장 괄목할 만한 것이었다.

학보는 『西友』라는 명칭으로 서우학회가 설립된 1개월 후 1906년 12월 1일자로 처음 발행되었다.83) 이 학보 발간은 학회설립 이후에 추진된 것이 아니라 이미 학회 발기 단계에서부터 가장 중요한 사업으로 계획된 것으로, 취지에서 구체적으로 밝히고 있다.

학보는 한 달에 한 번 매 1일에 발행되었는데, 학보간행이 일반민중의 계발에 있었던 만큼 그 내용은 民權論을 기반으로 하는 국권회복사상이었다. 즉 사회진화론과 실력양성론, 민권론(국민주권론, 국민국가론)과 애국론, 교육구국론, 단체론, 실업구국론, 사회관습개혁론 등의 내용을 담고 있다.84)

학보의 필자로는 朴殷植·金明濬·朴聖欽·安秉瓚·盧伯麟·金鳳觀·李奎濚·玉東奎·金有鐸·李達元·金達河·李裕楨·周時經·柳東作·金錫桓·郭允基·鄭雲復 등 학회 임원들이 활약하였다.

학보의 목차는 社說, 論說, 敎育部, 衛生部, 雜組, 我東古事, 人物考, 詞藻, 交苑, 時報, 會報 등의 순서이다.

대체로 사설에서는 학회 회원들의 애국계몽활동을 촉구하고 있는데 특히 관서지방의 인민들이 과거에 다른 지역 인민들과 비교하여 어떠한 차별대우를 받아 왔는가를 열거하고 지금이야말로 국권회복활동을

---

83)『大韓每日申報』1906년 11월 21일 廣告.
84) 學報에 담고 있는 思想은 서우학회의 愛國啓蒙思想에서 구체적으로 다룰 것이므로 여기에서는 소개하는 정도로 그치려 한다.

개시하여 국권을 회복할 뿐만 아니라 서북지방민의 민권도 신장하자
는 것을 강조하고 있다. 즉 지금의 시점에 있어서의 서북지방민의 책임·
의무를 강조하고 서북지방민이 선구적 역할을 할 것을 주장하고 있다.

　논설에서는 사회진화론과 실력양성론, 민권론(국민주권론, 국민국
가론)과 애국론, 교육구국론, 단체론, 실업구국론, 사회관습개혁론 등
의 애국계몽사상을 논하고 있는데 그 제목과 필자를 보면 다음과 같다.

　　　　제1호　　敎育이 不興이면 生存을 不得 － 朴殷植.
　　　　제2호　　舊習改良論 － 朴殷植.
　　　　제3호　　團體成否의 問答 － 朴殷植.
　　　　제4호　　機會·悲喜 － 朴殷植.
　　　　제5호　　師範養成의 急務 － 朴殷植.
　　　　제7호　　祝義務敎育實施 － 朴殷植.
　　　　제8호　　人民의 生活上 自立으로 國家가 自立을 成홈 － 朴殷植.
　　　　제9호　　平壤과 開城의 發達 － 朴殷植.
　　　　제10호　　文弱之弊는 必喪其國 － 朴殷植.
　　　　제11호　　國民의 特性 － 朴聖欽.
　　　　제12호　　自治論 － 斯邁爾斯.
　　　　제13호　　自助論
　　　　제14호　　自助論

　교육부에서는 국권회복을 위한 민력양성방법으로 교육을 강조하고,
무엇보다 국권을 회복할 인재를 양성키 위해 학교교육의 중요성을 강조
하였다. 그리하여 서양의 학교제도를 소개하였으며, 특히 梁啓超의『飮
氷室文集』에 실린「學校總論」을 朴殷植의 번역으로 네 차례에 걸쳐 실
었다. 그리고 국권을 회복할 수 있는 인사는 智·德·體를 갖춘 인사라
야 하는데 지금 우리는 체력이 뒤떨어져 있다고 하며 체육교육을 尙武
精神과 관련하여 강조하였다. 그리고 사범양성과 의무교육실시에 대해
서도 강조하였다. 또한 여자교육의 시급함을 말하고, 가정학·幼學에

대한 글들을 번역하여 소개하였다. 즉 이 교육부에 실린 글들은 민중에게 국권을 회복키 위한 실력양성으로 교육이 기본이며, 그 교육은 어떻게 하여야 하는 것인가를 전달하고 있다.

그리고 衛生部 난을 따로 마련하여 주로 의사인 金鳳觀의 글로 위생문제를 다루고 있는 것은 체력을 기르고 체력을 보호하는 데 무엇보다 필요한 것이 신선한 공기, 깨끗한 의복, 신선한 음식물이라고 여겨 체력 증진을 위해 위생을 강조하고 있다. 즉, 체력이 길러져야만 국권회복을 위한 실전에 대비할 수 있다는 것이 이들의 기본적인 입장이었다.

雜組에서는 민권사상에 기반한 애국론으로 민중의 애국심을 고취코자 하였으며, 또한 열강의 국민들의 애국심을 사례로 소개하고 있다. 그리고 우리나라 지식인의 고루성, 청년들의 모험심과 勇進의 결여, 당파성, 懶怠의 고질, 사리·사욕의 폐, 조혼의 폐, 訛言浮說의 폐 등을 지적하고, 이러한 폐단을 없애야만 국권회복을 위한 기틀을 마련할 수 있다고 적극 주장하였다. 이것은 주로 당시 봉건지배층에 대한 비판이었다.

그리고 實業의 중요성을 강조하였다. 즉 국권을 회복키 위해 시급한 것이 또한 사업을 장려하여 富를 쌓는 것이라고 하여 農·工·商의 동시적 발전과 林業·鑛業·鹽業 등 각종의 자원을 개발할 것을 주장하고 이를 위해 실업학교를 설립할 것도 요청하였다. 또한 여기에서 민법·공법 등을 소개하고, 외국과의 관계에 있어서의 치외법권 등에 대해서도 소개하고 있다.

我東古事에서는 우리나라의 事跡들을 소개하여 민중들이 자각심과 경각심을 갖도록 하였다. 소개된 사적은 三聖祠, 箕子廟, 東明聖王의 遺跡, 新羅始祖, 耽羅國, 嘉俳節, 善德聖, 花郎, 萬波息笛, 竹長陵, 書出池, 京城古塔, 義娘岩, 濊·貊·溟州曲 등이다.

人物考에서는 역사상 중요한 위치를 차지하였던 인물들을 소개하여 민중을 계도하고자 하였다. 여기에서 소개된 인물들을 보면 彭吳, 王受

競, 大夫禮, 阿蘭弗, 成己, 陜父, 扶芬奴, 松屋句, 密友, 紐由, 乙支文德, 楊萬春, 金庾信, 溫達, 張保皇와 鄭年傳, 姜邯贊, 金富軾, 李舜臣 등 외국과의 싸움에서 국가를 지키는 데 수훈을 세운 사람들이 대부분이다.

時報에서는 국내외 소식을 알려주고, 會報에서는 學會의 소식을 전하고 있다.

이 같은 애국계몽사상을 내용으로 하고 있는 학보는 한 달에 3천부씩 나왔는데, 미국·일본에까지 우송되어 국권회복사상을 널리 전하였다. 발행 기간은 서북학회로 통합될 때까지 1906년 12월에서 1908년 1월까지로, 총 14회에 걸쳐 발간되었다.

이 같은 학보발간을 통한 민중계몽운동의 성과는 대단히 커서 신시민층 등 민중들의 열렬한 호응을 받았다. 서북지방에서 애국계몽운동이 가장 활발히 전개되었던 것은 바로 서우학회의 계몽의 성과라 하겠다. 비밀결사단체인 신민회운동에 관서지방민이 적극 참여하고 주도하였던 점, 각 계층의 민중이 참여하여 거국적으로 전개되었던 국채보상운동에도 서북지방민이 가장 열렬하게 참여하였던 점 등은 그 예라고 하겠다.[85]

3. 啓蒙講演活動

서우학회는 일반민중을 계발코자 계몽강연활동을 그들의 주요한 사업으로 하였다. 이 사업은 학회활동 또는 회원 각자의 개별 활동을 통하여 전개했던 사업으로 학보발간과 더불어 민중 개발의 중요 방법이었다.

학회 단위의 계몽강연은 매달 열리는 학회의 通常會, 特別總會, 學生總會, 學生親睦會 등의 집회 때에 있었으며, 회원 개별로는 각 단체·학회의 통상회·총회, 학교, 연합운동회·간친회 등에 참여하여 강연을 하였다.

---

85) 國史編纂委員會(編)(1965), 『독립운동사』 1, 175~176쪽 참조.

학회 단위이건 회원 개별로든 간에 그들이 계몽강연을 통하여 고취코자 하였던 것은 애국주의, 국권회복, 민권사상, 신사상·신지식·신산업의 계몽, 구습타파, 교육구국운동과 학교설립의 고취, 자발적 의무교육의 실시, 학회운동의 고취, 民志의 단합 고취, 실력양성 호소 등과 같은 것이었다.

서우학회 자체의 통상회와 특별총회, 간친회, 운동회 등에서 있었던 강연과 연사·주제를 보면 다음과 같다.

> 1906년 10월 26일 제1회 통상회
> 金明濬·鄭雲復·柳東作 - 學術硏究의 主義, 社會團合의 理由[86]
> 1907년 12월 1일 제2회 통상회
> 교육상의 문제[87]
> 1907년 1월 2일 간친회
> 金有鐸 - 義務敎育實施하자.[88]
> 1907년 2월 2일 제4회 통상회[89]
> 薛泰熙·鄭泰容·朴永雲·金義庚
> 1907년 3월 2일 제5회 통상회[90]
> 安昌浩 - 國民의 義務는 團合盡力 二件外에는 無ᄒ다.
> 1907년 5월 2일 서북학생친목운동회장 연설[91]
> 安昌浩 - 知識과 道德과의 균형

학회 강연회의 대표적 연사는 鄭雲復·安昌浩·金明濬·金有鐸·柳東作 등으로 특히 安昌浩는 대단한 웅변가로서 강연에 적극 참여하였다. 1907년 5월 12일 서북학생친목운동회에서의 안창호의 연설은 당대 유명한 연설의 하나로 많은 사람들의 마음을 감동시켜 애국심을

---

86) 「西友開會 第一回」, 『大韓每日申報』 1906년 10월 28일 雜報.
87) 「西友開會」, 『皇城新聞』 1906년 12월 1일 雜報.
88) 『西友』 제3호, 42~44쪽 會報.
89) 『西友』 제4호, 46쪽 會報.
90) 『西友』 제5호 會報.
91) 『大韓每日申報』 1907년 12월 13·14·18일.

고취시켰으며 국권회복에의 의지를 강하게 해 주었다.92) 安昌浩의 대표적 연설이었던 三仙坪 서북학생친목회운동회에서의 요지를 보면 "오직 胸矜腦髓를 痛滌ㅎ야 卽自今日로 我國을 侵害ㅎ는 强國과 傳檄開戰ㅎ야 國權을 恢復홀지니"라고 하여 열강과 개전하여 국권을 회복키 위해 지금부터 전쟁 준비를 하자고 하였다. 즉 국권회복전쟁을 위해 실력을 양성할 것을 주장하였던 것이다. 당시의 안창호에 대해 운동회에 참여했던 한북학생 金聖烈은 다음과 같이 말하고 있다.93)

> 氏는 平安南道 江西郡人으로 年今二十九라 幾年前에 留學美國ㅎ야 抱負가 廣大ㅎ며 容貌가 端雅ㅎ며 眼彩가 射人ㅎ고 言辭가 活潑ㅎ야 絡論에 痛快와 氣宇의 雄烈과 志略의 遠觀은 果是當世人傑이오 靑年 前導라.

이같이 安昌浩는 당시 주목받은 연사 중의 한 사람이었다. 그는 1907년 12월 8일 서북학생친목회에서 국권 회복을 위한 완전한 인간이 되기 위하여는 지식과 도덕의 균형을 이루어야 한다는 제목으로 연설을 하였는데 이 연설도 각광을 받았다. 그리고 1907년 3월 서우학회의 후원으로 열렸던 平壤大聯合運動會의 安昌浩 연설 또한 많은 사람들에게 감동을 주었다.94)

이 이외에도 안창호는 개인으로, 또 신민회 회원으로서 많은 연설을 하여 그의 연설에 감동을 받았던 사람들이 계몽운동에 열렬히 참여하게 되었고, 심지어 婦女子들은 비녀와 指環을 빼어서 애국사업에 헌납하였다. 이때 그가 동포에게 호소한 것은, 곧 지금 세계가 民族競爭時代이므로 독립한 국가가 없고는 민족이 서지 못하고 개인이 있지 못하다는 점, 국민 각자가 각성하여 큰 힘을 발하지 않고는 조국의 독립을

---

92) 「運動盛狀」, 『大韓每日申報』 1907년 5월 14일 雜報.
93) 『西友』 제7호, 23~27쪽 雜報.
94) 『皇城新聞』 1907년 4월 6일.

유지할 수 없다는 것, 큰 힘을 발하기 위해서는 국민 각 개개인이 각자 분투할 것, 그리고 단결할 것을 강조하였다.[95]

鄭雲復·金明濬 등은 서우학회 강연 이외에 대한자강회, 기독교청년회, 각 사회단체 연합회 등 당시의 학회·단체의 강연회에서 연설을 하였다.

그리고 崔光玉·李甲·朴殷植·李昇薰·柳東作 등도 대중을 상대로 하는 연설에 적극 참여하였는데 崔光玉은 安昌浩와 더불어 대표적 연사였다. 그는 평양군민회의 교육부 임원으로 활약하면서 사범 강습소를 설치하는 등 교육사업을 하였는데, 또 한편으로 민중의 애국사상을 고취하기 위한 강연에도 열렬히 참여하였다.[96]

그리고 또한 애국열에 불타고 있었던 많은 회원들이 관서지방 각 지역에서 지회활동이나 대운동회 등을 통해 계몽 강연을 하여서 민중의 애국사상 고취와 지식 개발에 앞장섰다.

서우학회의 계몽강연운동은 민중들에게 새로운 애국적 동기와 각성을 제공해줌으로써 민중들로 하여금 자발적으로 분발하여 국권회복을 위한 민력양성운동에 나서게 하고 애국계몽운동에 적극적으로 참여하게 하는 데 큰 역할을 하였다.

IV. 西友學會의 愛國啓蒙思想

1. 社會進化論과 實力養成論

서우학회의 애국계몽사상은 국권을 회복키 위한 실력양성론으로 그것은 바로 당시 우리의 역사적 현실에 대한 독특한 관점에서 나온 것이었다. 즉, 사회진화론을 빌어서 자기시대를 인식하고 있었다.

---

95) 도산기념사업회(1954), 『島山安昌浩』, 三協文化社, 17~18쪽.
96) 『皇城新聞』 1908년 1월 10일 雜報.

이들 계몽사상가들을 '生存競爭은 天然의 理致이고 優勝劣敗는 公例'이어서 천지창조 이래 생물의 생존경쟁이 계속되어 왔고 그 결과 우등한 것은 승리를 거두어 존재해 왔으며 열등한 것은 패하여 멸하였다고 그 기본 전제를 내세우고 있다.

처음에는 인류와 禽獸의 경쟁이 있었으며 여기에서는 인간이 승리하였고 그 후에는 인류간의 경쟁이 계속되어 왔다는 것이다.

지금에 이르러서는 국가와 국가, 민족과 민족간의 경쟁으로까지 확대되어 優等한 민족·국가가 劣等한 민족·국가를 약탈·침략하기에 이르러 과거 동물이 인간에게 구축당한 것과 똑같이 열등 민족·국가가 우등 민족·국가에 의해 핍박을 당하고 있다고 지적하고 있다.97) 즉, 당시 帝國主義 列强들과 弱小國들과의 침탈·피탈의 관계를 사회진화론적 법칙으로 이해하고 있다. 그리하여 세계의 정세는 우등한 민족·종족에게 대부분이 넘어가게 되었음을 지적하였다.

그리고 대한은 이러한 생존경쟁에서 패자의 위치에 있음을 지적하고 있다.98)

今東風西潮가 疊驅層激ㅎ야 電煥眼根ㅎ며 雷雲耳朶ㅎᄂᄃᆡ 我韓이
以最弱最貧之國으로 在左衝右要之地ㅎ야 凜孤舟漂洋에 不遇惡風ㅎ니
其危險也 — 果何如哉아.

여기에서 東風은 청과 일본을 지적하고 西潮는 서양의 열강들을 말하고 있는 것으로 당시의 국권 피탈의 상황을 묘사하고 있다. 그리고 이 생존경쟁에서 패배하여 국권을 빼앗김으로써 민중은 이제 일제의 노예가 되어 집과 국가가 패망하고 종족이 소멸될 지경에 다다랐음을 지적하고 있다.99)

---

97) 朴殷植,「敎育이 不興하면 生存不得」,『西友』제1호 論說.
98) 朴聖欽,「愛國論」,『西友』제1호, 28쪽.

그리고 현실을 타개하여 국권을 회복하고 민권을 신장키 위한 대책으로 實力養成論을 제기하였다.[100] 그들은 우리 한국이 국권을 피탈당하고 人民이 일제의 노예로 전락하게 된 그 이유를 優勝劣敗·適者生存·弱肉强食의 원리에 입각하여 우리 대한의 힘이 약하기 때문이라고 보았던 것이다. 즉 힘이 약하기 때문에 민족 경쟁과 국가 경쟁에서 패자가 되어 국권을 상실하게 되었다는 것이다. 그러므로 국가 경쟁과 민족 경쟁에서 승자가 되어 국권을 회복키 위해서는 반드시 강자가 되어야 하고, 그러기 위해 힘 즉 실력을 길러야 한다고 보았다.[101]

이같이 당시 제국주의 현실을 사회진화론을 빌어 인식하고, 실력양성론을 내놓았다.

2. 愛國論과 民權論

1) 國權恢復과 愛國

서우학회의 회원들은 국권회복을 위한 실력양성에 필연적으로 갖추어야 할 전제조건이 국민의 애국심이라고 보고 애국의 전제하에서만 국권회복이 가능하므로 국민들이 무엇보다 나라를 사랑할 것을 촉구

---

99)『西友』제7호, 24쪽. 安昌浩는 우리의 현실을 다음과 같이 말하고 있다.
"但個個胸中에 不平所懷가 不能無者가 何也오 卽今時局의 慘憺과 事機의 危迫흔 所以라 他人의 奴隷가 되야 及室家國이 敗亡ㅎ고 種族이 殄滅ㅎᄂ 境遇에 臨迫ㅎ엿스니 凡有血性者야 孰不羞愧而痛冤哉아."
李奎瀅, 「本會創途의 興替關係에 對ㅎ야 失心主義흘 것을 互相警告라.」,『西友』제3호, 23쪽 :
『西友』제4호, 3쪽 論說「機會」에서 朴殷植은 "我韓種族의 天賦原質은 他國人보다 優美흔 것이 實有흘지나 但政教가 陵夷ㅎ고 風化가 汚濁홈으로 靈慧良善흔 人民이 反히 愚昧陋劣흔 賤品이 되야 殆히 精神도 無ㅎ고 血氣도 無흔 動物과 如ㅎ야 究竟은 他人의 奴隷之辱을 被ㅎ앗스니"라고 하고 있다.
100)『西友』제1호, 1쪽 趣旨書. "今日 吾人이 如此히 極熱흔 風潮를 撞着ㅎ야 大而國家와 小而身家의 自保自全之策을 講究ㅎ면"
101) 朴殷植, 「教育이 不興이면 生存을 不得」,『西友』제1호 論說.

하였다. 애국심만 있다면 국권회복뿐 아니라 종족 보존도 가능하다고
보았다.

> 當此之時ᄒ야 國如不國이면 非惟不國이라 民亦不保요 非惟不保라
> 種類가 從而漸滅ᄒᄂ니 可不懼乎아 國之國與不國은 惟在乎國民之愛
> 國如何而已니 國可以不受乎아.[102]

이같이 애국을 국권회복의 전제로 여겼던 만큼 서우학회는 자신들
의 학회를 설립하고 애국계몽운동을 전개하는 데 있어서 애국을 그 기
본으로 삼았으며 또한 의무로 생각하였다.

> 兩西人士의 機關學會를 立ᄒ고 命之曰 西友學會라ᄒ고 先以愛國精
> 神으로 爲其基本ᄒ야 相互勉勵ᄒ되 學問을 硏究ᄒ며 患難을 相救ᄒ고
> 內地去來와 外洋出入에 一切周旋며 極力愛護ᄒ야 雖我同胞가 散在各
> 處라도 斷斷赤心으로 一脉貫通홈이 是其趣旨니 誠甚歡悅이라 新智를
> 啓發ᄒ고 自國을 愛重홈은 吾人의 當行ᄒ 義務니.[103]

2) 民權論(國民國家論, 國民主權論)

이렇게 애국을 국권회복의 전제로 여겼던 서우학회는 우리나라가
국권을 빼앗기고 국민이 노예로 전락하게 된 것은 바로 애국심이 없었
기 때문이라고 보았다.

그러면서 과거 우리나라 국민들이 애국심을 갖지 못하였던 이유를
지적하고 있다. 무엇보다도 국민들이 국가를 군주와 재상의 나라로 여
겨서 國事, 國權, 國家의 영광과 치욕을 군주 · 재상에게만 관계되는 것
으로 생각하여 전혀 관심을 갖지 않았기 때문에 애국심을 가질 수 없었
다고 지적하고 있다.[104]

---

102) 朴聖欽,「愛國論」,『西友』제1호, 27 · 29쪽.
103) 李奎濚,「本會前途의 興替關係에 對ᄒ야 失心注意홀 것을 相互警告라」,『西友』제3호,
　　　23~24쪽.
104)「愛國論」,『西友』제2호, 23쪽.

  以國으로 爲君相之國ᄒ야 其事와 其權과 其榮과 其恥를 皆視爲度
 外之事로다.

 그리고 심지어는 국민들이 국가를 일개인의 소유로 보아 '前朝는 王 씨의 나라'이고 '本朝는 李씨의 나라'라고 하여 그 흥망에 무관해 왔다 는 것이다.[105]

 또한 국민들은 자신을 노예로 생각하여 국가의 일에 참여하지 않고 수수방관하고, 노예의 타성에 빠져 애국심을 갖지 않았다는 것이다. 그 리하여 결국 지금과 같은 상황에 빠지게 되었음을 지적하고 있다.

 그런데 이같이 국민들이 국가를 전체국민의 국가가 아닌 개인의 국 가로 여기고 자신들을 노예로 여기게 된 이유를 다음과 같이 보고 있다. 즉 暴君들이 국가를 자기 개인의 것으로 만듦으로써 군주와 그 군주의 몇몇 私人에 의해 국정이 專斷되어져 내려와 국민들은 노예의 지경으 로 전락하게 되었다는 것이다. 그 결과 국민들은 국가의 일에 참여할 수 없었고, 항상 노예가 주인의 일을 보듯이 수수방관하는 것이 고질화되 어 애국심을 갖지 못하였다는 것이다. 결국 專制政治가 행해지면서 국 민의 애국심이 결여되고, 국권을 박탈당하게 되었다고 파악하였다.[106]

 서우학회는 이 애국심의 결여를 타개키 위하여 국가는 국민에 의하 여 형성되는 것이므로 국가의 주인은 국민이라는 생각을 민중들에게 심어 주어 愛國心을 고취코자 하였다.

 먼저 國家의 개념에 대하여 다음과 같이 정의를 내리고 있다.[107]

  夫國者는 民之積也라 一人이 積ᄒ야 一家를 成ᄒ고 一家를 積ᄒ야
 一鄕을 成ᄒ고 一鄕이 積ᄒ야 一國을 成ᄒᄂ니 國之名이 於是乎矣라
 人也 ─ 於斯焉生ᄒ며 於斯焉老ᄒ야 耕於斯而食ᄒ며 井於斯而飮ᄒ며

---

105) 『西友』 제7호, 26쪽, 安昌浩의 연설.
106) 「愛國論」, 『西友』 제2호, 24쪽.
107) 朴聖欽, 「愛國論」, 『西友』 제1호, 27쪽.

墳墓家屋을 於斯焉築ᄒ며 親戚故舊가 於斯焉族ᄒ니.

즉 국가는 일개인의 소유가 아니라 국민 개개인이 모여서 형성된 것으로 국가의 主人은 國民이고 국가는 국민의 生活의 場으로 하나의 유기체적인 성격을 지니고 있다고 하고 있다.[108] 다시 말하여 국민이 없으면 국가란 있을 수 없고 국가가 없으면 국민이란 있을 수 없는 관계로 국민과 국가는 하나이면서도 둘이고 둘이면서 하나인 관계라고 강조하고 있다.[109]

이같이 국민과 국가와의 관계를 정의해 볼 때 국가는 주인인 국민의 손에 달려 있고 또한 국가의 패망은 국민을 생존할 수 없게 하므로 국가의 주인인 국민으로서 국가의 존립에 관여하지 않을 수 없다고 더욱 강조하면서 民衆들에게 주인으로서의 역할을 촉구하고 있다.[110]

서우학회의 이러한 民權論(국민국가론, 국민주권론)은 민중들의 애국심을 고취시켜 애국계몽운동에 참여케 하는 데 중요한 관건이 되었던 사상이라고 할 수 있다.

그리고 또 이 민권론의 주장은 당시 새로운 사회층으로 부상되고 있었던 시민층의 정치·사회적 주장을 반영한 것으로 자신들의 권리·이익의 주장과 밀접하게 관계되는 주요 사상이었다. 즉 아직 개발되지 않은 국민의 대표로서 자신들을 염두에 두고 國民主權·國民國家를 더욱 강조하였던 것으로 볼 수 있다.

3) 愛國論

서우학회는 국가의 구성원으로서 국가의 주인으로서 국민들이 해야 할 愛國의 內容을 국민들 서로 간에 단결하고 돕고, 어려울 때 돌봐주

---

108) 『西友』 제7호, 26쪽, 安昌浩의 연설.
109) 「愛國論」, 『西友』 제2호, 23쪽.
110) 朴聖欽, 「愛國論」, 『西友』 제1호, 27쪽.

는 것이라고 지적하고, 지금과 같이 외국에 의해 침략을 당하여 국권을 빼앗긴 상황에서는 힘을 합쳐 외세를 막는 것이 바로 愛國이라고 다음과 같이 말하고 있다.111)

그리고 국민 각자가 각기 學問, 農·工·商·戰爭 등에서 자신의 책임과 의무를 다하여 맡은 바에 힘쓰는 것도 애국으로, 이로써 국가가 흥성하게 되는 것이라고 하였다.112) 또 타인에게 의존하지 않고 자활의 방법을 강구하여 自養·自强하는 것도 애국이라고 지적하였다.113)

결국 애국이라고 하는 것은 나라를 강하게 하고자 하는 것으로 이 애국 없이는 국가도 국민도 존재할 수 없다는 것이다.

3. 敎育救國論

1) 國權恢復과 敎育

서우학회는 지금과 같은 생존경쟁의 시대에 민족 경쟁과 국가 경쟁에서 弱者에서 벗어나 승리할 强者가 되기 위해서는 실력을 배양해야 하며 그 실력 배양에 중요한 관건이 되는 것이 교육이라고 보았다.

과거 역사에서 볼 때 민족의 盛衰와 국가의 存立은 지식 개발의 정도와 세력의 强弱에 달려 있다는 것이다. 그리하여 현재에 이르러서는 지식이 開明하고 세력이 팽창한 사람들은 優等人種으로, 그리고 지식이 闇昧하고 세력이 축소된 사람은 劣等人種이 되어 우등 인종의 침략, 지

---

111) 앞의 글, 28쪽.
112) 朴聖欽, 「國民의 性質과 責任」, 『西友』제3호, 25쪽.
113) 朴聖欽, 「人民의 生活上 自立으로 國家가 自立을 成흠」, 『西友』제8호, 2쪽.

배를 받고 있다고 지적하고 바로 그 이유는 학문에 있다고 다음과 같이 말하고 있다.114)

> 噫라 同時人類로 或居優等地位ᄒ야 生活福祉를 享有ᄒ고 或居劣等
> 地位ᄒ야 身世의 悲慘을 不堪ᄒ니 此何故焉고 但 其學問의 有無로써
> 等級이 若是懸絶ᄒ야 安危와 盛衰와 榮辱과 苦樂이 判若天淵ᄒ니 可
> 不念哉아.
> 蓋勢力은 生於智慧ᄒ고 智慧ᄂ 出於學問故로 現世界文明富强ᄒ 國
> 民은 各其學業을 勉勵ᄒ야 長其智識ᄒ 效果니 何可他求哉아.

즉 지금 현 세계에 부강한 나라들(優等國家)은 국민의 교육에 힘써 民智를 넓힘으로써 지금의 위치를 누리고 있다고 말하고 있다.

그러므로 劣等民族으로 국권을 피탈당한 우리 대한은 이 지위에서 벗어나 국권을 회복키 위하여는 그 관건이 되는 교육에 힘쓸 수밖에 없음을 거듭 강조하고 있다. 지금 교육에 힘써 지식을 계발한다면 국권도 회복하고 인권도 신장할 수 있고, 만일 교육을 도외시한다면 우리는 영원히 타인의 노예와 희생을 면치 못하리라는 것이다.115)

> 今日 吾輩가 敎育을 勉勵ᄒ야 使靑年子弟로 學問이 高明ᄒ며 智識
> 이 宏達ᄒ며 志氣가 卓犖ᄒ면 天下事가 皆其分內라 其發達丕進ᄒᄂ
> 效力을 孰能沮之ᄒ며 孰能禦之리오 已墜ᄒ 國權도 由此而可復이오 既
> 失ᄒ 人格도 由此而可伸이니 …… 子弟 敎育을 置之一邊ᄒ다가는 我同
> 胞兄弟의 子子孫孫이 永久히 他人의 奴隷와 犧牲을 不免홀지니.

즉 서우학회는 교육이야말로 국권회복과 인권신장의 기초라고 보고 그들의 애국계몽사상에 있어서 新敎育思想을 그 기본으로 하였던 것이다.116)

---

114) 朴殷植, 「敎育이 不興이면 生存을 不得」, 『西友』 제1호, 9~10쪽 論說.
115) 朴殷植, 「敬告社友」, 『西友』 제2호, 5쪽.

이같이 서우학회는 교육을 생존경쟁에서 승리할 수 있는, 국권을 회복할 수 있는 관건이라고 보았기 때문에 교육의 방향이 이에 적절하여야 함을 강조하였다.

즉 교육은 국민들이 생존경쟁에 잘 적응할 수 있는 유익한 교육이어야 하므로 교육자들은 그 사회, 그 세계의 상황을 잘 파악하여 그 社會와 世界에 적응할 수 있게끔 교육하여야 한다고 하였다.117) 그러므로 지금과 같은 사회·세계적 상황에서 필요한 교육은 바로 국민들로 하여금 국권회복을 할 수 있는 능력을 지니도록 하여 주는 것이라고 하였다. 그리하여 '爲國家主義敎育'을 시킬 것을 주장하고 이에 맞지 않는 교육은 아무리 열심히 하여도 현실적으로 무익하다고 비판하면서 교육의 종지는 국가를 위한 精神敎育임을 강조하였다.118)

2) 新敎育論－體育과 尙武精神

서우학회는 국권을 회복하고자 하는 애국주의교육에서는 體育·德育·智育의 3요소를 고루 갖춘 완전한 인간을 육성하는 데 그 목적을 두어야 한다고 하였다. 그러므로 과거의 讀書만이 중심이 되는 교육에서 벗어나 智·德·體를 고루 갖춘 교육을 하자고 하였다.119) 그렇게 된다면 '自强'하여 국권도 회복하고 인권도 신장할 수 있으리라고 보았다.120)

德育은 아동의 마음에 명예를 중시하고, 치욕을 싫어하게끔 교육하는 것으로 가정교육이나 小兒교육을 통해 기초를 튼튼히 하여야 할 것이며, 智育은 실리주의에 입각하여, 현실에 대처하고 실력을 길러 주는 교육으로 이를 위해 처음에 讀書·習字·算術을 가르치고, 그 다음에

---

116) 「趣旨書」,『西友』제1호, 1쪽.
117) 朴聖欽, 「보통敎育은 國民의 要務」,『西友』제9호, 6쪽.
118) 朴相穆, 「敎育精神」,『西友』제11호, 17~18쪽.
119) 安秉瓚,『西友』제1호, 11쪽 敎育部.
120) 金義善, 「敎育의 宗旨」,『西友』제5호, 8쪽.

圖書를 가르치며 그 후에 자국어를 가르쳐 활용케 한 다음, 마지막으로 지리·역사·기하학·대수학·천문학·법률학·물리학·簿記 등을 가르치자고 하고 있다.

특히 강조점을 두고자 하는 것이 體育이었다. 그 이유는 체육은 신체의 강건과 인내력을 키워주는 것으로 덕육·지육의 기본이 된다는 것이다. 즉 아무리 학구열이 있다고 하더라도 체력이 따르지 못하면 심력도 약하여져서 학문상 전도에 큰 손해를 입히므로, 지육·덕육의 消長은 體育에서 기인하고, 智識의 활동도 체육에서 기인한다는 것이다.

또한 국가의 성쇠는 국민의 元氣에 달려 있는데 국민의 원기는 지육·덕육만으로는 안 되고 체육이 발달하는 데서 오는 것으로, 우리나라는 원기를 일깨우는 애국심은 있어도 體育이 전혀 없어서 勇敢과 奮發之心이 없었다는 것이다.

그리고 지금 국권회복을 위해 언젠가 하게 될 전쟁에 지육·덕육만을 갖고는 될 수 없으므로 체육을 병행해야 한다고 하였다.121)

이렇게 볼 때 체육교육의 강조는 국권회복을 위한 실전과 직결되는 것으로서 즉 체력을 강력히 하여 지·덕을 발전시켜 지식을 활용케 하고, 체육으로서 원기를 일깨워 국민의 勇敢·奮發力을 기르고, 또 국민의 元氣로써 미래의 독립전쟁에 대비하자는 것이다.122)

> 嗚呼라 凡我同胞兄弟여 世界列强의 獨立史와 中興史를 閱覽ᄒ시오 學育도 學育이여니와 最後 手段에는 全혀 武藝的으로 出ᄒ엿스니 武藝的으로 出ᄒᄂ 境遇에ᄂ 本是 體育이 無ᄒ면 愛國血誠이 有ᄒᆫ덜 如何로 奮身活動ᄒ리오.

---

121) 金義善, 「體育의 必要」, 『西友』 제4호, 14쪽.
　　　金鳳觀, 『西友』 제7호, 12쪽 衛生部.
122) 金義善, 「體育의 必要」, 『西友』 제4호, 14~15쪽.

이같이 체육 교육의 강조는 당시의 尙武精神과 밀접한 관계에 있음을 말하여준다.

서우학회는 우리가 국권을 빼앗기게 된 중요한 원인의 하나가 虛文을 숭상하고 武事를 천시한 때문이라는 것이다. 즉 이 때문에 국세가 허약하여져 결국 국권을 빼앗기고 국민은 노예로 전락하게 되었다고 보았다. 물론 武만을 숭상하는 것도 많은 폐단을 가져오지만 文·武야말로 천하의 두 개의 대업이라고 하였다.[123]

> 夫天下之大業이 有二ㅎ니 文事와 武備가 是耳라 易에 曰 皇帝堯舜이
> 垂衣裳而治라ㅎ며 繼之曰 弧矢之利로 以威天下라ㅎ고 春秋傳에 曰 文能
> 附衆ㅎ며 武能威敵이라ㅎ니 是道也 — 如天地之有陰陽ㅎ야 若關其一이
> 면 生物之功이 息矣니 經論天下之大業者 — 豈有出於文武道之外者哉아.

尙武의 기풍을 길러 온 나라들은 국민들이 용감하여 교육의 성과가 빠르고 애국정신과 단결력이 뛰어나 국위를 떨쳐 열강으로 군림하고 있다는 것이다.

그러므로 우리나라도 국권을 회복키 위해서는 과거의 虛文崇尙을 버리고 문·무를 겸비해야 할 것으로, 교육에서도 상무교육을 중히 하자고 하였다.

> 今以後라도 我同胞가 國家의 權力을 恢復ㅎ며 民族의 生命을 保全
> 코져 ㅎ면 彼希臘과 如히 崇武的 敎育을 實施함에 在ㅎ다 ㅎ노라.[124]

3) 學校敎育·義務敎育·師範養成

서우학회는 애국주의교육이 가정·학교·사회에서 균형 있게 이루어져야 국권회복과 민권의 신장으로 이어진다고 보았다.[125] 그러므로

---

123) 朴殷植, 「文弱之弊는 必喪其國」, 『西友』 제10호, 1~2쪽 論說.
124) 앞의 글, 6쪽.

지금 우리가 힘을 써야 할 것은 학교교육을 시작하는 것이라고 하였다. 물론 學堂이나 私塾과 같은 교육기관이 있긴 하지만 폐쇄적인 성격을 지니고 있고, 또한 지금과 같은 생존경쟁의 시대에 적응할 수 없는 구학문에 얽매여 있어 국권 회복과 민권 신장을 위한 교육의 효과는 노릴 수 없으므로 지금의 시점에서 교육의 성과를 가장 효과적으로 얻을 수 있는 학교교육이 필요하다고 역설하였다.126)

즉 歐美 各國이 지금과 같이 막강한 힘을 갖게 된 것은 학교교육을 잘하여서 얻은 성과임을 지적하였다.

이 같은 관점에서 梁啓超의 「學校總論」이란 논문을 네 차례에 걸쳐 소개하고 있는데, 그 내용은 서양이 지금과 같이 세력을 떨치게 된 것은 학교교육의 효과라고 하여 서양 각국의 의무교육 제도를 소개하고 서양 학교교육의 장점을 소개하였다.127)

그리고 학교교육의 중요성을 절감한 가운데서 이의 효과를 위해 나온 안이 義務敎育實施案이었다. 즉 일반 민중들이 학교교육의 중요성을 인식하여 학교를 설립하고 인재를 양성코자 하지만 유종의 미를 거두는 경우가 드물다는 것이다. 그것은 학교가 처음 설립될 때 주로 유지인사들의 성금 기부로 시작하는 경우가 많은데 계속적인 기부를 받지 못해 문을 닫는 학교가 많다는 것이다. 이것은 의무교육이 실시되지 않았기 때문임으로, 의무교육을 실시해야만 인재를 양성하여 국권을 회복할 수 있다고 하였다.128)

> 義務敎育을 實施흔 後에야 人才를 養成ㅎ야 國權을 回復홀지니 惟
> 我西道 同胞는 自强會獻議도 不問ㅎ고 政府實施도 不待ㅎ고 自家之事

---

125) 安秉瓚, 「敎育의 宗旨」, 『西友』 제5호, 8쪽.
126) 「學校之制」, 『西友』 제1호, 17쪽.
127) 「學校總論」, 『西友』 제2, 3, 4, 5호.
128) 『西友』 제3호, 44쪽 會報.

는 自己가 實行ᄒᆞᄂᆞᆫ거시 當然ᄒᆞᆫ 義務라.

즉 전국민에 대해 보통교육의 실시를 위해 의무교육제도를 주장하였다.

당시 의무교육실시안은 애국계몽사상가들에 의해 적극 주장되고 있었고, 대한자강회는 1906년 10월에 의무교육실시안을 정부에 제출하였으나 통감부에 의하여 저지되었다. 그럼에도 서우학회는 계속 강력히 의무교육실시를 주장하였으며 서우학회의 도움으로 1907년 3월부터 평양에서 민중들에 의한 우리나라 최초의 의무교육이 실시되었다. 이들은 의무교육이 실시되면 國權도 되찾고 人權도 신장되리라고 보았던 것이다.129)

그리고 서우학회는 이러한 학교교육과 의무교육을 실현하기 위하여 무엇보다 시급한 것이 교사의 양성이라고 하였다. 올바른 교육을 위하여는 훌륭한 교사가 필요하다고 생각하였다.

> 今日 敎育方針에 對ᄒᆞ야 最先急務ᄒᆞᆫ 師範養成이 是라 蓋學生은 國家의 基礎요, 蒙學은 學生의 基礎라 蒙學이 無ᄒᆞ면 完全ᄒᆞᆫ 學生이 無ᄒᆞᆯ 것이오 完全ᄒᆞᆫ 學生이 無ᄒᆞ면 엇지 완전ᄒᆞᆫ 國家가 有ᄒᆞ리오 惟是完全ᄒᆞᆫ 蒙學을 建코져 ᄒᆞᆯ진ᄃᆡ 必先 完全ᄒᆞᆫ 師範을 培養ᄒᆞᆯ지라.130)

그런데 지금 우리나라의 학계의 현실을 보면 浮虛不實하고 고루하고 미개한 기풍에 빠져 있어서 선생의 학문이 기껏해야 천자문·童蒙先習·史略·通鑑 등에 불과하고 좀 나아도 小學·孟子 정도에 지나지 않으며, 세계 각국의 역사나 지리, 산술, 八星의 위치도 모르는 선생들로서 현실에서 필요로 하는 신교육을 담당할 사람이 없는 실정이다. 그

---

129) 朴殷植, 「祝義務敎育實施」, 『西友』 제7호, 2쪽.
130) 朴殷植, 「師範養成의 急務」, 『西友』 제5호, 2쪽.

러므로 지금 단계에서 시급한 것이 師範養成이라고 보았다.

또 각 지역에서는 유지인사들이 학교를 세우고 인재를 양성하려고 하지만 적절한 교사가 없어서 서울에서 교사를 초빙하고자 하는데 교사 자격을 지닌 사람이 없으므로 교육이 제대로 되지를 못한다.

즉 사범양성이 제대로 되어 있지 않으면 학교교육이 실시된다 하여도 인재양성이 실현될 수 없고, 결국 국권 회복도 불가하므로 사범양성이야말로 가장 시급하다고 보았다.

그리하여 서우학회는 漢城에 師範學校를 시급하게 설립하였고 평양의 사범 강습소, 사범학교 설립에도 깊이 관여하였던 것이다.

4. 團體論

서우학회는 지금과 같은 제국주의 시대에 실력을 길러 빼앗긴 국권을 회복키 위하여는 단결하여 단체활동을 해야만 한다고 주장하였다. 즉 단합하면 優等民族이 되어 생존할 수 있고 분열하면 劣等民族으로 전락하여 멸망한다는 것이다.131)

> 今日 吾人이 團合ᄒ면 文明優等이오 渙散ᄒ면 野蠻劣種이며 團合
> ᄒ면 生存을 可得이오 渙散ᄒ면 亡滅을 難救니.

그것은 국가가 1인의 소유도 아니고 1인에 의해 성립되는 것이 아니라 수많은 사람들에 의해 성립되는 것이므로 국가의 존립·민족의 성쇠는 국민의 단합 여하에 달릴 수밖에 없다는 것이다. 우리 대한이 지금과 같은 상황에 놓이게 된 중요한 요인이 바로 단결하지 않고 각기 자기의 입장에서 자기만을 주장하였기 때문이라고 다음과 같이 지적하고 있다.132)

---

131) 朴殷植, 「團體成否의 問答」, 『西友』 제3호 論說.

　　嗚呼 大韓은 由於一乎아 由於各乎아 老少南北人이 國權을 世傳常
　産으로 認ᄒ고 分黨角立ᄒ야 其人을 愛홈에 其鳥를 愛ᄒ며 其人을 憎
　홈에 其隸를 憎ᄒ니 政府는 人民의 機官이어늘 一을 去ᄒ고 各을 守ᄒ
　며 理學家·試賦家는 國事를 馬耳東風에 歸ᄒ고 從類偏好ᄒ야 擊踞曲
　拳을 隱怪라 稱ᄒ며 窃經掠傳을 俳優라 擯ᄒ니 士者는 國家의 元氣여
　늘 一을 捨ᄒ고 各을 從ᄒ야 東築西陀ᄒ며 跋前踸後ᄒ지 非今斯今이
　라 畢竟 收效가 五百年宗社에 外人鼾息을 容ᄒ며 二千萬同胞를 他族
　奴隷로 讓하이시니.

　　즉 老少·南北으로 國論이 나뉘어져 있으며 理學家·試賦家·士 등
도 각기 자기의 입장에서 단합하지 않음으로써 국권을 빼앗기고 국민
은 노예로 전락하였다는 것이다.

　　그러므로 지금의 이 상황에서 벗어나 국권을 회복하고 민권을 신장
키 위해서는 단결하는 길밖에 없으며 국민의 단결을 위해 단체활동이
필수적이라고 보았다.

　　그리고 단합이야말로 국권회복의 전제인 애국의 기본이라고 하였
다. 즉 1人의 애국심은 너무나 미약하여 많은 사람들의 애국심이 단합
되어야 그 애국심의 힘이 커지므로, 단합이야말로 애국의 기본이라고
보았던 것이다.[133]

　　그리하여 서우학회는 團合·團體論을 그들의 활동목표의 기본으로
설정하였으며, 앞서 본 애국계몽운동에서의 단체활동의 결과로 많은
성과를 얻게 되었던 것이다. 즉 그들의 교육활동·학보간행운동·계몽
강연운동은 실제 모두 단체활동을 통하여 행하여졌던 것이다. 서우학
회의 설립취지가 바로 이 단체활동에 있었던 것이다.[134]

---

132) 文錫瓛, 「一與各의 成敗論」, 『西友』 제6호, 26쪽.
133) 「愛國論」, 『西友』 제2호, 21쪽.
134) 朴殷植, 『西友』 제1호, 6쪽 社說 : 『西友』 제1호, 1쪽 趣旨書에서도 밝히고 있음. 그리고 『西
　　友』 제1호, 4쪽 장지연의 祝辭에서도 西友學會의 設立이 敎育之振興과 團體之協同으로 國
　　權회복의 기초를 마련하고자 하는 것이라 밝히고 있다.

이같이 서우학회는 지금은 團體결성 여하에 따라 문명과 야만이 구
별되며 국가의 존립이 결정되는 시기이므로 단결하는 것이 애국의 길
이며 국권회복을 가져다주는 길이라고 단체활동을 촉구하였다.

5. 實業救國論

서우학회는 지금과 같은 생존경쟁의 시대에 민족경쟁·국가경쟁에
서 약자에서 벗어나 승리할 강자가 되기 위해서는 실력을 쌓아야 하는
데 실력 배양에 관건이 되는 것이 교육과 더불어 殖産이라고 보았다.
즉 민족의 성쇠와 국가의 존립은 지식계발 정도와 세력의 강약에 달려
있는데 지식의 開明을 담당하는 것이 교육이며 세력의 强弱·膨脹을
담당하는 것은 實業이라고 파악하였던 것이다.[135]
서우학회는 이같이 實業을 제국주의의 침략에 대항하여 약소민족이
강하여져 생존을 얻는 '第二의 救國의 방법'으로 보았던 것이다. 그리
하여 실업을 극구 주장하였다. 지금 열강들은 바로 이러한 실업을 무엇
보다도 먼저 진흥시켜 현재의 부강함에 이르러 優等國으로서 행세하
고 있다는 것이다.
그리고 우리 大韓이 지금과 같이 국권을 피탈당하고 국민의 노예로
전락하게 된 주요한 원인이 실업을 강구하지 않았던 것에 있었음을 지
적하였다.

---

135) 朴殷植,「敎育이 不興이면 生存을 不得」,『西友』제1호.

고 다만 貪虐을 恣行ㅎ는 風이 燃盛ㅎ야 民産을 浸漁ㅎ기 爲日事훈 故
로 實業을 講究할 여지가 無ㅎ야 …… 是以로 民業이 不振ㅎ며 財政이
漸漸涸渴ㅎ야 國家의 安寧을 維持ㅎ기 難ㅎ며 人民의 生活을 保全ㅎ
기 亦難홀지라.[136]

그러면서 여기에서 근대 실업이 발달되지 못한 원인으로 虛文을 숭
상한 점, 利慾을 다투어 朋黨의 폐가 일어난 점, 貪虐을 자행한 풍조 등
을 들고 있다.

서우학회는 또한 실업이 발전되지 못한 원인으로 自勞·自活하지
않고 붕우와 친척에게 기탁하여 유의유식하는 무리가 전인구의 3/4~
4/5에 달하고 있는 점을 지적하고 있다.[137] 즉 많은 사람들이 안일과
懶怠에 젖어 노력하지 않고 있다는 것이다.

그리고 工業과 商業을 특히 천시하고 학대한 점도 중요 원인으로 지적
하였다. 그리하여 '眞正學士는 賤業ㅎ기 不恥ㅎ느니'라고 할 정도였다.

서우학회는 실업이란 농업·공업·상업을 일컫는 것이라고 하고 실
업론의 주안점을 농업·공업·상업의 同時的이고 均衡的 발전에다 두
었다. 농업은 의식을 제공하고 만물을 생성케 하는 것으로 천하의 대본
이라고 하였으며, 공업은 농업이 생산한 원료를 제조하여 물품을 만들
어 내는 것이라 하였고, 상업은 농·공이 이미 조성한 물품을 분배하고
교역하는 역할을 한다고 하고, 이 삼자는 불가분의 관계에 있음을 지적
하였다. 그리고 현재의 문명국들도 이 三業을 무엇보다 먼저 진흥하여
지금과 같은 부강에 이르게 된 것이므로, 실력을 양성하여 국권을 회복
해야 하는 우리로써는 이 三業을 확장하고 일으키는 것이 급선무라고
하고 있다.[138]

---

136) 玉東奎, 「實業의 必要」, 『西友』 제8호, 28쪽.
137) 朴殷植, 「人民의 生活上 自立으로 國家가 自立을 成홈」, 『西友』 제8호, 3~4쪽 論說.
138) 玉東奎, 「實業의 必要」, 『西友』 제8호, 30쪽.

> 大抵 國家를 恢復흠은 實力을 養成흠에 在ᄒ고 實力養成은 三業이 發
> 達흠에 在ᄒ즉 今日 吾人이 政治 法律의 高等學問은 猶屬緩圖오 實業을
> 擴張振起흠이 急先務에 在ᄒ것슨 智者를 待치 아니코 可辨흘지라.

서우학회는 실업을 진흥키 위하여 무엇보다 시급한 것이 農業·工業·商業學校를 널리 세워 고명한 교사를 초빙하여서 총명한 자제들을 많이 기르는 것이라고 보았다. 그리하여 전문적 농학자·공학자·상학자 들이 각자의 분야를 연구하여 일반국민에게 가르쳐 실업을 진흥케 한다면 국가경제가 발달하여 우리나라는 문명국이 되어서 국권회복·민권신장에 그치는 것이 아니라 세계열강으로 진출할 수 있으리라 보았다.

실제 당시 일본에 유학갔었던 회원 洪淳五가 돌아와 시무에 관한 의견서를 제출하였는데, 그는 국권 회복은 실력양성에 있고, 실력 양성은 무엇보다 공업발전에 있음을 말하고 實業科 학생 90인을 파견하여 1년 반이나 2년쯤 공부하여 제반공업을 국민에게 교수하면 우리나라도 몇 년 지나지 않아 실력을 양성하여 국권을 되찾으리라고 하고 있다.[139] 이 같은 공업의 강조는 서양열강들의 부강이 바로 서구 산업혁명에 기인한다고 보아 열강과 같은 부강한 나라가 되기 위해서는 공업이 기본이라고 생각한 데서 나왔던 것으로, 이들 사상의 지향하는 바가 近代的 産業社會였음을 다시 확인할 수 있다.

또한 당시 상업을 강조하여 이를 통해 부강해지고자 하는 의견도 강하게 작용하고 있었는데,[140] 이 역시 당시 우리나라의 경제 발전에서 볼 때 신시민층들의 사회·경제적 입장과도 관련하여 강조되었다고 할 수 있겠다. 한편 이를 위한 상업학교 설립에 대하여도 소개하였다.[141]

---

139) 「切實意見」, 『西友』 제6호, 2~4쪽 社說.
140) 李達元, 「商戰說」, 『西友』 제3호, 22쪽.
141) 「學校之制」, 『西友』 제1호, 16쪽.

그리고 서우학회는 임업의 필요성을 강조하고,142) 우리나라의 광업,143) 공업,144) 鹽業145) 등 자원에 대하여 끊임없는 관심을 갖고 개발을 촉구하고 있다.

서우학회는 실업의 발전을 꾀하기 위하여는 국민들의 기본자세를 확고히 할 것을 주장하고 있다. 즉 국민 각자가 勤勞·勞動으로 자활의 방법을 취하여 남에게 의지하지 않고 경제적으로 독립한다면 국가도 역시 이에 따라 경제적으로 자립하여 부강하여지리라는 것이다.146)

그리고 국민 각자가 自助의 정신을 갖고 분투적인 생활을 한다면 실업의 발전을 가져올 수 있다는 것이다.147)

6. 弊習打破論

서우학회는 우리 대한이 지금과 같이 劣等國으로 떨어져 국권을 상실하게 된 것은 강하게 침투해 있는 弊習에도 그 큰 원인이 있다고 보았다.148) 그러므로 우리 대한이 국권을 회복키 위하여는 실력의 양성과 더불어 이러한 폐습을 타파하고 신정신을 불러일으켜야 한다고 생각하였다.149) 그리하여 '我二千萬同胞가 皆其舊染을 祛ᄒ고 新德을 養ᄒ야 文明程度에 達ᄒ며 自由求制를 復ᄒ옵기'를 기하여야 한다고 주장하였으며150) 지금이 바로 그러한 구습을 타파하고 文明新化를 흡수할 때임을 강조하였다.151)

---

142) 玉東奎, 「林業의 必要」, 『西友』 제1호, 30쪽 雜俎.
143) 朴聖欽, 「我韓의 鑛山槪要」, 『西友』 제4·5호.
144) 「韓國工業」, 『西友』 제7호, 4쪽.
145) 「한국의 염업일반」, 『西友』 제11호, 31~32쪽.
146) 朴殷植, 「人民의 生活上 自立으로 國家가 自立을 成흠」, 『西友』 제8호, 4쪽 論說.
147) 「自助論」, 『西友』 제13호 論說.
148) 金益三, 「敬告靑年」, 『西友』 제2호, 29쪽.
149) 李奎澯, 「本會 前途의 興替關係에 對ᄒ야 矢心注意흘 것을 互相警告라」, 『西友』 제3호, 23쪽.
150) 朴殷植, 「新年祝辭」, 『西友』 제2호, 4쪽.
151) 朴殷植, 「機會」, 『西友』 제4호, 3쪽 論說.

그리고 만일 우리가 지금 낡은 관습을 버리지 못하고 여전히 '昏昏懵懵'속에 세월을 보내고 말면 우리 동포의 자자손손이 남의 奴隸와 犧牲이 되고 4천 년 지켜 온 국토가 망하게 될 것이라고 하였다.152)

서우학회가 지적하고 있는 폐단을 보면 다음과 같다.

첫째로 지적하고 있는 폐습은 固陋하며 守舊的이라는 것이다. 지금 우리가 살고 있는 20세기는 전지구가 신세계를 조성하는 시대이고 우리 한국도 이 시대를 맞아 국가의 독립을 유지하고 국민의 생활을 보장키 위해 개명하고 변해야 하는 시대인데, 우리나라 사람들의 대부분이 舊規를 고수하고 부동불변하고 있다고 지적하고 있다.153)

특히 우리나라의 지식층인 유림들은 괜히 옛 것만을 고집하고 新義를 탐구하지 않으며, 좁은 소견에 집착하여 時宜을 전혀 알지 못하므로 勸勉하는 것이 空談이라고 하고 있다.154)

그리하여 국권을 잃은 이러한 위험한 시기에 유림들이 하는 공부와 교육이란 아직도 고루하고 쓸모없는 것들뿐이어서 그들은 세계 각국의 역사도 공부하지 않고 산술도 이해하지 못하고 五洲의 이름도 알지 못하고 八星의 위치도 분간하지 못한다는 것이다.155)

그리고 書堂塾師와 같은 學究者들도 시대에 맞지 않은 교육을 시키고 있는데 그것은 자신들이 신사상·신교육을 전혀 모르기 때문이라고 하였다.156)

이같이 서우학회는 당시의 고루성·수구성을 지적하고 여기에서 벗어나 신지식·신학문을 습득하고 時宜을 구하면 국권의 회복과 인권의 신장이 가능하리라고 보았다.

---

152) 「警告 社友」, 『西友』 제2호, 5쪽.
153) 朴殷植, 「舊習改良論」, 『西友』 제2호, 6쪽.
154) 앞의 글, 7쪽.
155) 朴殷植, 「師範養成의 急務」, 『西友』 제5호, 2쪽 論說 : 玉東奎, 「實業의 必要」, 『西友』 제8호, 29쪽 : 「賀腐儒就新」, 『西友』 제10호, 24~26쪽.
156) 朴殷植, 「舊習改良論」, 『西友』 제2호, 9쪽 論說.

두 번째로 冒險心과 勇進의 결여를 들고 있다. 즉 지금과 같은 어려운 상황에서 우리나라의 유지인사들은 한숨과 통곡으로 보낼 뿐 행동하여야 할 일을 당하면 속수무책으로 가만히 있다고[157) 하면서 모험과 용진이 없음을 무척 애통해하고 있다.

> 我韓人民은 如此히 岌業훈 시대를 遭遇ᄒ야 悲慘훈 境遇에 陷溺ᄒ고도 尙且偸安姑息과 畏避退縮習의 慣을 未祛ᄒ야 勤勉刻苦의 思想과 冒險勇進의 氣象을 全然不覩ᄒ겟스나 엇지 可哀可麟치 아니ᄒ리오.[158)

지금 구주의 민족이 세계에서 優·强하게 된 것은 다른 이유가 아니라 冒險과 勇進에서 비롯되고 있는 것으로 이 모험과 용진이 바로 浩然之氣로서 사람이 이를 가지면 살고 없으면 죽으며, 나라가 이를 가지면 흥하고 없으면 망하는 것이므로 이 모험·용진이야말로 우리가 가져야 할 것이라고 하였다.[159)

그리고 이 모험·용진을 길러 내는 것은 희망·열성·지혜·담력이므로 이것들을 길러서 모험·용진을 가져 국권을 회복하자고 하였다.

세 번째로 黨派·偏黨이 우리의 고질적 폐단임을 들고 있다.

> 斯則然矣나 我邦의 由來風習은 所謂 政黨間에 東西南北의 四色이 分派ᄒ야 互相仇觀ᄒ며 互相血戰이 盖數百年矣라 平日 言論이 不出於是ᄒ며 畢生競爭이 惟在於是ᄒ고 至於宗社之重과 民國之大ᄒ야ᄂ 反屬歇後라 由是로 一般社民이 其風化를 漸染ᄒ야 各其門戶에 分裂이 層生ᄒ고 階級이 甚多라 連墻而居호ᄃ 婚路가 不通ᄒ고 同堂而處ᄒᄃ 友誼가 相阻ᄒ니 以此習慣으로 豈能關破崖岸ᄒ야 合成團體乎아.[160)

즉 정치가들의 당파싸움이 계속되고 있으며 우리의 대표적 지식층

---

157) 金河琰, 「冒險勇進은 靑年의 天職」, 『西友』 제12호, 1쪽 奇書.
158) 柳東說, 「분투적 생활」, 『西友』 제6호, 8쪽.
159) 金河琰, 「冒險勇進은 靑年의 天職」, 『西友』 제12호, 1~4쪽.
160) 朴殷植, 「團體成否의 問答」, 『西友』 제8호, 7쪽 論說.

인 유림을 비롯하여 각 계층의 사람들이 편당적 성격을 버리지 못하고 각기 자신들의 당의 이익만을 취하여 국가와 민족의 어려움을 도외시하여 왔다고 지적하고 이점을 극복하지 못한다면 이천만 동포가 타족의 노예로 전락하리라고 경고하고 단결할 것을 촉구하였다.[161]

네 번째로 懶怠의 고질을 지적하고 있다. 나태는 인간의 제일의 적으로 모든 죄악이 여기에서 비롯되어 국민의 생활 빈곤을 극도에 달하게 하며 국민들이 국가사상·공익의무를 영위할 여유조차 없게 한다.[162] 그리하여 지금과 같은 어려운 시기를 극복해야 할 기회를 잃게 함으로써 영영 노예의 생활에서 벗어날 수 없게 하는 것이다.

그러므로 지금 우리가 급히 제거해야 할 것은 안일과 나태로 여기에서 벗어나 근면하게 생활하는 것이 민족의 자유와 국가의 자립을 얻는 기초라고 하고 있다.

吾人이 急先히 痛治革袪흘 者는 安逸怠慢의 痛根이니 勤勞生活이 卽人民의 自由ᄒᆞᄂᆞᆫ 原因이오 國家의 自立ᄒᆞᄂᆞᆫ 基礎로다.[163]

다섯 번째로 私利·私慾을 폐로서 들고 있다. 즉 우리 대한 사람들은 사리·사욕에만 집착하여 공리·공익은 돌보지 않음으로써 오늘에 이르렀다는 점을 지적하였다.

대표적으로 국가의 녹을 받는 관료들은 고관대작이건 하급관리건 국민에 대해 또한 국사에 대해 도외시하고 다만 사리·사욕을 꾀하여 국민을 침탈할 뿐 국가의 안위나 국민의 禍福에 관심이 없다는 것이다.

그러므로 민의를 모으고 지금의 상황에서 벗어나기 위하여는 사리·

---

161) 會員 文錫瓛, 「一與各의 成敗論」, 『西友』 제6호, 26쪽.
162) 朴景善, 「時間의 貴重」, 『西友』 제5호, 26쪽 : 朴殷植, 「人民의 生活上 自立으로 國家가 自立을 成홈」, 『西友』 제8호, 2쪽 論說.
163) 朴殷植, 「人民의 生活上 自立으로 國家가 自立을 成홈」, 『西友』 제8호, 2쪽 論說.

사욕에서 벗어나야 한다고 하였다. 그렇지 않으면 노예에서 벗어날 수 없다고 강조하였다.

> 使我全國僉君子로 忘私循公에 一心團體則羈絆을 可脫而國權을 可復어니와 若末免曚曚舊習에 循私滅公而己則 非徒今日之奴隸와 魚肉之慘이 不日且至矣리니.[164]

그리고 국가를 몇 몇 개인의 것으로 생각하여 온 것(專制정치),[165] 訛言浮說의 폐해,[166] 早婚의 폐 등 많은 폐습을 지적하고 이것을 고쳐야만 국권을 회복할 수 있음을 강조하였다.

V. 맺음말

이상에서 살펴본 바와 같이 서우학회는 을사늑약 이후 사실상의 국권상실의 상황 속에서 초기 국권회복운동을 주도하고 지도한 구국운동단체였다. 나라의 식민지화를 눈앞에 두고 관서지방의 知識人과 新興市民層을 중심으로 조직된 이 단체는 각기의 입장에서 위기의식을 느끼기 시작하고 있던 각계각층의 민중들을 분발케 하여 애국계몽운동에 참여케 함으로써 아직 초기 단계에서 몇 몇의 선구자에 의해 전개되고 있었던 애국계몽운동을 광범위한 대중의 운동으로 전환시키는 데 매우 큰 역할을 하였다. 특히 이를 계기로 관서지방은 國權恢復運動의 요람이 되었으며 많은 애국계몽운동가들을 배출하여 국권회복운동의 주요한 단체였던 新民會의 주체세력으로 부상시켰다.

서우학회는 국권을 회복하여 국민주권의 자유독립국가를 수립하는

---

164) 崔烈, 「國家事가 誤於物慾」, 『西友』 제7호 雜報.
165) 『西友』 제8호 論說.
166) 朴殷植, 「舊習改良論」, 『西友』 제2호, 9쪽.

데 그 목표를 두었다. 즉 그들은 국권회복과 더불어 근대국민국가로 나아가고자 지향하였던 것이다. 이는 이들이 사태의 근본적 변화로 국권회복운동으로 급회전하여 운동을 전개하고 있지만, 그 근본에서는 개화자강파의 近代市民社會 건립을 지향하고 있었음을 볼 수 있다.

서우학회는 국권회복운동의 기초 조건으로 實力과 團結을 중요시하였다. 그들은 우리가 일제에게 국권을 빼앗기고 노예로 전락하게 된 것은 생존경쟁에서 힘이 없었기 때문에 패한 것이라고 보고 실력을 양성하고 단결하는 것만이 국권을 회복할 수 있는 길이라고 여겼다.

서우학회가 주창한 實力은 국민의 실력인 民力이었으며 團結 역시 團體活動을 통한 民力의 結集이었다. 이것은 서우학회의 國民國家 수립을 목표로 한 사실과 관련된 것이었다.

서우학회는 국민의 실력을 양성하고 단결력을 기르기 위해 여러 가지 사업을 실천하였다.

서우학회는 국민들에게 국권회복을 위한 신교육의 필요성을 계몽하였으며, 실제로 각 사립학교의 教務를 贊成하기도 하고 또 청년학생들을 지도하여 그들이 애국정신을 갖고 애국계몽운동에 참여케 하였다. 또 사범학교를 설립하여 신교육을 담당할 인재를 養成하기도 하였다. 이 같은 서우학회의 교육구국운동은 교육을 선각자에 의한 개인의 운동에서 집단적 운동으로 전환케 하였으며 우리 교육운동을 대중적 운동으로 발전하게끔 하였다.

또 학보발간, 계몽강연 활동을 통하여 일반민중의 지식을 계발하고 애국심을 고취시켜 민중들로 하여금 국권회복을 위한 민력 양성에 힘쓸 것을 촉구하였다.

이 같은 민중계몽을 위해 서우학회가 내놓고 있는 애국계몽사상의 내용은 社會進化論과 實力養成論, 民權論과 愛國論, 敎育救國論, 團體論, 實業救國論, 社會慣習改革論 등이었다. 즉 서우학회는 사회진화론을 빌어 그들의 제국주의시대를 생존경쟁, 우승열패, 적자생존의 시기로 파악하고 여기에서 강하여져 승자가 되어 국권을 회복하고 인권을 신장키 위해서는 교육, 실업, 구습개혁을 통한 실력을 양성하여야 한다고 보았으며, 또 이러한 실력양성의 전제로 민권론에 근거한 애국사상의 고취와 단체활동을 통한 민력의 결집을 주장하고 있다.

이 같은 서우학회의 활동은 성과가 대단히 커서 민중들의 열렬한 호응을 받았다. 관서지방에서 애국계몽운동이 가장 활발하게 전개되었던 것은 서우학회의 민중 개발에 연유한 것이라 하겠다. 즉 각계각층의 국민이 참여하여 거국적으로 전개되었던 국채보상운동에도 관서지방민이 가장 열렬히 참여하였던 점, 더욱이 신민회운동에서의 관서지방민의 참여·주도는 바로 거기에 연유한다 하겠다. 그리고 이에 촉발되어 전국 각 지역에서 단체가 설립되어 애국계몽운동을 전개하기도 하였다.

또한 서우학회의 애국계몽운동·사상은 서북학회·신민회운동으로 계승되어 명실공히 국권피탈의 시기(1905~1910)를 국민 대각성의 시기·실력양성의 시기로 전환케 하는 데 일익을 담당하였다. 그리고 국권회복의 기초와 원동력을 튼튼히 하여 이때 양성한 실력이 독립운동의 가장 큰 원동력을 공급하여 3·1운동으로 폭발하여 결실을 맺게 되는 데에도 一役을 하였다.

(『韓國學報』제26집, 1982년 봄, 一志社)

제4장
韓末 漢北興學會의 組織과 活動

Ⅰ. 머리말

1905년 을사늑약에 의해 우리나라의 국가주권이 사실상 일제에 의해 피탈되자 우리 민족의 당면 과제는 國權恢復의 문제로 집결되었고 이에 義兵鬪爭路線·愛國啓蒙路線 등 두 조류의 국권회복운동이 전개되었다.

근래까지 국권회복운동기(1905~1910)의 연구는 의병투쟁노선에 관한 연구가 주를 이루어왔고, 또 의병투쟁노선을 주된 국권회복운동으로 평가하여 왔다. 이에 반하여 애국계몽노선에 관해서는 부차적인 또는 소극적인 것으로 평가되어 왔다. 그 이유는 의병운동이 즉각적인 항일투쟁을 전개하는 것임에 반하여 애국계몽운동은 장기적이고 지속적인 운동을 전개하였기 때문이다.

그러다가 근래 몇 학자들에 의하여 애국계몽운동에 관한 연구가 이루어지고 그 재평가가 시도되어져 국권회복운동의 한 조류로 평가되어지고 있다. 그러나 아직 애국계몽운동에 관한 구체적인 연구는 이루어지지 않고 있으며, 따라서 이 운동에 관한 전반적인 평가 역시 정립되지 못하고 있는 실정이라 하겠다.

본고는 이러한 애국계몽운동의 평가와도 관련하여 그 성격을 부각시키고, 애국계몽운동의 구체적인 전개를 파악하고자 하는 일 시도로서 漢北興學會에 초점을 맞추어 그 조직과 활동, 그리고 성과와 문제점을 고찰하고자 한다.

필자는 이미 서우학회·서북학회에 관한 논고를 통하여 한말 학회의 애국계몽운동과 사상을 고찰하였는데 이제 한북흥학회에 관한 고찰을 시도함으로써 애국계몽기의 대표적 3학회였던 漢北興學會·西友學會·西北學會의 성격을 전면적으로 파악하여 애국계몽운동에서의 학회의 역할, 학회의 위상을 명확히 지정해보고자 한다.

II. 漢北興學會의 創立과 趣旨

한북흥학회의 설립을 위한 준비가 언제부터 시작되었는지는 정확히 알 수 없으나 한북흥학회가 창립된 것은 1906년 10월말이었다. 1906년 10월 29일 吳相奎, 李儁, 兪鎭浩, 薛泰熙 등이 발기인이 되어 70여 인의 회원과 창립총회를 열고 거기에서 취지문, 강령, 규칙 등을 설명하였다.[1]

당시는 憲政硏究會를 모태로 1906년 4월에 결성된 大韓自强會,『大韓每日申報』를 필두로 하는『皇城新聞』·『帝國新聞』등의 언론들, 基督敎靑年會 등의 국권회복을 위한 계몽활동이 개화자강파 인사를 비롯한 지식인들을 중심으로 전개되고 있었다. 그리고 바로 거의 같은 시기에 서우학회가 창립되었다.[2]

---

1) 「흔 北학會發起」,『大韓每日申報』1906년 10월 30일 雜報:「漢北興學會趣旨」,『皇城新聞』1906년 11월 1일 雜報.
2) 拙稿(1982),「韓末 西友學會의 愛國啓蒙運動과 思想」,『韓國學報』제26집, 一志社.

이러한 시대적 분위기 속에서 한북흥학회 창립의 모체가 되었던 것으로 다음 몇 개의 단체를 들 수 있을 것 같다.

무엇보다도 먼저 한북흥학회의 근간이 되었던 것으로 國民敎育會를 들 수 있다. 국민교육회는 1904년 8월 李儁·兪星濬·兪鎭浩·全德基·朴晶東·兪致衡·閔丙斗·徐丙吉·洪在箕·徐相八·徐相浩·李源兢 등이 설립한 단체로, 이는 당시 정치활동이 용인되지 않고 문화·교육에 관한 활동만이 허용되는 상황에서 국민교육을 전반화하는데 그 취지를 두었다.[3] 그리하여 무엇보다 야학교인 普光學校를 열고 노동청년·商工청년을 계몽하는 등 교육활동을 전개하였다.[4] 그러나 이 역시 제2차 한·일협약(을사늑약) 체결에 직면하여 조약체결을 반대하는 맹렬한 시위운동을 전개하였으며, 기독교청년회·유생단과 더불어 일제의 침략에 맹렬히 항거하였다.[5]

이같이 국민교육회의 교육활동은 단순한 국민교육의 전반화에 목표를 둔 교육활동이 아니라 교육구국운동이었다. 이는 1906년 9월 22일 국민교육회장이었던 李儁의 漢南학교 설립 축하강연[6]에서 잘 나타난다. 여기에서 李儁은 "여러 청년학도들은 모두 善良有能한 호국자가 되겠다는 정신으로 즉 교육은 국방에 있다는 뜻을 더욱 깊이 把持하여 우리 조국의 완전독립을 굳게 하는 主旨를 갖고 남의 나라의 청년보다 십배의 정열을 내서 부지런히 공부하여 주기를 바라는 바이다"고 하고 있다. 즉 국민교육회의 국민교육 전반화의 궁극목표는 첫째 조국부흥·완전독립, 둘째 民本主義를 확립하여 문화국민이 되자는 것이었다.[7] 이

---

3) 柳子厚(1947), 『李儁先生傳』, 東邦文化社, 115쪽.
4) 普通學校는 1916년 9월에 이르러 주간의 高等普通科로 개편되었다. 『大韓每日申報』 1906년 9월 21일, 學員募集廣告.
5) 柳子厚(1947), 앞의 책, 172쪽.
6) 「漢南開校」, 『大韓每日申報』 1906년 9월 25일 雜報 한남학교의 개교는 국민교육회의 성과라고 하겠다.
7) 柳子厚(1947), 앞의 책, 117~118쪽.

같이 국민교육회는 최초의 교육구국운동단체로서 당시의 학교설립과 교육운동의 전개에 많은 공헌을 하여 교육구국운동이 국권회복운동의 하나로 전개될 수 있게끔 그 발판을 마련해 주었다. 국민교육회는 1906년 10월 秋季總會에서 李東暉·李甲·安昌浩·玄采·柳瑾·柳承兼 등을 보강하여 더욱 운동에 박차를 가하였다.8) 한북흥학회는 교육구국운동의 차원에서는 바로 이에 기반을 두고서 창립되었던 것이다.9)

다음으로 대한자강회를 들 수 있겠다. 대한자강회는 1906년 4월에 설립되어 국권회복을 위한 정치·사회활동을 폈던 단체로서 민중계몽운동의 차원에서 한북흥학회가 창립될 수 있는 기반을 마련해 주었다. 이는 尹致昊·張志淵·尹孝定·沈宜性·林珍洙·金相範 등을 주축으로 鄭雲復·金明濬·薛泰熙·太明軾·呂炳鉉·南宮薰·李東暉 등이 중심이 되어 운영되었다.10)

또한 기독교청년회를 들 수 있겠다. 이는 매주 강연회·토론회 등을 열어 민중들에게 근대적 신사상·신지식을 전달하고 애국심 고취에 노력하였을 뿐 아니라 외국인이 주관하고 있었던 점을 이용하여 과격한 정치운동과 철저한 排日運動을 전개한 정치적 결사단체였다.11) 청

---

8) 「國民總會」, 『大韓每日申報』 1906년 10월 13일 雜報.

9) 國民教育會는 한북흥학회의 설립 이후에도 계속 존속하였다. 국민교육회와 한북흥학회의 차이점은 전자가 교육구국 단체임에 반하여 후자는 명칭은 學會이나 실은 政治와 教育운동을 혼재하여 전개하였던 국권회복을 목표로 하는 정치단체였다는 점이다. 당시 日本顧問警察도 한북흥학회가 단순한 교육단체가 아닌 시국을 비판하여 설립된 政社團體로 파악하고 있다. 韓國內部警務局(編)(1910), 『顧問警察小誌』, 107쪽.

10) 『大韓自强會月報』 제1호(1906년 7월 發刊) 참조 : 韓國內部警務局(編)(1910), 『顧問警察小誌』, 103~105쪽 : 李鉉淙(1966), 「大韓自强會에 대하여」, 『진단학보』 29·30집, 157쪽.

11) 靑年會는 원래 宗教를 표방한 단체로 尙洞靑年會와 皇城靑年會의 두 파로 나뉜다. 그러나 이 두 단체들은 종교적 범주에 머무르지 않고 오히려 外國人의 主管下에 있다는 것을 이용하여 강력하게 排日운동·정치운동을 전개하였다. 그러면서 더욱 많은 회원들의 가입이 있었는데, 일부지도층이 정치활동을 용납하지 않자 점차 脫會者가 늘어났고 이 두 단체의 脫會者가 結合하여 靑年會라는 명칭으로서 정치적 結社를 조직하여 排日운동을 전개하였다. 韓國內部警務局(1910), 『顧問警察小誌』, 96~98쪽.

년운동의 차원에서 기독교청년회는 한북흥학회의 기반이 되었다.

그리고 이와 같은 단체 외에 한북흥학회가 설립될 수 있도록 적극 후원해 주고 설립에 참여했던 집단을 들 수 있겠다. 이들은 함경도 출신으로서 李容翊과 밀접한 인간관계를 가졌던 인물들로서 李東暉 · 吳相奎 등인데 한북흥학회의 설립은 특히 재정적인 면에서 이용익의 도움을 많이 받았던 것으로 보인다. 당시 李容翊은 해외에 있었기 때문에 그가 직접 관여한 것으로 볼 수는 없으나 그의 손자인 李鍾浩가 漢北學校의 경영에 직접 참여하고 있는 것은 한북흥학회의 李容翊과 그를 둘러 싼 인물들과의 관련을 말하여 주는 것이라 하겠다.12)

한북흥학회는 바로 이 같은 애국계몽단체 · 집단을 근간으로 關北地方民의 실력을 양성하고 계몽하기 위해 관북지방 인사들에 의하여 성립되었다. 이들은 정치활동을 표면에 내세울 수 없는 시점에서 학회라는 명칭으로 교육운동만을 표방하는 비정치적인 단체를 내세웠지만, 실은 민력의 양성을 통한 국권의 회복과 민권의 신장을 목표로 한 정치 · 사회단체였던 것이다.13) 그리고 한북흥학회가 전국적 규모가 아닌 관북지역만을 중심으로 운동을 전개코자 하였던 것은 민중 깊숙이 파고들어 뿌리를 내리기 위해서는 우선 먼저 지역단위로 운동을 전개하고 차츰 통합해 나가는 것이 바람직하다고 보았기 때문이다. 실제로 한북흥학회는 관북지방에서의 기반을 닦은 후 1908년 1월 관서지방의 서우학회와 통합하여 서북학회를 설립하였다.

---

12) 李東暉의 李容翊과의 관계는 「日本顧問警察의 復命書」(1907년 8월 23일字)에 나타나고 있다. 總務處政府記錄保存所藏 『總督府 警務 機密書類綴』, 1907년(필름번호 9.7.4.8). 吳相奎와 李容翊과의 관계는 『顧問警察小誌』, 107쪽. 한북흥학회와 이용익과의 관계는 警務顧問 丸山重俊의 統監府에 대한 報告書 「各種團體, 異動ニ關スル件」(1907년 5월 18일자), 『總督府 警務 機密書類綴』, 1907년(필름번호 9.7.4.8.).

13) 警務局이 統監에게 보낸 報告書에서 學會가 政治上 · 社會上 운동을 主로 하고 敎育 · 學藝를 從으로 하여 政治와 敎育과를 混同하는 폐가 심하다고 지적하고 있다. 國史編纂委員會(編)(1965), 『韓國獨立運動史』 1, 885쪽 : 주 9) 참조.

그러면 한북흥학회의 基本認識14)과 趣旨는 어떠했는가?

한북흥학회는 무엇보다 기본적으로 民權論(國民主權論, 國民國家論)에 그 사상적 기반을 두고 있었다. 즉 국가는 국민 개개인이 모여서 형성된 것으로 국가의 주인은 국민이고 국가는 국민의 生活의 場이라고 보았다. 그러므로 주권은 국민에게 있고, 국력은 민력에서 나온다고 확신하고 있었다. 그리하여 국가의 흥망성쇠는 '民智의 明昧'에 달려 있다고 보고 우리나라의 국권의 허약·민권의 추락도 바로 민지가 발달치 못한 때문이라고 여겼다. 이 같은 한북흥학회의 민권론은 우리 사회의 지배층 중심의 政體에 대한 비판과 한북흥학회의 활동상에서 잘 드러나고 있다.

그리고 한북흥학회는 社會革新論을 기본사상으로 하였다. 한북흥학회는 國權被奪·民權墜落과 같은 현실문제는 바로 고루하고 폐쇄적이고 봉건적인 우리 사회의 기본구조에 그 근본적인 원인이 있다고 보고, 20세기에 맞는 新思想·新知識·新制度 등을 수용하여 현 사회를 혁신하자고 주장하였다. 그리고 혁신을 하는데 있어서의 주체는 역시 民임을 강조하였다.

이 같은 한북흥학회의 기본인식은 개화자강파의 사상을 계승하면서 서구사상을 크게 수용하였던 것으로서 당시 민중을 대상으로 계몽활동을 전개해 나가는데 있어서 기본관건이 되는 점이었다. 그러나 역시 운동을 전개해 나가는 과정에서 한북흥학회의 사회적 기반 등으로 인하여 시민적 특성의 범위를 벗어나지 못하였다.

이 같은 사상에 기반을 둔 한북흥학회의 目標와 趣旨를 보면 다음과 같다.15)

---

14) 한북흥학회의 사상은 취지서·회원들의 연설 등의 내용에서 추출하였다.

15) 「漢北興學會 趣旨書」, 『大韓每日申報』 1906년 10월 30일 雜報 : 「漢北興學會趣旨」, 『皇城新聞』 1906년 11월 1일 雜報 : 韓國內部警務局(1910), 『顧問警察小誌』, 108쪽.

(1) 한북흥학회의 궁극목표는 국권을 회복하고 인권을 회복해서 자유독립국 · 근대국민국가를 건설코자 하는 것이었다.

(2) 지금 우리의 국권이 피탈되고 민권이 추락한 것은 힘이 약하기 때문이므로 이를 위해 실력을 양성해야 한다는 것이다.

(3) 실력을 양성키 위해서는 민력을 양성하여야 하는데, 이는 民智의 啓發을 통해서만이 가능하다고 보았다. 이것은 한북흥학회가 기본적으로 민권론에 의거하고 있음을 나타내는 것이라 하겠다.

(4) 실력양성—민력양성을 용이케 하기 위해서는 무엇보다 民力을 결집시켜야 하는데, 이는 단체의 설립으로서 가능하다고 하였다.

(5) 한북흥학회의 설립은 바로 민력을 결집하여 민지를 계발키 위한 것으로, 이를 위해 다음과 같은 사업을 하고자 하였다.

① 일반민중들에게 學校 設立 등 新教育에의 참여를 촉구하는 것

② 학교를 설립하여 人才를 양성하는 것

③ 각 사립학교의 教育方針을 지도하는 것

④ 계몽활동을 통하여 민중의 愛國心을 고취시켜 民力을 양성토록 촉구하는 것

⑤ 청년층을 계몽하고 지도하는 것

Ⅲ. 漢北興學會의 組織과 그 構成

한북흥학회는 漢城에 중앙회를 두었는데 그 기구 조직을 보면 회장 1명, 부회장 1명, 평의원 20명, 간사원 10명, 서기 2명으로 구성되었다.

이러한 기구 구성은 한북흥학회의 설립 때부터 1908년 1월 西北學會로 통합될 때까지 일관성 있게 지속됐다.

먼저 제1회 임원구성(1906.11.4~1907.3.29)을 보면 다음과 같다.16)

회 장 : 吳相奎
부회장 : 朱瑀
평의원 : 鄭鎭弘　太明軾　金湘炳　薛泰熙　李儁
　　　　柳秉龍　兪鎭浩　許源　張鳳周　嚴柱鵬
　　　　全泓序　崔達斌　金承杓　楊孝根　金麟洙
　　　　玄德鐘　崔璟亨　韓亨魯　姜玩熙
간사원 : 朴影準　朴軫述　申泰華　金在璣　尹鎬烈
　　　　全泓序　金河璿　韓相威　李鐘益　李麟在
　　　　林鳳來

제2회(1907.3.30〜1908.1) 임원구성을 보면 다음과 같다.[17]

회 장 : 李儁
부회장 : 李東暉
평의원 : 吳相奎　李鐘浩　尹益善　李載聖　太明軾
　　　　朱瑀　金湘炳　楊孝健　李煥奎　薛泰熙
　　　　姜玩熙　鄭鎭弘　金秉洛　嚴柱鵬　申泰華
　　　　玄昇奎　李泰河　全泓序　康容九
간사원 : 趙性煥　韓震用　尹鎬烈　林鳳來　金河琰
　　　　朴鳳憲　朴珍述　金璿穆　朴一榮　李興載
서 기 : 朴鳳憲·金河琰

위와 같은 임원구성으로서 중앙조직이 운영되었다.

그리고 한북흥학회의 중앙조직에서 특히 중요시되었던 것으로 학회 직영의 漢北義塾(漢北學校)을 들 수 있다. 이는 단순한 교육기관으로 존 재하였던 것이 아니고 실제 한북흥학회의 중추적 역할을 담당하였던 기관으로 1907년 1월에 설립되었다.[18] 처음 설립 때 李鐘浩·吳相奎

---

16) 「漢北學會第一回」, 『大韓每日申報』 1906년 11월 6일 雜報 : 『顧問警察小誌』, 107쪽.

17) 「漢會任員」, 『皇城新聞』 1907년 3월 30일 雜報.

18) 「漢北義塾學員募集廣告」, 『皇城新聞』 1906년 12월 29일 廣告 : 「漢北興學」, 1907년 1월 16일 雜 報 : 「姑先夜學」, 『大韓每日申報』 1907년 1월 15일 雜報.

등이 재정을 맡아 보았으며 金淇炳·太明軾 등이 사무를 담당하였는데 학교가 개학하면서 李鐘浩가 교장에 金淇炳이 총무로 선정되었다.[19)

한북흥학회는 이 같은 중앙조직이 완비되어지자 좀 더 활동을 민중차원에서 활발히 전개하고자 支會·支校 설립을 계획하고 지회·지교 설치에 힘을 기울였다. 그리하여 1906년 12월 25개 군에 지회를 설치하고자 계획을 세웠다.[20) 그러나 실제 지회가 설치된 지역이 몇이나 되는지 어떤 지역들이었는지 지금의 사료로서는 알 수 없다. 1907년 12월에 이르러서도 李東暉·吳相奎·吳周爀 등이 지회설립을 독려하고 있으나 그 실상은 정확히 알 수 없다.[21) 다만 여러 가지 정황으로 보아 지회설립은 활발하지 못했던 것 같다.

지교설립 역시 적극 추진한 것으로 볼 수 있으나 그 구체적 실상을 알 수는 없고, 다만 慶源郡에서 지교설립을 청원하여 승인한 것과 永興郡에서의 청원 등이 있었던 것[22)으로 보아 지교설립이 있긴 하였으나 그다지 활발하지는 않았던 것으로 보인다.

이렇게 볼 때 한북흥학회의 활동은 중앙회 중심으로 전개되었고 각 지역의 인사보다는 서울에서 거주하고 있었던 함경도 출신의 인사들에 의하여만 전개되고 있었음을 알 수 있다. 즉 좀 더 광범한 민중차원의 운동으로 전개코자 하였던 한북흥학회의 의도와는 달리 이 점에서 제약을 받음으로써 중앙회가 직접 함경도 각 지역의 민중들을 대상으로 운동을 전개해 나갔다.

이같이 한북흥학회의 지교·지회설립이 당시 같은 시기에 관서지방의 인사들에 의하여 설립된 서우학회에 비하여 뒤지고 있는 것은 한북흥학회 자체의 역량에도 문제가 있었던 것으로 볼 수 있으나 근본적으

---

19) 「漢塾漸進」, 『皇城新聞』 1907년 2월 27일 雜報 : 「漢會移舘」, 1907년 4월 23일 雜報.
20) 「北會議決」, 『皇城新聞』 1906년 12월 28일 雜報.
21) 「漢北特會」, 『皇城新聞』 1907년 12월 29일 雜報.
22) 「支校設立」, 『皇城新聞』 1907년 8월 6일 雜報 : 「三氏有志」, 1907년 6월 24일 雜報.

로는 함경남북도의 특수성과 제약 때문으로 보인다. 즉 함경남북도는 평안남북도나 황해도에 비하여 신지식층이나 신흥시민층과 같은 사회의 새로운 지도층의 성장이 뒤지고 있었으며, 전반적인 민중의 수준 역시 뒤떨어지고 있었다. 그리하여 한북흥학회의 지회·지교설치가 미비하였던 것이다.

그런데 1910년 5월의 사립학교의 숫자를 보면 함경북도는 56개교 함경남도 194개교의 숫자로 평안남북도를 제외한 지역과는 비교될 수 없는 정도의 숫자이며 또 평안남북도와 비교하여 볼 때도 인구의 숫자와 대비하여 보면 그렇게 뒤지는 숫자는 아니다.[23] 이것은 한북흥학회 서북학회로 이어지는 함경도지역의 단체 활동의 성과라 하겠다. 즉 이들 단체 활동이 민중차원에서 전개되었음을 보여주는 것이라 하겠다. 물론 1907년 말 각 지역의 사립학교의 숫자를 알 수가 없기 때문에 한북흥학회만의 성과를 말할 수는 없으나 한북흥학회의 활동이 서북학회 활동[24]의 밑거름이 되어 이 같은 성과를 본 것이라 하겠다.

그러면 한북흥학회 설립과 운영에 있어서 그 재정 문제는 어떻게 해결하였는가? 한북흥학회·한북의숙의 재정은 李容翊의 재산에 기반을 두고 있었다. 그것은 한북의숙 설립시에 吳相奎·李鐘浩가 재정을 담

---

23) 각 지역의 私立학교 숫자와 戶口·人口를 비교하여 보면 다음과 같다.

地方	漢城	京畿	忠南	忠北	全南	全北
私立學校	66	136	73	41	31	42
戶口	55,463	236,861	194,594	121,074	323,737	205,891
人口	233,590	1,103,803	874,631	532,362	1,500,609	948,282

慶南	慶北	江原	黃海	平南	平北	咸南	咸北
82	72	37	104	189	279	194	56
291,592	328,947	158,581	216,405	188,263	181,931	159,447	79,504
1,365,079	1,530,564	774,447	958,852	884,363	966,742	825,815	435,143

본 표는 1910년 5월 현재의 숫자로『朝鮮總督府統計年報』明治42년 表25·表26·表98에 의한 것임.
24)『西北學會月報』에 나타난 西北學會의 함경남도의 支會는 14개, 支校는 16개에 이르고 있다.

당하였다고 하는데 李鐘浩는 李容翊의 손자였다는 점, 吳相奎는 고문경찰의 기록에 따르면 "李容翊의 부하 중 유력한 인물로서 황실과 李容翊 간을 왕래하면서 협잡을 일삼았다"고 하는 것25)으로 보아 李容翊과 밀접한 관계가 있었던 점, 당시 李容翊은 프랑스로 망명중에 있었는데 李容翊의 재산이 대체로 교육구국운동에 쓰여졌다는 점26) 등으로 보아 그의 재산이 한북흥학회 · 한북의숙 설립의 자원이 되었던 것으로 보인다. 그리고 더욱이 1907년 5월 18일자 警務顧問 丸山重俊이 통감에게 보낸 보고서에 따르면 한북흥학회가 李容翊과 관계가 있는 것으로 보고되고 있는 점27)으로 보아도 그러하다. 또 회원들의 기부금도 있었던 것 같으나 그렇게 충분한 것 같지는 않으며, 한북흥학회의 지회 · 지교활동이 활발하지 못하였던 것도 재정적인 것과 관련이 있다 하겠다.

한북흥학회의 회원자격은 함경도민으로서 국권회복을 위한 실력양성운동에 참여하고자 하는 사람이면 누구나 가능하였던 것으로 보인다. 그러나 정확한 회원의 숫자, 회원의 출신지역, 신분 등은 파악되지 못하고 있다.

그러면 한북흥학회의 사회적 기반은 어떠한가? 즉 사회의 어떤 층들이 중심이 되어 활동을 전개하였는가? 전체 회원들의 신분을 구체적으로 아는 것은 사실상 막연하나 주도회원들의 예로서 보면 대체로 군수 등 전 · 현직관리, 검사 · 변호사 등 신법을 공부한 법조인, 학교장 · 학생 · 유학생 등 신지식층, 무관 등이라는 것을 알 수 있다.28) 이는 조선 사회의 변화를 민감하게 인식하고 이에 대한 대응에 부심하였던 세력으로 당시의 새로운 사회지도층으로 대두하고 있었던 계층이라 하겠

---

25) 朝鮮內部警務局(1910), 『顧問警察小誌』, 107쪽.
26) 趙璣濬(1973), 『韓末企業家史』, 博英社, 83쪽.
27) 『總督府 警務 秘密書類綴』, 1907년 5월 18일자 「各種團體ノ異動ニ關スノ件」(필름번호 9.7.4.8).
28) 당시 新聞이나 『西友』, 『西北學會月報』 등에 나타난 회원들의 신분을 정리한 것임.

으며, 이 같은 새로운 사회지도층의 성장은 놀랄만한 것이라 하겠다.
그러나 이들이 봉건지배층과의 유대를 완전히 끊거나 사회·경제적
기반을 봉건지배층과 완전히 달리했다고 볼 수 없으며, 당시 호구별 직
업구성 등으로 보더라도 광범위한 세력은 되지 못하였다.[29] 때문에 그
입장이 강력하지 못하였다. 이러한 사회적 기반으로 볼 때 한북흥학회
가 광범위한 민중을 대상으로 활동을 전개하였으며, 사상에 있어서도
민권론에서 출발하고 있지만 이들의 성격은 시민적 특성을 강하게 갖
을 수 밖에 없었다.

한북흥학회의 주도회원의 명단을 보면 다음과 같다.

康容九 姜玩熙 金秉洛 金承杓 金湘炳 金麟洙 金在璣 金河璿
金河琰 金璿穆 朴景準 朴珍述 朴一榮 朴鳳憲 申泰華 薛泰熙
吳相奎 柳秉龍 兪鎭浩 嚴柱鵬 楊孝健 楊孝根 李　儁 李鐘益
李麟在 李東暉 李鐘浩 李載聖 李煥奎 李泰河 李興載 尹鎬烈
林鳳來 尹益善 朱　瑀 鄭鎭弘 全泓序 張鳳周 趙性煥 崔達斌
崔璟亨 太明軾 許　源 玄德鐘 韓亨魯 玄昇奎 韓震用 韓相威

이 같은 한북흥학회를 주도한 회원들의 활동을 통하여 사상적 계보
와 인적계보를 보면 한북흥학회의 성격과 구성원의 성격이 명확해진다.

먼저 개화자강파의 가장 중요활동이었던 獨立協會·萬民共同會에
의 참여상을 보면 당시의 다른 단체들과 비교하여 그 숫자가 적다. 李
儁·李東暉·尹益善만이 독립협회·만민공동회운동에 참여하였음을
볼 수 있다.[30] 李儁은 평회원으로, 李東暉는 독립협회 서무부과장·부

---

29) 당시 조선에서의 職業別 戶口의 구성을 보면 다음과 같다.

職業	官公吏	兩班	儒生	商業	農業	漁業
戶口	15,758	54,217	19,075	178,780	2,433,450	33,646

工業	鑛業	日程	其他	無職	合計
22,943	1,429	69,399	34,957	31,123	2,894,777

『朝鮮總督府統計年報』明治 42년(1909) 表 25에 의한 것임.

장급으로, 尹益善은 선전부과장·부장으로 활약하였다. 그러나 가장
핵심적 인물이라고 할 수 있는 李儁·李東暉 등이 독립협회운동에 참
여했다고 하는 것은 한북흥학회가 기본적으로 개화자강파의 사상과
활동을 계승하고 있다는 점을 말하여 준다.[31]

그리고 李儁·李東暉는 1902년 改革黨을 설립하여 우리 사회의 근
본적 문제점을 정권탈취를 통해서 해결하고자 하였던 급진적 인물이
었다.[32]

李儁은 그 후 국민교육회 운동(1904.8)을 주도하였으며, 일진회 타도
를 위해 설립된 보부상 단체인 進明會(1904년 11월 설립, 1904년 12월
共進會로 명칭 바뀜) 운동에도 참가하여 이 단체를 보부상의 단체가 아
닌 일반사회 인사들의 단체로 재개편하여서 반정부운동과 일진회 분
쇄운동, 매국노의 소탕운동 등을 추진하였다. 또한 일본의 荒蕪地開墾
權 탈취에 반대하는 保安會에도 핵심인물로 참여하였으며, 그 후의 대
한자강회(1906.4)운동에도 앞장섰던 혁신적·급진적인 인물이었다.
그는 공진회를 주도하면서 내놓은 강령속에서 民權確立과 自主伸張을
강조하였다.[33]

李東暉 역시 李儁에 못지않게 혁신적인 인물이었다. 일본경찰의 보
고서에 따르면 '그는 李容翊과 상당히 밀접한 관계가 있는 인물로
1902년(광무 6년) 參領이 되어 江華鎭爲隊대장으로 강화도에서 발판
을 닦아 1905년(광무 9년)에 普昌學校를 설립하여서 교육운동을 하였
으며, 대한자강회 회원으로 강화도지회의 부회장직을 맡아 운동을 전
개하였고, 또 개신교 교도로서 교도들과의 교류가 빈번하였는데 이를

---

30) 愼鏞廈(1976), 『獨立協會硏究』, 一潮閣, 98~104쪽.

31) 開化自强派의 思想은 改新儒學的 傳統을 배경으로 한 國內思想의 成長의 흐름과 西歐市民思想
의 도입을 合流한 것으로 自主獨立思想·自由民權思想·自强改革思想이 그 核心이었으며, 활
동은 이에 입각한 自主·民權·自强운동이었다.

32) 柳子厚(1947), 앞의 책, 59쪽.

33) 앞의 책, 110~148쪽.

기반으로 강화도내에서 정치적 선동을 일삼고 있다'고 강화도내에서
의 그의 활동을 지적하고 있다.34) 즉, 李東暉는 당시의 정치적 선동가
로서 일본고문경찰의 주시의 대상이 되었던 것으로 볼 수 있고 이는 李
東暉가 당시의 국권회복운동에 과감하게 참여한 대표적 인물임을 말
해준다. 李東暉의 활동은 강화도내에 한정되지는 않았고, 함경도·평
안도·황해도 등으로 확대되었다. 그가 함경도인이면서도 서우학회의
활동에까지 참여했으며 강화도 내에 서우학회 지회를 설치하기까지
하였다.35) 특히 그의 혁신적이며 급격한 태도는 한국군대해산에 대처
한 그의 태도에서 잘 나타난다.36) 즉 그는 폭동을 주동하였다는 죄목으
로 나중에 구금되기까지 하였으며, 후에 비밀단체 신민회의 함경도 총
감으로서 그 운동을 주도하였다. 이같이 한북흥학회의 핵심인물들은
당시로서도 가장 革新的이고 急進的인 인물들이었다.

그리고 李儁·李東暉는 1904, 5년경부터 개신교를 믿었는데, 이후
이들의 활동은 개신교의 영향을 받은 것으로 보인다. 당시 일본고문경
찰은 개신교가 포교활동과 정치운동을 혼합하여 전개하고 있다고 보
고 개신교도들을 감시의 대상으로 삼았다.37) 이는 개신교가 애국계몽
운동이 광범위한 민중운동으로 전개될 수 있게끔 일정한 역할을 했음
을 말하여 준다.38) 이렇게 볼 때 한북흥학회도 일정하게 개신교의 영향
을 받았다고 하겠다.

---

34) 『總督府 警務 機密書類綴』, 1907년 8월 23일字, 「復命書」(필름번호 9.7.4.8).
35) 『西友』 제9호, 53쪽 會報.
36) 주요한(1964), 『秋汀 李甲』, 大成文化史, 20~25쪽.
37) 國史編纂委員會(編)(1965), 『韓國獨立運動史』 1, 963쪽, 자료 117 「韓國現時에 있어서의 地方人
　　心狀況」 : 『總督府 警務 機密書類綴』, 1908년 6월 2일, 「제6회 觀察使會議」(필름번호 9.7.4.8)
38) 평안도·황해도 지역이 改新敎徒가 가장 많았고, 宗敎學校가 이곳에 편중되었던 것과 이곳
　　이 애국계몽운동의 온상지로서 가장 활발하게 운동이 전개되었다는 사실에서 추출해 볼
　　수 있다. 당시 日本측은, 改新敎徒의 煽動을 排日운동의 一助因으로 파악하였다. 國史編纂委
　　員會(編)(1965), 『韓國獨立운동사』 1, 1015~1017쪽, 자료 185 「安昌浩의 歸國과 平安道民情에
　　關한 內田良平의 調査報告書」.

　나머지 대부분의 인사들은 1905년 전후부터 애국계몽운동에 참여하고 있는 인사들이라 하겠다. 이들은 오히려 한북흥학회 활동을 계기로 하여 많은 활동을 하고 있는 것을 볼 수 있다.

　吳相奎는 李容翊과 친분이 두터웠는데, 그의 활동은 한북흥학회 발기에서부터 두드러지고 있다. 서북학생친목회, 국채보상 함경도지역 운동, 서북학회운동 등을 주도하였으며, 중앙학회 평의원으로도 활약하였다.39) 兪鎭浩는 국민교육회 운동에 참여했으며 宣川군수 등을 역임했고 특히 교육운동에 앞장섰다.40)

　李鍾浩는 李容翊의 손자로서 普成學校를 운영하였으며 후에 西北協成學校의 교장으로도 활약하였다. 그는 특히 애국계몽운동의 재원충당을 위하여 많은 노력을 하였는데 신민회의 평의원으로도 활약하였다.41)

　薛泰熙·姜玧熙·太明軾은 대한자강회의 주요인사로서 활약하였다.42) 薛泰熙는 甲山군수를 역임하였으며,43) 姜玧熙는 養源學校長으로서 제국신문贊成會를 조직하기도 하고 中央學會평의원을 역임하였으며 신민회의 회원으로 활약하는 등 계몽강연을 비롯한 당시의 애국계몽운동에 적극 참여하였다.44) 太明軾은 변호사로서 同志親睦會를 설립하기도 하였다.45)

　鄭鎭弘은 동지친목회를 발기하였으며 農會를 설립하기도 하였다.46)

---

39) 「中央學會任員組織」, 『皇城新聞』 1908년 9월 25일 雜報.
40) 「宣倅興學」, 『大韓每日申報』 1907년 10월 15일 雜報 : 「宣倅治聲」, 6월 10일 雜報.
41) 『西北學會月報』 제15호, 44쪽 會報 : 주요한 (1964), 앞의 책, 20쪽 : 「鏡郡普校盛況」, 『皇城新聞』 1907년 7월 13일 雜報. 李鍾浩는 당시 普成學校·漢北學校 등에 많은 자금을 뒷받침해 주었으며 정치활동에도 많은 지원을 하였다. 이준·이상설의 海牙파견 때도 2萬圓의 자금을 지원하였다고 한다.
42) 『大韓自强會月報』 제1호, 8쪽 祝辭. 제3호, 42쪽 會報 : 薛泰熙, 「人間歷史의 淵源觀念」, 제4호, 34쪽.
43) 『西北學會月報』 제1권 제7호, 33쪽 會事記要.
44) 「女會提議」, 『皇城新聞』 1907년 6월 24일 雜報 : 「是非調査」, 1908년 8월 11일 雜報 : 「姜氏請願」·「其他可知」, 11월 22일 雜報 : 「帝國報贊成會」·「中央學會任員組織」·「中央學會演說」, 9월 25일 雜報.
45) 「同志親睦會趣旨書」, 『皇城新聞』 1907년 2월 16일 雜報.

朱瑌는 定平군수에 올랐던 인물로서 한북흥학회의 핵심인물이었다.[47]
李麟在[48] · 吳周爀은 신민회의 주도회원이었다.

이같이 많은 인사들이 당시의 애국계몽운동에 열렬히 참여하였다. 애국계몽운동은 주로 신지식층과 신흥시민층이 주체가 되어 전개되던 국권회복운동으로 사상적으로는 개화자강파의 사상을 계승하고 중국과 일본을 통하여 들어오고 있었던 서양의 신사상 · 신지식을 도입하여 그들의 정신적 자원으로 하고 있었다.

이 같은 주도회원들의 활동을 통하여 사상적 계보와 인적 계보를 볼 때 한북흥학회는 당시 새로운 사회지도층으로 부상한 신지식층 · 신흥시민층을 기반으로 국권회복운동을 전개하였음을 알 수 있다. 그리고 사상적으로 개화자강사상을 기반으로 1900년대에 들어온 서구의 신사상 · 신학문을 받아들여 사상을 형성하였다는 것을 알 수 있다. 더욱이 민중을 흡수하는 과정에서 기독교의 세력을 이용하기도 하였다.

IV. 漢北興學會의 活動狀況

한북흥학회의 민력양성을 위한 활동으로 무엇보다 먼저 新敎育救國運動을 들 수 있다. 한북흥학회가 설립될 당시 국민교육회의 교육운동, 개인적 차원에서의 교육운동 등 교육운동이 전개되고 있었으나 본격적인 신교육운동은 서우학회 · 한북흥학회의 설립에서 비롯되었다. 이때부터 교육운동은 선각자에 의한 개인의 운동에서 집단적 운동으로 전환하였다.

한북흥학회의 신교육구국운동은 대체로 세 가지 측면에서 전개되었다.

---

46) 「農會發起」, 『大韓每日申報』 1909년 8월 8일 雜報.
47) 『西北學會月報』 제1권 7호, 33쪽 會史記要.
48) 愼鏞廈(1977), 「新民會의 創建과 그 國權恢復運動」上, 『韓國學報』 제8집, 58쪽.

첫째, 일반민중들에게 국권회복을 위한 신교육의 절실한 필요를 계몽하여 학교설립 등 신교육의 실시를 촉구하였다. 이 활동은 학회의 총회·통상회·운동회 등에서 주도회원들의 강연을 통하여,[49] 또는 주도회원들의 각 지역순회를 통하여 이루어졌다. 이들은 국가흥망성쇠를 좌우하는 것은 바로 교육으로 국권회복을 위해 무엇보다 시급한 것이 교육임을 강조하였다. 그리고 특히 강조하였던 점은 교육의 내용이 현실의 문제를 해결해 줄 수 있는 신교육이어야 한다는 것이었다. 즉, 과거 우리에게도 교육이 없었던 것은 아니나 현실에 맞는, 현실의 문제를 해결해 줄 수 있는 교육은 없었고, 그 때문에 세계발전에 발맞추어 나가지 못하고 뒤떨어져 현재의 시점에 이르게 되었다고 보았던 것이다. 또 이 같은 신교육의 실시를 위해서는 학교를 설립하는 것이 시급한 문제라고 지적하고 이를 위해 많은 사람들이 학교설립에 참여할 것을 촉구하였다. 특히 李東暉·李鍾浩는 함경도 각 지역을 돌아다니면서 신교육의 중요성을 강조하고 학교설립을 촉구하였다.[50] 더욱이 李東暉·李鍾浩는 이미 신교육을 위한 학교를 설립·운영하고 있었다. 李東暉는 강화도에 普昌學校를 1905년 설립하였는데 이 학교는 1907년 봄에 이르러서는 학생 수가 수 백 명에 달하였고 과정도 小學·高等小学·中學 삼과로 나누어졌으며, 군내에 32개의 支校를 둘 만큼 성장하였다.[51] 이러한 선구적 태도는 당시 교육운동의 모범이 되었던 것으로, 李東暉는 당시 제일가는 교육가로서 존경받고 있었다. 이 普昌學校는 후에 開城·金川·長湍·豊德·安岳·忠州·咸興 등지에 설립되어 국권회복을 위한 신교육의 장으로서 인재양성에 많은 공헌을 하였다. 李鍾浩는 당시 普成학교를 운영하고 있었으며, 李儁은 普光學校·漢

---

49) 「漢北興學會演說」, 『皇城新聞』 1906년 11월 9일 雜報 : 「韓北開會」 11월 20일 雜報.
50) 「漢會移舘」, 『皇城新聞』 1907년 4월 23일 雜報 : 「漢北特會」 1907년 12월 29일 雜報.
51) 「普校大振」, 『皇城新聞』 1907년 3월 29일 雜報 : 「江華大運動景況」, 5월 27일 雜報. 당시 李東暉
    는 安昌浩와 더불어 조선 제일의 敎育家로 존경받았다.

南學校의 설립과 운영에 참여하였다. 함경남북도에서의 많은 사립학
교의 설립은 이 같은 한북흥학회의 노력의 성과였다.

둘째, 함경도의 각 사립학교의 敎務를 贊成하였다. 한북흥학회는 일
단 학교가 설립된다고 하여도 적절한 교과서가 없고 교육방향이 확고
하지 못하고 자금도 넉넉지 않아 學校運營이 제대로 되지 못해 교육의
효과를 올릴 수 없다고 지적하고 있다. 이 문제를 해결하기 위해 한북
흥학회는 각 학교의 교육을 지도하고자 하였던 것이다. 한북흥학회는
이를 위해 지교설치를 추진하였으며, 지회와 각 지역에서의 임원들의
활동을 통하여 각 지역 사립학교의 교육을 지도하고자 하였다. 그러나
지교·지회의 설치가 그다지 활발하지 못했기 때문에 이 활동은 주로
몇 몇 주도회원들의 활동에 의하여 이루어졌다.52)

셋째, 한북흥학회는 漢北義塾(漢北學校)을 직접 설립하여 국권회복
을 위한 인재를 양성하였다. 한북흥학회는 국권회복을 위한 신교육·
학교교육의 실시를 위해 무엇보다 시급한 것이 신교육·학교교육을
담당하여야 할 敎師를 養成하는 것이라고 보고 1907년 1월 사범학교
속성과를 설립하였다. 입학할 수 있는 자격은 22세 이상 40세 이하로
독서(大學·中庸·論語·孟子), 작문(국·한문), 산술(초보) 등의 시
험을 치루어 합격한 사람이어야 했다. 단 官·公·私立학교와 高等小
學졸업자는 시험이 면제되었다.53) 원래는 주간으로 할 계획이었으나
지방학생들이 올라올 때까지 야학으로 하기로 하고, 1907년 1월 15일
개학하였는데 처음 입학생은 21명이었다.54) 과정은 속성과였기 때문
에 1년이었으며, 이수할 과목은 역사(內外)·地誌(내외)·地文(氣像包
入)·물리·수신·교육·법률 경제(間日)·算術·唱歌 체조(間日)·

---

52) 李東暉·李鍾浩·吳相奎·吳周爀 등의 주도회원들이 활약하였다.
53)「漢北義塾學員募集廣告」,『皇城新聞』1906년 12월 29일 廣告.
54)「漢北興學」,『皇城新聞』1907년 1월 16일 雜報 :「姑先夜學」,『大韓每日申報』1907년 1월 15일 雜報.

作文·書圖(間日) 등이었다. 역사·지지·교육학 같은 과목에 비중을 두고 있는 것은 현실에 맞는 교육을 시키는 것이 그 목적이었음을 잘 드러내 준다.55)

한북의숙의 교육열은 높이 평가 받아 지방학생들의 끊임없는 상경과 입학을 유도하였다.56)

이같이 교사를 양성하는 사범교육에 강조점을 두었던 것은 당시 교육구국운동에서 볼 수 있는 특이한 점으로서, 이는 우리나라의 교육이 신학문·신사상·신지식을 추구해야 하는데 이를 담당할 사람이 없어서 신교육을 실시할 수 없었기 때문에 급선무가 되었던 것이다.57)

한북의숙을 마친 사람들은 關北 각 지역의 학교에 배치되어서 학생들의 신교육을 담당하였으며 또한 애국계몽운동에 앞장섰다.

이 같은 한북흥학회의 신교육구국운동에 의하여 함경도 지역에서 다수의 사립학교가 설립되고 교육열이 고조되었으며, 많은 인재가 배출되었다. 그리하여 함경도가 평안남도 황해도와 더불어 애국계몽운동의 근거지가 되기에 이르렀다.

한북흥학회의 이러한 신교육구국운동에 이어 민력양성을 위한 활동으로 啓蒙講演活動을 들 수 있다. 이 사업은 학회의 활동 또는 회원 각기의 개별활동을 통하여 전개되었던 것으로 민중계발의 중요방법이었다.

학회단위의 계몽강연은 통상회, 특별총회, 각 지역학교의 운동회, 친목회 등의 집회 때에 주로 주도회원들에 의해 전개되었는데 그 주요내용은 민중들에게 국권회복에의 의지를 심어주고 그를 위한 애국사상을 일깨워주는 것, 또 근대국민국가의 건설·사회혁신의 추구·신사상의 수용 등을 촉구하는 것, 민력양성의 방법으로서의 신교육론·실업

---

55) 「漢北義塾學員募集廣告」, 『皇城新聞』 1907년 3월 16일 廣告.
56) 「漢校興旺」, 『皇城新聞』 1907년 5월 9일 雜報.
57) 당시 愛國啓蒙運動家·愛國啓蒙團體들은 師範敎育을 急先務로 여기고 대부분 師範學校를 設立하였다.

진흥론 · 단체론 등을 강조하는 것 등이었다. 대표적 연사로 李儁 · 李東暉 · 李鍾浩 · 鄭鎭弘 · 薛泰熙 등을 들 수 있다.

대표적 연설이었던 제1회 통상회에서의 薛泰熙의 「新舊學問의 理解」58)를 보면, 우리 현실문제의 근본적 원인을 다음과 같이 지적하고 있다.

> 噫我東洋은 硏究法이 絶無홈이 前代의 拘束을 被ᄒ야 後學으로 하
> 여금 先師는 不可從之地로 知ᄒ고 人民으로 하여금 官吏는 不可言之
> 位로 知케ᄒᄂ 壓制의 政體가 有홈으로 今日西漸에 東禍가 如此ᄒ오.

즉 선학이 후학의 발전을 막고 압제의 政體가 인민의 입장을 막아놓았기 때문에 과거에 얽매어 수 천 년 전의 제도 · 문물 · 정치 · 학술을 天定한 것으로 믿고 시대에 맞는 사상 · 학문 · 정체를 연구하지 못하여 지금과 같은 경쟁의 시대에 탈락하게 되었다고 보았다.

그러므로 우리가 현실에서 벗어나기 위하여는 과거의 排外思想을 버리고 현실에 맞는 서양의 신학문 · 신사상 · 신제도 등을 적극 수용할 것을 강조하였다. 그리고 이는 무조건적인 외국사상 · 신사상의 수용이어서는 안되고 현실의 발전을 가져다 줄 수 있는 것이어야 함을 지적하고 있다.

회원 각기의 개별적인 계몽강연활동은 각 단체 · 학회의 통상회, 학교설립, 연합운동회, 간친회 등에서 이루어졌다. 그 내용은 학회단위의 계몽강연에서의 내용과 다름없었다. 대표적 활동인사는 李儁 · 李東暉 · 薛泰熙 · 姜玧熙 등을 들 수 있다.

李儁은 이미 한북흥학회의 창립 이전부터 명연사로서 활약하였는데 共進會 · 大韓保安會 · 漢南學校 등에서의 연설은 특히 유명하다.59) 그리고 그는 기독청년회의 연설회에서도 유명한 연사로 활약하였다. 그

---

58) 「漢北興學會演說 ― 新舊學問의 利害」, 『皇城新聞』 1906년 11월 9일 雜報.
59) 柳子厚(1947), 앞의 책, 100쪽, 117쪽, 135쪽.

의 연설내용은 대체로 일제의 침략성을 폭로하고, 현 정부의 무능·무책임에 대하여 비판하였으며, 조국부흥·완전독립을 강조하고 이를 위한 실력양성론을 제시하는 것 등이었다. 그의 이 같은 활동은 일본측과 정부의 주시의 대상이 되었고, 1907년 2월 그가 平理院의 검사로 있으면서 범죄자에 대한 불공정에 대하여 이의를 제기하자, 일제측과 정부는 그를 직권을 남용했다는 명목으로 재판에 회부하였다.[60] 이에 대한 재판이 1907년 3월에 열렸는데, 재판석상에서의 이준의 발언은 각 신문들에 게재되어 대단한 여론을 조성하였고 이는 당시 민중들의 계몽에 큰 역할을 하였다.[61] 이준은 이 연설에서 자신의 죄목은 성립이 되지 않을 뿐만 아니라 자신에 대한 '原問官'의 태도를 보더라도 이는 정부측·일본측 세력에 굴복한 태도이지 공정한 법관의 태도가 아니라고 지적하고 있다. 그리고 이 문제는 단순한 일 개인의 문제가 아니라고 보고 자신이 인민의 대표자로서 임하고 있음을 강조하였다. 즉 그는 이 문제를 우리나라 사법권의 부재, 정치의 부재 더 나아가 일제의 우리 민족에 대한 정치적 탄압으로 파악하고 이를 민중들에게 알리고 있다.[62] 이 재판 때 많은 방청인이 몰려들었는데 당시의 상황을 서우학회 회장이었던 鄭雲復은 "平理院檢事 李儁氏가 赦典不公에 對ᄒᆞ야 擧刑事局長 金洛憲 起訴ᄒᆞ야 以此問題로 至開演說ᄒᆞ야 傍聽이 多至數千ᄒᆞ니 亦耳生初見ᄒᆞ 可喜事라. 前日 演場에ᄂᆞᆫ 只有男子傍聽이러니 今日則同胞中姉妹 五六位가 亦入傍聽之列ᄒᆞ니 此亦可喜之事也"고 하고 있다.[63] 이같이 재판중의 李儁의 연설은 민중들에게 큰 감명을 주었고, 민중계몽에 큰 역할을 하였다.[64]

---

60) 「法牒平院」, 『皇城新聞』 1907년 2월 20일 雜報 : 「李儁氏의 拿引顚末」, 2월 21일 雜報 : 「李氏請願」, 2월 26일 雜報.
61) 「檢事公判顚末」, 『皇城新聞』 1907년 3월 4·6·7일 雜報.
62) 「檢事公判顚末」, 『皇城新聞』 1907년 3월 6일 雜報.
63) 「各社會聯合演說」, 『皇城新聞』 1907년 3월 8일 雜報.

李東暉 역시 당시 대표적 웅변가로서 활약하였다. 그는 강화에서는 물론이고 서우학회, 서우학회 각 지회, 평안남북도 학교대운동회 등 함경남북도·평안남북도·황해도 등 각지를 돌아다니면서 계몽강연을 통한 민중의 계몽에 노력하였다.[65]

薛泰熙는 자강회의 간사원·평의원으로서 각 지역 지회를 시찰함과 동시에 민중계몽에 많은 노력을 하였고,[66] 姜玧熙는 연합연설회의 강연에 참여하는 등 민중계몽을 위해 열심히 활약하였다.[67] 여타의 회원들도 앞서 보았듯이 각기 자신이 소속되었던 단체 등에서 민중계몽을 위해 활약하였다. 이 같은 한북흥학회의 계몽강연활동은 민중계몽에 많은 공헌을 하여 함경도 지역에서 애국계몽운동이 활발히 전개되었다.

또한 한북흥학회의 민력양성을 위한 활동으로 靑年運動을 들 수 있다. 한북흥학회는 실력양성운동의 주체를 국민 전체로 보았지만 특히 청년층이 그 핵심체가 되어야 한다고 보고 청년운동을 중요사업으로 전개하였던 것이다. 한북흥학회의 청년운동은 서북학생친목회의 운영을 통하여 전개되었다.

서북학생친목회는 서우학회원인 韓光鎬·韓景烈과 한북흥학회원인 尹益善 등이 발기인이 되어 1907년 3월 17일 창립총회를 가짐으로써 설립되었다.[68] 친목회의 취지는 「學理討論」과 「智識交換」을 통하여

---

64) 李儁은 이 사건으로 平理院에서 파면되었다. 「免官奏本留安」, 『皇城新聞』 1907년 3월 15일 雜報 : 「李檢事免官」, 3월 16일 雜報.

65) 「江華大運動景況」, 『皇城新聞』 1907년 5월 27일 雜報 : 「平安南道學校大運動」, 1907년 4월 6일 雜報 : 「兩氏困境」, 4월 10일 雜報 : 『西友』 제6호, 43쪽 時評 : 『總督府 警務 機密書類綴』, 「復命書」, 1907년 8월 23일字(필름번호 9.7.4.8) : 「平壤春긔大運動」, 『공립신보』 1907년 5월 10일, 本國所聞.

66) 「支會視察」, 『皇城新聞』 1907년 2월 19일 雜報 : 『大韓自强會月報』 제4호, 35~38쪽, 제5호, 33~34쪽.

67) 「聯合演說―生命財産의 如何保護」, 『皇城新聞』 1907년 2월 25일 雜報 : 「各會聯合演說」, 3월 5일 雜報 : 「運動盛況」, 『공립신보』 1907년 5월 31일, 本國所聞.

68) 「學生親睦」, 『皇城新聞』 1907년 3월 15일 雜報. 3월 16일 廣告 : 「西北親睦」, 『大韓每日申報』, 1907년 3월 16일 雜報, 3월 16일 廣告.

學理를 연구하고 智識을 개척하여 국가의 정간이 되고 인민의 표준이 되고자 하는 것이었으며, 궁극목표는 이를 통해 국권회복으로 나아가는 것이었다.[69] 즉 친목회는 관서·관북지역 청년들의 국권회복운동의 지도자로서의 양성에 그 목적을 두고 있었던 것이다. 서북학생친목회의 회원은 서울에 거주하는 관서·관북지역의 학생들과 청년들로 구성되었는데, 서우학교·한북학교 학생은 물론이고 서우학회원·한북학회원도 이에 소속되었다.[70]

친목회의 활동은 주로 계몽활동으로서 강연회·토론회·운동회 개최가 주요 활동이었다. 정기적인 활동으로는 토론회를 들 수 있는데 이는 매달 둘째 일요일 오후 1시에 친목회 사무소인 한북학교에서 개최되었다. 토론회의 주제는 국권회복을 위한 실력양성론의 그 구체적 방안에 대한 것들이었다.[71] 강연회는 정기적인 것은 아니었으나 운동회 개최, 총회개최 때 연사를 초청하였다. 강연의 내용은 국권회복이나 민권신장에 관한 것, 애국심을 고취시키는 것 등이었다.[72]

서북학생친목회의 활동 중 대외적으로 그 단체의 역량을 과시하였던

---

69) 「西北學生親睦會 趣旨書」, 『大韓每日申報』 1907년 3월 6일 雜報. 서북학생친목회의 취지와 목표를 보면 "矧今時代는 世界人類가 智識競爭ᄒ는 秋라 吾人社會에 在ᄒ야 若其親睦의 主旨로써 團體를 結合ᄒ야 學理討論과 智識交換이 完備치 못ᄒ면 工夫進就와 事業將來에 缺點이 必多ᄒ지니 …… 何況吾儕는 俱以靑年으로 遠離鄕井ᄒ고 留學漢城은 現存思想과 將來希望이 誠何如也오 期於코 點鐵成金琢玉器ᄒ야 國家의 뎡幹이 되며 人民의 標準이 되야 任重道遠ᄒ 目的을 得遠코겨 홈이니 學理研究와 智識開拓이 엇지 最其必要ᄒ 者아니리오."
70) 임원의 구성은 잘 나타나고 있지는 않으나 顧問警察의 報告書에 따르면 吳相奎가 會長인 것으로 되어 있다. 『總督府 警務 機密書類綴』, 1907년 5월 23일, 「西北學生親睦會狀況」(필름번호 9.7.4.8).
71) 서북학생친목회는 그 취지에서 「學理討論과 智識交換」을 主旨로 삼은 것에 따라 討論을 가장 중요활동으로 전개하였다. 「西友學生親睦會趣旨書」, 『大韓每日申報』 1907년 3월 6일 雜報 : 「總會兼討論」, 12월 8일 雜報 : 「漢北學校討論」, 『皇城新聞』 1907년 11월 8·9일 雜報.
72) 대표적인 것으로 1907년 12월 8일에 있었던 安昌浩의 연설 등을 들 수 있다. 여기에서 安昌浩는 약육강식의 시대에 있어서 실력양성을 위해 道德·智識을 강조하고 실력양성의 방법으로 團合을 촉구하였다. 「去日曜日 西北學生親睦會에 安昌浩氏演說」, 『大韓每日申報』 1907년 12월 13·14·18일 雜報.

것으로 대운동회 개최를 들 수 있다.73) 친목회에서는 청년들의 강건한 애국주의 훈련과 상무정신을 고취시키기 위하여 대운동회를 개최하였던 것이다. 운동회는 1907년 5월 12일 三仙坪에서 열렸는데 대성황을 이루었으며 운동회의 비용을 吳相奎가 전담하였고 준비는 서우학회 · 한북흥학회가 맡아서 하였다.74) 이 때 서우학회 회원 安昌浩가 운동회에 참석한 학생들과 민중을 상대로 연설을 하였는데 그 요지를 보면 "오즉 胸矜腦髓를 痛滌ᄒ야 卽自今日로 我國을 侵害ᄒᄂ 强國과 傳檄開戰ᄒ야 國權을 恢復ᄒ지니"라고 하여 열강과 개전하여 국권을 회복키 위해 지금부터 전쟁준비를 하자고 하였다.75) 이 연설은 당대의 유명한 연설로 운동회에 참석하였던 이들의 마음을 발분시켰다.76)

이러한 연합운동회는 국권회복을 위한 상무정신의 고취와 관련하여 각 지역에서 전개되고 있었는데77) 서북학생친목 연합운동회는 특히 일본경찰의 감시의 대상이 되고 있었던 서북지역 청년들의 연합운동회였기 때문에 당시 크게 주목을 받았다.

이같이 서우학회와 한북흥학회는 서북학생친목회를 통하여 서북지역 청년들의 지식을 계발하고 애국심을 고취시켜 그들을 국권회복운동의 지도자로 양성키 위하여 노력하였다. 서북지역이 이후 더욱 애국계몽운동의 중심지로 부상되고 많은 애국계몽운동가들을 배출하게 된

---

73)『大韓每日申報』1907년 4월 20일 廣告 :『皇城新聞』1907년 4월 30일 廣告.

74)「西北學生聯合運動」,『皇城新聞』1907년 4월 30일 雜報 :「吳氏義擧」,『大韓每日申報』1907년 4월 24일 雜報 :「學會運動」, 5월 5일 雜報 :「運動更定」, 5월 8일 雜報 :「運動盛況」, 5월 14일 雜報 :「吳氏義擧」,『공립신보』1907년 5월 31일, 本國所聞.

75) 安昌浩,「演說」,『西友』제7호, 24~27쪽 雜俎.

76) 金聖烈,「五月十二日西北學生親睦會運動場演說」,『西友』제7호, 23~24쪽 雜俎 : 島山紀念會(刊)(1947),『續編 島山安昌浩』, 139쪽.

77) 당시 國權被奪의 상황과 관련하여 軍事敎育이 강조되었는데 운동회는 武裝的示威로서 피압박민의 울분과 사회적 분출구였다. 즉 운동회는 청년학생들의 운동회만이 아니라 그 지방 人民 전체의 운동회였다. 國史編纂委員會(編)(1965),『韓國獨立運動史』I, 366~369쪽, 919~920쪽, 자료 171,「各道憲兵隊長(警務部長) 會議席上에서 俵學部次官演說」.

것은 이 같은 청년운동이 기반이 되었다고 하겠다.

이외에 한북홍학회의 활동으로 국채보상운동의 전개를 들 수 있겠다. 한북홍학회에서는 1907년 4월 李儁·吳相奎·梁孝健 등 36인이 국채보상취지서를 발표하고 함경남북도 각 군의 義金을 모집하였다.[78]

또 한북홍학회는 崔益鉉이 죽자 의금모집을 전개하여 일본고문경찰의 주시를 받기도 하였다.[79] 이는 한북홍학회의 유생들에 대한 태도를 보여주는 것으로, 한북홍학회가 무조건 신사상·신지식·신제도를 추구하는 단체가 아니고, 또한 당시 의병투쟁노선에 대하여도 그 전략에 차이를 두고 있기는 하지만 전혀 부정적인 입장은 아니었다는 것이다. 그리고 한북홍학회는 李容翊의 죽음, 李儁의 파면에 대하여 사후책을 세우는 등[80] 당시의 여러 문제들에 대하여 관심을 갖고 그 현실적인 대책에 부심하기도 하였다.

V. 漢北興學會의 成果와 限界

한북홍학회는 애국계몽운동의 초기 단계에서 신교육운동·계몽강연운동·청년운동 등의 방법으로 민중의 실력을 양성하고 민중을 계몽하는데 많은 공헌을 하였다. 그리하여 애국계몽운동이 광범한 민중 차원의 국권회복운동으로 전개될 수 있게끔 하여 주었다.

이러한 한북홍학회의 성과는 한북홍학회가 후에 서북학회라는 주요 애국계몽단체로 발전하였다는 점에서 잘 드러난다.[81] 서북학회는 단순히 평안남북도·황해도·함경남북도 등 5도의 단체가 아니라 전국

---

78) 「漢會報債發起」, 『皇城新聞』 1907년 4월 10일 雜報 : 「總會公函」 8월 8일 雜報.
79) 『總督府 警務 機密書類綴』 1907년 1월 12일, 「義金募集ノ件」(필름번호 9.7.4.8).
80) 『總督府 警務 機密書類綴』 1907년 3월 25일, 「漢北興學會舘學生集會ノ件」.
81) 拙稿(1983), 「韓末 西北學會의 愛國啓蒙運動」, 『韓國學報』 제31輯·32輯, 一志社.
　　拙稿(1983), 「韓末 西北學會의 愛國啓蒙思想」, 『釜山女大史學』 제1집 참조.

적 규모의 단체로서 애국계몽운동을 주도한 단체 중의 하나였다. 그리고 대표적 애국계몽단체였던 신민회의 주축세력이 되었던 인사들 중의 많은 사람이 한북흥학회 출신의 인사들이었다는 점에서도 한북흥학회의 성과가 드러난다.[82) 즉 한북흥학회는 당시 강력한 애국계몽단체의 설립·활동의 기반이 되었던 것이다. 그리고 함경남북도의 많은 사립학교의 설립 등에서도 그 성과를 볼 수 있으며, 또한 평안남북도 지역에 비하여 상당히 뒤떨어진 위치에 있었던 함경남북도가 애국계몽운동의 온상지로서 많은 애국계몽운동가들을 배출하고 있는 것도 한북흥학회의 성과라고 하겠다.

한북흥학회가 이 같은 성과를 남길 수 있었던 것은 몇 가지 강점 때문인 것으로 볼 수 있다.

첫째 한북흥학회가 단체운영을 통하여 실력양성운동을 조직적인 운동으로 전개시켰으며, 지역단위의 단체운영으로 민중속 깊이 파고들었다는 점이다. 한북흥학회는 취지에서도 밝히고 있듯이 민력의 양성과 민중의 계몽은 조직적인 단체활동, 즉 민력의 결집으로만이 가능하다고 보고 운동을 조직화시켜 나갔다. 특히 한북흥학회가 지역단위의 단체를 구성했던 것은 민중차원에서 운동을 전개시키고자 한 때문이다. 즉 한북흥학회는 전국 규모의 단체보다는 지역단위의 단체가 민중속 깊이 파고들기에 좀 더 용이하다고 보아 지역단위에서 출발한 것이다. 그리고 기반이 다져진다면 지역단위의 단체끼리 통합하여야 한다고 보았다. 이로써 한북흥학회는 민중 속에 깊이 파고들어 많은 성과를 얻을 수 있었다. 실제 한북흥학회는 어느 정도의 기반이 다져지자 서우학회와 통합을 꾀하였다. 이 같은 한북흥학회의 지역단위의 조직적인 단체운영은 서우학회와 함께 후에 많은 단체들의 결성·활동의 모델이 되었다.

둘째, 한북흥학회가 사상적인 면에서 민권론, 사회혁신론을 주장함

---

82) 愼鏞廈(1977), 「新民會의 創建과 그 國權恢復運動」, 『韓國學報』 제8輯·9輯, 一志社.

으로써 실력양성운동을 민중적 차원에서 전개시킬 수 있었다. 당시는 국권피탈의 상황으로 국권회복이 주요과제이긴 하였지만 한북흥학회가 국가의 개념을 정립하여 주고 또 새로운 사회상을 제시하여 줌으로써 애국심을 끌어내어 광범한 민중들을 국권회복운동으로 끌어들일 수 있었던 것이다.

셋째, 주체세력이 革新的 인물이었다는 것이다. 李儁 · 李東暉 등은 당시 가장 활발히 활동하였던 애국계몽운동가로 혁신적 인물들이었는데, 이들의 노력으로 많은 민중들이 한북흥학회 운동에 참여하였다.

이러한 점들로 하여 한북흥학회는 앞서와 같은 많은 성과를 거두게 되었다.

그러나 한북흥학회는 성과나 강점에 못지 않은 한계점과 문제점을 안고 있었으며, 이는 한북흥학회의 민력양성운동에 많은 제약을 가하였다.

앞서 보았듯이 무엇보다 가장 큰 한계점으로 지적할 수 있는 것은 支會 · 支校의 설립활동이 활발하지 못하였다는 점이다. 물론 운동의 초기 단계에서 지회 · 지교의 설치는 상당히 고려될 수밖에 없다. 왜냐하면 아직 서울의 중앙회의 위치 · 활동이 확고하지 못한 단계에서 무조건 지회를 설치하는 것은 오히려 부작용을 빚을 우려가 있기 때문이다. 그럼에도 불구하고 한북흥학회의 지회설치, 한북학교의 지교설치는 서우학회와 비교하여 너무 미미하였던 것으로, 이는 한북흥학회가 의도한 만큼 광범한 민중 속에 깊이 파고들 수 없게끔 제약을 가져다주었다.

또한 한북흥학회의 문제점으로 지적할 수 있는 것은 1907년 7월의 한 · 일협약을 전후한 시기에 전혀 그들의 정치적 · 사회적 입장을 밝히고 있지 않다는 점이다. 즉 헤이그밀사사건, 한 · 일 신협약의 체결, 조선군대의 해산 등 바로 한북흥학회 회원들의 생존과도 관련된 구체적인 일련의 사태에 대하여 국권회복을 부르짖으며 민력양성과 민중계발에 앞장서고 있는 한북흥학회가 전혀 입장을 밝히지 않았다는 것은 이해되지 않은 태도이다.

　그러나 이 두 문제점에는 상당히 원인이 있었던 것으로 보인다. 전자는 앞서 조직에서 보았듯이 지역적 특수성으로 이해를 해야 할 것 같으며, 또 재정문제에도 큰 이유가 있었던 것 같다.

　후자는 한북흥학회의 주도층의 특수성으로 이해해야 할 것 같다. 즉 핵심인물인 李儁이 실제 헤이그밀사로 파견되어 憤死하였으며, 李東暉는 군대해산을 계기로 강화에서 일어났던 사건에 연류되어 구금되었던 것으로 지도자의 부재로 인하여 한북흥학회의 활동이 거의 중단상태에 이른 것으로 보인다. 한북흥학회의 활동은 李東暉가 풀려난 12월부터 다시 활발하여졌다. 그리고 후자의 원인으로 신민회 활동과의 관련을 들 수 있겠다. 신민회는 1907년 4월에 결성되었는데 이 이후 한북흥학회와 서우학회의 정치활동은 신민회의 비밀활동을 통하여 동시에 전개된 것으로 볼 수 있다. 즉 신민회의 주도인사들은 한북흥학회와 서우학회의 주요인사들로 구성되어 있었다.

　그리고 이 외에 한북흥학회의 문제점으로 지적할 수 있는 것은 당시 민중들의 생존과 관련된 실업진흥운동을 전개하지 않았다는 점이다. 물론 국채보상운동에는 참여하였으나 민중들의 실제 생존책을 제시하고 있지 않았다는 것은 민중들을 흡수하는데 큰 제약이 되었다.

　또한 한북흥학회의 한계점으로 지적할 수 있는 것은 학보를 발간하지 않았다는 점이다. 민중의 계몽에 가장 효과적인 것이라고 할 수 있는 학보를 간행하지 않은 것은 그 만큼 한북흥학회의 활동에 제약을 가져다주었다.

VI. 맺음말

이상에서 살펴본 바와 같이 한북흥학회는 을사늑약 이후 국권상실의 상황속에서 초기 국권회복운동을 주도하고 지도한 구국운동단체였다.

나라의 식민지화를 눈앞에 두고 관북지방의 지식층과 신흥시민층을 중심으로 조직된 이 단체는 시민적 특성을 갖고 있기는 하였지만 민권론·사회혁신론을 기본인식으로 하고 국권회복과 근대국민국가의 건설을 궁극의 목표로 하였다. 이는 이들이 사태의 근본적 변화로 국권회복을 주요 당면과제로 삼고 있으나, 그 근본에서는 개화자강파의 근대시민사회 건립을 지향하고 있음을 볼 수 있다.

한북흥학회는 국권회복의 기초조건으로 實力과 團結을 중요시하였다. 즉, 우리가 일제에서 국권을 빼앗기고 노예로 전락한 것은 힘이 없었기 때문이므로 실력을 양성하고 단결하는 것만이 국권을 회복할 수 있는 길이라고 여겼다. 한북흥학회가 주장한 실력은 민력이었으며, 단결 역시 단체활동을 통한 민력의 결집이었다. 이것은 한북흥학회가 國民國家 수립을 목표로 한 사실과 관련된 것이었다.

한북흥학회는 민력을 양성하고 민중의 개발을 위하여 무엇보다 신교육의 필요성을 계몽하고 각 사립학교의 교무를 찬성하고 또 사범학교를 설립하여 인재를 양성하는 등 신교육운동을 전개하였다. 그리고 계몽강연을 통하여 일반민중의 지식을 계발하고 애국심을 고취시켰으며, 또한 청년운동을 통하여 국권회복을 위한 애국계몽운동가를 배출하였다.

이 같은 활동을 통해, 특히 민권론·사회혁신론 등으로 새로운 국가상·사회상을 제시하여 주고, 지역단위의 조직적인 단체운영을 통하여 좀 더 민중에 밀착된 운동을 전개함으로써 한북흥학회는 광범한 민중을 흡수하였다.

이로써 한북흥학회는 초기 단계에서 몇 몇의 선구자에 의해 전개되고 있었던 애국계몽운동을 광범한 대중의 애국계몽운동으로 전환시키는데 매우 큰 역할을 하였다. 특히 이를 계기로 관북지방에 많은 사립학교가 설립되고 교육열이 고조되었으며, 다수의 애국계몽운동가가 배출되는 등 애국계몽운동의 요람이 되었다.

그리고 한북흥학회의 애국계몽운동은 서북학회 · 신민회 운동으로 계승되어 명실공히 국권피탈의 시기(1905~1910)를 '국민 대각성의 시기 · 실력양성의 시기'로 전환케 하는데 일익을 담당하였다. 또한 국권회복의 기초를 튼튼히 하여 이때 축적된 저력이 독립운동의 원동력을 공급하여 3 · 1 운동으로 폭발하는 등 그 결실을 맺게 하는 데에 일정한 역할을 담당하였다.

(『梨花史學研究』 제15집, 1984년 10월, 梨花史學研究所)

제5장

韓末 西北學會의 愛國啓蒙運動

Ⅰ. 머리말

1905년 을사늑약에 의하여 국권의 일부를 일본제국주의자들에게 빼앗기게 되자, 우리 민족의 당면과제는 국권을 회복하는 것이었다. 이에 한국민족의 국권회복운동은 愛國啓蒙運動과 義兵運動으로 전개되었다.

의병운동은 국권상실이란 국가적 위기에 직면하여 일본에 맞서서 무력으로 투쟁하여 국권을 되찾으려는 武力抗爭이었다.

애국계몽운동은 한국이 일제에게 국권의 일부를 박탈당한 근본원인은 실력, 즉 힘이 부족한 때문이라고 인식한 사람들이 한국민족의 힘(실력)을 양성하여 국권을 회복하려는 民力養成運動이었다.

애국계몽운동은 모든 분야에 걸쳐 전개되었으며, 분야별로 성과의 차이가 있긴 하지만 총괄적으로 짧은 기간에 다대한 성과를 내어 민족 역량을 크게 증강시킨 것이 사실이고 이때 양성한 실력이 독립운동의 가장 큰 원동력을 공급하였으며 3 · 1 독립운동으로 폭발하여 일단 결실을 맺어 주었다.

이같이 애국계몽운동이 활발히 전개되어, 그 후의 국권회복과 독립 쟁취의 실력을 공급할 수 있었던 배경은 무엇보다 민중의 자각에 의한 애국적 분발과 애국계몽가들의 단체활동을 들 수 있다.

西北學會는 1908년 1월 서북학회의 지식인과 신흥시민층에 의해 民力양성을 위해 설치되었던 애국계몽단체였다. 이는 기존의 관서지방의 단체인 西友學會와 관북지방의 단체인 漢北興學會를 토대로, 1907년 4월 창건된 新民會와 밀접한 관계를 갖고, 또한 大韓協會·基督敎青年會 등과도 일정한 연관을 갖고서 설립되었다.

당시는 1907년 8월의 丁未七條約에 의해 정치활동이 더욱 어려워지고 保安法·新聞紙法 등 일본측의 책동으로 국권회복을 위한 활동이 극히 힘들었던 상황으로, 합법적 국권회복운동의 여지의 폭을 잘 이용하는 특수조건에 대한 대응책이 무엇보다 요구되는 단계였다. 더욱이 1908년 8월의 學會令, 私立學校令, 1909년 2월의 出版法 등은 합법적 단체 활동을 더욱 제약하였다. 이렇게 볼 때 서북학회는 이 시기의 위기를 타개하고 그 합법적 폭을 이용하여 국권회복에의 의지를 키워서 애국계몽운동을 전개한 것으로 볼 수 있다.

그리고 서북지방은 애국계몽운동의 중심이 되었던 지역이고 민중의 활약이 가장 활발하였던 지역이며, 특히 많은 애국계몽운동가들이 서북지역 출신이었음을 볼 때 서북학회가 비록 서북지역 인사에 의한 단체라 하더라도 전국의 계몽운동을 주도하였던 가장 주요한 합법단체라 하겠다. 물론 주요단체로서 신민회나 대한협회가 있었으나 신민회는 합법활동에서는 서북학회운동에 미치지 못하였고, 대한협회는 이미 친일적 요소를 배태하고 있었다.

그러므로 서북학회의 조직과 활동에 대한 분석은 애국계몽운동을 이해하는 데 무엇보다 중요한 과제라 하겠다. 그런데 종래 서북학회는 단순히 교육활동을 전개한 서북지역의 학회로서만 언급되어 왔고, 그

활동의 구체적 실상을 실증적으로 밝힌 바가 없었다.

本稿에서는 서북학회의 실상을 밝히고자 하는 일 시도로 서북학회의 조직과 활동을 실증적으로 분석하고자 한다. 사상은 장을 달리하여 분석하고자 한다.

Ⅱ. 西北學會의 設立과 組織

1. 西北學會의 設立

서북학회는 丁未七條約, 보안법, 신문지법 등의 일제강압책에 의해 국권회복운동이 더욱 어려워진 상황에서 1908년 1월 설립되었다. 당시 정치활동의 제약으로 1907년 4월에 설립된 신민회가 비밀단체로서 활약하고 있었으며 합법단체로는 대한협회가 활동하고 있었다. 그리고 西友學會(1906년 10월 설립), 漢北興學會(1906년 10월 설립), 湖南學會(1907년 7월 설립) 등의 학회가 교육활동을 표면에 내세우며 실제로 국권회복운동을 전개하고 있었다.

서북학회는 바로 당시의 제약을 좀 더 적극적으로 극복하기 위해 설립된 것으로, 기존의 황해도·평안남북도의 서우학회와 함경남북도의 한북흥학회가 통합된 것이었다. 서우학회와 한북흥학회는 단결하여 보다 큰 하나의 세력체를 구성하고 이를 구심점으로 하여 민력양성운동에 더 철저하게 임하고자 하였던 것이다.[1]

서우학회와 한북흥학회의 통합 가능성은 두 단체의 설립 초기부터 예견되어질 수 있었다. 두 단체의 지도층과 참여층들의 출신지역만 다를 뿐 설립 시기(1906년 10월)가 같고 목적과 취지가 동일하였으며, 지도층

---

1) 「兩會團合」, 『皇城新聞』 1908년 1월 1일, 雜組 : 1908년 1월 8일 廣告 : 「西北團會」, 『大韓每日申報』 1908년 1월 4일, 雜組 : 1908년 1월 5일 廣告 : 「西北學會趣旨書」, 『西北學會月報』 제15호, 1쪽.

인사끼리의 교류가 밀접하였다.2) 또 활동상도 거의 동일하였기 때문에 언론이나 사회에서는 이들 두 단체를 동시에 언급하는 경우가 많았다.3)

그러나 이들 단체의 실제적 통합 계기를 가져다 준 것은 1907년 3월 西北學生親睦會의 결성이었다. 서북학생친목회는 1907년 3월 21일 평안도 출신의 韓光鎬·韓景烈과 함경도 출신의 尹益善에 의해 발기된 평안남북도·황해도·함경도 출신 재경유학생들의 친목단체였다. 이는 단순한 친목단체가 아니라 애국심 고취와 애국의 길을 도모하는데 그 목적을 두었던 것으로 서우학회·한북흥학회의 부속단체로서 이들 학회들의 후원하에서 국권회복·민권신장에 관한 연설회·토론회 등 애국계몽운동을 전개하였다. 그리고 대운동회를 열어 학생·시민들의 애국주의 훈련과 尙武精神을 고취시켰다.4) 이 같은 서북학생친목회의 활동 가운데서 서우학회와 한북흥학회는 더욱 밀접한 관련을 갖게 되었으며 1908년 1월 통합되기에 이르렀다.

그리고 서우학회와 한북흥학회의 통합계기는 또한 신민회의 창립과 활동에서 찾아볼 수 있다. 신민회는 1907년 4월 梁起鐸·全德基·李東輝·李東寧·李甲·柳東說·安昌浩 등 7인이 창건위원이 되고 盧伯麟·李昇薰·安泰國·崔光玉·李始榮·李商在·尹致昊·李剛·曹成煥·申采浩·林蚩正·李鐘浩·朱鎭洙·金鴻亮 등이 중심이 되어 조직된 비밀결사였다.5) 여기에서 신민회의 창립이 서북학생친목회의 결성과 거의 같은 시기에 이루어진 점, 그리고 창건위원과 주도인사들이 서우학

---

2) 「西北學會組織會錄」, 『西北學會月報』 제15호, 43쪽 會報.

　『西北學會月報』 제15호, 2쪽 「西北學會趣旨書」에서는 兩學會는 지역만 다를 뿐 동일한 문명진보의 사상과 동일한 교육확장을 목적으로 설립되어 이제 통합하는 것은 자연스럽다고 하고 있다. 『西北學會月報』 제1권 제2호, 3쪽 「西北學會歷史」에서는 두 학회가 창시할 때부터 하나가 될 것을 예기하였는데 활동과 단결정신이 상호간에 잘 맞아 자연히 合—된 것이라고 지적하고 있다.

3) 「서북학회에 대ᄒ야 감사ᄒ올 일」, 『帝國新聞』 1906년 11월 11일 論說.

4) 李松姫(1982), 「韓末 西友學會의 愛國啓蒙運動과 思想」, 『韓國學報』 제26집, 51~52쪽.

5) 愼鏞廈(1977), 「新民會의 創建과 그 國權恢復運動」 하, 『韓國學報』 제9집, 128~129쪽 참조.

회·한북흥학회의 회원들이었다는 점에서 신민회의 창립으로 서북지역 인사들이 더욱 긴밀한 관계를 갖게 되었고 이것이 후에 서북학회의 창립으로 연결되어졌다 하겠다. 그리고 신민회 활동이 서북지역을 중심으로 전개되었던 점도 서우학회와 한북흥학회의 통합을 가능케 하여 주었다.

이 같은 통합 경위에서 볼 때, 서북학회는 기존의 서우학회·한북흥학회의 토대 위에 당시 비밀결사로서 대부분의 서우·한북흥학회의 회원이 참여하고 있었던 신민회와 일정한 연관을 갖고서 설립되었던 것이다. 그러므로 먼저 이들 세 단체에 관하여 살펴보자.

서우학회는 1906년 10월에 평안남북도·황해도 인사들에 의해 설립된 최초의 학회 명칭을 지녔던 애국계몽단체였다. 주축이 되었던 인물을 보면 朴殷植·金秉壽·申錫廈·張應亮·金允五·金秉一·金達河·金楊桓·金明濬·郭允基·金基柱·金有鐸·鄭雲復·姜華錫·柳東作·崔在學·安秉瓚·李甲·柳東說·盧伯麟·李裕楨·玉東奎·鄭在和·朴景善·安昌浩·李達元 등이었다. 이는 정치활동을 표면에 내세울 수 없었던 시점에서 학회라는 명칭으로 교육진흥운동만을 표방한 것으로 내세웠지만 그 실제적 목표는 민력양성을 통한 국권의 회복과 인권의 신장이었다.6) 이를 위해 교육구국활동, 학보간행활동, 계몽강연활동 등을 전개하였으며 이러한 애국계몽운동의 사상적 기반이 되었던 것은 사회진화론·민력양성론·애국론·민권론·교육구국론·단체론·실업구국론·폐습타파론 등이었다.7)

한북흥학회는 1906년 10월 함경남북도 인사들에 의해 설립된 애국계몽단체였다.8) 주축이 되었던 인물들은 吳相奎·李儁·兪鎭浩·薛

---

6) 日本 外務省(編), 『日本外交文書』제 40권, 1책, 568쪽.
7) 李松姬 (1982), 앞의 논문 참조.
8) 「흔北학會發起」, 『大韓每日申報』1906년10월 30일 雜報.

泰熙·李東輝·李鍾浩·康瑢九·尹益善·李載聖·太明軾·朱堣·金
澕炳·楊孝健·李煥奎·姜玩熙·鄭鎭弘 등이었다. 한북홍학회의 궁
극목적은 국권을 회복하고 민권을 신장하는 것으로[9] 이를 위해 民智를
계발하고 민력을 양성하고 단합하는 애국계몽활동을 전개하였다. 교
육구국활동, 계몽강연·토론활동, 청년운동 등이 국권회복을 위한 주
된 활동이었다.[10]

신민회는 1907년 4월에 安昌浩의 발기에 의하여 조직된 비밀결사로
서 전국에 약 800명에 달하는 회원으로 구성되었다. 신민회가 비밀결사
로 조직된 것은 전적으로 당시 일제 통감정치가 합법적 국권회복운동
의 폭을 좁혀가고 있던 조건 때문이었다. 신민회의 궁극목표는 국권을
회복하여 自主獨立國을 세우고 정부를 共和政體로 하는 것으로 국권회
복운동의 기초조건으로 실력양성과 機會를 중요시하였다. 신민회는 실
력을 양성하기 위해서는 국민을 새롭게 해야 한다고 생각하였으며 이
를 위한 사업으로 신문·잡지 및 서적의 간행, 계몽강연, 학교의 설립과
인재양성, 각급 학교교육방침의 지도, 실업·민족산업자본의 진흥과
실업가의 영업방침의 지도, 국외에서의 武官학교의 설립, 국외에서의
獨立軍基地 창건 등을 실행하였다. 그리고 신민회는 국민의 실력이 양
성되면 국민을 통일 연합하여 무력 또는 비폭력의 각종 방법으로 일제
히 궐기해서 국권을 회복하고 自由文明國을 수립하려 하였다.[11]

서북학회는 바로 이 같은 세 단체의 기반 위에서 설립되었으며 基督
敎靑年會·大韓協會와도 일정한 관계를 갖기도 하였다.

---

9) 「韓北興學會趣旨」, 『皇城新聞』 1906년 11월 1일 雜報 : 「韓北興學會趣旨書」, 『大韓每日申報』
   1906년 10월 30일 雜報.
10) 「興學開會」, 『大韓每日申報』 1906년 11월 21일 雜報 : 「枯先夜學」, 1907년 1월 15일 雜報 : 「北會
   議決」, 『皇城新聞』 1906년 11월 9일 雜報 : 「漢北義塾學員募集廣告」, 12월 29일 廣告 : 「漢北興學」
   1907년 1월 16일 雜報.
11) 愼鏞廈(1977), 앞의 논문 참조.

1908년 1월 2일 임시회장 李東輝의 지도하에 組織會가 서우회관에서 있었는데 참가인원은 149人이었다. 먼저 준비위에서 결의한 사항을 崔在學이 발표하였고 규칙에 대한 가부의 결정과 수정이 있었다. 이 때 선출된 임원은 다음과 같다.12)

        회 장 : 鄭雲復
        부회장 : 姜玧熙
        총 무 : 金達河
        부총무 : 金淋炳
        평의원 : 李鍾浩 太明軾 李 甲 鄭鎭弘 金明濬 朱東瀚
                崔在學 朱 堨 玄昇奎 尹益善 吳周燦

그리고 1월 11일에는 학회의 통합, 학회의 취지를 알리기 위해 사회의 유지들과 신문기자를 초청하여 개회식을 가졌는데 수백 명의 인사들이 참석하여 성황을 이루었다. 姜玧熙 · 金明濬이 서우 · 한북흥학회의 역사를 소개하고 前大臣 金允植 · 李道宰, 『國民申報』 사장 韓錫振, 一進會 총대 洪肯燮, 劉元杓 등의 축하가 있었으며 황성신문사 사장 柳瑾은 학생들에게 공책을 기부하였다. 회원 安昌浩가 「精神的 團合과 服從主義와 各盡其力」으로 연설을 하여 참석한 수백 명의 인사들을 감동시켰다.13)

이러한 서북학회의 설립에 주도적 역할을 하였던 인사들은 鄭雲復 · 安昌浩 · 吳相奎 · 姜玧熙 · 鄭鎭弘 · 金明濬 · 金達河 · 金淋炳 · 李鍾浩 · 太明軾 · 李甲 · 尹益善 · 崔在學 · 朱堨 · 玄昇奎 · 吳周燦 · 朱東瀚 · 柳東說 · 朴殷植 · 柳東作 · 姜華錫 · 玉東奎 · 金允五 · 韓景烈 · 朴聖欽 · 李東輝 등이었다.

---

12) 「西北學會 組織會錄」, 『西北學會月報』 제15호, 42~43쪽 會報 : 「任員薦定」, 『大韓每日申報』
    1908년 1월 5일 雜報 : 「西北學會任員」, 『皇城新聞』 1908년 1월 5일 雜報.
13) 「西北學會開會式」, 『皇城新聞』 1908년 1월 10일 雜報 : 「開會設行」, 『大韓每日申報』 1908년 1월
    10일 雜報 : 「西北學會盛況」, 1908년 1월 14일 雜報.

이들은 서북학회 설립의 기반이 되었던 서우학회 · 한북흥학회 · 신민회의 주요인사로서 활약하여 왔으며 또 그 외의 애국계몽단체의 회원 · 贊成員 · 연사 등으로 활동하였는데 그 활동상을 보면 다음과 같다.

대한협회 활동에 참여하였던 인사는 鄭雲復 · 安昌浩 · 崔在學 · 金明濬 등이며,14) 기독교청년회에는 金明濬 · 鄭雲復 등이 참여하였다.15) 각 회 연합연설에는 金明濬이,16) 同志親睦會에는 鄭雲復 · 鄭鎭弘 · 太明軾 등이 활약하였고,17) 호남학회에는 李甲 · 崔在學 · 鄭雲復 등이 찬성원 · 연사로서 활동하였다.18) 관동학회에는 安昌浩 · 鄭雲復,19) 대한학회에는 李甲이20) 찬성원 · 연사로서 활약하였고, 제국신문 찬성회에는 安昌浩 · 姜玩熙가 참여하였다.21) 또한 중앙학회에 吳相奎 · 姜玩熙 · 姜華錫이 참여하였다.22) 그 외에 鄭雲復은 제국신문의 사장을 역임하였고, 李東輝는 江華學務會를 조직하는 등 교육사업에 전념하였다.23) 鄭鎭弘은 農會를 설립하였으며24) 李鍾浩 · 姜玩熙는 각기 普成學校 · 養源學校를 직접 운영하는 등 교육활동에 앞장섰다.

이같이 서북학회의 설립을 주도했던 인사들은 당시의 애국계몽운동을 지도한 대표적 애국계몽운동가들이었다.

---

14)『大韓每日申報』1908년 1월 10일 廣告:「演說盛況」, 1908년 2월 12일 雜報:「韓會開會」, 1908년 4월 10일 雜報:「和安君昌浩心舟歌」,『皇城新聞』1908년 2월 11일 論說:「請願封還」, 1908년 7월 17일 雜報:1908년 6월 13일 廣告:「韓會紀念盛況」, 1908년 11월 20일 雜報.

15)「靑會演說」,『皇城新聞』1908년 2월 18일 雜報:「運動必要演說」, 1908년 11월 4일 雜報.

16)「各會聯合演說」,『皇城新聞』1907년 3월 1일 雜報.

17)「同志親睦會趣旨書」,『皇城新聞』1907년 2월 16일 雜報:「親睦開會」, 1907년 2월 25일 雜報.

18)「리氏贊成」,『大韓每日申報』1907년 7월 15일 雜報:「志士贊成」,『皇城新聞』1907년 7월15일 雜報:1908년 2월 28일 廣告:「紀念盛況」, 1908년 7월 9일 雜報.

19)「關東學會」,『皇城新聞』1908년 4월 24일 雜報:「關東義捐」, 1908년 6월 9일 雜報.

20)『皇城新聞』1908년 11월 28일 廣告.

21)「諸國報贊成會」,『皇城新聞』1908년 9월 25일 雜報:「諸國報贊成會」, 1908년 8월 22일 雜報.

22)「中央學會任員組織」,『皇城新聞』1908년 9월 25일 雜報.

23)「江郡學風」,『大韓每日申報』1908년 3월 18일 雜報.

24)「農會發起」,『大韓每日申報』1909년 8월 8일 雜報.

2. 西北學會의 目的과 趣旨

　서북학회의 목적과 취지는 당시 자신들의 시대에 대한 사회진화론
적 인식에서 출발하였다.[25] 즉 지금은 帝國主義의 시대로 강력한 힘을
가진 나라나 민족이 힘이 약한 나라나 민족을 침탈하는 우승열패·약
육강식의 논리만이 적용되는 시대라고 보았다. 그러므로 優·勝者가
되기 위해서는 强者가 되기 위한 실력양성을 강구하지 않을 수 없다고
보았다.

　그리고　서북학회는　민권사상(國民主權論·國民國家論)에　기초하
여,[26] 국권회복을 위한 실력양성은 국민·민중을 기반으로 한 민력양
성이어야 한다고 생각하였다. 즉 국가는 국민이 만드는 것이며 주권은
국민에게 있고 국력은 민력에서 나오는 것이라고 확신하였다.

　위와 같은 기본인식에서 출발하고 있는 서북학회의 目的과 趣旨를
정리해 보면 다음과 같다.

　1) 서북학회의 궁극적 목적은 국권을 회복하고 인권을 신장하여 근
대문명국가(근대적 자유독립국, 근대시민사회, 입헌공화국)를 건설하
는 것이었다. 자유인권·국가독립·근대문명국가를 궁극의 목표로 설
정하였던 것이다. 그리하여 자신이 바로 국가의 독립과 자유를 회복하
는데 기초가 되고자 하였다.[27]

　2) 우리의 국권이 일제에 의해 피탈된 것은 생존경쟁·우승열패의 논
리만이 적용되는 20세기의 현실 속에서 실력 즉 지식과 세력이 약하여
사회가 발달하지 못하고 문명이 증진하지 못한 때문이며, 또한 衆智가

---

25) 李光麟(1979), 「舊韓末 進化論의 受用과 그 影響」, 『韓國開化思想研究』, 260쪽. 진화론은 동양에
　　서 부국강병을 정당화하고 민족주의를 뒷받침하는 이론으로 발전하였다.
26) 愼鏞廈(1980), 「韓末愛國啓蒙思想과 運動」, 『韓國史學』 1집, 278쪽 : 田口容三(1978), 「愛國啓蒙
　　運動期의 時代認識」, 『朝鮮史研究會論文集』 15집, 89쪽.
27) 李東輝, 「祝辭」, 『西北學會月報』 제15호, 8~9쪽.

합쳐지지 못하고 衆力이 하나가 되지 못하였기 때문에 빚어진 것이다.[28]

3) 그러므로 지금의 시점에서 국권을 회복하고 인권을 신장하기 위하여는 승자·강자가 되기 위한 실력 즉 지식과 세력을 양성하여 사회발달과 문명증진을 꾀하여야 한다.

4) 실력양성은 민력의 양성이어야 한다. 즉 국민을 새롭게 하여 신문명국가로 나아가자는 것이다.[29] 이는 국가는 국민으로 구성되며 국가의 부강은 국민의 부강에서 나온다는 사상에 의거한 것이라 말할 수 있다.

5) 衆智와 衆力을 합하여 국권회복에로 나아가기 위하여는 단합하여 민력을 결집하는 것이 시급하다고 다음과 같이 주장하였다.[30]

> 原夫團合者ᄂᆞᆫ 人羣固有之性이라 父子兄弟夫婦가 團合ᄒᆞ야 一家를 成ᄒᆞ얏스며 此閭族黨이 團合ᄒᆞ야 一鄕을 成ᄒᆞ얏스며 將領卒伍가 團合ᄒᆞ야 一軍을 成ᄒᆞ얏스며 皇室과 政府와 郡縣이 團合ᄒᆞ야 一國을 成ᄒᆞ얏고 農者ᄂᆞᆫ 結耦而合作ᄒᆞ며 商者ᄂᆞᆫ 合服而立資ᄒᆞ며 工者ᄂᆞᆫ 集力而計功ᄒᆞᄂᆞ니 若其團合ᄒᆞᄂᆞᆫ 것이 無ᄒᆞ면 倫理의 整齋를 不可得이며 事業의 成就를 不可得이며 國家의 維持를 不可得이며 人羣의 生存을 不可得이니 聖哉라 團合之性이여 大哉라 團合之力이여 偉哉라 團合之功이여 是以로 民智가 開明ᄒᆞ면 社會가 發達ᄒᆞ고 社會가 發達ᄒᆞ면 文明이 增進ᄒᆞᄂᆞᆫ지라.

이러한 민력의 결집을 강조한 점도 바로 국가는 국민으로 구성되므로 국가의 존립은 국민에게 달려 있음을 강조하는 것이었다.

6) 민력결집의 방법은 단체를 설립하는 것으로 서우학회와 한북흥학회도 그러한 목적으로 설립되었고 이것이 통합하여 서북학회가 되었음을 설명하고 있다.[31]

---

28) 朴殷植,「本校의 測量科」,『西北學會月報』제17호, 3쪽 敎育部.

29) 靑隱生,「祝辭」,『西北學會月報』제1권 제9호, 4쪽.

30)「西北學會趣旨書」,『西北學會月報』제15호, 1쪽.

31)「西北學會趣旨書」,『西北學會月報』제15호, 1~2쪽.

矧乎學界者는 宇宙間萬事萬里를 總括之ᄒ며 硏磨之ᄒ며 會通之ᄒ며 發揮之ᄒ야 萬古를 貫徹ᄒ고 萬衆을 指導ᄒᄂ 地라 若其進修切磋之際에 德業相勸ᄒ며 過失相規ᄒ며 知識交換ᄒᄂ 團體가 無ᄒ면 側僻孤陋ᄒ야 無以益其智而成其德矣니 易에 曰 朋友講習이라ᄒ며 記에 曰 相觀而善이라ᄒ며 語에 曰 以友輔仁이 是也라 惟我大韓이 其疆인즉 同一白頭山之枝派이며 其種族인즉 同一檀箕之子孫이라 生是邦也ᄒ야 均是族也로 血氣之密接과 病癢之相關이 固有天然的團合之性矣라 然이나 社會의 程度가 久未達ᄒᄆ으로 西北東南에 界限이 互岐ᄒ야 風氣가 渙散ᄒ고 人心이 乖隔에 衆智가 未合ᄒ고 衆力이 不一ᄒ니 人權이 何由而伸張이며 國脉이 何由而建强乎아 于時에 西道人士가 慨然奮發ᄒ야 文明進步의 思想과 敎育擴張의 目的으로 西友學會를 刱立ᄒ얏고 繼而北道人士가 同一思想과 同一目的으로 漢北學會를 組成ᄒ니 其思想也同ᄒ고 目的也同ᄒᆷ으로 由ᄒ야 至于今日에 銅鐘이 相應ᄒ고 磁針이 相引ᄒ야 合而爲一ᄒᆷ애 會ᄂ 西北學會ᄒ며 校ᄂ 西北協成學校라 命名ᄒ얏스니.

7) 국권회복에 더욱 효과적인 것은 단체들이 서로 단합하는 것으로, 모든 단체들이 하나가 되어 실력양성운동을 전개할 때 성과를 거둘 수 있음을 강조하였다. 서북학회의 설립도 이에서 비롯된 것임을 밝히고, 외형적 단합이 정신적 단합을 갖추어 우리 국민 전체가 하나로 단합되는 날에 국권을 회복하여 근대적 국민국가를 형성하리라고 보았다.

8) 실력양성과 민력의 결집을 위해 다음과 같은 사업을 하려 한다.[32]

　① 학교를 널리 설립하여 후진을 양성하는 것.

　② 각 사립학교의 교육방침을 지도하는 것.

　③ 일반민중들의 학교 설립 등 교육에의 참여를 촉구하는 것.

　④ 잡지발간을 확장하여 민중을 昏夢함에서 계발하는 것.

　⑤ 연설을 통하여 민중의 애국심을 고취시켜 국권회복을 위한 민

---

32) 李達元, 「西北學會의 性質」, 『西北學會月報』 제15호, 31쪽 : 朴殷植, 「告爲人父兄者」, 제1권 제4호, 3쪽 論說 : 崔齋崗, 「祝賀 西北學報」 제1권 제6호, 18쪽 雜俎 : 靑隱生, 「祝辭」, 제1권 제9호, 3쪽 : 河映奎, 「本會第一會紀念祝辭」, 『西北學會月報』 제1권 제9호, 4쪽.

력을 양성토록 촉구하는 것.

⑥ 잡지·연설을 통하여 사회의 체력을 단결시키는 것.

⑦ 청년을 지도하는 것.

⑧ 민족산업 진흥운동으로 동포의 생명을 濟活하는 것.

3. 西北學會의 組織과 會員의 構成

서북학회의 조직은 서우학회·한북흥학회의 것을 토대로 하고 있다. 漢城에 총사무소를 두었는데 그 기구조직을 보면 회장 1인, 부회장 1인, 총무 1인, 부총무[33] 1인, 평의원 30인(4명 增減 가능), 司察員 1인, 서기 2인으로 구성되었다. 그리고 따로 월보간행사업을 위하여 주필 1인, 편집 1인, 협찬원 19인을 두었다.[34]

이러한 기구 구성은 조금씩 바뀌긴 하였으나 대체로의 골격은 서북학회의 해체시까지 계속되었다.

먼저 제 1 회(1908.1~1908.12) 임원구성을 보면 다음과 같다.[35]

```
회   장 : 鄭雲復
부회장 : 姜玧熙
총   무 : 金達河[36]
부총무 : 金湘炳[37] (金允五)
평의원 : 李鍾浩   太明軾   李 甲   鄭鎭弘   金明濬     崔在學
```

---

33) 부총무직은 1908년 5월에 없어졌다가 1909년 4월 부활되었다.

34) 『西北學會月報』 제1권 제13호, 64쪽 會事記要. 1909년 4월 24일 월례평의회에서 월보편집에 관하여 종래의 방식 대신에 편찬원 20인을 선정하여 매월 14일내로 원고를 製送하기로 결정하였다.

35) 「任員薦定」, 『大韓每日申報』 1908년 1월 5일 雜報 : 「西北學會任員」, 『皇城新聞』 1908년 1월 5일 雜報 : 「西北學報組織會錄」, 『西北學會月報』 제15호, 42쪽 會報 : 「西北學會」, 『皇城新聞』 1908년 1월 18일 雜報.

36) 金達河는 1908년 5월 2일 총무직을 사임하고 편집사무만 맡아보았다. 『西北學會月報』 제1권 제2호, 40쪽 會事要錄. 그 후임으로 金允五가 당선됨.

朱　塤　玄昇奎　尹益善　吳周爀　朱東瀚　　柳東說
朴殷植　柳東作　姜華錫　玉東奎　吳奎殷　　許　憲
金允五[38)]　韓景烈　金秉燾　金羲善　朴聖欽[39)]　金基東
全泓序　金有鐸　桂命蔓　金錫桓　李麟在[40)]　韓光鎬[41)]
(金達河　金亨燮　張鳳周　申錫廈)[42)]

평의장 : 吳相奎[43)]
사찰원 : 韓光鎬
회　계 : 朴景善
서　기 : 朴鳳憲

월보간행사무임원
주　필 : 朴殷植[44)]
편　집 : 金達河

제2회(1909.1) 임원구성을 보면 다음과 같다.[45)]

회　장 : 吳相奎

---

37) 金淮炳은 1908년 4월 4일자로 辭任하고 평의원에 피임되었으며 후임으로 金允五가 당선됨.
　　金允五는 부총무직이 없어지면서 총무에 올랐다. 『西北學會月報』 제1호, 37쪽 회보 : 「西北通
　　常會」, 『皇城新聞』 1908년 4월 3일 雜報.
38) 金允五는 부총무직에 오르며 1908년 4월 11일 평의원을 사임하였다. 『西北學會月報』 제17호,
　　39쪽 회보. 許憲도 유학가기 위해 사임하였다.
39) 申錫廈, 劉禮均과 함께 朴聖欽은 1908년 11월 11일 사임하였으며, 후임에 韓龍曾 · 吳錫裕 · 金
　　錫權이 피선되었다. 『西北學會月報』 제1권 제7호, 32쪽 會事記要.
40) 李麟在가 1908년 4월 4일 사임. 『西北學會月報』 제17호, 37쪽 會報 : 「西北通常會」, 『皇城新聞』
　　1908년 4월 3일 雜報.
41) 韓光鎬는 1908년 10월 3일 사임. 『西北學會月報』 제1권 제6호, 24쪽. 후임에 田龍圭가 피선되
　　었다.
42) 이들 4인은 1908년 6월 10일에 평의원으로 피선되었다. 『西北學會月報』 제1권 제2호, 42쪽
　　會事要錄.
43) 吳相奎는 1908년 7월 4일 사면 청원하여 평의장직을 그만둠. 『西北學會月報』 제1권 제3호, 45
　　쪽 會事要錄 : 「西北通常會」, 『皇城新聞』 1908년 7월 4일 雜報.
44) 朴殷植은 1909년 8월 19일 主筆 사임하고 후임에 金源極이 피선되었다. 그러면서 월보의 내
　　용도 질적 변화를 보였다.
45) 『西北學會月報』 제1권 제9호, 54쪽 會事記要.

부회장 : 鄭雲復[46]

평의원 : 李　甲　李鍾浩　金在益[47]　　金達河　朴殷植　柳東說

　　　　　柳東作　尹益善　玄昇奎　　姜玩熙　太明軾　姜華錫

　　　　　趙鼎允　金滄炳　金允五　　呂昌奎　崔在學　鄭鎭弘

　　　　　金錫權　金義善　李麟在[48]　吳奎殷　金基東　張鳳周

　　　　　金亨燮　全泓序　金秉燾　　金錫泰　吳相翊　李達元

총 　무 : 金明濬[49]

회 　계 : 朴景善

서 　기 : 李達元 · 金斗燮[50]

　그리고 서북학회는 새로운 사업을 추진할 때마다 전담위원을 선정
하여 일을 추진하도록 하였다.
　다음은 사업에 따라 선정된 위원직과 위원들이다.[51]

---

46) 鄭雲復은 1909년 4월 17일 사임. 후임에 鄭鎭弘이 피선되었다. 그리고 이때 부총무직이 다시
　　부활되어 許憲이 피선되었다.『西北學會月報』제1권 제12호, 48~49쪽 會事記要.
47) 金在益 · 金錫權은 1909년 4월 24일 사임.『西北學會月報』제1권 제13호, 64쪽 會事記要.
48) 李麟在는 1909년 4월 17일 사면. 후임에 金明濬이 피선되었다.『西北學會月報』제1권 제12호,
　　49쪽 會事記要.
49) 金明濬은 1909년 4월 17일 사임. 후임에 李甲이 피선되었다. 그리고 이때 부총무직이 다시
　　부활되어 許憲이 피선되었다.『西北學會月報』제1권 제12호, 48쪽 會事記要. 그러나 許憲이
　　1909년 8월 19일 사임하고 金源極이 월보의 주필과 더불어 부총무직을 맡게 되었다.『西北
　　學會月報』제1권 제16호, 64쪽 會事記要.
50) 金斗燮은 1909년 4월 24일 사임. 후임에 金明濬이 피선되었다.『西北學會月報』제1권 제13호,
　　63쪽, 會事記要. 후임에 尹冕濟를 선정.『西北學會月報』제1권 제14호, 52쪽 會事記要.
51) ①～④는『西北學會月報』제15호 會報.
　　⑤～⑦은『西北學會月報』제16호 會報.
　　⑧～⑰은『西北學會月報』제17호 會報.
　　⑱～㉑은『西北學會月報』제1권 제1호 會報.
　　㉒～㉔는『西北學會月報』제1권 제2호 會事記要.
　　㉕～㉘은『西北學會月報』제1권 제3호 會事記要.
　　㉙는『西北學會月報』제1권 제5호 會事記要.
　　㉚은『西北學會月報』제1권 제6호 會事記要.
　　㉛～㉝은『西北學會月報』제1권 제7호 會事記要.
　　㉞는『西北學會月報』제1권 제8호 會事記要.
　　㉟는『西北學會月報』제1권 제10호 會事記要.

① 개회식 준비위원(1908년 1월 2일)

② 선거위원—李甲·李東輝·姜玧熙·金明濬·吳周爀(1908년 1월 18일)

③ 兩會文簿 조사위원—兩會의 會長, 總務, 會計, 書記(1908년 1월 18일)

④ 水商同胞夜學 學徒募集委員—姜玧熙·崔在學·朱東瀚(1908년 1월 18일)

⑤ 地方支會規則 起草委員(1908년 1월)

⑥ 學校合設委員(1908년 1월)

⑦ 鄕約契物寄附에 대한 總代—金明濬·崔在學(1908년 1월)

⑧ 本學校分科·財政硏究委員(1908년 4월 4일)

⑨ 安岳 奉三學校運動會 總代—金明濬(1908년 4월)

⑩ 平壤支會 總代—李東輝(1908년 4월)

⑪ 漢南學校 總代—鄭雲復(1908년 4월)

⑫ 山林測量科 設立委員—金明濬·李甲(1908년 4월)

⑬ 본교강당수리위원—金湀炳·金羲善·李甲·張鳳周·吳相奎·柳東說·全晃朝(1908년 4월)

⑭ 石材放賣委員(1908년 4월 11일)

⑮ 富寧郡 支校 請願 調査委員—張鳳周·金基東·李承喬(1908년 4월 11일)

⑯ 本會館 修理委員—金允五(1908년 4월)

⑰ 會館建築委員—金弼淳·玄昇奎·金明濬(1908년 4월 11일)

⑱ 平安南北道所管, 經義齋, 存道齋, 捍衛社, 鄕約契事의 조사방법연구위원—金達河 등 7인(1908년 4월)

⑲ 南北道委員長(1908년 4월)

⑳ 義州支會監察委員—金達河(1908년 4월)

㉑ 義州大運動會 總代—金明濬(1908년 4월)

㉒ 富寧郡 兼致學校 조사위원—張鳳周

㉓ 定礎時 本會歷史製述委員—朴殷植(1908년 6월 10일)

㉔ 定礎員—李鍾浩(1908년 6월)

㊱ ~ ㊳은 『西北學會月報』 제1권 제11호 會事記要.

㊴는 『西北學會月報』 제1권 제12호 會事記要.

㊵ ~ ㊶은 『西北學會月報』 제1권 제13호 會事記要.

㊷는 『西北學會月報』 제1권 제17호 會事記要.

㊸은 『西北學會月報』 제1권 제11, 12, 14 호 會事記要.

㉕ 本會文簿 조사위원―太明軾·金明濬(1908년 7월 4일)

㉖ 實業部 연구위원―崔在學 등 3인(1908년 7월)

㉗ 實業部 조직위원―鄭鎭弘·金明濬·柳東說·金允五·金達河(1908년
   7월)

㉘ 募金委員―李東輝(1908년 6월)

㉙ 龍川 昌明學校 조사위원―金明濬(1908년 9월 5일)

㉚ 提川郡 李熙直씨의 기부한 畓證出委員―金允五(1908년 10월 3일)

㉛ 各學會俱樂部 조직위원―太明軾·金明濬·崔在學(1908년 10월 16
   일)

㉜ 一城外沿江 각사립학교 연합운동회 위원―吳奎殷(1908년 10월 16일)

㉝ 博川 博明學校 조사위원―吳錫裕·吳奎殷

㉞ 財政研究委員―金達河·姜華錫·玄昇奎·金明濬·鄭雲復(1908년
   12월 5일)

㉟ 永興學生共濟會 조사위원―朴漢榮(1909년 2월 6일)

㊱ 建築費未納條 督刷委員―姜玧熙·金允五(1909년 3월 6일)

㊲ 會計文簿 조사위원―玄昇奎·姜玧熙(1909년 3월 6일)

㊳ 本會規則改正委員―太明軾·金珏炳·崔在學·吳相奎·鄭雲復·金
   允五·金明濬·柳東作·姜玧熙(1909년 3월 6일)

㊴ 選擧委員―金達河·柳東作·崔在學·李甲·李敏樹(1909년 3월)

㊵ 祥原郡 鄕約契 經義齋所有物 조사위원―朴基柱(1909년 4월)

㊶ 開城支會事件 總代―李甲(1909년 4월 24일)

㊷ 月報代金收合委員(1909년 4월 11월)

㊸ 學事視察委員(1909년 2월)

위의 위원들이 실무를 담당하였다.

서북학회의 중앙조직에서 특별히 중요시되었던 것으로 학회 직영의
서북협성학교를 들 수 있다. 단순히 교육기관으로 존재하였던 것이 아
니고 실제 서북학회의 중추적 역할을 담당하였던 기관이다. 처음에 교
장은 李鍾浩, 교감은 金基東, 학감은 李達元이었는데[52] 얼마 후 교감에
韓光鎬, 학감에 韓景烈로 교체되었다.[53] 1909년 1월에 가서는 교장에

---

52)『西北學會月報』제15호 44쪽 會報.

姜玧熙, 교감에 金錫泰가 취임하였는데[54] 4월에 가서 李鍾浩가 교장에 올랐다.[55]

서북학회는 위와 같은 중앙조직기구를 갖고 있었으며 지방에는 支會·分事務所·支校를 두고서 학회의 사업을 운영하였다.

서북학회의 회원 자격은 서북지방민으로 국권회복을 위해 실력양성 운동에 참여하고자 하는 20세 이상의 품행이 단정한 자면 누구나 가능하였다. 다만 입회금으로 1인당 1圜씩을 내고 月捐金으로 10錢을 내면 되는 정도였다.[56] 회원의 숫자는 신입회금을 낸 숫자로 통계해 보면 2,391명에 이르고 있다. 다음은 각월별 신입회원의 가입 숫자이다.[57]

<표 1> 각 월별 신입회원 가입 숫자

1908년 2월 현재 일반 회원의 숫자 985명					
1908년	4월	47명	1909년	2월	133명
1908년	5월	29명	1909년	3월	86명
1908년	6월	70명	1909년	4월	98명
1908년	7월	114명	1909년	5월	60명
1908년	8월	50명	1909년	6월	71명
1908년	9월	122명	1909년	7월	24명
1908년	10월	89명	1909년	8, 9월	125명
1908년	11월	51명	1909년	10월	23명
1908년	12월	134명	1909년	11월	5명
1909년	1월	66명	1909년	12월	9명
합　계　2,391명					

신입회원의 가입을 통하여 회원들의 지역분포를 보면 다음과 같다.

---

53) 『西北學會月報』 제17호 39쪽 會報.
54) 『西北學會月報』 제1권 제10호, 49쪽, 51쪽 會事記要.
55) 『西北學會月報』 제1권 제12호, 47쪽, 49쪽 會事記要.
56) 서우학회 때와 다름없는 요구조건이었다. 회원 모집을 위해 지회활동, 도위원·학사시찰위원 파견을 통해 노력하였으며 권유서를 발간하여 배포하기도 하였다. 『西北學會月報』 제1권 제12호, 48쪽 會事記要.
57) 『西北學會月報』의 회계원보고에 따른 것이다.

<표 2> 회원의 지역 분포도

황해	載寧 安岳 遂安 海州 平山 金川 信川 鳳山 新溪 延安 長淵 殷栗 松禾 白川 甕津 瑞興(16개 지역)
평남	价川 中和 三和 安州 平壤 孟山 龍岡 祥原 江西 順川 江東 成川 甑山 永柔 肅川(15개 지역)
평북	寧邊 泰川 龍川 雲山 鐵山 義州 宣川 龜城 定州 博川 熙川 嘉山 郭山 江界 碧潼 楚山 厚昌(17개 지역)
함남	北靑 文川 高原 咸興 定平 利原 永興 洪原 德原 甲山 端川(11개 지역)
함북	城津 吉州 鏡城 明川(4개 지역)

　　회원의 권리는 임원선거 및 피선거와 會務에 대하여 의견을 발표하며 可否를 표결하는 것이었다. 의무는 서북학회의 목적을 熱心協贊하며 會規를 어기지 않고 月報를 구독하는 것 등이었다.58)

　　그러면 서북학회의 사회적 기반은 어떠한가? 월보나 당시의 신문 등을 통하여 일반회원들의 경력이나 현직을 살펴보면 學校長, 교사, 언론인, 군수, 郡主事, 府主事, 검사, 변호사, 副尉, 正尉, 전문학교학생, 재일본유학생, 枝手, 통역관보, 경무관, 總巡, 警部, 副贊議, 軍監, 무관학교 중대장, 종두위원, 참봉, 세무주사, 翻譯官補, 상업 등을 역임하였거나 당시 종사하고 있었다.59) 즉 신지식층 · 신흥시민층 · 중하급관료 · 무관 등으로 당시 새로이 사회지도층으로 대두하고 있었던 계층이라 할 수 있다. 이 같은 사회적 기반은 서북학회의 운동이 민중 전반을 대상으로 한 것이라 할지라도 그 성격은 시민적 특성을 강하게 지니도록 결정하였다.

　　서북학회의 主導會員의 명단은 다음과 같다.

姜玧熙	金達河	金湖炳	金明濬	姜華錫	金允五	金秉燾	金基東
金有鐸	桂命蔓	金錫桓	金在益	金錫權	金亨燮	金錫泰	金斗燮
金鳳觀	郭允基	金弼淳	姜錫龍	金源極	盧伯麟	盧基昌	盧義龍
朴殷植	朴聖欽	朴景善	朴漢榮	朴鳳觀	鮮于叡	申錫廈	安昌浩

---

58) 「西北學會規則」, 『西北學會月報』 제1권 제15호, 1쪽. 이 규칙은 1909년 3월 20일에 개정한 것이다.
59) 『西友』, 『西北學會月報』의 회원동정에서 고찰한 것임.

李道宰	劉禮均	吳錫裕	李敏樹	尹晃濟	安秉瓚	李裕楨	李奎濚
吳周爀	李承喬	吳相奎	吳奎殷	吳相翊	呂昌奎	柳東說	柳東作
尹益善	玉東奎	李鍾浩	李 甲	李東輝	李麟在	李達元	李昇薰
鄭雲復	鄭鎭弘	朱 堣	朱東瀚	趙鼎允	張鳳周	張應亮	周時經
全龍奎	全晃朝	全弘序	崔在學	韓光玉	太明軾	玄昇奎	許 憲
韓景烈	韓光鎬	韓龍會					

서북학회를 주도한 회원들의 사상적 계보와 인적 계보를 보면 서북학회의 조직과 구성원의 성격은 명확해진다.

가장 주목되는 것은 주도회원의 많은 사람들이 獨立協會·萬民共同會運動에 참여했던 인사들이라는 것이다. 鄭雲復·安昌浩는 만민공동회의 총무부 과장 겸 부장급으로, 李東輝는 독립협회의 서무부 과장·부장급으로, 尹益善은 독립협회의 선전부 과장·부장급으로, 金明濬·李昇薰은 만민공동회의 재무부 과장·부장급으로, 安秉瓚은 지방부 과장·부장급으로, 盧伯麟·李甲은 幹事部 과장·부장급으로 활약하였다. 姜華錫·金錫桓·崔光玉·周時經 등도 독립협회·만민공동회의 주요회원으로 활약하였다.[60]

또한 이들 회원 중 李甲·朴殷植·盧伯麟·李道宰 등은 1902년에 결성되었던 改革黨의 주요간부로 활약하기도 하였다.[61]

이 점은 서북학회가 개화자강파의 사상과 활동을 계승·발전시키고 있다는 것을 말하여 준다. 즉 서북학회의 활동이 당시의 급박한 시점에서 국권회복을 위한 실력양성운동을 일차적으로 내세우고 있지만 近代市民社會 설립을 그 기본목표로 하고 있다는 점에는 변함이 없음을 말하여 준다. 그리고 이는 서북학회의 주요회원들이 신지식층·신흥시민층에 기반을 두고 있음을 말하여 준다.[62]

---

60) 愼鏞廈(1976), 『獨立協會硏究』, 一潮閣, 98~104쪽.
61) 柳子厚(1947), 『李儁先生傳』, 59쪽.
62) 愼鏞廈(1976), 앞의 책 참조, 104~106쪽.

그리고 이들 주도회원들은 앞서 본 바와 같이 서우학회·한북흥학회·신민회 등의 지도층이었을 뿐만 아니라 그 외 애국계몽단체, 교육·문화·언론활동의 핵심 구성원으로 활약하고 있었다.[63]

이 때 전개되고 있었던 애국계몽운동은 주로 신지식층과 신흥시민층이 주체가 되어 전개되던 국권회복운동이었으며 사상적으로는 개화자강파의 사상을 계승하고 중국·일본을 통하여 들어오고 있었던 서양의 신사상·신지식을 도입하여 그들의 정신적 자원으로 하고 있었다.

이렇게 볼 때 서북학회는 주로 신지식층과 신흥시민층에 기반을 두고 광범위한 민중을 흡수하여 국권회복운동을 주도한 애국계몽단체로 사상적으로는 개화자강사상을 기반으로 1900년대에 들어온 서구의 신사상·신학문을 받아들여 애국계몽사상을 형성하였다는 것을 알 수 있다.

서북학회는 1910년 9월 13일 일제의 各政黨解散令에 의해 강제 해산되었다. 일제는 서북학회를 학회가 아닌 정당으로 간주하고 해산할 것을 촉구하였던 것이다. 다만 西北協成學校는 계속 운영할 수 있다고 통보하였다.[64]

4. 西北學會의 地方 支會·支校의 設置

서북학회의 지회설치는 총사무소 설립 이후 바로 거론되기 시작하였다.[65] 그것은 서우학회와 한북흥학회에 의해 지방에 있어서의 위치가 상당히 확고해져 있었기 때문에 좀 더 용이하였던 것이다.[66] 이는 다른 학회·단체들의 지회설치가 중앙회의 설립·활동이 완전히 위치를 굳힌 다음에야 시작된 것과 대조를 이룬 것으로,[67] 서북학회의 운동

---

63) 주 14~24) 참조.
64)「西北學會解散」,『皇城新聞』1906년 9월 13일 雜報:「解散支會」, 1910년 9월 14일 雜報.
65)『西北學會月報』제15 호, 42쪽 會報.
66) 서우학회 지방사무소·지회회원 가입지역이 25개 지역, 한북흥학회의 지회가 25개 지역에 설치되었다.

이 다른 단체·학회에 비하여 활발하게 전개될 수 있게 해 준 기반이 되었다.

서북학회의 支會設立件은 1908년 1월 8일 특별총회에서 평의회에 위임하였는데, 평의회는 지방지회설치규칙 기초위원을 선정하여 지회 설치의 기준을 연구하도록 하였다. 그리고 규칙이 정해지자 총사무소는 규칙을 1,000부 발간하여 각 회원들과 각 지역에 배포하였다.[68]

그 규칙에 따라 지회설치를 원하는 지역은 總務所에 일정한 서식의 청원서를 제출하고, 총사무소는 먼저 회원들에게 청원서를 공포하여 지회청원을 알린 다음 그 지역이 지회를 설치하여 사업을 전개할 만한 지역인가를 검토하였다. 그 기준은 회원의 숫자, 이제까지의 활동상, 앞으로의 전망 등이었는데 이를 조사하기 위해 각 지역에 시찰위원을 파견하여 그 擔保書에 따라 지회설치 여부를 결정하였다. 단 중앙의 평의원 등 중요인사들의 담보가 있을 경우에는 먼저 지회설치를 승인한 다음에 시찰위원을 파견하였다. 또 지회청원 시에 요구하는 書式을 갖추지 않은 경우에는 인가하지 않았다.

지회가 설치된 지역과 認可日字와 그 임원을 보면 <표3>과 같다.[69]

〈표 3〉 지회 설치 상황

도	지회설치지역 (인가 날짜)	임원
平安南道	平壤(1908. 3. 14) 肅川(1908. 10. 3) 价川(1908. 10. 3)	회장 : 鄭在命 회장 : 李根洙
平安北道	義州(1908.5.2)	

67) 서우학회·한북흥학회에서의 지회설립은 그다지 활발하지 못하였다. 그 이유는 지방에서의 애국계몽운동이 시발점에 있었기 때문에 한성 본부에서 지회설립을 급히 서두르지 않고 본회 중심으로 운동을 전개하였다.
68) 『西北學會月報』 제16호, 37쪽 會報.
69) 『西北學會月報』의 회보에 따라 작성한 것이다. 支會認可가 1908년 3월부터 시작되었다.

도	지회	임원
	博川(1908.5.2)	
	定州(1908.5.20)	회장 : 李昇薰　부회장 : 李明龍
	寧邊(1908.6.10)	회장 : 韓東尙　부회장 : 車國轅
	嘉山(1908.10.3)	회장 : 尹容奭　부회장 : 張容龜
	鐵山(1908.10.3)	회장 : 金昇翼
	龜城(1909.1.26)	회장 : 許 綸(金秉祚)　부회장 : 金載坤
	雲山(1909.3.6)	회장 : 金炳杰　부회장 : 康樂洙
	泰川(1909.3.20)	회장 : 金尙運　부회장 : 李允實
황해도	載寧(1908.8.1)	회장 : 崔膺根　부회장 : 崔濟鎔
	平山(1909.2.8)	
	金川(1909.3.6)	
	長淵(1909.4.24)	회장 : 金基鼎　부회장 : 張顯奎
	白川(1909.8.19)	회장 : 李基永
함경남도	永興(1908.5.20)	회장 : 張箕元
	端川(1908.7.4)	회장 : 崔秉珍
	元山(1908.9.5)	
	高原(1908.10.3)	
	文川(1908.10.3)	
	定平(1908.11.11)	회장 : 秦效濂　부회장 : 吳悌裕
	利原(1908.12.2)	회장 : 姜永璣
	咸興(1909.3.6)	
	北靑(1909.4.17)	
	甲山(1909.10)	
함경북도	吉州(1909.1.26)	회장 : 崔學禹　부회장 : 鄭一善
	城津(1909.3.20)	회장 : 申泰岳　부회장 : 崔昌郁
	明川(1909.5.21)	회장 : 盧慶祖　부회장 : 鄭承魯
	殷山(1909.1.26)	
	開城(1908.10.16)	회장 : 金瑩植

위와 같이 32개 지역에 지회가 설치되었다. 여기에서 타 학회 · 단체와는 대조적으로 서북학회는 설립 이후부터 지회를 설치하여 각 지방의 몇몇 인사 중심이 아닌 지회를 통한 광범위한 민중들과의 접촉 속에서 운동을 전개하였음을 볼 수 있다. 서북학회의 각 군 지회는 중앙 본회의 실력양성운동과 민력결집운동에 보조를 맞추어 지방에서의 애국계몽운동을 전개하였다. 이는 각 지회의 임원 · 회원들에 의하여 전개되었다.

그리고 본회에서는 지회의 각기 활동 · 재정 등을 파악키 위하여 報

明書를 제출하여 지회의 정황, 임원의 변천, 신입회원가입, 財政의 出納 등을 보고하도록 하였다. 또 지회의 임원을 1년에 한 번 京城 中央會에 청하여 학사에 관한 사항과 회무에 관한 사항을 보고하게끔 하였다.[70] 그리고 지회에 특별한 사업이나 사건, 행사가 있을 때에는 본회에서 總代를 파견하였다.[71] 또 본회에서는 南北道委員·學事視察委員 등을 통해서도 지회의 활동상을 파악하여 운동의 전개에 차질이 없도록 하였다.[72]

지회의 재정은 각 지회 회원들의 月捐金과 地方有志들의 기부금을 기반으로 그 지역에 속해 있는 본회 소관의 寄附田畓 등에서 나온 이윤금으로 충당하였다. 이 때 기부전답은 관리권이나 이윤금만 支會에 속하였고 소유권은 本會에 속하였다. 그리고 신입회원의 입회비는 중앙본회로 보냈다.[73]

이같이 지회의 설치·활동이 활발하였다는 것은 서북학회운동이 광범위한 민중운동으로 확산되었음을 말하여 주는 것이다.

그리고 서북학회의 조직·운영에서 특이한 점은 西北協成學校 아래에 支校를 설치하여 교육사업을 전개하였다는 것이다.

서북학회의 지교가 되기를 원하는 학교는 서북학회 본회에 支校請願書를 제출하였다. 그러면 본회에서는 그 학교가 서북학회가 목표로 하는 교육구국사업을 잘 시행해 나갈 수 있는 학교인지의 여부를 판별한 다음에 가부를 결정하였다. 그 기준을 판가름하는 데 있어 視察委員을 파견하여 재단증명, 규칙 등 조사를 끝낸 다음에 결정하는 것이 원칙이었으나,[74] 道委員으로 파견되어 있었던 인사들의 보증이 있을 시

---

70)『西北學會月報』제1권 제5호, 31쪽 會事記要.
71)『西北學會月報』제17호, 37쪽 회보 : 제1권 제1호, 37쪽 會報.
72)『西北學會月報』제1권 제1호, 37쪽 會報 : 제1권 제11호·12호, 會事記要.
73)『西北學會月報』제1권 제6호, 25쪽 會事記要.
74)『西北學會月報』제17호, 38쪽 會報.

에는 먼저 인가하고 후에 조사하게 하였다.[75]

서북학회의 各 地域의 支校와 그 인가일자는 <표4>와 같다.[76]

〈표 4〉 지교 설치 상황

도	지 역	지　　　　교(인가일자)
황해도	信川	升明學校
	安岳	奉三學校(1908.5.20) 東倉學校(1908.10.16) 培英學校(1908.11.11)
	載寧	廣理・隆藝・昌東學校(1908.5.20) 文昌學校(1909.6.19)
		養元學校(1908.12.22) 振興學校(1908.11.11)
		振明學校(1909.1.26) 光東學校(1909.3.20)
	遂安	馬山 西華學校(1909.1.26) 光興學校(1909.4.17)
	金川	大明學校(1909.2.8) 金興學校(1909.4.17) 廣新學校(1909.4.17)
	平山	古之向陽義塾(1909.4.17) 大興學校(1909.3.6)
	鳳山	朝陽學校(1909.6.19)
	延安	延興學校(1909.8.19)
평안남도	江西	開天義塾 日新義塾(1909.8.19)
	安州	道明學校(1909.1.26) 普達學校
	祥原	祥峯學校(1909.1.26) 振興學校(1909.6.19)
	順川	池興學校(1909.4.17) 仁昌學校(1909.5.21) 普光學校(1909.8.19)
	江東	就明學校(1909.4.17)
	成川	鳳明學校(1909.4.17)
평안북도	博川	博明學校 振明學校(1908.8.21)
	雲山	心誠學校(1908.5.20) 毓英학교(1909.3.6)
	碧滝	時興學校(1908.5.20)
	寧邊	維新學校(1908.7.4)
	宣川	普光學校(1908.12.5) 日新學校(1909.3.10)
	嘉山	鶴山學校(1909.2.6) 支校(1909.3.6) 元明學校(1909.4.17)
		東昌學校(1909.4.17)
	龜城	大東學校(1909.2.8) 信明學校(1909.3.20)
	泰川	韓興學校(1909.3.6) 見心學校(1909.3.20)
	楚山	宣西學校(1909.4.17)
	郭山	興襄學校(1909.4.24) 南山學校(1909.6.19)
함경남도	永興	協成學校(1908.6.10) 永明學校(1908.9.26) 洪城學校(1909.2.6)
		仁興面 上坪 協成學校(1909.3.20) 中央學校
	北青	維新學校(1908.11.11) 彰德學校(1909.1.26) 新興學校(1909.4.17) 會新學校(1909.5.

<hr>

75) 『西北學會月報』 제1권 제10호, 50쪽 會事記要.
76) 『西北學會月報』의 회보에 따라 작성한 것이다. 지교 인가는 1908년 5월에 시작되었다.

	定平	21) 新德學校(1909.10) 協成學校(1909.3.6)
함경북도	富寧 會寧 鐘城 穩城 端川	兼致學校(1908.5.20) 春洞學校(1908.7.4) 長豊學校(1908.7.4) 普興學校(1908.10.3) 支校

위와 같이 각 32개 지역에 67개의 지교가 설치되었다. 서북학회의 각 지교는 본회의 교육구국운동과 보조를 맞추어 교육구국사업을 전개하였다. 지교의 임원들은 본회와의 연결 속에서 사업을 추진하였던 것이다.

본회에서는 支校에도 報明書를 제출하도록 하였으며, 임원들을 1년에 한 번 경성 본회에 청하여 여러 가지 사항에 대하여 보고하고 논의케 하였다.[77] 그리고 지교에 특별한 사항이 있을 때에는 본회에서 總代를 파견하여 그 전개를 주시하고 감독하였다.[78] 또 支會가 설치되어 있는 지역은 지회, 그렇지 않은 지역에서는 學事視察委員들로 하여금 지교의 활동을 지도·감독케 하였다.[79] 그리고 본회에서는 일단 지교로 인가한 학교의 재정에 대하여도 크게 관여하여, 지교는 본회 소속의 기부전답에서 나오는 이윤을 재원에 충당하기도 하였다.[80]

1909년 2월 이후 지회·지교활동을 보완키 위해 선정된 학사시찰위원의 활동지역과 인명을 보면 <표5>와 같다.[81]

---

77) 『西北學會月報』 제1권 제5호, 31쪽 會事記要.
78) 『西北學會月報』 제1권 제10호, 52쪽 會事記要. 재단 문제로 永興郡 지회와 지교인 영흥학교에 朴漢榮을 조사위원으로 파견하였다.
79) 학사시찰위원은 學事視察, 報紙擴張, 회원모집을 중요임무로 삼았다.
80) 『西北學會月報』 제1권 제3호, 45쪽 회보. 이외 寧邊郡 維新學校는 하나의 예이고 많은 지교들이 서북학회의 소관이었던 鄕約契物·存道齋·經義齋·捍衛社의 이익금으로 운영하였다.
81) 『西北學會月報』의 회보에 따라 작성하였다.

〈표 5〉 學事視察委員 파견 상황

도	지역(학사시찰위원명)
황해	金川(羅燦英) 白川(全鳳薰) 海州(金泳澤·吳亨根) 載寧(崔宗和·康大河·鄭健裕) 延安(申鉉弼)
평남	龍岡(盧義龍) 三和(林祐敦) 成川(朴相駿) 祥原(朴基柱) 平壤(朴經錫·崔叡恒) 江西(鄭秉善) 肅川(李彙林) 順川(崔相學) 江東(朴相駿)
평북	嘉山(李秉燾) 宣川(金熙綽·朴容成·金一浚) 定州(李根宅) 寧邊(魯達勳) 龍川(李昌樾) 義州(崔光玉·白寅善) 博川(李宅源) 鐵山(金載成) 泰川(李允實) 江界(兪鎭浩) 龜城(金應漢) 楚山(申錫廈·李澤奎) 郭山(池應節·姜興周) 雲山(康樂洙)
함남	永興(劉漢烈·金若欽·李達炫·金履燮) 北靑(金翰經·朱庚植·李鎰·金恒植·朱元燮·金琬) 咸興(都連浩·曺喜林·金鐸·申錫定) 洪原(崔恒鏞)
함북	吉州(崔學禹) 明川(崔寅極)

위와 같이 학사시찰위원이 34개 지역에서 선정되었다.

Ⅲ. 西北學會의 愛國啓蒙運動

1. 敎育救國運動

서북학회는 당시의 정치적 상황과도 관련하여 국권회복을 위한 민
력양성운동 중 新敎育救國運動을 가장 표면에 내세웠다.[82] 그리하여
서우학회와 한북흥학회의 설립과 활동으로 불붙기 시작하였던 集團的
교육운동이 서북학회의 활동으로 최고의 정점에 이르렀다.[83]

그러나 서북학회의 교육구국운동이 순조로운 것만은 아니었고 일본
측의 학부를 통한 끊임없는 박해·방해공작 등으로 많은 어려움을 치
러야 했다. 당시 일본은 을사늑약 이후부터 한국의 교육에 대하여 많은

---

82) 당시 교육운동과 정치운동은 구분하기가 어려웠다. 일본측에서 항상 염려하였던 것이 정
치와 교육과의 혼동이었다. 國史編纂委員會(編)(1965), 『韓國獨立運動史』Ⅰ, 資料篇 No.166,
885쪽. No. 171, 918쪽.
83) 姜在彦(1980), 『朝鮮の開化思想』, 岩波書店, 365쪽.

관심을 가졌으며, 1907년 한일신협약에 따라 학부차관에 俵孫一을 배치하여 자신들의 식민화 과정에서 요구되는 국민을 기르고자 하였다. 즉 식민지 지배의 보조자를 양성하기 위하여 그에 필요한 적절한 교육을 시키되 교육의 내용에서 한국 본위의 교육을 제거해 버리고 일본화시키려 하였다. 그리하여 그들은 한국의 교육에서 민족적 자부심, 애국심을 말살시키고, 국가의 운명에 무관한 實業 본위의 몰주체적 인간을 양성하는 교육으로 왜소화시켜 나갔다.[84]

서북학회는 이 같은 학부의 교육정책에 투쟁하고 민족의 자부심, 애국심을 길러 주는 교육구국운동을 전개하였다. 그리하여 현실적으로 형식에서는 어쩔 수 없이 학부의 지침을 따르되 내용에서는 국권회복과 인권신장을 해 나갈 힘을 기르는 교육으로 일관하였다. 무엇보다도 애국심과 단합적 사고를 키워 주는 精神敎育, 우리의 현실에서 키워 나가야 하는 尙武敎育, 살아남기 위한 實業敎育 등이 그 주요 골자를 이루었다. 즉 교육을 통해 신민을 형성하여 국권회복의 자주독립국과 근대문명국으로 나아가고자 하였다.[85]

서북학회의 敎育救國運動은 대체로 다섯 가지 측면에서 전개되었다.

첫째, 국민들에게 국권회복을 위한 신교육의 절실한 필요를 계몽하여 학교를 설립하고 올바른 신교육을 실시하도록 지도하였다.

둘째, 서북학회가 직접 학교를 설립하여 국권회복을 위한 인재를 양성하고, 타교에 모범을 보여 주었다.

셋째, 서북지역 각 사립학교의 교무를 찬성하여 올바른 교육이 실시되도록 지도하였다.

---

84) 國史編纂委員會(編)(1965), 『韓國獨立運動史』I, 資料篇 No. 171은 이같은 일본측의 교육왜곡 정책을 잘 드러내 준다. 학부차관 표손일이 1908년 7월 13일 各道憲兵隊長(警務部長)의 회의 석상에서 연설한 내용이다. 姜在彦(1980), 앞의 책, 353~362쪽에서 일본측의 교육정책의 본질을 잘 드러내 주고 있다.

85) 金源極, 「敎育方法必隨其國程度」, 『西北學會月報』 제1권 제1호, 4~5쪽 : 金源極, 「實業獎勵今日急務」, 제1권 제2호, 6쪽 : 「對童子論史」, 제1권 제3호, 2~3쪽 論說.

넷째, 유학생을 지도하였다.

다섯째, 전국 각 지역 학교들의 교무를 찬성하였다.

이 같은 사업 중 첫 번째의 사업을 보면 이 활동은 크게는 학회의 總會, 通常會, 懇親會, 운동회, 학보발간을 통하여 이루어졌다. 그리고 서북지역에서는 지회와 학사시찰위원을 통해 전개되었다.

통상회·총회·간친회에서는 특히 丁未七條約 등 현실과 직결되는 문제, 또는 교육구국을 주제로 한 강연회나 토론회를 열어서 국민들의 애국심을 일깨우고 현실과 관련한 교육운동에의 참여를 촉구하였다. 특히 현시점에서 교육운동을 전개하는 데 있어서의 자세에 대하여 강조하였다.86) 그리고 운동회에서는 일반 민중들에게 尙武敎育의 중요성을 강조하고 상무교육의 효과를 과시하였으며, 반드시 민중을 대상으로 한 강연을 개최하여 민중의 애국심을 고양하고 실력양성을 촉구하였다.87)

학보에서는 지금과 같이 국권을 빼앗긴 현실에서 그 것을 되찾기 위하여는 힘을 길러 줄 신교육이 무엇보다 시급한 것임을 강조하고 민중들이 자각하여서 스스로 교육사업을 전개하자고 계몽하고 있다. 그리고 지금 일본측이 방해책동을 해 오는 현실에서 필요한 올바른 교육방법, 내용방향 등을 소개하고 있다. 즉 애국정신을 길러 주는 것, 단합적 사고를 길러 주는 것, 상무교육, 실업교육을 강조하고 현 교육이 갖는 문제점 등에 대하여도 지적하고 있다. 특히 정신에 기반을 두지 않은 지식만을 터득케 하는 실리적 교육에 대하여 경고하고 있다.88)

이 사업을 전개하는 데 서북지역에서 중심이 되었던 것은 각 지역에 설치되었던 支會였다. 지회는 31개 지역에 설치되어 서북학회의 민력

---

86) 다음의 계몽강연활동 참조.

87) 國史編纂委員會(編)(1965), 『韓國獨立運動史』 I, 資料篇 No. 171, 919쪽에서 武裝的 시위의 운동회를 경고하고 있다.

88) 이 문제는 학보발간운동, 그리고 서북학회의 애국계몽사상에서 상세히 다루어질 것이다.

양성운동의 추진주체로서 활약하였는데, 국민들에게 교육구국사상을 심어 주어 신교육운동에 참여토록 촉구하는 일에 앞장서고 있었다.

이들은 무엇보다 먼저 각기 지역의 민중들에게 교육의 중요성을 강조하고 교육만이 민력을 기를 수 있는 첩경임을 주장하여 신교육을 받도록 권고하였으며 교육구국운동에 참여할 것을 촉구하였다. 이 같은 지회의 계몽활동은 상당한 성과를 거두어 다수의 사람들이 서북학회의 회원으로 가입하였으며 서북지역의 많은 민중들이 신교육을 받았다.89)

이들은 또 각기 지역의 有志들에게 학교를 설립하여 민중들에게 신교육의 장소를 제공하도록 권유하였다. 그리고 실제로 지회의 회원들이 사립학교를 건설하여 신교육의 장을 여는 데 앞장섰다.90) 서북지역에서 많은 사립학교가 설립되었던 것은 바로 이 같은 노력의 결과였다.

그리고 지회는 운동회 등을 개최하여 교육이 단순히 실리적인 교육이 아닌 구국을 목표로 한 교육이어야 함을 강조하고 교육의 내실을 기할 것을 강조하였다.91)

---

89) 각 지회에서는 學務會를 설치하여 의무교육실시를 위해 많은 노력을 하였으며, 평양·강화 등에서의 의무교육실시, 각 郡勉學總會所, 海西敎育總會의 설치 등은 그 노력의 성과라 하겠다. 「平壤學務會歷史」, 『皇城新聞』 1908년 1월 10일 雜報 : 「江郡學風」, 『大韓每日申報』 1908년 3월 18일 雜報 : 「平壤學務」, 1908년 4월 4일 雜報 : 「海西敎育總務會」, 1908년 8월 26일 雜報 : 金九(1948), 『金九自敍傳 白凡逸志』, 國土院, 186쪽.

90) 김구(1948), 앞의 책, 186~187쪽. 이 때 각 지역에서 열심히 교육운동을 전개하였던 인물들이 후에 학사시찰위원으로 선정되었다. 대표적 인물이 白川郡守 全鳳薰이었다. 그 자신 학교도 설립하고 계몽운동도 철저히 하였다. 「白校運動會寄附」, 『皇城新聞』 1909년 11월 6일 雜報 : 「白川郡의 開明機關」, 1908년 12월 1일 論說 : 「義務實施」, 1908년 11월 21일 雜報. 그 외에도 지회 회원들의 활동은 활발하였다. 「三校成立」, 『皇城新聞』 1908년 7월 30일 雜報 : 「寧偗敎育」, 1908년 8월 14일 雜報 : 「賴有此人」, 1908년 9월 12일 雜報 : 「永興學界消息」, 1908년 9월 23일 雜報 : 「元明其明」, 1908년 9월 24일 雜報.

91) 대표적인 것이 평양대운동회(평안남북도 인사와 평양의 100여 학교운동회). 「平壤運動會」, 『皇城新聞』 1908년 3월 26일 雜報 : 「平壤에 各校聯合運動盛況」, 1908년 4월 23일 論說 : 「平壤의 各校聯合運動歌」, 1908년 4월 24일 雜報. 그리고 義州平北大運動會 등이다. 『大韓每日申報』 1908년 5월 15일·16일 雜報. 그 외에도 각 지역별 운동회가 서북학회 지회의 지도하에 시행되었다. 이때 중앙에서 총대를 파견하거나 지회의 임원들이 연사로서 활약하였다. 「奉校運動」, 『大韓每日申報』 1908년 3월 22일 雜報 : 「聯合運動」, 1908년 6월 9일 雜報 : 「和港各校聯合運動」,

이 같은 지회의 계몽활동은 報明書와 公函 등으로 본회에 보고되었으며, 본회에서는 總代나 시찰위원을 파견하여 지회의 활동을 점검하였다.

그리고 학사시찰위원들 역시 서북학회의 각 지역별 교육계몽운동에 중요 역할을 하였다. 37개 지역에서 선정된 학사시찰위원들은 일본측의 책동에 의한 學會令 · 私立學校令 공포 이후 각 지역에서 선정된 이들로서 당시 상황과 관련해서 각기 지역에서 지역민의 애국심을 고취시키고 지역민을 계몽하여 교육구국사업에 참여할 것을 촉구하였으며 義務敎育實施를 주장하였다.92) 특히 서북학회에 가입하여 민력양성운동의 선봉에 설 것을 권유하였다. 그 노력의 성과로 많은 학교들이 설립되고 많은 이들이 학교사업에 義捐金을 기부하고 찬성하였으며 서북학회의 신입회원의 숫자도 한층 증가하였다.93)

이같이 열렬한 서북학회의 교육계몽운동에 힘입어 당시의 사립학교령, 학회령, 敎科書檢定 規定 등 일본측의 방해 책동에도 불구하고 서북지역에 많은 사립학교가 설립되고94) 愛國民을 양성하는 신교육이 실시되는 등 신교육구국운동이 활발히 전개되었던 것이다. 그리고 이러한 교육구국운동에 기반하여 애국계몽운동이 서북지역에서 가장 활발히 전개되었다.95)

두 번째의 사업을 보자. 서북학회는 학교를 설립하여 국권회복에 필요한 인재를 양성할 뿐만 아니라 타교에 모범을 보이고자 西北協成學校 — 師範速成科 · 普通科 · 測量科, 水商夜學校, 農村講習所 등을 운영하였다.

서북협성학교는 서우 · 한북흥학회의 통합 때에 학회에 부속되어 있

1908년 8월 23일 雜報.
92) 앞의 지회 · 지교설치 · 위원설치 참조. 「白郡敎育實業振興」, 『皇城新聞』 1909년 11월 13일 雜報.
93) 『西北學會月報』 제1권 제14호, 54~56쪽 회사기요에서 학사시찰위원의 報明.
94) 國史編纂委員會(編)(1965), 『韓國獨立運動史』 I, 資料篇 No. 171, 902쪽.
95) 國史編纂委員會(編)(1965), 『韓國獨立運動史』 I, 資料篇 No. 177, 958쪽.

었던 西友學校와 漢北學校가 하나로 통합되어진 것으로, 처음에는 두 학교의 학사 일정과 진도가 맞지 않아서 일정 기간 각기 교육을 계속하다가 얼마 후 완전히 통합하여 교육을 했다.96) 총책임자인 교장은 한북학교의 설립에 많은 자금을 투자하였으며 한북학교의 교장을 역임하였고, 교육구국운동의 선두에 서서 활약하고 있었던 李鍾浩가 맡았으며97) 학감은 李達元이 맡았다. 학교의 경비는 처음 李鍾浩가 담당하였으나 후에는 일반회원들이 매달 5錢씩 납부한 교육비로 충당되었다.98)

서북협성학교는 처음에 1년 과정의 師範速成科로 출발하여 사범 양성에 주력하였다. 이는 국권회복을 위한 실력양성에 있어서 시급한 것이 인재를 교육시켜야 할 교사 양성이라고 보고99) 서우·한북학교의 師範夜學 速成科를 그대로 계승한 것이었다. 교과과정은 算術·地誌·歷史·法律·生理學·敎育學·英語·日語·作文 등으로 신사상·신지식을 고취시키는 것이었다. 특히 지지·역사와 교육학 같은 과목에 비중을 두고 있는 것은 愛國主義敎育이 당시의 목적이었다는 것을 보여 준다. 졸업 시에는 內外國歷史·法學·算術 등을 응시케 하여 합격자에 한하여 졸업장을 수여하였다.100) 1908년 5월7일 제1회 졸업식이 있었는데 졸업생은 40여 명이었다.101)

이같이 師範速成科로 출발한 서북협성학교는 서우학교와 한북학교의 완전통합이 이루어지고 서북학회의 사업도 자리를 잡게 되면서 명

---

96) 『西北學會月報』제15호, 45~46쪽 會報.
97) 『西北學會月報』제16호, 37쪽 會報 : 「漢塾漸進」, 『皇城新聞』1907년 2월 27일 잡보. 李鐘浩는 吳相奎와 더불어 한북학교 설립시에 큰 기여를 하였다.
98) 『西北學會月報』제17호, 37쪽.
99) 당시는 사범양성을 가장 급선무로 여겼다. 「最急者－師範養成」, 『皇城新聞』1908년 3월 19일 論說.
100) 「協校試驗」, 『皇城新聞』1908년 4월 22일 雜報 : 「協校試驗」, 『大韓每日申報』1908년 4월 22일 雜報.
101) 「協成卒業式」, 『皇城新聞』1908년 5월 6일 雜報 : 「協成卒業式의 盛況」, 1908년 5월 9일 雜報 : 『大韓每日申報』1908년 5월 7일 廣告 : 「協成卒業式」, 1908년 5월 8일 雜報.

실공히 국권회복에 참여할 인재 양성에 주력하게 되었다. 1908년 4월에 가서 3개년 과정의 보통과를 설치하여 4월 30일에 입학시험을 실시하였다. 시험과목은 국한문·독서·작문·산술 등으로 이와 상당한 졸업증서가 있을시에는 시험을 면제하여 주었다.[102] 5월 21일 입학한 학생의 숫자는 90여 명에 달하였으나 壽進洞學校가 당분간 이들을 수용할 만한 장소를 갖고 있지 못하여 새 건물을 지을 때까지 大同學校의 건물을 빌어서 수업을 하기로 하였다.[103] 이러한 3년 과정의 보통과 설치는 많은 서북지방 인사들의 호응을 받아 가을 개학 시 다수의 지방학생들이 상경하여 입학을 원하였다. 그리고 지방학도의 입학신청이 계속되었다.[104]

서북협성학교 내에 몇 개의 과가 있었지만 그 중 보통과가 가장 핵심이 되었던 것으로, 이 역시 국권회복운동에 앞장설 인재를 길러내는 데 궁극의 목적이 있었다. 그리고 이는 각 지역에 설립되고 있었던 사립학교들에게 교육목적·교육방법·교육내용면에서의 모델을 제시한 것이기도 하였다.

그리고 1908년 4월 測量科가 설치되었다.[105] 측량과의 설치는 당시 상황과 밀접하게 관련을 갖는 것이었다. 朴殷植은「本校의 測量科」라는 글[106]에서, 지금은 세계열강들이 자신들의 인민을 移植하기 위하여 대포와 巨艦을 선봉으로 愚昧하고 劣弱한 민족의 소유지를 점탈하여 식민정책을 실행하는 시대로 우리처럼 지식과 세력이 약한 민족은 이

---

102)「協成擴張」,『皇城新聞』1908년 4월 2일 雜報 :「學員募集」, 1908년 4월 12일 雜報 :「學員募集廣告」,『大韓每日申報』1908년 4월 15일 廣告.
103)「協成開學」,『大韓每日申報』1908년 5월 20일 雜報 :「協校借措」,『皇城新聞』, 1908년 5월 27일 雜報.
104)「協成開學」,『皇城新聞』1908년 8월 25일 雜報 :「協成特試」, 1908년 9월 1일 雜報 :「學徒增進」, 1908년 10월 14일 雜報.
105)『西北學會月報』제17호, 38쪽 會報. 설립위원으로 金明濬, 李甲을 선정하였다.
106) 朴殷植,「本校의 測量科」,『西北學會月報』제17호, 3~4쪽.

같은 열강들에 의해 토지 · 가옥 · 물산 · 생명을 빼앗기고 있다고 지적하였다. 그리고 특히 지금 우리나라는 일제에 의한 拓土殖産 경영의 하나로 山林法이 강행되려는 시점이기에 측량과의 설치가 시급함을 강조하였다.

> 蓋山林者는 測量法으로 山林區域의 面積을 裁ᄒᆞ야 國有民有를 區別ᄒᆞᄂᆞᆫ대 民有의 山林이라도 測量法으로 裁定ᄒᆞ야 農商工部에 請願證明ᄒᆞᆫ 契券이 無ᄒᆞᆫ 者는 國有地로 付屬ᄒᆞᄂᆞ니 萬一 國有地가 되ᄂᆞᆫ 日이면 他國人이 開拓占有ᄒᆞ더라도 敢히 民有라 籍口치 못홀지니 幾十代 傳守ᄒᆞ던 山壟과 數百年 護養ᄒᆞ던 松楸가 歸於烏有뿐홀더러 祖先白骨이 亦不得安寧如故ᄒᆞ리니 致此地頭ᄒᆞ야 雖仰天呼顳ᄒᆞ고 據地痛哭이나 何益이 有ᄒᆞ리오 所以로 本校內에 測量科를 特設ᄒᆞ야 一般國民의 保有山林홀 學業을 授與코저 함이니 ……

즉 당시의 일제의 拓土殖産을 위한 법령으로 시행되게 된 산림법에 의해 우리 민족이 당하게 될 손해를 막자는 당면의 과제로서 측량과를 설치하였다.

1908년 4월 26일 입학시험이 있었는데 시험과목은 漢文讀書 · 國漢文作文 · 算術分數 등이었다. 이 때 무려 200여 명의 인사들이 시험에 응시하였는데 140명을 선발하여 측량교육을 실시하였다.[107] 이같이 많은 사람들이 지원한 것은 측량학의 시급함을 말하여 준다.[108]

또 서북학회는 水商夜學을 운영하였다. 수상야학을 개설한 것은 재경 함경도 지역 水商들이 서북학회에 자신들의 교육을 청원함으로써 비롯되었다. 수상들은 자신들도 국민의 일원으로 교육을 통해 국민으로서의 의무를 행할 수 있는 능력을 키우고자 청원하였는데, 이에 서북

---

107) 「測量生募集」, 『皇城新聞』 1908년 4월 17일 雜報 : 1908년 4월 18일 廣告 : 「測量應試」, 1908년 4월 28일 雜報 : 「測量校試驗」, 『大韓每日申報』 1908년 4월 10일 雜報.
108) 「測量學의 時急必要」, 『皇城新聞』 1908년 4월 2일 論說.

학회는 노동층의 교육이 무엇보다 중요함을 절감하여 水商夜學을 설립하였다.109)

수상야학은 1908년 2월 17일 서북협성학교 내 夜學科로 시작되었다. 처음 20여명의 참석으로 시작하였는데 10여 일 후에는 45명에 달했다. 교과는 國漢文과 算術·地誌·歷史·法學 등이었다. 서북학회 회원들은 특별히 이 수상야학에 많은 관심을 표명하고 격려하기 위해 공책·연필 등을 기부하였다.110)

이 같은 노동층을 위한 야학의 설립은 당시의 개명인사들로부터 열렬한 환영을 받았다.111) 이는 노동계급에게도 교육의 기회가 있음을 알린 것으로, 서북학회의 교육 구국운동이 광범위한 민중을 대상으로 한 것이며, 민력 양성의 주체가 모든 민중임을 과시한 것이기도 하였다.

1909년 9월에 이르러 서북학회는 農林講習所를 설치하였다.112) 이의 設立 公函을 보면 다음과 같다.

> 今日我國으로 觀ㅎ면 敎育初程에 萬不一完이라 何者가 急務 − 아니리오마는 現頭國勢의 最是岌業ㅎ 一大問題가 曰生活上困難이 是已로다. 我同胞諸氏가 此에 對ㅎ야 硏究를 不要ㅎ고 口頭相傳으로 曰敎育曰敎育이라 ㅎ면 不出幾年에 生命을 難保ㅎ리니 奚暇에 文明에 進就홀 餘地가 有ㅎ리오 然ㅎ즉 今日敎育의 急先務가 實業에 不得不貴重ㅎ지라 且以實業으로 言之라도 我國의 封鎖舊慣으로 商工業에 至ㅎ야는 發展홀 計圖가 如干ㅎ 短期에 不在ㅎ즉 必也今日一步 明日一步를 進就ㅎ려니와 ……

---

109) 朴殷植,「勞働同胞의 夜學」,『西北學會月報』제15호, 19쪽 :「勞働開明」,『皇城新聞』1908년 1월 5일 雜報 :「奇哉水商」,『大韓每日申報』1909년 1월 5일 雜報 :「講會水商」, 1908년 1월 30일 雜報 :『西北學會月報』제15호, 45쪽 會報. 水商同胞夜學 학도모집위원으로 姜玩熙, 崔在學, 朱東瀚 등이 선출되었다.

110)「協成擴張」,『皇城新聞』1908년 2월 18일 雜報 :「水商上學」, 1908년 2월 19일 雜報 :「水商夜學增進」, 1908년 3월 4일 雜報 :「三氏贊校」,『大韓每日申報』1909년 3월 7일.

111)「勤勉勞動夜學」,『皇城新聞』1908년 2월 20일 論說.

112)『西北學會月報』제1권 제16호, 61쪽 雜俎.

즉, 우리 현실에서 가장 큰 문제가 생존의 문제이므로 교육에서 실업 교육 역시 강화시켜 나아가야 한다고 주장하고 있다.

그리고 계속하여 실업에서도 여러 가지 여건으로 역시 농업이 우리에게 적절한 것이라고 보고 농업을 중심으로 진흥시켜 나가야 한다고 주장하였다. 그러나 농업에서 종래와 같이 천연적 곡물에 의존하는 것은 현실성이 없고 지금의 단계에서는 果樹栽培, 家畜飼養, 森林繁殖 등의 방법을 강구해야 함을 강조하고 있다. 그리고 서북학회 내에 農林講習所를 설치하는 것은 농업의 발달을 용이케 하고 수익의 신속을 위한 방침을 교습하기 위한 것임을 밝히고 있다.113)

이같이 농림강습소의 설치는 새로운 農林學을 교육시켜 국민을 부강하게하고 이로써 국권을 되찾기 위한 실력을 양성코자 하는 의도에서 출발하고 있다. 이는 서북학회가 당시 일본의 경제 정책과 관련하여 단순히 실리적인 교육이 아닌 국권회복·민권신장을 전제로 한 실업교육의 실시를 강조하였던 것을 실제 옮긴 것이었다.

농림강습소의 교육 기간은 7개월의 속성이었으며, 교수과목은 果樹栽培學·森林學·土壤學·肥料學·家畜學·獸醫學 등이었다. 교수진은 일본 동경 농과대학 출신의 金鎭初·元勛常·金志侃 등 3인이었다.114) 그리고 농림강습소에서는 1910년 1월부터 簿記學을 강의하기도 하였다.115)

위와 같은 서북학회의 학교 설립은 성과를 거두어 구국을 위해 필요한 많은 인재를 양성하였을 뿐 아니라 일제에 의해 계속되었던 교육에 대한 탄압에도 불구하고 시대가 요청하는 진정한 교육의 면모를 모범적으로 제시하였다.

---

113) 앞의 글.
114)『西北學會月報』제1권 제16호, 64쪽 會事記要.
115)『皇城新聞』1909년 12월 28일, 광고 :「農村講習所會員」, 1910년 1월 13일 雜報.

세 번째 사업인 서북학회의 서북지역 각 사립학교의 教務에 대한 찬
성을 보자. 서북학회는 당시 丁未七條約 이후의 정치적 상황, 또 교육
에 있어서 일본측의 책동에 의한 왜곡화 등과 관련하여 이 사업을 교육
구국운동 중 주요 사업으로 전개하였다. 즉 서북학회는 서북지역에서
많은 학교가 설립되고 있으나 각 학교의 教育目標 · 進路 · 教育過程 ·
教育方法 · 教育思想 등이 올바르게 나아가야만 진정한 교육구국이 가
능하고 일본측의 이용물이 되지 않으리라고 보고 이를 위하여 각 학교
의 교육을 지도코자 하였던 것이다.

이 사업은 서북학회 本會가 직접 지도하는 경우, 支會가 찬성하는 경
우, 서북협성학교하의 支校設置에 의한 것, 學事視察委員에 의한 것 등
으로 전개되었다.

먼저 서북학회 본회가 서북 각 지역의 사립학교 교무를 직접 통괄하
는 경우를 보자. 이 경우는 대체로 각 지역의 학교에서 公函 · 來函 · 復
函 등을 통해 자신들의 학교의 교무를 찬성해 주도록 본회에 요구한 것
으로, 이 때 본회에서는 총회 · 통상회에서 이 안건을 논의하여 각 학교
들에 대한 본회의 태도를 정하였다. 殷山 文昌學校에서 은산군의 鄕約
契를 財源으로 사용케 하여 달라는 公函,116) 信川 升明學校의 청원,117)
安岳 奉三학교의 운동회에 관한 공함,118) 博川 博明학교의 教師 청
구,119) 江西郡 聞天義熟에서 규칙 제정 요구의 공함,120) 慈山郡 文城의
숙의 存道齋田畓과 校舍 요구에 관한 건,121) 載寧郡 花山面 光東학교
의 학교 合設122)에 관한 청원서 등이 이에 해당한다. 이같이 대체로 재

---

116) 『西北學會月報』 제15호, 42쪽 會報.
117) 『西北學會月報』 제16호, 37쪽 會報.
118) 『西北學會月報』 제17호, 37쪽 會報.
119) 『西北學會月報』 제17호, 38쪽 會報.
120) 『西北學會月報』 제1권 제5호, 31쪽 會事要錄.
121) 『西北學會月報』 제1권 제6호, 26쪽 會事要錄
122) 『西北學會月報』 제1권 제12호, 45쪽 會事記要.

정 문제, 규칙, 교사, 학교의 합동 문제, 운동회의 총대 파견과 같은 것들이 있다. 본회는 이 같은 교무찬성 요구에 대해 명예직인 서북협성학교 總校長을 두고서 이를 관할하게 하였으며,123) 실제로는 총대나 시찰 · 조사위원을 파견하여 교무에 관한 사항을 지도하였다.

支會가 찬성하는 경우를 보면, 서북지역의 32개 지역에 설치된 지회들은 민력양성을 위해 설립된 각 사립학교의 교무를 본회의 원칙에 따라 찬성하였다. 즉 교육의 목표, 교육과정, 교육사상, 교육내용이 올바른 방향으로 나아가도록 시찰 지도하였으며124) 특히 학교 존폐의 관건이 되는 재정 문제에 깊이 관여하였다. 사립학교의 재정적 자원은 설립자의 자산, 그 지방 유지들의 기부금 등으로 충당되었으며 특히 서북학회의 소유였던 각 지역의 鄕約契物 · 存道齋 · 提衛社 등의 이윤금에 의해 많은 보조를 받았다. 이때 실제 학교의 재정을 지원해 준 향약계물 · 존도재 · 제위사를 관리한 것은 지회였으며 지회가 여기에서 나온 이윤으로 각 학교의 재정을 지원하여 주었다.125) 이같이 본회에서 지회를 통하여 일률적으로 각 군 사립학교의 교무를 찬성하고 재정에 관여하였다. 그리하여 각 지역 사립학교에 사건이 발생했을 때에도 가능한한 지회가 그 사건을 담당 · 처리하도록 하였으며, 해결이 되지 않을 때에만 본회에서 조사위원, 총대 등을 파견하였다.126) 그리고 각 사립학교들이 지교를 청원하였을 때 요구되는 학교 운영사정이나 재원, 수입총액, 운영자 등에 관한 보고가 지회에 의해 작성되기도 하였으며,127)

---

123) 『西北學會月報』제1권 제1호, 37쪽 會報.
124) 「永興學會消息」, 『皇城新聞』1908년 9월 23일 雜報 : 「白川의 師範講習」, 1910년 6월 12일 雜報 : 「學員募集廣告」, 廣告 : 「平壤夏期講習所」, 1910년 6월 24일 廣告.
125) 『西北學會月報』제1권 제6호, 25쪽 會事記要.
126) 『西北學會月報』제1권 제7호, 31쪽 會事記要.
    『西北學會月報』제1권 제10호, 52쪽. 박명학교, 영흥학교에 조사위원을 파견하였다.
127) 『西北學會月報』제1권 제7호, 32~33쪽 會事記要.
    『西北學會月報』제1권 제10호, 50쪽 會事記要.

학교의 운영·재정·학교의 활동 등이 지회에 의해 끊임없이 감독되어
지고 본회에 보고되었다.128)

특히 1908년 8월의 私立學校令과 관련하여 사립학교령에 대한 해
석, 학부에 인가 서류를 제출하는 것, 자격 미달의 학교를 통폐합하는
것 등이 지회에 의해 직접 지도되었다.

이 같은 지회의 사립학교에 대한 지도에 의해 서북지역 각 사립학교
들의 교육이 내실을 갖추게 되어 국권회복을 위한 많은 인재를 양성하
게 되었다.

그리고 지회에서는 자기 군의 각 학교들을 연합시키고 교육사상을
전달하기 위하여 독자적으로 춘기·추기 각 학교연합운동회를 개최함
으로써 많은 성과를 얻었다. 이러한 활동을 전개할 때에는 본회에 公函
을 통해 취지를 알렸으며, 본회에서는 총대를 파견하거나 기부품을 전
달하는 등 많은 성원을 보냈다.129)

그러나 이 같은 지회활동이 본회와 충돌을 빚기도 하였는데 그 대표
적인 것이 永興郡 支校 永明學校의 재원인 鄕約畓을 영흥군 지회에서
직접 소유·관할하려 한 사건이다. 이 때 본회에서 조사위원 朴漢榮을
파견하여 그 구체적인 상황을 조사 한 다음, 법률에 따라 畓에서 나오
는 이익을 영흥군 영명학교의 재원으로 하였으나, 畓의 소유권이 본회
에 있음을 명확히 밝히고 있다.130)

다음 西北協成學校하의 支校 운영을 통한 교무의 찬성을 보자. 이 경
우가 서북학회의 교무찬성의 핵심이 되는 것으로, 인가된 69개의 지교

『西北學會月報』제1권 제11호, 51쪽 會事記要.
　　『西北學會月報』제1권 제16호, 67쪽 會事記要.
128)『西北學會月報』제1권 제10호, 50쪽 會事記要.
129) 주 92) 참조. 義州平北大運動會에 金明濬을 총대로 파견하였다.
130)『西北學會月報』제1권 제10호, 50쪽 會事記要.
　　『西北學會月報』제1권 제11호, 51쪽 會事記要.
　　『西北學會月報』제1권 제12호, 47쪽 會事記要.

는 서북학회 본회, 서북협성학교, 지회의 통할하에서 교육을 실시해 나
갔다. 이들은 교육의 목표를 서북학회의 궁극의 목표인 국권회복이라
는 대전제에 두고 구국을 위한 인재 양성, 실력 양성으로 꾸준히 나아
갔으며, 교육과정·학교규칙 제정, 교과서 선정, 교사 선정 등도 역시
서북학회 본회의 지도에 따라 실시하였다. 그리고 본회로부터 재정적
후원도 받았다.

그리하여 지교에서는 봄·가을 두 번씩 학교의 정황, 학도의 증감, 임
원의 변천, 재정의 출납을 본회에 보고하였으며, 지교의 임원들은 1년
에 한 번 본회에 모여 본회의 지도 아래 학사에 관한 것을 논의하였다.

지교의 공함과 보고서를 통하여 서북학회의 지교에 대한 교무찬성
의 내용을 보면 다음과 같다.

> ① 지교의 재단을 철저히 조사하여 운영할 수 있는지의 여부를 판가
> 름하였으며 본회 소관의 鄕約契物·存道齋田畓의 이윤을 지교의
> 운영비로 사용하게 하였다.[131]
> ② 사립학교령에 따른 문제들에 대하여 지교에 철저히 지도하였다.
> 무엇보다도 사립학교령의 의미를 설명하고 그에 따른 서류양식
> 에 대하여 지도하였다.[132]
> ③ 지교의 졸업에 관한 사항들을 지도하였다. 지교에서의 졸업시험·
> 성적 등을 파악하고 졸업식에 총대를 파견하거나 축하하기 위해
> 기념품을 보냈다.[133]
> ④ 지교 학생들의 성적을 보고받고 교과과정, 교육 내용 등을 지도
> 하였다.[134]
> ⑤ 지교 학생들의 상급학교 진학을 권장하였다.[135]

---

131) 『西北學會月報』제1권 제6호, 25~26쪽 會事記要 : 제1권 제10호, 50~52쪽 會事記要 :
제1권 제11호, 51쪽 會事記要 : 제1권 제12호, 44~47쪽 會事記要 : 제1권 제13호, 64쪽 會
事記要 : 제1권 제16호 會事記要.
132) 『西北學會月報』제1권 제8호, 46쪽 會事記要 : 제1권 제17호, 會事記要.
133) 『西北學會月報』제1권 제12호, 47~48쪽 會事記要 : 제1권 제15호, 49쪽, 51쪽 會事記要.
134) 『西北學會月報』제1권 제16호, 65쪽.
135) 『西北學會月報』제1권 제14호, 54쪽 會事記要.

⑥ 지교에 올바른 교육의 필수품인 교과서를 배포하였다.136)

⑦ 지교에서 필요로 할 시에는 교사를 추천하였다.

⑧ 지교의 임원 교체를 보고받고 그 임원들이 교육을 잘 해 나갈 것 인지를 주시하였다.137)

⑨ 지교의 收支對照表를 보고받고 지교의 운영을 점검하였다.138)

⑩ 필요로 하는 지교에 모자표를 배포하였다.

이 같은 지교에 대한 교무찬성의 목적은 국권회복에 밑거름이 될 수 있는 올바른 교육을 실시하는 데 있었다.

마지막으로 학사시찰위원을 통한 각 사립학교의 교무에 대한 찬성을 보자. 34개 지역에 선정된 학사시찰위원들은 자신이 담당한 군내의 각 지역을 돌아다니면서 학교들을 시찰하고 교육이 올바로 전개되고 있는지의 여부를 점검하여 그에 대한 보고서를 본회에 발송하였다. 이들이 본회에 보고한 것은 학교의 위치, 명칭, 校舍間數, 기본재산, 收支額數, 교과과정, 수업년도, 생도 정원, 현재 생도 수, 교원정수, 설립연한, 인가유무 등이었다.139) 이 보고에 준하여 본회에서는 각 학교들의 교육정도를 측정하고, 교육사업의 전망과 진로를 계획하였다.

이 같은 시찰과 더불어 학사시찰위원들은 각 학교의 내실화를 위하여 많은 노력을 하였다. 명목상의 교육이 아닌 진정한 구국을 할 수 있는 교육이 되도록 여러 가지로 지도하였다. 특히 이들은 각 군에 많은 학교들이 설립되고 있으나 재정적 궁핍으로 지속하기가 어려운 형편임을 알고서 1면에 1학교로 통폐합하려 하였다. 이에 따른 재정적 후원을 일반민중으로부터 구하려 하였으며, 그러한 계몽에 서북학회 회원들이 참여하여 줄 것을 요청하기도 하였다.140) 이 통폐합의 문제는 당

---

136) 『西北學會月報』 제1권 제16호, 65쪽 會事記要.
137) 『西北學會月報』 제1권 제16호, 65~66쪽 會事記要.
138) 『西北學會月報』 제1권 제16호, 65쪽 會事記要.
139) 『西北學會月報』 제1권 제14호, 54~57쪽 會事記要.
140) 『西北學會月報』 제1권 제18호, 56쪽 會事記要 : 「白郡敎育實業振興」, 『皇城新聞』 1909년 11

시 사립학교령의 시행에 따른 최소한의 형식 때문에 어쩔 수 없는 문제이기도 하였다.

네 번째 사업인 유학생 지도를 보자. 서북학회는 서북지역 출신으로서 경성에서 유학하는 학생들의 애국주의를 함양하고 국권회복사상을 심어 주어 그들이 국권회복을 위해 행동하도록 지도하고자 하였다. 그리하여 1907년 3월 17일 서우학회 · 한북흥학회의 회원에 의해 발족된 西北學生親睦會를 계속 운영하여 애국심을 고취하고 애국의 길을 모색케 하였다.[141] 그리고 서북학회는 재경유학생 중 특별히 열심히 하는 학생을 표창하여 학생들의 사기를 북돋았으며[142] 서북학생연합운동회를 개최하여 경성의 각 학교에서 공부하는 학생들을 모아서 단합과 구국에의 의지에 일층 박차를 가하였다.[143] 그리고 서북학생 중 외국에서 유학하는 학생들과 관계를 갖고, 그들의 외국에서의 유학이 우리나라 구국의 길이 될 수 있도록 촉구하였다.[144]

다섯째 사업인 서북학회의 전국 각 지역 학교에 대한 贊成을 보자. 서북학회는 서북지역의 교육사업에만 관심을 가진 것이 아니라, 전국 각 지역 사립학교들의 올바른 교육을 위해 각 학교의 교무에 찬성하기도 하였다. 서북학회의 각 학교에 대한 교무찬성의 내용은 다음과 같다.

> ① 각 학교에서 행사가 있을 때에 총대를 파견하여 연설로써 교육의 내실을 강조하거나 교육사업을 축하하여 주었다. 즉 교육의 올바른 방향을 지도코자 하였다.[145]
> ② 각 학교의 운동회에 기부품 등을 보내어 격려하고 상무교육에 더

월 13일 雜報.
141) 『西北學會月報』 제16호, 37쪽. 서북학생 친목회, 토론회를 운영하였다.
142) 『西北學會月報』 제15호, 45쪽 會事記要.
143) 『大韓每日申報』 1908년 5월 5일 廣告 : 「西北運動停止」, 1908년 5월 16일 雜報.
144) 「留學生歡迎會에 對ᄒ야 勸勉의 意를 表홈」, 『皇城新聞』 1909년 8월 2일 論說 : 「留學生談話」, 1908년 8월 11일 論說 : 「會長懽迎」, 1908년 7월 29일 雜報.
145) 『西北學會月報』 제17호, 37쪽 會報 : 「太極盛況」, 『皇城新聞』 1909년 10월 4일 雜報.

욱 힘쓸 것을 강조하였다.146)

③ 각 학교의 개교식이나 졸업식에 축전, 기부품을 보내거나 총대를
파견하여 축하하여 주고 격려하여 주었는데 특히 궁극의 목적을
강조하여 경각심을 주었다.147)

④ 다른 학교들과 연합운동회를 열어 계몽강연을 갖고 상무교육의
중요성을 과시하였다.148)

⑤ 다른 학회들과 연관을 갖고서 각 지역의 교육사업을 찬성하기도
하였다.149)

이제까지 보아온 다섯 측면에서의 서북학회의 교육구국운동은 일제
의 갖은 방해 책동 속에서도 애국을 골자로 하는 진정한 교육운동으로
전개되어져 국권회복을 위한 민력을 양성하는 데 많은 효과를 거두었다.

2. 學報刊行運動

서북학회는 국권회복을 위한 민력양성과 민력의 결집을 위해 무엇
보다 일반민중의 계발을 중요 사업으로 여겼다. 즉 일반민중의 지식을
확장하고 애국심을 고취시켜, 민중들로 하여금 국권회복을 위한 민력
양성에 힘쓸 것을 촉구하고 민력의 결집을 종용하였다. 그 방법으로서
가장 중요시되었던 것이 月報의 發刊이었으며,150) 이 월보의 발간은
서북학회의 괄목할 만한 활동 중의 하나였다.

이 학보는 『西北學會月報』라는 명칭으로 서북학회의 설립과 동시에

---

146) 『西北學會月報』 제1권 제1호, 37쪽 會報 : 제1권 제2호, 47쪽 會報 : 제1권 제7호, 37쪽 會事
記要 : 제1권 제13호, 72쪽 會事記要.

147) 『西北學會月報』 제1권 제3호, 52쪽 會報 : 제1권 제6호, 30쪽 會事記要 : 「漢校卒業」, 『大韓
每日申報』 1908년 4월 26일 雜報.

148) 「四校聯合運動」, 『皇城新聞』 1908년 5월 2일 雜報.

149) 「兩會親睦」, 『大韓每日申報』 1908년 3월 14일 雜報 : 1908년 3월 15일 廣告 : 「兩會親睦」,
『皇城新聞』 1908년 3월 14일 雜報 : 「賀畿湖西北兩學會懇親」, 1908년 3월 17일 論說 : 『西北
學會月報』 제1권 제7호, 31쪽 會事記要 : 제1권 제17호, 60쪽 會事記要.

150) 李達元, 「西北學會의 性質」, 『西北學會月報』 제15호, 31쪽 : 「告爲人父兄者」, 제1권 제4호,
3쪽 論說 : 「祝賀西北學報」, 제1권 제6호, 16쪽 雜組 : 「本會第一會紀念祝辭」, 제1권 제9호,
4쪽.

발간된 것으로, 기본적인 체제는 서우학회의 잡지인 『西友』를 그대로 계승하면서 내용에 있어서는 시대적 상황과 관련하여 조금씩 변화를 보이고 있다. 처음 號數도 『서우』의 것을 그대로 이어 『서북학회월보』 15호, 16호, 17호까지 발행하다가, 1908년 5월 1일자부터 『서북학회월보』 제1권 제1호로 발간하기 시작하여 제1권 제19호까지(1910년 1월) 총 22호를 출판하였다.

서북학회는 학보를 통한 민력의 계몽을 중요하게 여긴 만큼 민중계발의 촉매제가 되는 학보를 널리 배포하여 많은 사람들이 구독하고 이를 통하여 애국심을 고취해서 민력양성운동에 참여하여 줄 것을 기대하였다. 그리하여 회원은 의무적으로 학보를 구독케 규정하였으며, 또 지회를 통하여 학보의 발간을 널리 알렸다. 그리고 1909년 3월 학사시찰위원을 각 지역에서 선정함에 있어 그들의 중요 임무의 하나로 회보 발간을 규정하였다. 이들의 회보 구독 권유 활동으로 한층 광범위한 대중들까지 구독하게 되었다.

학보의 목차를 보면 論說·敎育部·衛生部·國家論·實業論·宗敎論·雜俎·詞藻·人物考·文藝·會報·會計員報告·法令 등의 순서로 되어 있었다.

그러나 제1권 제16호의 논설 「本報의 過去와 未來」라는 제하에서 "報面을 一層刷新케 ᄒ며 敎育上의 必要ᄒ 言論과 學術技藝上의 切緊ᄒ 講說을 是敷是衍ᄒ야 本報의 特色을 呈露코자 ᄒ오니"라 밝히고 제1권 제19호에서부터 학보의 목차를 論說·講壇·學園·文藝·談叢·巷謠·雜俎·會社要錄·會計報告 등의 순서로 바꾸었다.

그러면 그 변화를 추적하며 학보의 내용을 살펴보자.

論說은 사회진화론과 민권론에 기반을 둔 실력양성론·단체론·애국론·교육구국론·실업구국론·사회관습개혁론 등의 애국계몽사상을 논하고 있는데, 그 제목과 필자는 다음과 같다.

그러나 16호에서부터는 논설이 3, 4편씩이 실리고 그 내용에도 변화가 일어나고 있다.

國民의 普通知識 － 春蔓子
遠慰我西北被灾同胞
第1卷 第19號　新年祝
開化守舊兩派의 胥失 － 松南
感覺性의 女勝於男乎 － 秋醒子
漢文敎科의 必要는 東萊博議 － 李承喬

　이 같은 논설에서의 구성 내용의 변화는 당시의 1909년 2월 23일자 법률 제6호의 出版法施行 때문으로 볼 수 있다. 출판법의 주요 골자는 '출판코자 하는 文書·圖畵는 稿本을 지방장관(경시총감)을 경유하여 內部大臣에게 허가 신청하여야 한다'는 것이다.[151] 이는 민중들의 애국심을 고취시키고, 국권회복운동에의 참여를 촉구하는 출판물을 금지시키고자 한 것으로, 당시 애국계몽사상을 논하고 있던 단체·학회·애국계몽 사상가들의 출판물에 큰 타격을 가한 것이었다. 그리하여 서북학회에서도 국권회복을 강조하는 글은 논설에서보다 談叢 歌調 등을 통하여 간접적으로 전달하고 論說에서는 일부러 교육이나 실업, 폐습타파, 서북지역민과 관계되는 글만을 싣고 있다. 즉 국권회복에의 의지를 키워 준 애국계몽사상을 계속 주장해 나가되 체제를 조금 바꾼 것이다. 다음 「本會의 性質」이라는 논설은 서북학회의 이 같은 입장을 잘 드러내 준다.[152]

　大抵本會는 我西北人士가 衆力을 團合ㅎ야 靑年子弟를 敎育ㅎ기로 目的흔者인 즉 其會名은 學會오 其性質은 單純흔 敎育뿐이오 立會흔 後 數個年行動이 또한 敎育範圍內에서 屈伸흘而已오 絲毫도 出入이 無흔바는 世界公眼에 已照흔者라 或者의 所見이 不經ㅎ야 某雜誌에 揭흔 바 見흔즉 本會의 表面은 敎育機關이나 內容은 政治思想을 包含ㅎ얏다

---

151) 『西北學會月報』 제1권 제2호, 60쪽 官報摘要(출판법).
152) 「本會의 性質」, 『西北學會月報』 제1권 제18호, 1쪽 論說. 서북학회는 이 같은 입장을 거듭 밝히고 있다. 「學會指明」, 『황성신문』 1909년 12월 2일 雜報: 1909년 12월 3일 廣告: 「學會辨明」, 1910년 1월 6일 雜報.

ㅎ얏스며 某新聞에 揭ㅎ바를 見ㅎ즉 某政黨社會와 互相聯合ㅎ다 ㅎ얏
스니 此는 或 一時推測의 失과 探報의 謬로 出ㅎ자이라 ㅎ지나 …
　　一. 本會의 性質은 單純ㅎ 敎育.
　　一. 本會의 目的은 國內靑年子弟를 新文明으로 誘導ㅎ며 國民知識
　　　을 普通키 爲ㅎ야 但히 學術技藝로써 月報를 刊出함.

즉 이는 역설적으로 서북학회가 단순히 교육을 목적으로 한 학회가
아니라 정치적 성격을 띤 단체이고153) 『서북학회월보』 역시 단순히 학
술·기예만을 전하는 학보가 아니라 민중의 애국심을 길러 주는 매개
로서의 思想誌임을 알 수 있다.

敎育部(1권 15호까지)에서는 국권회복을 위한 민력양성방법으로 교
육을 강조하였다. 즉 지금과 같은 우승열패·약육강식의 시대에 처하
여 우리의 국민을 구할 수 있는 가장 시급하고 가장 기본이 되는 것이
교육임을 강조하고 있다. 그리고 무엇보다도 교육을 올바른 방향으로
전개시켜 나갈 것을 주장하였다. 즉 교육을 해 나가는 데 애국심을 심
어 주는 정신교육을 가장 기본으로 하고 자주독립국가의 면모를 되찾
아 줄 尙武敎育, 그리고 현실적으로 민중의 어려운 생활을 해결해 줄
실업교육을 강화시켜 나갈 것을 주장하였다. 특히 1908년 10월 1일자
로 시행한 사립학교령의 公布와 관련하여 학교교육이 일본이 바라는
대로 궁극의 목표를 상실한 단순한 지식인을 양성하는 교육으로 흐를
것을 우려하여 특히 정신·도덕·단합을 강조하였던 것이다. 그리고
각 학교에서 해야 할 교과과정을 소개하고 있으며 학교교육이 학생들
에게 심어 주어야 할 것이 무엇인가를 소개하고 있다.

그러나 제1권 제16호에서 19호까지의 교육부(講壇)에서는 西洋敎育
史와 순수학문에 대한 소개만을 하고 있다.

그리고 衛生部에서는 우리가 생활하는 데 있어서 필요로 하는 생활

---

153) 「西北學會解散」, 『皇城新聞』 1909년 9월 13일 雜報.

환경, 우리 인체가 필요로 하는 여러 조건, 질병에 대한 지식, 그에 대한 예방 등을 소개하여 튼튼한 체력을 유지하도록 강조하고 있다. 즉 체력이 강해야만 국권을 회복키 위한 실전에 대비할 수 있다는 것이 기본적 입장이었다.

國家論에서는 우리의 국권피탈과 관련하여 국가의 형성 과정과 기능 등 국가의 개념을 정리하여 그 필요성을 인식시키고자 하였다. 그리고 國體는 국가주권의 조직으로, 주권이 어디로부터 비롯하느냐에 따라 차이가 생기는 것으로 共和制度·貴族制度·君主制度·聯合制度·保護制度로 분류할 수 있고, 政體는 주권행동의 형태로 專制, 立憲의 2종으로 나누어 볼 수 있다고 설명하고 바람직한 것을 共和제도(민주제도)와 立憲의 조화라고 강조하였다. 즉 서북학회가 구상하는 신문명국가는 立憲共和國이었던 것이다.

實業論에서는 지금과 같은 제국주의시대에 나라를 구하고 민중을 살릴 수 있는 것은 실업을 발전시켜 국력의 강건과 民産의 富盛을 꾀하는 것임을 강조하였다. 즉 단순히 실제적 이익을 추구하는 것이 아닌 실업구국을 주장하였던 것이다. 서북학회는 특히 농·공·상 각 분야 중 농업이 우리나라의 여러 조건과 잘 맞는다고 보고 농업분야를 발전·진흥시켜 나갈 것을 강조하였으며 임업분야에도 관심을 갖고 개발해 나갈 것을 주장하였다. 또한 이를 위한 실업교육을 강조하였다.

宗敎論에서는 기독교에 대하여도 언급을 하고 있지만 주된 논제는 역시 우리 구래의 종교였던 유교에 관한 것이었다. 특히 국권을 박탈당한 상황과 관련하여 구래의 유교나 유학자가 갖는 문제점을 지적하고 거기에 대한 해결책으로 신유학의 수용을 논하고 있다. 즉 陽明學을 소개하고 있으며, 大同敎의 기념강연 등을 소개하였다. 이 같은 종교문제의 언급은 애국계몽운동의 하나로 전개되었던 민족종교운동과 관련되는 것이라 하겠다. 특히 이는 실력양성운동이 일본의 방해에 의해 단순한 근대화운동으로 전환될 위기에서 그 본래의 목적을 지키기 위해 정신을 강조하고 근본적인 종교문제로 들어간 것이라 하겠다.

그리고 雜俎에서는 법률, 국민의 의무와 권리, 진보, 유학생들에 대한 권고, 각국의 국력 비교, 학생들에 대한 지도, 早婚의 弊, 도덕, 우리의 역사 소개, 민족주의·국민적 주의·민권사상에 기초한 애국론 등의 서술로 민중의 애국심을 고취코자 하였으며 사회의 폐단 등을 지적하고 이러한 폐단을 개혁하여야만 국권회복이 가능하고 신문명국가의 수립이 가능하다고 주장하였다.

특히 주목되는 것은 16호 이후 체제와 내용이 바뀌면서 등장한 談叢과 巷謠이다. 즉 정치적 발언 등을 마음대로 할 수 없는 상황이었으므로 간접적으로 민중들의 국권회복에의 의지를 키워 주고 있다.『서북학회월보』제1권 제17호에 실린 다음 글은 그 같은 내용을 담은 노래이다.

> 셕탄 백탄 타는듸는 연긔도 풀석 나지마는 국가사를 셩각하고 주야로
> 우는 이니 가슴 타는듸는 연긔도 김도 아니난다.
>
> 간다 간다 간다고 ᄒ더니 가고서 다시 쇼식 업네
> 무엇이 간다고 ᄒ더니 가고서 다시 쇼식이 업단 말인가.
>
> 니듯긔에는 우리날아 국권이 간다 간다 간다고 ᄒ더니 국권 돌아온다
> 는 쇼식이 다시 업는 모양인가.

이 같은 표현을 통해 국권피탈의 상황과 국권회복에의 의지를 노래하고 있으며, 친일적 지배층에 대한 비판, 애국을 망각한 실리적 교육에 대한 비판을 하고 있다.

그리고 會報에서는 당시 공포된 삼림법, 사립학교령, 학교령, 출판법, 실업학교령 등을 게재하여 일반 민중에게 알렸으며, 이에 대한 설명을 통해 이 법령들의 본래의 의미를 전달하기도 하였다.154)

이 같은 애국계몽사상을 내용으로 하고 있는 회보간행을 통한 민중계몽운동은 대단한 성과를 거두었다. 학보에 의한 효과는 다음의 글에서 잘 나타난다.[155]

此報를 讀ᄒᄂᆫ者면 世界의 大勢를 可以樂察이오 時務의 必要를 可以硏究오 敎科의 學理를 可以參攷오 實業의 種類를 可以博采오 朝家의 法令을 可之解得이니 誠迷津의 寶筏이오 暗室의 明燭이니 ……

즉 서북학회가 애국계몽운동을 주도한 주요한 단체로 오를 수 있었던 것은 무엇보다도 『서북학회월보』의 역할이 컸던 것이다.

3. 啓蒙講演·討論 運動

서북학회는 일반민중을 계발하여 민력을 양성하고, 일반대중들을 국권회복운동·인권신장에 참여케 하기 위하여 계몽강연·토론활동을 주요 사업으로 전개하였다.[156] 이 사업은 학회활동 또는 회원 각자의 개별활동을 통하여 전개되었다.

학회 단위의 활동은 매달 열리는 학회의 통상회, 특별총회, 학생총회, 학생친목회, 학생토론회, 연합운동회 등의 집회 때에 있었으며, 회원 개별로는 각 단체·학회의 통상회, 총회, 강연회, 간친회, 각 학교의 운동회, 연합운동회 등에 참석하여 활동하였다.

먼저 서북학회 단위로 활동과 그 내용을 보자. 서북학회의 통상회, 특별총회 등에서 이루어진 강연이나 토론은 서북학회의 단체운동이 상당한 단계에 올라 있었기 때문에 단순한 신사상 고취에 관한 것이 아닌 운동전개에서 부딪치는 문제에 대한 현실방안 등이었다. 그 대표적

---

154) 자세한 내용은 서북학회의 애국계몽사상에서 볼 것이다.
155) 崔齊崗, 「祝賀西北學報」, 『西北學會月報』 제1권 제6호, 18쪽 雜組.
156) 주 151)과 같음.

예는 1908년 1월 11일 서북학회 개회식에서 安昌浩의 「精神的 團合과
服從主義 各盡其力」이란 주제의 강연이었다.[157] 이는 1907년의 丁未
七條約, 군대해산, 신문지법, 보안법 등에 의해 국가운명이 더욱 급박
하고 또 애국계몽운동이 제약을 받는 상황에서 서우·한북흥학회가
통합하여 하나의 단체를 설립한 취지, 그리고 애국계몽운동이 그러한
제약을 극복하고 적극적으로 나아가는 데 반드시 필요한 문제들에 대
한 것이었다. 이 때 安昌浩의 연설은 개회식에 참여했던 회원들과 학생
들, 각 사회대표 등 수백 명의 관중에게 많은 공감을 불러일으켰다. 대
한매일신보는 그 상황을 다음과 같이 표현하고 있다.[158]

> 會長 安昌浩씨가 演壇에 升ᄒ야 精神的 團合과 服從主義와 各盡其
> 力의 要領으로 一場雄辯이 滔滔懸河에 詞理가 剴切ᄒ고 氣象이 激昂
> ᄒ야 令人欲躍ᄒ며 令人欲舞ᄒ며 令人欲哭ᄒ야 滿場喝采에 精神이 凜
> 凜ᄒ고 ……

이 같은 감동을 준 데에는 安昌浩의 웅변력이 뛰어난 점도 있으나,
특히 당시 상황에서 절실한 문제를 거론하였기 때문이었다.

또 1908년 9월 5일 통상회에서 朴殷植은 학회의 前途에 관한 「謹於
微와 無我」라는 논제로 연설을 하였다.[159] 그 요지는 다음과 같다.

'서북학회가 앞으로 어떻게 해야 完全한 기초를 成立하고 正大한 目
的을 發表할 것인가 하는 데에는 두 가지 方針이 있으니 하나는 謹於微
요 하나는 無我이다. 즉 모든 것이 작은 것에서부터 비롯되므로 會員
각자가 公平正大하고 忠厚信實하여 사소한 문제로 本公의 光明正大한
目的을 그르치지 말자. 그리고 구래로 인류의 싸움은 我에서 비롯되었
으므로 우리 會員들이 我를 버리고 無我로 들어갈 때 우리가 하고자 하

---

157) 「西北學校開校式」, 『皇城新聞』 1908년 1월 12일 雜報.
158) 「西北學會盛況」, 『大韓每日申報』 1908년 1월 14일 雜報.
159) 「謹於微와 無我라는 演論」, 『西北學會月報』 제1권 제5호, 20~30쪽, 31쪽 會事記要.

는 大事業을 성취할 수 있다.'

朴殷植의 이 강연 역시 애국계몽운동을 전개하는 데 있어서 어려움을 극복하는 마음가짐에 대한 것으로 특히 당시 일본의 방해책동과 관련된 것이라 볼 수 있다.

그리고 1909년 1월 3일 서북학회 제1회 기념식의 축사 역시 국권회복을 위한 민력양성운동을 해나가는 데 필요한 12조목의 마음가짐을 강조하고 있다.160) 또 1909년 4월 서북협성학교 제2회 졸업식의 축사 역시 국권회복운동을 해 나가는 데 있어서의 교훈이었다.161)

이같이 학회 주체의 강연회에서는 일제의 방해공작과 관련하여 그것을 극복하고 적극적으로 운동을 전개해 나가는 데 필수적인 정신태도를 강조하고 있다.

학회 단위의 강연활동에서 가장 주목되는 것은 1909년 2월 心學講演所의 설치로, 이는 서북협성학교의 주관으로 매달 첫째 주 토요일 오후 7시에 西北會館에서 열렸다. 그 취지서는 다음과 같다.162)

> 心學講演所는 何爲而設고 吾人의 固有흔 道德을 講磨ᄒ야 學界의 正鵠을 植立ᄒ야 靑年의 方向을 指示ᄒ며 社會의 本原을 澄治ᄒ야 同胞의 良心을 啓發키 爲ᄒ야 設立흔 者라 (중략) 今日 吾儕가 同胞의 沈淪을 救得코져ᄒ면 先히 人心의 陷溺을 拯出ᄒ여야 可할지라 然則 吾儕가 根本田地를 淸潔ᄒ야 惟求爲眞人ᄒ고 毋求爲假人이라야 社會의 風化을 改良ᄒ며 同胞의 幸福을 導迎할 方面이 有할지로다.

즉 심학강연소의 설립 취지는 지금과 같은 시대에 청년들을 올바른 방향으로 지도하고, 모든 민중들이 올바르게 살게끔 하기 위해 心性ㆍ도덕을 연마시키고자 하는 것이었다. 즉 지금 시대를 타개해 나갈 진정

---

160) 「本會 第一會 記念祝辭」, 『西北學會月報』 제1권 제9호, 1~3쪽 祝辭.
161) 「本校 第二會 卒業式의 祝辭」, 『西北學會月報』 제1권 제12호, 1~2쪽 祝辭.
162) 「心學講演」, 『西北學會月報』 제1권 제10호, 19~21쪽.

한 인간을 양성키 위해 심성·도덕을 연마시키고자 한 것이다. 그리하여 여기에서는 聖經·賢傳 중 중요 구절과 서양철학자의 이론을 갖고서 강연을 하였으며 반드시 참석자들이 自省하여 진정한 의미를 터득할 것을 종용하였다.

그리고 서북학회의 부속단체로 운영되었던 서북학생친목회 총회나 통상회 시에 서북학회의 회원이나 당시 사회의 유명인재를 초빙하여 구국에 관계되는 연제로 공개강연회를 열어 학생과 민중 계발에 앞장섰다. 또 정기적으로 열린 토론회에서도 회원들이 애국사상을 고취하고 애국의 길을 모색하는 논제로 공개 토론하여 민중과 학생들의 애국사상을 계발하였다.163)

또한 서북학회 내에 설립되었던 농림강습소에서도 토론회를 조직하여 현실과 밀접한 관련을 갖는 농업 문제 등으로 토론을 전개하여 실업구국을 논의하였다.164) 또 서북학회는 각 지방이나 서울에 있는 학교에서 운동회를 열 때 총대를 파견하여 연사로 활약하도록 하였다. 각기 운동회에 참여한 연사들은 특히 당시 일본이 한국의 실력양성운동을 무비판적 근대화 운동으로 전락시키려는 상황과 관련하여 민중들에게 애국심을 심어 주고, 진정한 국권회복에의 길을 알려 주는 데 노력하였다.165)

회원 개별의 활동에서 가장 주목되는 사람은 安昌浩였다.166) 安昌浩는 서북학회에서도 중요한 연사로서 활동하였지만, 他學會·團體의 通常總會, 강연회, 간친회 등에서 주요 연사로서 활약하였다. 安昌浩의 대표적 연설로 1908년 2월 8일 대한협회 통상총회에서 1,000여 명의 청중을 상대로 한 「我韓前途의 如何」를 들 수 있다.167) 그는 연설을 마

---

163) 「西北學會」, 『大韓每日申報』 1908년 3월 1일 雜報 : 「西北學會」, 3월 7일 雜報.
164) 「農村討論」, 『皇城新聞』 1910년 2월 6일 雜報.
165) 「運動盛況」, 『大韓每日申報』 1908년 4월 24일 雜報.
166) 주요한(編著)(1971), 『安島山全集』, 三中堂, 88~92쪽 : 「韓會紀念盛況」, 『皇城新聞』 1908년 11월 20일 雜報.

친 후 心舟歌 一章을 노래하여 민중들을 놀라게 하였는데 그 노래는 다음과 같다.

어야지야 어셔가자
모든 風波 무릅쓰고

文明界와 獨立界로
어셔빨리 나아가자
멸망波에 뜬자들아
길이 멀다 恨歎말고

希望키를 굿이꼿고
實行돗슬 높피달아

부는바람 자기젼에
어야지야 어셔가자

이 때의 安昌浩의 연설과 心舟歌에 대해 『大韓每日申報』와 『皇城新聞』은 제1의 웅변가, 하늘에서 내려온 사람이라는 극찬을 아끼지 않았으며, 『황성신문』 1908년 2월 11일 논설 「和安君昌浩心舟歌」에서는 安昌浩의 心舟歌에 和唱할 것을 촉구하였다.[168] 이같이 安昌浩의 연설은 당시의 민중들의 심금을 울려 국권회복에의 의지를 기르는데 많은 공헌을 하였다.

그리고 대표적 연설가로 鄭雲復, 李東輝, 金明濬, 金源極, 崔光玉 등을 들 수 있다. 鄭雲復은 대한협회의 회원으로서 통상총회 贊務會, 청년회관 연설회, 관동학회 총회 등에서 주요 연사로 활약하였다. 그는 주로 정치·국가·행정 등 광범위한 논제로 민중계발에 앞장섰다.[169]

---

167) 『大韓每日申報』 1908년 1월 10일 廣告 :「演說盛況」, 1908년 2월 12일 雜報.
168) 「和安君昌浩心舟歌」, 『皇城新聞』 1910년 2월 11일 論說.
169) 「大韓學會贊成會」, 『皇城新聞』 1908년 5월 17일 特別廣告 :「韓會演說」 1908년 6월 13일 雜

李東輝는 安昌浩와 더불어 당시 대표적 교육가로 칭송되었던 인물로서 신민회의 주요 회원으로 활약하고 있었다. 그는 서북학회의 모금위원으로 파견되어 특히 함경도 지역에서 교육사업을 전개함과 더불어 불같은 열변으로 청중들의 애국심을 끓어오르게 하였다. 서북학회의 지회와 지교가 함경도 지방에 많이 설치되었던 것은 이동휘의 이 같은 노력의 결과라 하겠다.170)

金明濬은 대한협회 회원과 청년회 회원으로 활동하면서 대한협회·청년회의 주요연사로서 활약하였다.171) 그의 대표적 연설인 1908년 4월 11일 대한협회 통상총회에서의 「民權의 如何」에서 우리나라 국민은 잃어버린 민권을 되찾아야 한다고 강조하고 그 방법을 논하고 있다. 그리고 그는 민권을 찾을 때 문명부국을 이룰 수 있고 국권 또한 되찾을 수 있음을 강조하였다.172)

金源極은 1908년 8월부터 朴殷植에 뒤이어 『서북학회월보』의 주필을 맡아보았고 부총무직도 겸하였으며 황성신문에서도 활동하고 있었다. 그는 문필가로서 애국계몽사상을 전달하여 민중계발에 앞장섰을 뿐만 아니라, 각 학회·단체 등의 모임에서 연사로서 활약하였다.173)

崔光玉은 義州에서 학사시찰위원으로 활동하면서 특히 지방에서 연설가로서 많은 활약을 하였다. 민중들의 애국심을 키워 주기 위하여 각 지역의 연합운동회·각 학교의 운동회에 연사로서 적극 참여하였던 것이다.174)

報 :「大韓協會」廣告 :「靑年演說」, 『大韓每日申報』 1908년 2월 18일 雜報 :「東會演說」, 1908년 4월 29일 雜報.

170) 「江郡學風」, 『大韓每日申報』 1908년 3월 18일 雜報 :「江華義務敎育實施」, 『皇城新聞』 1908년 3월 8일 雜報.

171) 「江守奬學」, 『大韓每日申報』 1908년 3월 1일 雜報 :「江會演說」, 『皇城新聞』 1908년 5월 21일 雜報 :「運動必要演說」, 11월 4일 雜報.

172) 「韓會問會」, 『大韓每日申報』 1908년 4월 10일 雜報 :『皇城新聞』 1908년 4월 11일 廣告.

173) 「西北兩道 水灾救恤金義捐會演說」, 『西北學會月報』 제1권 제17호, 33~36쪽 演壇 :「靑館演說」, 『皇城新聞』 1910년 5월 24일 雜報.

이외에도 李甲·朴殷植·崔在學·柳東作·李昇薰 등이 대중을 상대로 하는 연설에 적극 참여하였다. 그리고 애국열에 불타고 있던 지회의 회원들, 지교의 임원들, 학사시찰위원들이 서북지방의 각 지역에서 대운동회, 강연회 등의 계몽강연을 통해 민중의 애국사상 고취와 지식계발에 앞장섰다.[175] 계몽강연의 내용은 애국주의, 국권회복, 민권사상, 신사상·신지식·신산업의 계몽, 구습타파, 교육구국운동과 民志의 단합, 실력양성 등이었다.

4. 靑年運動

서북학회는 국권회복운동의 주체를 국민으로 보았지만, 특히 청년층이 그 핵심체가 되어야 하며, 靑少年들이야말로 바로 장래 민족의 주인이라고 보았기 때문에 청년운동을 주요 사업으로 전개하였다.[176]

서북학회의 청년운동은 교육구국운동 외에 서북학생친목회, 서북학생토론회, 심학강연소의 운영, 유학생 지도 등을 중심으로 전개되었다.

서북학생친목회는 1907년 3월 17일 서우학회와 한북흥학회의 청년단체로 설립되었다. 이때 韓光鎬·韓景烈·尹益善 등 발기인들은 친목회의 취지를 단순히 서북지역 유학생들의 우의를 돈독히 하는 비정치적 친목회인 것으로 내세우고 있지만[177] 실제로 이는 구국청년단체로

---

174) 金九(1948), 앞의 책, 187~188쪽 : 「運動盛況」, 『大韓每日申報』 1908년 4월 24일 雜報 : 주요한(편저)(1971), 『安島山全書』, 삼중당, 101~102쪽 : 島山紀念事業會(1947), 『島山安昌浩』, 太極書館, 60~61쪽 : 「崔氏追悼」, 『皇城新聞』 1910년 7월 22일, 時事一掬 : 7월 26일 雜報, 廣告.
175) 「白川郡의 開明機關」, 『皇城新聞』 1908년 12월 1일 論說 : 「白校運動會寄附」, 1909년 11월 6일 雜報 : 「白郡敎育實業振興」, 1909년 11월 13일 雜報 : 「婦亦熱心」, 1910년 5월 24일 雜報.
176) 「二十世紀新舞臺靑年에 對ᄒ여」, 『西北學會月報』 제1권 제17호, 22~25쪽, 文藝.
177) 「西北學生親睦會」, 『大韓每日申報』 1908년 3월 16일 雜報 : 「學生親睦」, 『皇城新聞』 1908년 3월 15일 雜報.

서 출발하였다. 통감부 치하 경찰들이 당시의 단체들 중 서북학생친목회에 가장 관심을 갖고 이들의 활동을 주시하였던 점은 바로 이 단체의 성격을 잘 드러내 준다. 그리고 서북학생친목회의 회원들 역시 자신들의 단체를 단순한 친목단체로 여기지 않았다. 즉 서북학생친목회는 국권회복을 목적으로 한 서우 · 한북흥학회의 청년구국단체였다.

그리하여 서우학회와 한북흥학회는 서북학생친목회를 통하여 서북지역청년들의 지식을 계발하고 애국심을 고취시켜 국권회복운동에의 참여를 촉구하였다. 그리고 실제로 이 청년운동에 기반을 두고서 서우학회와 한북흥학회가 서북학회로 통합되기에 이르렀던 것이다.

이 같은 토대 위에서 서북학회 설립 이후 서북학생친목회 운영을 통한 서북학회의 청년운동은 더욱 활발해졌다. 그리하여 서북학생친목회의 활동이 한층 적극화되어졌던 것이다. 즉 과거에는 서북학생친목회에서의 청년계몽을 위한 연설회나 토론회 등이 정기총회 · 통상회가 개최될 때에 전개되었는데, 이제 토론회를 분리시켜 따로 西北學生討論會라는 명칭의 월례토론회로 강화시켰다.178) 그리고 연설회 · 토론회에서의 청년계몽의 내용 역시 실제 애국계몽운동을 전개해 나가는 데 있어서 현실과 관련된 문제점에 대한 대응책 · 타개책 등 구체적인 것들이었다.

이 같은 서북학생친목회 운영을 통한 서북학회의 청년운동은 많은 성과를 거두어 서북학생친목회의 회원으로 활약하였던 이들의 대부분이 애국계몽운동에 열렬히 참여하였으며 주요한 애국지사로 성장하였다.

서북학회의 心學講演所 운영은 1909년 2월에 시작된 것으로 넓게는 모든 민중을 대상으로 한 계몽강연활동이었는데 특히 청년층을 계도하기 위한 것이었다. 그 취지서의 표제를 보면 「本學校내에서 一般靑年界

---

178) 「西北總會」, 『大韓每日申報』 1908년 3월 7일 雜報 : 『西北學會月報』 제1권 제12호, 45쪽 會事 記要 : 「西北連會」, 『皇城新聞』 1908년 3월 7일 雜報 : 「親睦會任員」, 1910년 1월 13일 雜報.

의 道德範圍를 擴張키 爲ᄒ야 心學講演所를 設寶ᄒ 趣旨가 如左흠」
이라고 밝히고 있다. 즉 앞으로 나라의 주인이 될 사람들인 청년층에게
도덕을 강연하여 올바른 방향으로 지도하고자 하였던 것이다. 특히 청
년층의 참여를 촉구하는 것은 다음 문장에서 잘 나타나고 있다.179)

> 必反躬自省ᄒ야 其本心의 良知를 澄淸ᄒ야 頭腦를 確立하기로 課
> 程을 酌定ᄒ오니 若能於此에 直實見得과 直實履行이 有ᄒ면 社會의
> 本原을 可以澄淸ᄒ야 同胞의 良心을 可以啓發흘지니 社會僉員이던지
> 學界靑年이던지 有志於此ᄒ면 同心做去ᄒ기로 區區切望ᄒ나이다. 或
> 曰 學生界ᄂ 各種科學이 複雜ᄒ고 社會界ᄂ 許多事業이 紛劇ᄒ거늘
> 奚暇에 誠意正心等 工夫를 從事ᄒ리오ᄒᄂ 此ᄂ不然ᄒ것이 ……

서북학회는 道德·心性을 연마시켜 지금 시대를 타개해 나갈 진정
한 인간을 양성하는 데 있어서 특히 청년층을 주된 대상으로 삼고서 심
학강연소를 운영하였던 것이다. 이러한 서북학회의 입장은 정신교육
을 학생들에게 철저히 하려 하였던 것과 일치한다.180)

그리고 서북학회는 海外留學靑年에 대하여도 관심을 갖고 지도하였
다. 즉 유학생들의 외국에서의 유학이 구국의 길이 될 수 있도록 노력
하기를 유학청년들에게 당부하고181) 그들의 책임을 다음과 같이 강조
하였다.182)

> 諸君은 不屈不撓ᄒ며 不渝不回의 大膽力을 善養之善勵之ᄒ야 國家
> 를 愛ᄒ야 生ᄒ며 國家를 愛ᄒ야 殉흘지어다 同胞를 爲ᄒ야 歌ᄒ며 同
> 胞를 爲ᄒ야 哭흘지어다.

---

179) 「心學講演」, 『西北學會月報』 제1권 제10호, 20~21쪽.
180) 金源極, 「敎育方法必隨其國程度」, 『西北學會月報』 제1권 제1호, 4~5쪽 敎育部 : 「國民學과
　　　物質學」, 제7호, 5~8쪽 敎育部 : 「精神敎育」, 제8호, 4~10쪽 敎育部.
181) 「歡迎出瀛留學生諸君渡國」, 『西北學會月報』 제1권 제4호, 8~9쪽 敎育部.
182) 桂奉瑀, 「警告我遊學生諸君」, 『西北學會月報』 제1권 제5호, 14쪽 雜俎.

그리고 방학 중 유학생들이 귀국한 시에는 환영회를 개최하여 그들의 사기를 북돋아 주었다.183) 또한 關西지방 교육계를 시찰케 하여 국내의 교육 정도를 알게끔 하고 조언을 구하기도 하였으며 다시 한번 교육의 진정한 의미와 목표를 재음미시켜 주었다.184)

즉 유학생들이 지금 시대에서의 교육의 궁극 목적과 의미를 잃어버리고 단순히 실리적 지식 습득에 만족할 가능성을 우려하고 더욱 국권회복을 위한 재목으로서의 기량을 닦아나가도록 지도하였다.

이 같은 일련의 사업의 하나로 留學生講習會를 개최하였다.185)

5. 民族産業振興運動

서북학회는 실업이 富强文明의 기인됨을 자각하고 '實業獎勵爲今日急務'라는 기치 아래 민력양성운동의 일환으로 민족산업진흥운동을 전개하였다.186) 즉 단순한 실리의 추구가 아니라, 지금과 같은 생존경쟁·약육강식의 제국주의적 상황에서 나라를 구하고 민중을 살릴 수 있는 것은 다름 아닌 실업이라고 보고 민족산업진흥에 앞장섰던 것이다.187)

이 같은 사업을 위해 서북학회는 무엇보다도 실업에 관한 전문적 연구와 실업진흥에 앞장설 상설기구가 필요함을 인식하고 학회 내에 實業部 신설을 구상하였다. 먼저 崔在學 등 3인의 연구위원을 선정하여 실업부의 조직을 구체적으로 연구케 했으며 鄭鎭弘·金明濬·柳東說·金尤五·金達河 등 5인의 조직위원으로 하여금 그 세부적인 규칙 운영

---

183) 「留學生歡迎會에 對ᄒ야 勸勉의 意를 表홈」, 『皇城新聞』 1908년 8월 2일 論說 : 「會長歡迎」, 1908년 7월 29일 雜報 : 「留學生歡迎」, 1908년 7월 31일 雜報.

184) 「留學生談話」, 『皇城新聞』 1908년 8월 11일 論說.

185) 「講習狀況」, 『皇城新聞』 1908년 8월 3일 雜報 : 1910년 6월 21일 廣告.

186) 金源極, 「實業獎勵爲今日急務」, 『西北學會月報』 제1권 제2호, 5쪽 敎育部.

187) 「孰能救吾國者며 孰能活吾衆者오 實業學家가 是로다」, 『西北學會月報』 제1권 제7호, 1~3쪽 論說.

등을 제정케 하였다. 이러한 노력의 결과로 서북학회의 실업부는 구체적 윤곽을 드러내게 되었다.[188]

1908년 7월 11일 특별총회에서 실업부의 규칙이 통과되었다. 이 규칙의 세부적 사항은 자료의 미비로 알 수 없으나 나타난 바에 의하면 다음과 같다.

　　西北學會 實業部 規則
　　제1조 ： 本部는 西北學會 實業部라 명칭함.
　　제2조 ： 目的은 農工商業을 改良發達함.
　　제3조 ： 本部의 便宜를 위하여 支部를 각 地方에 둠.
　　제11조 ： 三課의 業務를 경영하기 위하여 基本金 20萬圜을 모집함.
　　제12조 ： 出資額의 多少를 定하여 利益을 분배함.

이 같은 규칙의 조항에 따라 실업부의 대체적 윤곽을 알 수 있다. 실업부의 설치목적은 셋으로 볼 수 있다. 첫째, 실업부는 본부·지부 활동을 통하여 실업진흥이 우리 국가가 살 수 있는 길이며 민중이 富해질 수 있는 길임을 민중들에게 계몽하고자 하였던 것이다. 즉 민중들에게 실업진흥을 촉구하고, 그를 위한 실업학교의 설립과 실업교육의 중요성을 강조코자 하였던 것이다. 둘째, 실업부는 회원들로 하여금 각 三課 — 농·공·상에 이십만 환을 출자케 하여 모범적인 민족산업을 운영·진흥하여 민중들에게 모델을 제시하고자 하였다. 셋째, 본부와 지부에서 각 지역 민중들의 실업운영방침을 지도하여 민족산업자본의 발흥을 촉진시키고자 하였다.

이 같은 서북학회의 실업진흥운동은 많은 성과를 거두었다. 즉 서북 각 지역에서 민족산업진흥운동이 일어나고 민족산업이 발흥되기 시작하였던 것이다.[189] 대표적인 것은 肅川 葛山洞 농회설립과 식목사업,

---

188) 『西北學會月報』 제1권 제3호, 45～47쪽 會事要錄.

평양의 농림학교와 農事模範場의 설립, 평양 磁器會社의 설립, 植物會館의 설립 등을 들 수 있다.

肅川 갈산동 농회는 일본유학을 마친 농학사 金鎭初를 주축으로 1908년 9월 조직되었다. 농회의 목적은 농법을 개량하여 실업을 발달케 하는 데 있었는데, 新聞雜誌縱覽所와 國文夜學校를 설치하고 회원들 소유의 坌有地에 식목을 하도록 하였다.190) 즉 농회는 農·林을 주축으로 한 실업진흥운동과 계몽사업을 전개하였다. 이는 서북학회가 실업의 농·공·상 세 분야에서 특히 농업진흥에 비중을 두고자 하였던 것과 관련된다 하겠다.

서북학회는 우리의 현실에서 富源을 개발하여 國利와 民福을 증진시키는 데 최대 급무는 농업진흥에 있다고 보았다.191) 그리고 농업도 단순히 과거의 농업 범위가 아닌 광범위한 것으로 생각하였고 특히 임업의 중요성을 강조하였다.192) 즉 '農業이 令人愛國'이라고 생각한만큼 농업을 구국과도 관련하여 가장 기본적인 것으로 여겼다.193) 이러한 점은 서북학회의 실업진흥운동이 국권을 회복해야 하는 현실의 문제와 관련되어 있고 애국을 전제로 한 것이었음을 나타내 준다. 그러므로 갈산동의 농회설립이나 식목사업이 개별적인 몇 사람의 노력에서 나온 것이라기보다는 서북학회의 실업장려운동과 밀접한 관련을 갖는다고 볼 수 있다.

그리고 서북학회는 실제 민중들에게 농회 설립을 적극 권장하고 농회의 구체적 사업내용을 다음과 같이 제시하고 있다.194)

---

189) 「實業界의 新光線」, 『皇城新聞』 1908년 9월 8일 論說.
190) 「肅川郡 葛山洞 農會設立에 對ᄒᆞ야 百拜祝賀홈」, 『西北學會月報』 제1권 제5호, 1~2쪽 論說 : 「農會事業」, 『皇城新聞』 1908년 9월 8일 雜報.
191) 「農業의 改良」, 『西北學會月報』 제1권 제4호, 14쪽.
192) 「林政爲富國之機關」, 『西北學會月報』 제1권 제1호, 5~7쪽.
193) 「農業의 令人愛國」, 『西北學會月報』 제1권 제3호, 37~39쪽 雜俎.
194) 「民興振興의 私見」, 『西北學會月報』 제1권 제5호, 10~14쪽 雜俎.

一. 農業敎育의 奬勵普及을 企圖홀事
二. 農談會 又는 農事講習所를 開設홀事
三. 作物病蟲害의 驅除豫防을 奬勵홀事
四. 農産物의 共進會品評會 又는 交換會를 開設홀事
五. 耕地整理事業의 實施를 誘導홀事
六. 餘業副産의 改良發達을 勸奬홀事
七. 山林事業의 改善發達을 企圖홀事
八. 精選혼 種苗의 配布를 務홀事
九. 産業組合及貯蓄組合等의 設置를 奬勵홀事
十. 農事統計를 完備ㅎ게홀事
十一. 農事改良上 建議 又는 諮問에 應홀事

이 같은 서북학회의 구체적 제안이 실제로 농회설립과 같은 결실을 가져다주었던 것이다.

서북학회는 더욱이 전국에 실업학교를 설치하여 실업교육으로 실업의 진흥 · 발전을 꾀하여 부강한 독립국가를 건설코자 하였는데195) 평양의 농림학교와 농사모범장의 설치는 바로 서북학회의 취지와 합당한 것이었다. 이는 평남의 관찰사 李軫鎬가 평남의 유지들과 뜻을 같이하여 1908년 9월에 설립한 것으로 농업의 발달을 꾀하고자 하였던 것이다.196) 서북학회는 농림학교의 설립을 축하하고 다음과 같이 농업의 진흥을 촉구하였다.197)

最急務者 – 是農業也로다 一般識時者는 一切注意ㅎ야 全國十三道
에 各一農學校를 組織ㅎ야 改良模範의 實際로 一般農民을 誘導啓發ㅎ
야 産業을 增殖ㅎ며 國力을 振興홈이 豈非今日之義務哉아.

그리고 서북학회는 비중이 덜하긴 하지만 상 · 공업의 진흥도 중요

---

195) 주 187) 참조.
196) 주 190) 참조 : 「農會事業」, 『皇城新聞』 1908년 9월 8일 雜報.
197) 兪汶鐘, 「祝賀農林學校」, 『西北學會月報』 제1권 제5호, 18쪽 雜俎.

시하였다. 평양의 磁器會社,198) 鐵山의 造紙會社199) 등도 이 같은 서북학회의 실업진흥운동에 힘입어 설립·운영되었다.

특히 서북학회가 평양 자기회사 주식 모집에 찬성하였던 것은200) 그 설립·운영에 깊이 관여하였음을 말하여 주는 것이다.

위와 같은 실업부 설치·운영을 통한 실업진흥운동과 함께 서북학회의 실업진흥을 위한 중요사업으로 농림강습소의 설치·운영과 농림연구회의 설립을 들 수 있다.201)

농림강습소 설치의 중요 목적은 크게는 실업진흥으로 어려운 현실에서 벗어나 문명국가로 나아가자는 것이고, 현실적으로는 人民營業上의 발달을 용이하게 하고 수익의 신속함을 주기 위한 것이었다. 서북학회는 이러한 목적에 합당한 것은 농업이 용이하지만 과거의 곡물생산중심이 아닌 새로운 종목의 수용이 필요함을 강조하고, 농림강습소에서는 그러한 것들을 7개월의 속성과정으로 교육하려 하였다. 농림강습소에서 강의한 과목은 과수재배학, 삼림학, 비료학, 가축학, 獸醫學 등이었다.

서북학회는 이 강습소의 학생을 모집하기 위하여 각 지교와 지회에 취지서를 보내 지교·지회의 주관 아래 학생들을 선발하여 서울 강습소로 보낼 것을 촉구하였다.202)

강사로 숙천 갈산동에서 농회를 설립하였던 金鎭初, 일본 동경대학 졸업생인 元勛常, 金志侃 3인을 초빙하여 1909년 9월 13일에 문을 열었다. 그리고 1910년 1월 11일부터는 簿記科를 설치하였는데 입학지원자

---

198) 島山紀念事業會(1954), 『島山安昌浩』, 三協文化社, 88~89쪽 : 島山紀念事業會(1947), 『島山安昌浩』, 太極書館, 54~55쪽 : 「磁器會社承認」, 『皇城新聞』 1908년 10월 14일 雜報.
199) 주 167)·175) 참조 : 「造紙社創立」, 『皇城新聞』 1908년 9월 26일 雜報.
200) 『西北學會月報』 제1권 제7호, 32쪽 會事記要.
201) 「祝賀西北學會內農林講習所」, 『西北學會月報』 제1권 제16호, 28~31쪽 文藝 : 「農會發起」, 『皇城新聞』 1910년 5월 6일 雜報 : 「農林會概要」, 1910년 5월 8일 雜報.
202) 「農林講習所公函」, 『西北學會月報』 제1권 제16호, 61~62쪽 雜俎.

가 120여 명에 이를 정도로 많은 호응을 얻었다.203) 1910년 2월에는 농림강습소 내에 토론회가 조직되어 농림업의 문제를 토론하였다.204)

농림연구회는 농림강습소의 졸업생을 기반으로 수원 농림학교 제3회 졸업생과 隆興農村講習所 졸업생이 단합하여 1910년 5월 서북학회 내에 설치되었다. 이의 취지를 보면 다음과 같다.205)

> 蓋衣食住를 完全히홈에는 直接으로 實業振張이 最急務라 홀지나 我國은 古來로 天然的農産物로써 一般生活을 最圖ㅎ든 者인즉 今에 農林學發達에 先着手홈이 即容易홀 途가 될지로다. 然ㅎ즉 其發達方法에 對ㅎ야는 新農業의 眞理를 硏究ㅎ며 中央地方에 農業上의 種種혼 方面으로 進行홀 機關을 設備ㅎ야 一新向上코져홈인즉 ……

즉 농업을 통하여 실업진흥을 꾀하고 이로써 어려운 현실에서 벗어나고자 하였던 것이다.

이 같은 서북학회의 실업진흥운동에서 다음 두 가지의 중요한 특성을 볼 수 있다. 첫째, 서북학회의 실업진흥운동은 단순한 실리를 추구하거나, 또는 일본의 식민지 정지를 위한 근대화 사업에 동조하는 것이 아닌 애국을 기반에 둔 실업의 육성이었다는 점이다. 즉 국권회복을 전제로 하는 실업진흥운동이었다.206) 두 번째, 농림업에 강조점을 두고 있다는 것이다. 이는 당시 일본의 경제적 침략과 관계를 갖는 것이라 하겠다. 상·공업면에서도 일본의 침투가 활발하였지만 역시 國土와 관계되는 농업면에서의 일본의 침투를 근본적인 것으로 보았고, 국토를 지켜야 한다는 의식에서 농업에 비중을 둔 것이라 볼 수 있다.207) 그

---

203) 『皇城新聞』 1909년 12월 28일 廣告 : 「農林講習所學員」, 1910년 1월 13일 雜報.
204) 「農林討論」, 『皇城新聞』 1910년 2월 6일 雜報.
205) 「農林會槪要」, 『皇城新聞』 1910년 5월 8일 雜報.
206) 「農業이 令人愛國」이라 하여 애국을 위해 농업을 더욱 강조하고 있는 점은 서북학회의 실업장려운동의 기본 성격을 잘 드러내 준다.
207) 「以農之國에 其基地가 尤固」, 『西北學會月報』 제1권 제4호, 15~20쪽.

리고 임업에 대한 강조는 당시 삼림법의 공포와 시행에 따른 일본인들의 우리 삼림의 점탈과 관련된 것이었다고 보겠다. 서북협성학교내의 측량과 설치도 이와 관련된 것이었다.

IV. 맺음말

서북학회는 을사늑약 이후 국권이 상실되고, 丁未七條約의 체결 이후 정치활동이 더욱 어려워지고 국권회복운동이 제약받는 상황에서, 애국계몽운동을 주도하고 지도한 구국운동단체였다. 국권회복운동 전개의 위기를 인식한 서우학회 · 한북학회 · 신민회 등의 서북지역 지식인과 신흥시민층에 의해 설립된 이 단체는 이러한 제약을 극복하고 국권회복운동을 더욱 철저히 전개하고자 각기 위기의식을 느끼고 있던 민중들의 애국심을 개발하여 애국계몽운동에 참여케 하였으며 실리적 맹목적 근대화에의 추종을 경고하였다.

그리하여 위기에 처해 있었던 애국계몽운동은 제약에도 불구하고 진정한 국권회복에로 나아갈 수 있었으며, 수많은 민중들이 일본이 요구하는 단순한 근대화정책(植民地整地作業)을 추종하지 않고 愛國을 근간으로 하는 민력양성운동에 적극 참여하였다.

1908년 1월에서 1910년 9월까지의 애국계몽운동이 일본의 식민지 整地정책에 완전히 말려들지 않고 진정한 국권회복운동으로 전개될 수 있었던 것은 이 같은 서북학회의 역할 때문이었다.

특히 이 같은 서북학회의 활동으로 서북지역은 애국계몽운동의 요람이 되었으며 이를 토대로 많은 독립운동가를 배출하여 후의 독립운동의 기초를 마련하였다.

서북학회는 국권을 회복하여 국민주권의 자유독립국가를 수립하는데 그 목표를 두었다. 그리고 그들은 국가의 國體 · 政體는 입헌공화국이어야 한다고 생각하였다. 즉 국권회복과 더불어 新國民國家(근대시민사회)로 나아가고자 지향하였던 것이다.

서북학회는 국권회복운동의 기초조건으로 실력과 단결을 중요시하였다. 서북학회가 주창한 실력은 국민의 실력인 민력이었으며 단결 역시 단체활동을 통한 민력의 결집이었다. 이것은 國民國家 수립을 목표로 한 사실과 관련된 것이었다. 특히 서북학회는 외형적 단합이 내실을 갖추고 정신적 단합을 이루어 우리 국민 전체가 진정으로 하나로 단합되는 날에 국권회복·근대국민국가의 수립이 이루어진다고 보았다. 서북학회는 국민의 실력을 양성하고 민력의 외형적·정신적 단결력을 기르기 위해 여러 가지 사업을 전개하였다.

서북학회는 국민들에게 국권회복을 위한 애국을 기본으로 하는 신교육의 필요성을 계몽하였으며, 학교를 설립하여 국권회복을 위한 인재를 양성하고 교육의 모범을 제시하였다. 또한 사립학교령·실업학교령 등의 공포와도 관련하여 각 사립학교의 교육이 진정한 구국으로 나아갈 수 있도록 찬성하고 유학생들의 애국심을 고취하였으며 전국학교, 여러 학회들과 연관을 갖고서 교육의 지침을 제시하였다. 이 같은 서북학회의 교육구국운동은 교육을 구국을 위한 애국교육으로 이끌었으며 광범위한 민중교육으로 발전하게끔 하였다. 또 학보발간·계몽강연활동을 통하여 일반민중의 지식을 계몽하고 애국심을 고취시켜 민력양성에 힘쓸 것을 추구하였다. 특히 일본의 방해책동에 의해 빚어진 현실의 어려운 문제들을 극복하는 구체적 방안 등에 대해서도 널리 소개하였다.

그리고 청년운동을 통하여 앞날의 민족의 주인인 청년들의 애국심을 고취하고 이상을 심어 주어 국권회복을 위한 재목으로서의 기량을 닦아 나아가도록 지도하였다.

또한 실업진흥운동을 통하여 일제의 경제적 침략과도 관련하여 우

리 민족의 생활방도를 강구하게 하였으며, 특히 일제의 침략이 노골화
되고 있는 농림의 진흥을 강조하였다. 더욱이 단순한 실리에로만 흘러
서 일제의 식민지 근대화정책에 휘말려 들어간 것에 대하여 극히 경계
하고 애국을 전제한 실업진흥을 주장하였다.

　　바로 이 같은 사업들로써, 서북학회는 당시 애국계몽운동기에 대표
적 단체로서 부상하였으며, 후에 일제하 독립운동의 물적 · 인적 기반
이 되었던 것이다.

(『韓國學報』31, 32집, 1983, 일지사)

제6장

韓末 西北學會의 愛國啓蒙思想

I. 머리말

개항 이래 우리 근대사에 있어서 민족의 중심과제는 대내적으로 봉건위기를 해소하고 대외적으로 외국 침략세력에 맞서 국권을 지키는 것으로 일관되어 왔다. 1905년 을사늑약에 의하여 국권이 박탈되고 일제에 의한 식민지 정지작업이 추진되자, 이제 우리의 과제는 國權恢復으로 집중되었다.

당시 한국민족의 국권회복운동은 愛國啓蒙運動과 義兵運動의 양면으로 전개되었다.

의병운동은 국권 상실이란 민족적·국가적 위기에 직면하여 일본에 맞서서 무력으로 투쟁하여 국권을 되찾으려는 무력항쟁으로서 당초에는 儒生層이 선도적 역할을 하였다. 그리고 이 운동은 1907년 고종 강제 퇴위와 조선군대 해산을 계기로 전국적 규모로 확대되었으며, 의병과 그 지도층의 구성도 광범한 민중을 중심으로 재편되었다.

애국계몽운동은 한국민족의 실력(힘)이 일본제국주의의 실력(힘)보다 현저히 부족하다는 사실을 인식한 사람들이 한국민족의 실력(힘)을 양성하여 국권을 회복하려는 民力養成運動으로 이 운동을 이끌어간 사상은 開化自強思想을 계승한 애국계몽사상이었다.

西北學會는 정미7조약의 체결이후 정치활동이 더욱 어려워지고 국권회복운동이 제약받는 상황에서 애국계몽운동을 주도하고 지도한 구국운동단체였다.

서북학회는 당시 국권회복운동의 전개에 위기를 인식한 西友學會員·漢北學會員·新民會員 등의 서북지역 지식인과 신흥시민층이 중심이 되어 설립되었는데(1908년 1월), 신교육운동·學報刊行運動·啓蒙講演 討論運動·靑年運動·民族産業振興運動 등을 통하여 민력을 양성하는데 힘을 기울였다. 서북학회는 특히 당시의 제약을 극복하고 더욱 철저히 民力養成運動을 전개하고자 각계각층의 민중들의 애국심 계발에 주력하였으며 민력양성운동이 단순한 실리적·맹목적 근대화운동으로 흐르는 것을 경계하였다.

이 같은 서북학회의 노력으로 당시 위기에 처해 있었던 애국계몽운동은 진정한 국권회복운동으로 전개될 수 있었으며, 수많은 민중들이 일본의 近代化政策(식민지정지작업)을 추종하지 않고 애국을 근간으로 하는 민력양성에 적극 참여하였다. 1908년 1월에서 1910년 9월까지의 애국계몽운동이 일본의 식민지 정지작업에 말려들지 않고 진정한 국권회복운동으로 전개될 수 있었던 것은 서북학회의 역할 때문이었다고 하겠다.[1]

본고는 이 같은 서북학회의 실상을 좀 더 면밀히 밝히기 위해 그의 思想的 構造를 분석하고자 한다. 자료의 부족으로 서북학회의 잡지인 『西北學會月報』에 의존해서 그 사상을 분석하는데 그쳤다.

---

1) 이송희(1983),「韓末 西北學會의 愛國啓蒙運動」,『韓國學報』제31집·제32집, 여름호·가을호.

II. 西北學會 思想의 基本構造

1. 國權恢復과 愛國

1) 國權恢復

서북학회 사상의 근간을 이루고 있는 것은 국권회복사상이다. 서북학회는 을사늑약에 의하여 국권을 빼앗긴 현실에서 무엇보다 국권회복이 가장 시급함을 강조하고 모든 활동·사상이 이것을 전제로 전개되어져야 할 것을 주장하였다. 이는 개화자강파의 개화사상·운동이 당면의 현실문제인 國權被奪에 부딪혀 일정하게 방향을 수정한 것으로 이제 국권회복을 제1과제로 제시하였다.[2]

서북학회의 궁극목표와 설립취지는 바로 이 같은 서북학회의 기본입장을 잘 드러내 준다. 즉 서북학회의 궁극목표는 국권회복과 민권신장으로 근대국민국가를 건설하는 것으로서, 당면의 과제로 국권회복을 제시하고 있다. 그리고 설립 취지는 국가의 독립(국권회복)의 기초가 되는데 있었던 것이다.[3]

서북학회는 먼저 민중들에게 일본제국주의에 국권을 빼앗긴 현실을 똑바로 직시할 것을 요청하였다. 당시 우리 국가·민족의 입장을 다음과 같이 말하고 있다.[4]

> 嗚呼라 今日我國이 國家의 名稱은 雖有ᄒ나 國家의 權利는 無ᄒ며 人民의 形質은 雖有ᄒ나 人民의 義務는 無ᄒ지라 法律도 我의 所有ᄒ 法律이 아니요 政治도 我의 所有ᄒ 政治가 아니요 甚至於諸般公益實業界까지라도 我의 所有가 絕無ᄒ 즉.

---

2) 姜在彥(1980), 『朝鮮の開化思想』, 岩波書店, 246~249쪽.

3) 『西北學會月報』 제15호, 8쪽 祝辭에서 李東暉는 "是日也 兩學會가 竟乃合成一團ᄒ니 統計二千萬勵民之數ᄒ면 國民之半이 已成團體矣라 事半而功培는 孟夫子一不云乎아 今也兩會之合設이 爲獨立之基礎를 斷斷質言ᄒ오니"라 하고 있다.

4) 金源極, 「祝十一學士」, 『西北學會月報』 제1권 제4호, 5쪽 敎育部.

서북학회는 바로 이 같은 국가·인민·법률·정치 모든 공익사업 등의 이름만이 존재하고 실제 존재치 않는 현실을 극히 위급하고 참담한 것으로 인식하고 있었던 것이다.

그리하여 서북학회는 그 위급함, 참담함을 국민들에게 인식시키고자 하였을 뿐만 아니라, 독립·자유를 쟁취하는 것이 얼마나 중요한 것인가 하는 점, 또 이것이 바로 국민의 의무임을 강조하였다. 즉 국권회복·민권신장으로 독립·자유를 쟁취하는 것이 지금 상황에서 가장 시급한 문제임을 주장하였던 것이다.

> 目今我韓의 國家가 何如흔 危境에 在ᄒ야시며 人民이 何如흔 慘境에 處ᄒ얏ᄂ야 弄釣支曳ᄂ (중략) 我의 堂堂흔 國權과 固有흔 人權으로 世界上에 屹然獨立케흠이 豈非國民之義務며 丈夫之事業哉아.[5]

그러면서 서북학회는 민중들에게 국권회복이라는 목표를 향하여 끊임없이 정진할 것을 강조하였다.[6]

2) 愛國

서북학회는 국권회복이란 당면 과제의 달성에 전제가 되는 것은 무엇보다 국민의 애국심이라고 보았다. 그것은 국가는 인민의 집합체이므로 인민의 愛國思想·愛國精神이 국권회복의 주요관건이 된다고 보았기 때문이다. 즉 국민이 애국하는 사상·정신이 있으면 이민족·타국의 압제에서 벗어날 수 있고 애국사상·정신이 없으면 이민족·타국의 압제에서 벗어나지 못한다고 보았던 것이다.[7]

---

5) 金陵散人, 「對漁樵者說」, 『西北學會月報』 제1권 제8호, 43쪽 雜組.
6) 謙谷, 「本校第二會卒業式의 祝辭」, 『西北學會月報』 제1권 제12호, 1쪽 祝辭.
7) 白南散人, 「國民學과 物質學」, 『西北學會月報』 제1권 제7호, 6쪽 教育部.

> 夫國은 人民의 集合體라 其民이 愛國ᄒᄂᆞᆫ 思想과 愛國ᄒᄂᆞᆫ 精神이
> 有ᄒ면 瑞士利時의 蕞爾로도 完全ᄒ 團體를 成ᄒ고 其民이 愛國ᄒᄂᆞᆫ
> 思想과 愛國하ᄂᆞᆫ 精神이 無ᄒ면 羅馬印度의 極大로도 夷滅의 慘禍를
> 不免ᄒ엿스니.

이같이 서북학회는 국가의 운명이 국민의 애국사상·정신에 달려 있다고 보았던 것이다.

그리고 서북학회는 우리 국민의 애국사상·정신을 大韓精神으로 표현하였는데 서북학회는 대한정신을 다음과 같이 인식하였다.[8]

> 我大韓人이 되야ᄂᆞᆫ 我國을 是愛ᄒ며 我의 自由를 是愛ᄒ며 我의 獨
> 立을 是愛ᄒ며 我의 團體를 是愛ᄒ며 我의 自强不拔을 是愛ᄒ며 我의
> 言語文字를 是愛ᄒ며 我의 同族을 是愛ᄒᆷ이 大韓精神이라 ᄒᆯ지니.

서북학회는 이 같은 애국정신·사상, 즉 대한정신은 무엇보다 國民學과 精神敎育을 통해 함양되어진다고 보고 국민학·정신교육을 강조하였으며, 특히 당시 선진지식인들에게 국민의 애국심·자강정신·독립사상을 고취하도록 촉구하였다.[9]

2. 社會進化論과 實力養成

서북학회는 국권회복이라는 목표로 매진키 위해 먼저 우리 민족의 국권피탈의 원인을 밝히고자 하였는데, 그것을 당시 역사적 현실에 관한 독특한 관점으로 파악하였다. 즉 社會進化論으로 인식·파악하였다.

서북학회는 당 시대를 다음과 같이 인식하고 있었다.

---

8) 「敎育必隨基國程道」, 『西北學會月報』 제1권 제1호, 5쪽.

9) 金源極, 「祝十一學士」, 『西北學會月報』 제1권 제4호, 7쪽 敎育部: 桂奉瑀, 「警告我留學生諸君」, 제1권 제5호, 14쪽 雜俎

況今日은 競爭時代라 優勝劣敗ᄒ며 弱肉强食ᄒᄂ니[10]
況二十世紀의 世界ᄂ 强者가 弱子의 血을 爭吮ᄒ며 優者가 劣者의
肉을 擇食ᄒᄂ니.[11]

즉 서북학회는 당시대를 優勝劣敗·弱肉强食·適者生存의 논리만
이 적용되는 생존경쟁시대로 인식하고 있었던 것이다. 이는 당시 애국
계몽운동가·단체들의 공통된 입장으로 개화자강파의 사상이 애국계
몽사상으로 變轉할 수 있게 하여준 중요한 사상체계였다. 이 사회진화
론은 당시 상황과 관련하여 특히 梁啓超의 저서를 통하여 우리나라에
적극 도입되었다.[12]

서북학회는 이 논리를 좁게는 개인과 개인, 단체(지방)와 단체(지방),
크게는 국가와 국가, 민족과 민족 등에 구체적으로 적용하였는데 개인
간, 단체간의 경우와 국가간의 경우에 그 강조점을 달리 하였다.

국내에서의 개인간, 단체(지방)간의 경쟁은 사업의 발달과 국력의 强
建에 필요 불가결한 것으로 적극적으로 긍정하여 장려하고 있다. 즉 개
인·단체(지방)간의 경쟁력이 강하면 강한 만큼 국가의 경쟁력도 강하
여지는 것으로, 지금 서구열강들의 위치 확보는 국내 민중들의 경쟁의
식에서 비롯되었다고 보았다. 국내사회의 경쟁에 대하여는 국가발전
의 활력소, 국권의 신장이라는 측면과 연결시켜 보고 있다.[13]

반면 국가간·민족간의 경쟁에 대하여는 특히 弱肉强食·蹂躪·吞
噬·淘汰의 측면을 강조하였다.

現時代ᄂ 地球上 人物의 産이 日益繁殖ᄒ야 各其生存을 爲ᄒ야 競
爭이 有ᄒ되 知識과 努力이 優勝한 者ᄂ 生存을 得ᄒ고 知識과 努力이

---

10) 崔潤植, 「今日之急務ᄂ 當何先고」, 『西北學會月報』 제16호, 11~12쪽 敎育部.
11) 桂奉瑀, 「警告我留學生諸君」, 『西北學會月報』 제1권 제5호, 14~15쪽 雜俎.
12) 愼鏞廈(1980), 「韓末 愛國啓蒙思想과 運動」, 『韓國史學』 1집, 한국정신문화연구원, 278쪽.
　　李光麟(1979), 「舊韓末 進化論의 受容과 그 影響」, 『韓國 改化思想硏究』, 257쪽.
13) 謙谷, 「人의 事業은 競爭으로 有ᄒ야 發達홈」, 『西北學會月報』 제16호, 1~3쪽 論說.

劣弱한 자는 滅亡을 不免홈은 固然한 勢라 故로 野蠻한 民族이 文明한
民族을 對ㅎ야 抵抗을 不能ㅎ야 驅逐을 受ㅎ고 蹂躪을 被ㅎ야 自然淘
汰漸滅ㅎ는 境遇에 至홈이로다.14)

즉 서북학회는 민족·국가간의 생존경쟁에 있어서는 지식과 노력이
우승한 문명민족·국가만이 생존할 수 있고 열약한 야만민족·국가는
문명민족·국가에 의해 驅逐되어 淘汰·漸滅된다고 보았다.15)

또한 바로 이 논리로 서북학회는 당시 제국주의 열강들의 식민지획
득·식민지지배 등의 속성을 분석하였다.16)

그리고 서북학회는 이러한 국가간·민족간의 생존경쟁을 구체적으
로 우리의 현실에도 그대로 적용시켜 보았다. 바로 이 논리로서 우리
국권의 일제에 의한 피탈과 우리 민족·국가의 半植民地로의 전락 원
인을 파악하였던 것이다. 즉 우리 민족의 지식과 세력이 劣하고 弱하여
민족간의 경쟁에서 패자의 위치에 서게 됨으로써 일제에게 국권을 빼
앗겼다는 결론을 얻은 것이다.

서북학회는 당시 지식과 세력이 약한 우리 민족의 위치를 다음과 같
이 뼈저리게 느끼고 있었다.17)

嗚呼라 今日을 當ㅎ야 吾國國勢의 危地에 在홈과 生民의 慘境을 陷
홈은 雖愚夫愚婦라도 不知한 者 — 未有홈은 再言을 不待ㅎ려니와 且今
日은 五洋六洲가 連絡交通홈에 優勝劣敗ㅎ는 二十世紀今日이라 然則危
者 — 吾國이오 慘者 — 吾民이오 劣者 — 吾種이오 弱者 — 吾族이라.

---

14) 謙谷,「本校의 測量科」,『西北學會月報』제17호, 3쪽 敎育部.
15) 서북학회는 특히 각국의 국력에 대하여 많은 관심을 갖고서 국력을 비교 고찰하기도 하였
다.「各國國力比較」,『西北學會月報』제1권 제2호, 15~20쪽 雜俎:「各國國力比較」, 제1권 제3
호, 18~26쪽 雜俎: 謙谷,「孰能救吾者며 孰能活吾衆者오 實業學家가 是로다」, 제1권 제7호, 1쪽
論說.
16) 謙谷,「本校의 測量科」,『西北學會月報』제17호, 3쪽 敎育部.
17) 金奎承,「今日之急務는 當何先고」,『西北學會月報』제16호, 10쪽 敎育部.

즉 지금과 같은 생존경쟁·우승열패의 시대에 있어 우리 민족이 얼마나 열악한 위치에 있는가를 통감하고 있었던 것이다.

서북학회는 이 같은 상황에서 만일 生存競爭·優勝劣敗의 논리를 망각한다면 우리가 열강의 기치속에서 독립하는 것은 불가능하다고 보고 현실을 직시할 것을 강조하였다.[18]

이같이 사회진화론에 의한 시대인식에서 국권피탈의 원인을 파악한 서북학회는 국권회복의 길은 지식과 세력을 길러 優·强者가 되는 것이라고 보고 지식과 세력의 양성 즉 힘(실력)의 양성을 촉구하였다.[19] 즉 서북학회는 실력(힘)의 양성만이 제국주의적 시대상황에서 優·强·勝者가 되는 길이라고 보아 무엇보다 가장 시급한 것이 실력의 양성임을 강조하였던 것이다.

3. 民權論과 新國民論

1) 民權論

서북학회는 기본적으로 국가는 일개인의 소유가 아니라 국민 개개인이 모여서 형성된 것으로 국가의 주인은 국민이고 국가는 국민의 생활의 장으로 국가와 국민은 하나의 유기체적인 성격을 지닌다고 보았다. 다시 말하여 국민이 없으면 국가란 있을 수 없고, 국가가 없으면 국민이란 있을 수 없는 관계로 국민과 국가는 하나이면서 둘이고 둘이면서 하나라는 것이었다.[20]

이 같은 民權論은 서북학회의 기본인식으로서 그 사상의 근간을 이루었다.

그리하여 서북학회는 다시 국권피탈의 상황과 관련하여 국권회복을

---

18) 金源極, 「敎育方法 必隨其國程度」, 『西北學會月報』 제1권 제1호, 4쪽 敎育部.
19) 「賀吾同門諸友」, 『西北學會月報』 제1권 제1호, 1쪽 論說.
20) 「國家의 槪念」, 『西北學會月報』 제16호, 16쪽 : 「國家의 槪念」, 제17호, 14쪽.

제1차 과제로 내세우고 있으면서도 민권회복을 국권회복과 분리될 수 없다고 보았다.21) 즉 국권회복과 민권회복은 상호적이며 동시적인 것이라고 파악하였던 것이다.

이는 서북학회가 기본적으로 개화자강파의 민권론을 그 사상적 기반으로 삼고 있으면서 당시의 상황과 관련하여 제1주요과제인 국권회복이 민권신장 없이 불가능하다는 논리를 펴고 있음을 보여준다.22)

2) 新國民과 新文明國家

민권론에 그 출발점을 두고 있었던 서북학회는 그에 입각하여 국권회복을 위한 실력양성은 민력양성이어야 한다고 보았다. 그리고 국권회복을 위한 민력양성의 방법으로 민을 새롭게 하는 新民 양성을 강조하였다. 즉 무엇보다 민을 新思想, 新知識, 新事業으로 신인물로 만드는 것이 국권피탈의 상황에 대처할 수 있는 민력양성의 방법임을 인식하였다.

더 나아가 서북학회는 신민양성을 통한 新文明國家의 수립을 주장하였다.23) 서북학회는 신민양성을 통한 신문명국가의 수립이 국권을 회복하여 궁극의 목표인 근대국민국가를 수립하는 길이라고 보았던 것이다.

이같이 서북학회가 新을 강조하고 신민의 양성, 신문명국가의 수립을 주장하였던 것은 新이야말로 항상 새로워져야 한다는 만물의 이치로서 당시 현실을 타개해 나갈 수 있는 돌파구라고 보았기 때문이다.24)

---

21) 이 점은 서북학회가 국권의 회복과 민권의 신장을 목표로 삼고 있는 데서 볼 수 있다. 金陵散人,「對漁樵者說」,『西北學會月報』 제1권 제8호, 43쪽 雜俎.

22) 愼鏞廈(1980),「韓末 愛國啓蒙思想과 運動」,『韓國史學』 1집, 278쪽 : 田口容三(1978),「愛國啓蒙運動期의 時代認識」,『朝鮮史研究會論文集』 제15집, 89쪽.

23) 靑隱生,『西北學會月報』 제1권 제9호, 4쪽 祝辭. 新民 養成과 新文明國家의 수립을 주장하고 있다.

24)『西北學會月報』 제1권 제9호, 1쪽 本會第一會紀念祝辭.

서북학회는 우리가 국권을 빼앗긴 큰 이유는 세계가 새로워지고 있
는데 비해 구습에서 벗어나지 못하고 새로워지지 못하고 있기 때문이
라고 파악하고 있었다.[25] 즉 서구열강의 출현은 바로 신문명으로 신세
계를 조성하므로서 가능하였으므로 우리 역시 지금 상황에서 무엇보
다 새로워져서 신문명으로 신세계의 조성을 추구해 나가야 한다고 보
았던 것이다.

> 蓋天地가 誰久나 生物日新하고 日月이 誰久나 光輝가 日新ᄒᄂ니
> 三才에 位ᄒ야 萬物을 裁成ᄒᄂ 權能이 有ᄒ 人類가 엇지 智力의 日新
> 홈과 事業의 日新홈이 無ᄒ리오. 是以로 十九世紀始末에 歐美大陸에
> 서 新文明의 風潮가 震盪ᄒ야 新世界를 造成ᄒ얏고 二十世紀內外에ᄂ
> 亞洲大陸에서 또혼 新文明風潮가 震盪ᄒ야 新世界를 造成홀 機會인듸
> 東洋半島의 大韓帝國이 實노 中心點이다.[26]

여기에서 서북학회가 말하고 있는 신세계는 신문명국가, 근대문명
국가 즉 근대적 자유독립국, 근대시민사회, 입헌공화국을 말하고 있는
것으로 볼 수 있다.

이 같은 민권론에 입각한 신국민 양성, 이를 통한 신세계·신문명국
가의 수립은 바로 서북학회 자신의 목표이고 의무였다.[27]

> 吾人所希望者ᄂ 不止於吾西北而已라 將使吾全國各省으로 合爲一
> 體ᄒ야 自西自東ᄒ며 自南自北이 翕成大同之團而共沐於新空氣之中無
> 人不新知識ᄒ며 無人不新思想ᄒ야 養成二千萬之新大韓人物ᄒ며 變做
> 四千年之新文明國家가 卽本會之目的也오 卽本會之義務也라 本人은
> 敢以是爲祝ᄒ노라.

---

25) 「賀吾同門諸友」, 『西北學會月報』 제1권 제1호, 1~3쪽 論說.
26) 『西北學會月報』 제1권 제9호, 1쪽 本會第一會紀念祝辭.
27) 靑隱生, 「祝辭」, 『西北學會月報』 제1권 제9호, 4쪽.

4. 社會改革論

서북학회는 신문명국가를 건설하고 신세계를 조성하고 국권을 회복
키 위해서는 舊法에서 벗어나 혁신을 꾀하여야 한다고 보았다.28) 그래
야만 나라를 보호하고 민을 지킬 수 있다는 것이다.

> 今日 時宜가 不得不變法更新ᄒ여야 吾國을 可保ᄒ고 吾民을 可活
> 인거을 覺知ᄒ지라.

서북학회는 우리가 국권을 빼앗기고 신문명국가를 건설치 못한 것
은 혁신을 꾀하지 않고 구법에 젖어 있었기 때문이라고 지적하고,29) 지
금과 같은 20세기 신세계에 국권을 되찾고 신문명국가를 조성키 위해
서는 구법에서 벗어나 신법을 구하여야 한다고 다음과 같이 주장하고
있다.30)

> 嗚呼라 現二十世紀新天地新日月下에 在ᄒ 我大韓同胞들아 此時何
> 時며 今日何日고 精神이 有ᄒ거든 稍이 感覺ᄒ고 耳目이 有ᄒ거든 稍
> 히 開廣ᄒ고 手足이 有ᄒ거든 稍히 動作ᄒ지어다. 今日此境을 當ᄒ야
> 依然히 舊日狀態로 不識不知ᄒᄂ 太古風이 有ᄒ고 不動不變ᄒᄂ 劣根
> 性이 有ᄒ고도 地球上 歷史에 足히 韓帝國을 發表ᄒ고 競爭世界에 足
> 히 檀君 血統을 維持ᄒ깃ᄂ가.

그리하여 서북학회는 구법을 숭상하며 신법 수용을 거부하는 수구
파인사들을 비판하였다.31)

> 況今日에 六洲의 風氣가 互換ᄒ고 五種의 人類가 錯雜ᄒ야 西勢東
> 漸에 弱肉强食ᄒᄂ 時代와 去古甚遠에 風潮日新ᄒᄂ 世界를 遭ᄒ야

---

28) 「物質改良論」, 『西北學會月報』 제1권 제8호, 1쪽 論說.
29) 「賀吾同門諸友」, 『西北學會月報』 제1권 제1호, 2쪽 論說.
30) 白南散人, 「國民學과 物質學」, 『西北學會月報』 제1권 제7호, 5쪽 敎育部.
31) 金源極, 「敎育方法 必隨其國程度」, 『西北學會月報』 제1권 제1호, 4쪽 敎育部.

즉 지금과 같이 세상이 개방되어 약육강식하고 풍조가 날로 새로워지고 있는 세계를 맞아 空談과 부패의 사상으로는 생존할 수 없음을 지적하고 있다.

그리고 유학자들에게 나라를 지키기 위해서는 신법을 강구해야만 한다고 강조하고 신법의 강구를 촉구하였다.[32] 이 같은 서북학회의 신법추구는 구체적으로 신교육구국론·실업진홍구국론·사회폐습개혁론 등으로 나타나고 있다.

그런데 여기에서 특히 주목되는 점은 서북학회의 신법 추구가 단순한 서구사회의 모방이 아니라는 점이다. 즉 애국을 기반에 둔, 국권회복을 전제로 한 신법추구로 이것은 단순한 근대화론과 엄격히 구분되는 自主自强策이었다.[33]

Ⅲ. 西北學會의 實力養成論

1. 團體救國論

위와 같은 기본인식에 기반을 두었던 서북학회는 국권회복과 민권회복을 위한 실력양성론·자강론의 하나로 단체론을 들고 있다. 즉 단결하여 단체활동을 전개하는 가운데 실력양상이 가능하다고 보았던 것이다.

서북학회는 당시 우리 국권 피탈을 우리 국민이 단결하지 못한데 그 큰 원인이 있다고 보았다.[34] 즉 국권피탈의 원인은 다름이 아닌 바로

---

32) 주 29) 참조.
33) 이러한 서북학회의 기본방침은 그의 實力養成論에서 잘 드러난다.

우리 자신에게서 비롯된 것으로 우리 동족끼리 오랫동안 반목하고 분
당하여 싸워 단결치 못하니 자연히 타국에게 국권을 빼앗길 수 밖에 없
었다는 것이다.35)

서북학회가 이같이 人心 단합여부가 국권피탈의 관건이 되고 있다고
파악한 것은, 단합이야말로 인간사회 固有의 性으로 모든 것이 여기에서
비롯되며 국가의 유지 또한 이로써 가능하다고 보았던 때문이다. 그리고
開明의 기초도 여기에서 비롯되므로 이로써 자강과 실력양성을 꾀할 수
있다는 것이다.36) 또한 國勢의 强弱도 이에 연유한다고 보았다.37)

그러므로 우리가 국권을 되찾고 인권을 신장하기 위해서는 무엇보
다도 단합하여야 한다고 주장하였다.

> 苟吾國之團合組練이 不如他國이면 必爲其人所倂吞ᄒ리니 …… 我
> 國二千萬人으로 心皆如一 이면 世界一等國을 不必讓於他人이라 ……
> 團體合心에 共期進步면 何憂乎國權之不復이며 民俗之不振이리오.38)

서북학회는 이 같은 국민들의 단합을 가능케 하여 주는 것은 단체라고
보고서 단체설립의 중요성을 강력히 주장하였다. 즉 단체야말로 국권회
복과 문명의 증진을 가져다 줄 실력양성을 가능케 해준다고 보고 있다.

> 當此二十世紀 競爭時代ᄒ야 吾人이 若社會團體의 實力을 失ᄒ면
> 能히 生活치 못ᄒ다ᄂ 至論은 彼文明列强의 人民도 尙且津津커든 況
> 我韓의 今日國勢를 當ᄒ 國民이 社會의 團體를 무圖치 아니ᄒ고 다시
> 何를 望ᄒ며 何를 待ᄒ리요.39)

---

34) 李東暉,『西北學會月報』제15호, 8~9쪽 祝辭.
35)「龍崗郡 多美面 學務會에 對ᄒ야 羅錫璣씨가 贊成ᄒ 全文」,『西北學會月報』제1권 제16호,
   54~55쪽 雜俎.
36)「西北學會趣旨書」,『西北學會月報』제15호, 1쪽.
37) 羅寅紀,「祝辭」,『西北學會月報』제15호, 6쪽.
38) 羅錫璣,「留學生聯合親睦會에 必要」,『西北學會月報』제1권 제2호, 24쪽 雜俎.
39) 柳益秀,「祝西北學會」,『西北學會月報』제15호, 5쪽 祝辭.

더 나아가 서북학회는 단체의 進步야말로 국가실력의 진보이므로
단체의 진보를 꾀할 것을 강력히 주장하였다.[40] 그리고 진보의 방법으
로 단체끼리의 단합을 주장하였다. 즉 기존 단체끼리의 단합이 무엇보
다 시급한 것으로 전국 단체들이 단합하여 하나가 될 때 국권회복·민
권신장이 되리라고 보았다.

서북학회의 설립 즉 서우학회와 한북흥학회의 통합은 바로 여기에
연유하고 있다. 이는 다음의 글에 잘 나타나고 있다.

> 新年一月一日朝에 喜消息이 들리도다. 西友漢北兩會가 一部團合되
> 야시니 우리 團體進步흠이 新年 第一慶事로세 今日 西北合會ㅎ고 明
> 日 東南合會ㅎ야 東西南北 合會ㅎ면 全國團體 이 아닌가. 全國團體 되
> 고보면 自由人權 도라오네 自由人權 찾는날에 國家獨立 못될손가.[41]

즉 서북학회의 설립은 자유인권의 회복과 국가독립의 첩경으로서의
기존단체의 진보였던 것이다.

그리고 서북학회는 이 같은 단체의 진보에서 외형의 단합만이 아닌
정신적 단합을 갖춤으로써 완전한 통합을 이루자고 주장하였다.[42]

2. 新敎育救國論

1) 신교육론

서북학회는 국권회복과 민권회복을 위한 핵심적 실력양성론으로 新
敎育論을 제시하였다.

서북학회는 지금과 같은 생존경쟁의 시대에 생존·멸망의 관건이
되는 것은 지식과 세력으로 이를 갖지 못한 야만한 민족이 문명한 민족

---

40) 李奎濚, 「祝辭」, 『西北學會月報』 제15호, 4쪽.
41) 柳春馨, 「祝辭」, 『西北學會月報』 제15호, 4~5쪽.
42) 「西北學會趣旨書」, 『西北學會月報』 제15호, 2쪽 : 제1권 제16호, 54쪽 雜俎.

에 의해 구축되고, 유린당하여 自然淘汰·斯滅되는 것은 당연한 결과라고 보았다.[43]

그러면 優·强·勝者가 되게 해주는 지식과 세력은 어떻게 길러지는가? 서북학회에 의하면 문명국가가 되게 해 주는 지식과 세력은 학문에서 연유하므로 그 것의 양성은 교육을 통하여 가능하다는 것이다.[44] 지금 현세계의 부강한 나라와 문명한 나라들은 교육에 의해 현재의 위치를 차지하고 있으며, 우리나라가 현재 弱·劣·敗者의 어려운 상황에 처하게 된 것은 국민교육을 확장치 못한 까닭이라는 것이다. 즉 서북학회는 국가승패의 원인이 敎育盛衰에 달려 있다고 파악하였던 것이다.

그러므로 우리 민족·국가가 지금과 같은 열·패·약자에서 벗어나 문명국으로서 다른 나라들과 어깨를 겨루기 위해서는 무엇보다 급선무가 교육이라는 것이다.[45]

> 同一흔 人과 同一한 國으로 文明이 되고 野蠻이 됨은 다 敎育如何에 在흘而已라. 然則英雄烈士도 此를 由ㅎ야 起ㅎ며 國民의 義務도 此를 起하여 發ㅎ며 社會의 團體도 此를 因ㅎ야 結ㅎ며 國家의 基礎도 此를 賴ㅎ야 固흘지니 大哉라 敎育이여 偉哉라 敎育이여 國家社會의 盛衰興亡이 實노 其國民敎育方針程度가 如何흠에 在ㅎ다 明言홀지로다 …… 我國도 今日의 急先務인 敎育을 擴張ㅎ야 民智日新ㅎ야 ……

그리고 서북학회는 그 교육의 내용은 신교육이어야 함을 강조하였다. 즉 국권회복·인권신장을 위한 신민의 양성과 신문명국가의 조성은 신교육으로서만이 가능하다고 보았던 것이다. 서북학회는 과거에 우리나라에 교육이 없어서 지금과 같은 상황에 빠진 것이 아니라 수구적 교육으로서 일관하여 왔기 때문이라고 지적하고 있다. 즉 우리의 과

---

43) 謙谷, 「本校의 測量科」, 『西北學會月報』 제17호, 3~4쪽 敎育部.
44) 張道斌, 「敎育의 盛衰는 國家勝敗의 原因」, 『西北學會月報』 제16호, 9쪽 敎育部.
45) 崔潤植, 「今日之急務는 當何先고」, 『西北學會月報』 제16호, 12~13쪽 敎育部.

거의 교육은 도덕 · 문장 · 과거 등에만 중점을 두고 국가의 실력과 인민생활에 관한 利用厚生의 학문을 소홀히 하여 퇴보하였기 때문에 지금과 같은 상황에 이르렀다는 것이다.[46]

그러므로 우리가 지금 국권을 회복하고 살아남기 위해서는 과거의 교육이 아닌 새로운 교육으로 신민을 양성해야 한다는 것이다.

그리하여 서북학회는 우리 청년들이 신학에 매진할 것을 강력히 주장하였다.[47] 이 신교육은 바로 서북학회의 사상 · 활동 중 가장 핵심이었다.

2) 愛國主義敎育(精神敎育)

서북학회가 신교육을 주장함에 있어서 가장 핵심으로 삼았던 것이 愛國主義敎育(精神敎育)이었다. 즉 정신교육(애국주의교육)이야말로 당면의 목표인 국권회복과 민권신장을 위해 가장 필요한 기본적인 신교육이었던 것이다.[48]

서북학회는 국가는 인민의 집합체이므로 인민의 애국사상 · 애국정신이 국권회복의 주요관건이 된다고 파악하고 있었다. 그리고 국민의 애국정신 · 애국사상은 國民學, 즉 애국주의교육을 통해 함양된다고 보았다.[49]

> 夫此愛國思想과 愛國精神은 從何而生고ᄒ면 國民學으로 由홀지라
> 全國人民이 皆國民學이 有ᄒ면 國家가 人人의 腦魂이 되고 人人의 性
> 命되야 國民의 義務를 履行ᄒ고 國民의 責任을 擔着ᄒᄂ지라 於是乎
> 拿破崙惠靈呑의 英雄도 國民중에서 生ᄒ고 瑪志尼嘉富耳의 傑士도 國
> 民中에서 生ᄒ고 無名ᄒ 英雄傑士가 皆國民中에서 産出不窮ᄒᄂ니 엇

---

46) 一惺子, 「我韓敎育歷史」, 『西北學會月報』 제16호, 8쪽 論說.
47) 究新子, 「新學과 舊學의 區別」, 『西北學會月報』 제1권 제8호, 41쪽 雜組.
48) 「精神敎育」, 『西北學會月報』 제1권 제8호, 9~10쪽 敎育部.
49) 白南散人, 「國民學과 物質學」, 『西北學會月報』 제1권 제7호, 6쪽 敎育部.

지 團體의 完全을 不成흠이 有ᄒ리오 此는 國民學이 多大無量흔 效力
이 有흔者오.

때문에 서북학회는 국민으로서의 의무·책임을 다하도록 하는 국민
학 다시 말해 국가에 대한 사랑을 길러주는 애국주의교육을 신교육의
핵심으로 삼았던 것이다.

그리고 서북학회는 국민의 애국정신·애국사상은 정신교육으로 길
러진다고 보았다. 그리하여 서북학회는 우리 현시점에서의 교육은 지
식전달이 아닌 정신교육이 앞서야 한다고 강조하였다. 만일 우리가 정
신교육 없이 문명국을 모방한 신교육을 실시하여 청년의 정신을 혼란
케 하고 이상을 복잡케 하면 교육의 실제를 거두지 못한다. 오히려 적
국의 첩자나 적국에 봉사하는 일에 종사케 하여 亡國의 資料가 될 뿐이
다. 즉 정신교육 없는 신교육은 나라를 망국으로 이끌 뿐이므로 국권회
복을 위한 신교육은 무엇보다 정신교육을 먼저 실시하여야 한다고 주
장하고 있다.50)

> 今日新進敎育의 方法이 必也其國程度를 隨ᄒ야 爲先愛國的 精神을
> 喚起ᄒ며 團合的 思量를 凝結ᄒ야 全國人民으로 ᄒ야곰 君이 有흔줄
> 은 知ᄒ고 身이 有흔줄은 忘ᄒ며 國이 有흔줄은 知ᄒ고 家가 有흔줄은
> 忘케 ᄒ야 一團思想을 腦髓에 貫徹흔 後에 各種技術學에 就케 ᄒ야 一
> 般學徒가 實地業務에 從事흘 것이오 然치 아니코 幼穉흔 國家程度로
> ᄒ야곰 閃忽히 高等文明國을 躍進模倣ᄒ야 靑年의 精神을 淆亂케 ᄒ
> 며 理想을 複雜케 ᄒ야 前途의 方向이 茫昧하고 捷徑의 私慾이 鬪發ᄒ
> 면 千百日敎育을 受흔 者라도 竟究의 結果는 …… 他人密偵의 資料에
> 不過흘지오 …… 一朝에 敵國의게 奉獻ᄒ리니 敎育이 如此ᄒ면 適足
> 히 亡國흘 資料라 謂흘지로다. 然흔즉 今日我國의 程度ᄂ 精神의 敎育
> 이 爲急先務라 흘지라.

---

50) 金源極, 「敎育方法 必隨其國程度」, 『西北學會月報』 제1권 제1호, 4~5쪽 敎育部.

서북학회는 이같이 먼저 정신을 함양하는 것만이 전정한 교육구국이 될 수 있음을 강조하였다.

3) 학교교육

서북학회는 신국민을 양성하여 신문명국가를 건설하고 국권을 회복키 위한 신교육의 장으로서 무엇보다 학교교육을 강조하였다. 가정교육도 중요하지만 학교교육이 신교육을 펼 수 있는 가장 적합한 場이라고 보았던 것이다.

서북학회는 국가의 문명이 학교의 확장에 달려 있어서 서구열강들의 교육상황을 보면 대학교·중학교·소학교가 무수히 많다는 것을 지적하고 있다. 그러면서 학교를 많이 건립하여 子弟를 배양하여서 우리나라도 열강의 文明과 함께 나아가도록 하자고 주장하였다.[51]

> 國家의 文明이 學校의 擴張에 係在홈을 試言ㅎ노라 …… 何國을 勿論ㅎ고 國運의 隆盛과 民智의 啓發이 敎育普及에 由치 아님이 無ㅎ도다. 嗚呼라 關北의 人士여 此를 觀ㅎ시고 學校를 多設ㅎ여 子弟를 培養ㅎ야 我國으로 ㅎ야곰 彼列强의 文明과 同進케ㅎ면 世界가 可以知 東亞에 有大韓大韓에 有關北이리다.

이같이 서북학회는 학교교육을 통하여 국가의 동량을 길러 독립의 결과를 가져올 수 있다고 보았던 것이다.

그리하여 서북학회는 학교교육이 올바른 방향으로 나아가야 함을 강조하고 그를 위한 각 학교의 敎務를 찬성하고 지도하기로 하였다.

서북학회는 특히 당시의 시점에서 중학교 교육의 중요성을 강조하였다. 서북학회는 학교교육에는 大·中·小의 질서가 있는데, 우리나라는 소학교는 무수히 세워졌으나 중학교가 없어서 교육이 계속되어

---

51) 朴漢榮, 「警告關北一路」, 『西北學會月報』 제1권 제3호, 9쪽 敎育部.

질 수 없음을 지적하고 서북지방의 유지들에게 중학교 설립을 권장하
였다.52) 또한 중학교 교육의 표본적인 교과과정까지도 소개하였다.53)

그리고 서북학회는 진작에 세워진 많은 학교는 內實을 기할 것을 권
고하고 있다.

> 我西北敎育界에 就ᄒ야 其裏面的을 觀察ᄒ건대 多少缺憾이 有ᄒ야
> 余로 ᄒ야곰 憂慮를 不勝케 ᄒᄂ도다.
> 一은 學校內容이라 大低學校ᄂ 有志社會의 公益思想과 公共主義로
> 心力과 財力을 聯合ᄒ야 爛商協議에 方針을 講究ᄒ야 適合ᄒ 區域에
> 位置를 定ᄒ고 維持ᄒ 資金을 積立ᄒ며 諸般設備를 完就케 ᄒ며 任員
> 及敎師를 相當ᄒ 資格으로 擇定ᄒ야 敎育의 實地功效가 有케 ᄒ기로
> 懸圖ᄒ여야 學校의 基礎도 鞏固ᄒ고 前途의 發展을 可期ᄒ지어늘 今
> 乃不然ᄒ여야 學校設立으로써 自己의 名利機關과 如히 互相競爭ᄒᄂ
> 意想을 抱ᄒ며 角立ᄒᄂ 態度를 取ᄒ야 彼村에서 一校를 設ᄒ다 ᄒ면
> 此村에서 一校를 設ᄒ다ᄒ야 基本의 預筭도 熟商치 아니하며 任員及
> 敎師도 適當ᄒ 資格을 選擇치 아니ᄒ고 學校設立이란 名稱만 新聞上
> 에 發怖ᄒ고 敎育의 實際ᄂ 企圖치 아니ᄒᄂ 者가 往往而有ᄒ니.54)

즉 자본금, 자격 있는 교사, 충실한 교과 등 교육의 내용에 충실을 기
할 것을 강력히 주장하고 있다.

특히 서북학회는 당시 丁未七條約 이후의 정치적 상황, 또 교육에 있어
서의 일본측의 책동에 의한 왜곡화 등과 관련하여 각 학교의 교육목표 ·
교육과정 · 교육방법 · 교육사상 등이 올바르게 나아가야만 진정한 교육
구국이 가능하고 일본의 이용물이 되지 않으리라고 보았던 것이다.55)

서북학회가 학교끼리의 통합을 강력히 주장하였던 것56)도 일제의

---

52) 金源極, 「警告我平南紳士同胞」, 『西北學會月報』 제1권 제3호, 5쪽 敎育部.
53) 「學課의 要說」, 『西北學會月報』 제1권 제9호, 5~10쪽 敎育部.
54) 「我西北敎育界에 缺憾」, 『西北學會月報』 제1권 제14호, 1~2쪽 論說.
55) 河暎奎, 「警告海西父老」, 『西北學會月報』 제1권 제9호, 31쪽 雜俎.
56) 「警告我平北諸友」, 『西北學會月報』 제1권 제5호, 4쪽 敎育部 ; 「我西北敎育界에 缺憾」, 제1권 제
   14호, 2쪽 論說 : 沛東少年, 「永興의 三學校聯合에 對ᄒ야」, 36쪽 雜俎.

사립학교령에서 살아남고자 하는 의도에서였다.

그리고 서북학회는 충실한 학교교육을 담당할 자격을 갖춘 교사의 양성을 위해 서북학회내에 西北協成學校, 즉 일 년 과정의 사범속성과를 설치하여 진정한 교육을 해나갈 교사 양성에 주력하였다.57) 이의 교과과정은 算術·地誌·歷史·法律·物理學·敎育學·英語·日語·作文 등으로 신사상·신지식을 고취시키는 것들이었다. 특히 지지·역사와 교육학 같은 과목에 비중을 두고 있는 것은 애국주의교육이 당시의 목적이었다는 것을 보여 준다. 서북학회는 당시 교육가의 이상형으로 李東輝·安昌浩를 꼽고 있으며 교육가는 오로지 그 자신의 목표(국권회복)를 설정하고 일관된 사상(애국주의)으로 교육을 해나가야만 제자들에게 올바른 정신을 길러주어 교육의 효과를 얻을 수 있음을 강조하였다.58)

4) 體育과 尙武精神

서북학회는 국권을 회복키 위한 실력양성으로서의 신교육(애국주의교육)에서는 體育·德育·智育의 삼요소를 고루 갖춘 완전한 인간을 육성하는데 그 목적을 두어야 한다고 보았다. 그러므로 과거의 독서만이 중심이 되는 교육에서 벗어나 智·德·體를 고루 갖춘 교육을 하여야 한다고 주장하였다. 그렇게 된다면 자강하여 국권도 회복되고 인권도 신장할 수 있으리라고 보았다.59)

즉 교육은 지육·덕육·체육으로 구분되는데 체육의 목적은 신체의 생장과 강건함을 증진하여 정신적 국민이 되게 하는데 있으며, 지육의 목적은 국민 지식의 능력을 충족하여 자기에 대한 의무와 가족·사회

---

57) 「最急者一師範養成」, 『皇城新聞』 1908년 3월 19일 論說.
58) 春夢子, 「敎育家의 職分」, 『西北學會月報』 제1권 제17호, 8쪽 論說.
59) 李鍾滿, 「體育이 國家에 대흔 效力」, 『西北學會月報』 제1권 제15호, 27~37쪽 : 「慶南海의 敎育大綱」, 제1권 제12호, 2~3쪽 敎育部.

에 대한 의무, 공중·국가에 대한 의무와 단체·역사·강토에 대한 특성을 길러 우승열패의 시대에 생존을 얻어 獨立之民이 되게 하고자 함에 있다. 그리고 덕육의 목적은 德性의 生長을 증진하여 장래 완전무결한 국민이 되게 하는 것이다.[60]

여기에서 서북학회는 당시 우리 교육의 미비점으로 체육을 지적하고 앞으로 체육에 좀 더 강조점을 두어야 한다고 보았다. 서북학회는 애국주의교육에서 체육이 중요한 이유로 체육의 국가에 대한 세 가지 점에서의 효력을 들고 있다.[61] 첫째, 체육은 정신적 국민을 양성하는 근본이라는 것이다. 둘째, 체육은 국민의 단합력을 발생케 하는 원인이라는 것이다. 셋째, 체육은 국가 자강의 기초라는 것이다. 국가 자강은 국민의 勇往直前하는 마음과 冒險活潑한 氣를 양성치 않으면 어려우므로 국민신체의 建旺 勇壯함이 필요하다는 것이다. 즉 체육이야말로 애국주의교육의 중요한 내용으로서 교육구국의 실제를 가져다 줄 수 있다는 것이다. 특히 서북학회의 체육교육의 강조는 국권회복을 위해 언젠가 하게 될 실전에 대비코자 하는 것이었다.[62]

이 같은 체육교육의 강조는 당시의 상무정신과 밀접한 관계를 갖는 것이기도 하였다. 서북학회는 우리가 국권을 빼앗기게 된 원인의 하나가 虛文을 숭상하고 武事를 천시하여 국세가 허약하여져 결국 국권을 빼앗기고 국민은 노예로 전락하게 되었다고 보았다. 그러므로 우리도 상무교육으로서 상무의 기풍을 길러 국권을 회복하자고 하였다.

서북학회는 특히 고구려인들의 상무정신, 상무교육을 본받아 自强自立을 꾀하자고 주장하였다.[63]

---

60) 「敎育學의 區分」, 『西北學會月報』 제1권 제7호, 4~5쪽 敎育部.
61) 李鍾滿, 「體育이 國家에 대흔 效力」, 『西北學會月報』 제1권 제15호, 28쪽.
62) 당시 애국계몽단체·애국계몽가들은 바로 이와 관련하여 체육의 중요성을 강조하고 있었다. 金義善, 「體育의 必要」, 『西友』 제4호, 14쪽 : 金鳳觀, 『西友』 제7호, 12쪽 衛生部. 그리고 당시 위생의 강조는 體力관리와 밀접한 관련을 갖고 있었다.

惟我韓人은 高句麗歷史를 崇拜ᄒ고 愛慕ᄒ여야 由來自小自侮의 思
想이 滅少ᄒ고 自强自立의 精神이 發生ᄒ줄노 思量ᄒ며 且高句麗民族
歷史를 觀ᄒ건대 可謂尙武敎育이라 盖東明王이 生七歲에 自作弓矢ᄒ
야 發無不中ᄒ얏스니 此其建國之初에 尙武ᄒᄂᆫ 風化가 已有ᄒ지며 世
傳ᄒ되 高句麗俗에 兒童을 敎導ᄒᄂᆫ 恒言이 曰 爾의 背를 他人의게 勿
現ᄒ라ᄒ니 此ᄂᆫ 國民된 者가 戰地에 赴ᄒ면 必決死前進ᄒ고 勿退北
而走ᄒ야 令敵人으로 見其背케ᄒ라ᄒᆷ이오 又國中에 棄子山이 有ᄒ다
ᄒ니 此는 爲人子者가 戰地에 赴ᄒ얏다가 敗歸ᄒ면 其父母가 此地에
셔 其子를 棄ᄒᆫ다ᄒᆷ이니 當時民族의 尙武之風이 果何如哉아 此所以傑
然히 四面强敵之衝에 處ᄒ야 國體를 自尊ᄒ고 國威를 顯揚ᄒ야 抗衡
支那ᄒ고 雄視東洋ᄒᆫ者라 我韓國民은 高句麗民族의 風氣를 崇拜ᄒ고
愛慕ᄒ여야 由來崇文仰武ᄒ야 馴致積弱ᄒᆫ 弊害를 改革ᄒ고 勁悍勇敢
ᄒᆫ 性質을 養成ᄒ줄노 思量ᄒᄂᆞ니 此ᄂᆫ 余가 高句麗歷史를 最히 愛讀
ᄒ고 發揮ᄒᄂᆫ 바로라 童子唯唯而退어늘 乃述其言ᄒ야 欲質諸高明ᄒ
노라.

5) 實業敎育

서북학회는 신교육의 중요내용으로 실업교육을 강조하였다.

서북학회는 국가의 부강과 民産의 富盛은 오로지 실업발달에 달려
있는데 실업의 발전은 物質學·實業學의 발달 여부에 달려 있다는 것
이다. 그리하여 물질학이 발전한 나라는 英·美·德·法과 같이 열강
으로서 군림하게 되었고, 물질학이 발전치 못한 나라는 그 열강의 속국
으로 전락하였다는 것이다.[64]

지금 우리나라도 이같이 국력이 쇠퇴하고 민생이 어려운 것은 바로
虛文을 숭상하고 實業學을 구하지 않은 데에 그 큰 이유가 있으므로 국
가의 부강과 민생의 안정을 얻어 지금의 상황을 벗어나기 위해서는 국
가의 실력과 인민생활의 이용후생에 관한 물질학(실업학)을 연구발전
시켜야 한다고 보았다.[65]

---

63) 栩然子,「對童子論史」,『西北學會月報』 제1권 제3호, 2~3쪽 論說.
64) 「國民學과 物質學」,『西北學會月報』 제1권 제7호, 7쪽 敎育部.

物質의 理를 不究ᄒ며 實業의 學을 不講ᄒ면셔 今日競爭時代에 處
ᄒ야 生存의 幸福을 希望ᄒᆫ들 得乎아
盖我國은 土地의 天産이 非不豊足이며 人民의 才性이 非不靈敏이
로되 特其虛文을 徒尙ᄒ고 實事를 放棄ᄒ야 國力의 衰退와 民産의 固
瘁가 此極에 至ᄒᆷ이니 …… 今日이라도 吾國을 救ᄒᆯ者는 實業學家며
吾衆을 活ᄒᆯ 者는 實業學家니 社會上 資本家와 有志者는 或株金을 募
集ᄒ야 諸般營業을 發展ᄒ기로 注意勉力ᄒ며 或靑年을 外國에 派遣ᄒ
야 實業學問을 多數히 學得케ᄒ야 國家의 富强과 民生의 快活을 懋圖
ᄒ시어다.

서북학회는 이 같은 물질학·실업학의 발전을 위해서는 무엇보다 그
의 기초학문인 化學·物理學·算術 등의 자연과학교육이 실시되고 발
전되어야 한다고 보고 있다.[66] 그리고 더 나아가 공학·상업학·농학·
광학 등이 교육되어 연구·발전되어져야 할 것을 주장하고 있다.[67]

그리하여 서북학회는 이 같은 실업교육을 담당할 실업학교의 건립을
촉구하였다.[68] 즉 실업학교를 건립하여 실업학을 연구·발전시켜 세계
문명국들과 어깨를 나란히 하자고 주장하였다.

3. 實業救國論

1) 國家富强과 實業

서북학회는 국권회복을 위한 실력양성론으로 실업진흥론을 제시하
였다.

---

65) 謙谷, 「孰能救吾國者며 孰能活吾衆者오 實業學家가 是로다」, 『西北學會月報』 제1권 제7호, 3쪽
論說.
66) 朴漢榮, 「物理學」, 『西北學會月報』 제1권 제16호, 11~18쪽 敎育部 : 朴漢榮, 「物理學」, 『西北學會
月報』 제1권 제17호, 15~18쪽 敎育部.
67) 「美國의 工學」, 『西北學會月報』 제1권 제7호, 8쪽 敎育部 : 「工學大意」, 『西北學會月報』 제1권 제
13호, 46~53쪽 雜俎 : 「工學大意」 續, 『西北學會月報』 제1권 제14호, 27~32쪽 雜俎.
68) 謙谷, 「本校의 測量科」, 『西北學會月報』 제17호, 3쪽 敎育部 : 「普成學校의 林業科」, 제1권 제2
호, 8쪽 敎育部 : 劉汶鐘, 「祝賀農林學校」, 『西北學會月報』 제1권 제5호, 16~19쪽 雜俎 : 李錫龍,
「祝賀西北學會內農林講習所」, 『西北學會月報』 제1권 제16호, 28~31쪽 文藝.

서북학회는 지금과 같은 생존경쟁의 시대에 强·優·勝者가 되게 하여줄 실력양성의 방법으로 실업의 진흥을 주장하였다. 서북학회는 나라의 승패와 인민의 생멸은 빈부강약에 달려있으며 이의 관건이 되는 것은 실업이라고 보았다.69) 그리하여 실업이 발달한 나라는 문명국으로서 강대국으로서 勝·强·優者의 위치를 누리고 실업이 발달치 못한 나라는 자연히 敗·弱·劣者의 위치에 떨어질 수밖에 없다고 강조하였다. 즉 국가의 승패와 인민의 생멸여부가 실업진흥에 달려 있다고 파악하였던 것이다.

> 大抵 國의 勝敗와 人의 生滅機關은 貧富强弱에 在한 것인딕 同是邦國이며 同時人類로 何를 以ᄒ야 富ᄒ고 强ᄒ며 何를 以ᄒ야 貧ᄒ고 弱ᄒ뇨 專히 實業機關이 發達 與否에 在ᄒ도다.70)

그러므로 英國·俄國·德國 등의 오늘날의 열강으로서의 등장은 바로 다른 나라보다 앞서 실업의 진흥에 매진하여 실업을 발달시킴에 연유한다. 그리고 우리 대한이 국권을 피탈당하고 민권을 빼앗긴 원인은 무엇보다 실업이 발달하지 못한데 있음을 지적하였다.

그러면서 서북학회는 우리의 실업이 발달하지 못한 이유를 몇 가지 점에서 지적하고 그의 시정을 주장하였다. 서북학회는 무엇보다도 虛文을 숭상하고 實事를 탐구하지 않은데 그 주원인이 있다고 보았다. 즉 종래의 학문이 자연과학기술을 비롯한 實事가 있는 학문을 등한시해 왔다는 것이다.71) 그리고 양반관리배와 아전배가 民産을 약탈해 온 것, 사대부·土豪 武斷·風水莁者 등 遊衣遊食하는 자가 많은 점, 공업·

---

69) 金源極, 「實業獎勵爲今日急務」, 『西北學會月報』 제1권 제2호, 5쪽 敎育部: 于岡生, 「喜車君豊鎬 遊學日에 實業注意」, 『西北學會月報』 제1권 제12호, 124쪽 雜俎.

70) 謙谷, 「孰能救吾國者며 孰能活吾衆者오 實業學家가 是로다」, 『西北學會月報』 제1권 제7호, 1쪽 論說.

71) 앞의 글, 2쪽.

상업을 천시하고 학대한 점, 농업을 중시하기는 했지만 농작의 기술혁
신이나 목축·種植의 이익에 주의를 기울이지 않은 점 등을 우리 실업
의 진보와 발달을 저해한 원인으로 보았다.[72]

그러므로 지금 우리 대한의 급무는 구습에서 벗어나 실업을 진흥하
는 것임을 강조하였다.

> 生産增進ᄒᆞᄂᆞᆫ 日이 吾民衆生活ᄒᆞᄂᆞᆫ 日이며 營業零星ᄒᆞᄂᆞᆫ 日이 吾
> 民衆澳散ᄒᆞᄂᆞᆫ 日이며 生産振興ᄒᆞᄂᆞᆫ 日이 吾國家 隆盛ᄒᆞᄂᆞᆫ 日이며 營
> 業退步ᄒᆞᄂᆞᆫ 日이 吾國家 滅亡ᄒᆞᄂᆞᆫ 日이라.[73]

2) 科學技術革新과 實業

서북학회는 실업진흥책으로서 科學技術革新을 강조하였다. 즉 근대
실업의 기초로서 당시 산업혁명을 일으켰고 그를 거쳐 발전한 자연과
학기술을 중요시 여겼던 것이다. 그리하여 최우선의 과학기술의 습득
을 강조하였다.[74]

서북학회는 문명 진화의 핵심이 과학기술의 진화에서 단적으로 드
러나며 적자생존과 자연도태의 원리도 기술진화에서 나타난다고 보았
다. 즉 電線과 郵信이 부설되면 驛遞와 燧臺는 필연적으로 도태되며 기
선과 철도가 부설되면 범선과 가마가 반드시 버림을 당하고, 석유가
원료가 되면 荏油(들깨기름)가 물러나며 燐寸(성냥)의 제조가 火點을
일으키면 火鐵(부싯돌)이 반드시 못쓰게 되고, 洋紙의 수용이 커지면
楮紙(닥종이)의 생산과 판매는 퇴락하며, 回線砲와 後瞠銃을 무기로

---

72) 앞의 글, 3쪽 : 于岡生, 「喜車君豊鎬遊學日에 實業注意」, 『西北學會月報』 제1권 제12호, 25쪽 雜
　　組 : 「蕭川葛山洞農會設立에 對ᄒᆞ야 百拜祝賀홈」, 제1권 제5호, 1~2쪽 : 金源極, 「實業獎勵爲今
　　日急務」, 『西北學會月報』 제1권 제2호, 5쪽 敎育部 : 劉汶鍾, 「祝賀農林學校」, 『西北學會月報』 제
　　1권 제5호, 17쪽 雜組 : 竹圃生, 「農方要論」, 『西北學會月報』 제1권 제11호, 45쪽.
73) 朴漢欽, 「殖産興業爲生活方針」, 『西北學會月報』 제1권 제9호, 5쪽 雜組.
74) 白南散人, 「國民學과 物質學」, 『西北學會月報』 제1권 제7호, 7쪽 敎育部.

사용하게 되면 舊式砲와 火繩銃이 무용하게 되고, 他國衣料인 洋木이 폭주해 들어오게 되면 우리나라 산물인 재래의 포목과 苧紬의 종류는 감소하게 된다는 것이다.75)

서북학회는 당시에 가장 부강한 나라인 영국은 원래 구라파주의 일 소국으로서 그 토지는 덕국의 3분의 1에 미치지 못하고 그 국민은 수백 만에 지나지 못함에도 불구하고 문명의 발달과 국력의 팽창이 여러 나라들의 으뜸이 되어 수 백 년이 지나지 않아서 수만리의 식민지(屬地)를 만들고 국민의 증식이 수만에 이르게 되었는데 그 원인은 국민학술계에 물질의 발명이 타국보다 앞서 실업의 이권이 발전한 때문이라고 지적하고 있다. 즉 영국의 부강의 원인을 산업혁명을 가져다주고 산업혁명에 의하여 발전한 물질의 발명 ─ 과학기술의 革新과 發明에서 구하고 있다.76)

서북학회는 영국의 산업혁명에서 대표적 물질의 문명으로 증기기관·수력방적기·신용광화로·매기등(가스등)을 들면서 '英國이 此物質文明으로 以ㅎ야 國力의 千百倍를 增ㅎ고 世界萬古에 未曾有흔 文明을 發展ㅎ얏스니 物質學의 效力이 豈不神靈이며 豈不博大아' 라고 지적하였다.77) 이같이 서북학회는 과학기술혁신(물질연구)이 인간노동생산성(人工)의 천 백배를 증가시키기 때문에 그 국력이 또한 천 백배를 증가하는 것임을 명확히 인식하고 있었다. 서북학회는 바로 이러한 사상에 근거하여 자강을 위한 일환으로서 실업발전의 기초로서의 과학기술혁신을 강조하였다.

서북학회의 이 같은 과학기술혁신의 강조는 영국의 예에서와 같이 서

---

75) 「物質改良論」, 『西北學會月報』 제1권 제8호, 1쪽 論說.
76) 당시 서북학회는 산업혁명에 크게 관심을 갖고 있었다. 「世界의 蒸氣力」, 『西北學會月報』 제1권 제7호, 22쪽 雜組:「現世界文明은 石炭과 鐵의 力」, 『西北學會月報』 제1권 제9호, 33쪽 雜組.
77) 謙谷, 「孰能救吾國者며 孰能活吾衆者오 實業學家가 是로다」, 『西北學會月報』 제1권 제7호, 1~2쪽 論說.

구 자본주의 열강의 강점을 산업자본주의체제로 보고 우리의 현실을 과학기술의 낙후성에서 비롯되었다고 인식한데서 온 것이다. 또 사회진화론의 관점이 과학기술혁신의 중요성을 더욱 강조하게 하고 있다.[78]

그리고 서북학회는 실업을 물질학(과학기술학)의 연구에서 비롯된다고 보고 과학기술 교육을 강조하였다.

> 今日 吾人의 眼目으로 靑年子弟들이 學塾에 在ㅎ야 筭術物理化學 등을 學習ㅎᄂ 情況을 見ㅎ면 殆히 植松求亭과 如ㅎ야 歲月이 渺然흔 듯ㅎ나 其實은 一二十年에 不過ㅎ야 許多흔 英雄傑士도 其中에서 出ㅎ고 許多흔 輪船鐵軌와 電氣風車도 其中에서 出홀지니 此等結果가 有ㅎᄂ 日이면 吾國의 基礎가 豈不建强이며 吾人의 生涯가 豈不快活가.[79]

3) 農業振興論

서북학회는 농업을 모든 산업의 주체로서 중요시하고 실업구국의 방법으로 무엇보다 농업 진흥을 강조하였다.[80] 서북학회가 농업을 중요시여긴 것은 특히 구국과 관련한 국토 중시의 문제와 직결되는 것이었다.

> 凡愛之心은 始於土着之習이니 故로 人의 思邦家者가 發端於農業이니라. 思國之心은 基於愛鄕之情ㅎᄂ니 盖土地而無人民이면 不能成國이요 有民無地면 亦非國也라 人이 定住於地ㅎ야 增殖加衆者를 稱曰民羣이니 民羣이 有組織完備者라야 始成其國ㅎᄂ故로 無定住之民은 固走思國之心이니라.
>
> 國은 必有土地ㅎ고 必有人民ㅎ니 其人이 深愛其國ㅎ면 國命이 自長이라 凡定住之民이 興國土關係尤密切者가 必深愛其國ㅎᄂ니 若轉徙無常ㅎ야 宛如遊牧之民者ᄂ 乏於愛國之情이라 縱令定住라도 其視國土가 猶秦人이 視越人肥瘠ㅎ야 亦未有愛國之情이니라.[81]

---

78) 주 76) 참조 : 愼鏞廈(1979), 「朴殷植의 實業救國思想」, 學術院論文集 제18집 참조.

79) 白南散人, 「國民學과 物質學」, 『西北學會月報』 제1권 제7호, 7쪽 敎育部.

80) 耕世生, 「農業의 改良」, 『西北學會月報』 제1권 제4호, 14쪽 雜俎 : 「以農立國에 其基地가 尤固」, 『西北學會月報』 제1권 제4호, 15~20쪽 雜俎.

81) 「農業의 令人愛國」, 『西北學會月報』 제1권 제3호, 37~38쪽 雜俎.

이같이 서북학회는 토지와 인민은 국가구성의 중요요소로서 토지에 근거를 두는 농업이야말로 가장 중요한 산업으로 구국의 전제가 된다는 것이다. 농업이 바로 人民을 애국토록 한다고 보았던 것이다.

그리고 서북학회는 우리나라는 농업국이고 국가를 위하여 충의를 다하고 사회에서 친목을 도모하는 농민들이 절대다수를 차지하고 있는 농민사회이므로 농법을 개량하면 나라의 문명 부강이 일정한 기간 내에 이루어지리라고 하였다.[82]

> 農業社會는 天下의 最良의 社會라 天然的 質樸性이 有홈으로 奢侈心이 無호고 勤勉性이 足홈으로 懈惰心이 少호며 國家를 爲호야 忠義를 奮호고 社會에 處호야 敦睦을 表호는 者는 農民同胞라 且夫我韓은 農業國이라 農法을 改良호야 農業이 進步되면 國家의 文明富强을 指日可期니.

그리하여 서북학회는 구국을 위해 국가의 부강과 민생의 안정을 가져다줄 농업진흥책을 제시하였다. 이 같은 농업진흥책의 강조점은 대내적으로 전통적 농업의 낙후성으로부터 탈피한다는 것과 일제의 토지약탈정책에 대한 대비책을 수립한다는 것이었다.[83]

서북학회는 농업진흥책으로 무엇보다 農法의 改良 · 農業耕作方法의 改良을 강조하고 있다. 즉 適所에 적응할 작물을 배치하는 작물의 분배, 품질의 개량, 신작물의 외국으로부터의 수입, 비료의 공급, 수리시설의 개선 등 우리 농업이 낙후성에서 벗어날 수 있는 농사기술개선, 농사개량에 가장 큰 비중을 두고 있다.[84]

그리고 서북학회는 농업진흥책으로서 임업을 강조하였다.[85] 즉 임

---

82) 「肅川葛山洞農會設立에 對호야 百拜祝賀홈」, 『西北學會月報』 제1권 제5호, 2쪽 論說.
83) 공업의 강조와 차이점을 보이고 있다.
84) 耕世生, 「農業의 改良」, 『西北學會月報』 제1권 제4호, 14~15쪽 雜俎.
85) 「肅川葛山洞農會設立에 對호야 百拜祝賀홈」, 『西北學會月報』 제1권 제5호, 1쪽 論說 : 耕世生,

업은 지금 상황에서 厚生을 위하여 무엇보다 중요하므로 모든 국민들은 삼림에 힘써 나라를 부강하게 하자고 주장하였다.86) 더욱이 서북학회는 1908년 1월 '산림법'의 공포와 관련하여 '산림법'이 임야를 약탈하는데 그 목적이 있음을 국민들에게 각성시키고 사유림을 확보할 대책을 세울 것을 강력히 촉구하였다.87) 이같이 서북학회의 임업 강조는 일제의 수탈에서 벗어나려는 것과도 밀접한 관련을 갖는 것이었다.

또 서북학회는 농업진흥책으로서 養蠶을 중요시 하였다. 서북학회가 농업의 일부로서 양잠개발을 강조한 것은 한편으로는 무엇보다도 먼저 농가수입을 증대시키기 위한 것이었으며 다른 한편으로는 잠사공업을 위한 원료와 수출품을 공급하기 위한 것이었다.88)

그 외 서북학회는 과거 耕種農業에만 치중해온 농업의 결함을 지적하고서 목축·과수업 등에 치중할 것을 강력히 권하고 있다.89)

덧붙여 서북학회는 미간지의 개간을 강조하였다. 우리나라 사람들이 미간지를 서둘러 개척하지 않으면 지금 우리나라에서 식민지정지 작업을 하고 있는 일본이 미간지를 점유할 것임을 인식하고 그 같이 주장하였다.90) 실제 일제는 그 같은 작업을 추진 중에 있었다.

서북학회는 이 같은 농업진흥책을 추진키 위해 민중들에게 農會의 설립을 적극 권장하고, 그 구체적 사업내용까지 제시하였다. 그리고 서북학회는 農林學校의 설립, 農事模範場의 설치를 적극 권장하고 농림강습소, 농림연구회 등을 설치하여 농업진흥을 통해 문명국가로 나아

「山林의 效用論」, 제1권 제14호, 39~43쪽 참조.
86) 羅錫琪, 「林政爲富國之機關」, 『西北學會月報』 제1권 제1호, 7쪽 敎育部.
87) 謙谷生, 「本校의 測量科」, 『西北學會月報』 제17호, 3쪽 敎育部 : 「山林法에 對흔 議案」, 제1권 제6호, 1~3쪽 별보 : 「質問隨意」, 제1권 제17호, 40쪽 談叢.
88) 「柞蠶實驗論」, 『西北學會月報』 제1권 제8호, 26~31쪽 雜俎. 9호, 10호까지 계속 : 「柞蠶營業에 對흐야 勸告我地方同胞」, 제1권 제15호, 1쪽 論說.
89) 「農業의 改良」, 『西北學會月報』 제1권 제4호, 14쪽 : 金鎭初, 「果樹園을 創設흠」, 제1권 제14호, 43~46쪽 雜俎.
90) 謙谷, 「本校의 測量科」, 『西北學會月報』 제17호, 3쪽 敎育部.

가 구국코자 하였다.91)

4) 工業發展論

서북학회는 과학기술혁신에 대한 강조와도 연관하여 공업 발전을 실업구국론의 하나로 강력히 제시하였다.

서북학회는 생존경쟁에서 승리를 얻으려면 物産競爭에서 승리해야 하며, 그 방법은 공업 즉 물품제조를 급속히 혁신하여 '化舊爲新'하는 것이 첫째라고 생각하였다.92)

> 然則 今日 吾人이 生存競爭의 失敗를 免ᄒ고 勝利를 得ᄒ고져 ᄒᆯ진대 先히 物産競爭의 勝利를 企圖ᄒᆯ거니 何者오 物産者는 吾人生活의 原素라 其國의 物産이 豊富ᄒ면 其民의 生活이 饒足ᄒᆯ 것이오 生活이 饒足ᄒ면 種族이 繁盛ᄒᄂ 것은 또ᄒᆫ 一定ᄒᆫ 原理니 物産이 卽 吾人의 生命關係로다 物産을 豊富케ᄒᆯ 方針을 維何오 ᄒ면 物品製造를 急速 改良ᄒ야 化舊爲新ᄒᄂ 것이 第一法門이로다.

서북학회는 서구열강의 부강은 바로 物品製造 즉 공업이 발전하여 물산이 풍부하게 된 결과라고 보았으며,93) 우리나라 쇠퇴의 원인으로 공업과 공예의 추락을 지적하고 있다. 그러면서 서북학회는 만일 우리 민족이 공업을 천시학대하고 劣技로서 간주하여 계속 과학기술을 연구하지 않고 공업을 발전시키지 아니하면 경쟁시대에 생존의 행복을 얻기는 불가능하다고 지적하고 있다.

> 工商의 業은 尤爲賤視虐待ᄒ야 下流로 擯仔ᄒ고 劣技로 羞稱ᄒ얏

---

91) 「農會事業」, 『皇城新聞』 1908년 9월 8일 雜報 : 「農會發起」, 『皇城新聞』 1910년 5월 6일 雜報 : 「農林會概要」, 『皇城新聞』 1910년 5월 8일 雜報 : 1909년 12월 28일 廣告 : 「農林講習所會員」, 1910년 1월 13일 雜報.
92) 「物質改良論」, 『西北學會月報』 제1권 제8호, 1쪽 論說.
93) 「孰能救吾國者며 孰能活吾衆者오 實業學家가 是로다」, 『西北學會月報』 제1권 제7호, 1쪽 論說.

스니 進步發達은 姑捨ᄒ고 愈下愈劣이 達於極點ᄒ지라. 自身에 被服
ᄒᄂᆫ 材料와 家常의 日用ᄒᄂᆫ 物品도 自手製造를 不能ᄒ고 他國의 輸
入을 全仰ᄒ거던 而況 輪船 輪車와 電氣 鐵艦의 製造이야 自天而降乎
아 從地而出乎아 如此히 物質의 理를 不究ᄒ며 實業의 學을 不講ᄒ면
서 今日 競爭時代에 處ᄒ야 生存의 幸福을 希望ᄒᆫ들 得乎아.94)

서북학회는 우리의 완고한 유생들이 근대 공업에 대해 거부를 하고
있으나 이는 우리 현실에서는 맞지 않는 편견으로 문제를 해결할 수 있
는 방법은 급속히 공업을 일으켜 물품의 제조를 혁신해서 자국의 공업
산품을 풍부케 하고 발달케 하여야 한다고 주장하고 있다.95)

서북학회는 근대 공업발전의 방법으로 무엇보다 물질학(자연과학기
술)을 연구하고 발전시킬 것을 주장하였다.96) 특히 기초학문인 산술·
물리·화학 등의 교육을 강조하였다.

그리고 서북학회는 자본가와 유지들은 주식자본금을 모아 기계를
설비한 공장을 설립할 것을 주장하였다. 또한 국민들도 자본금을 모아
주식회사를 설립하고 公共營業을 해 나갈 것을 권유하였다.97) 또 서북
학회는 우량한 공업기술자 양성을 특히 강조하였다. 그리하여 공업학
교의 설립을 촉구하고 있다.98)

또한 서북학회는 우리의 제조물을 혁신하여 외국제품과 경쟁할 수
있는 제품을 생산하고, 우리의 제품이 해외에 수출될 수 있게끔 물품을
제조하라고 강력히 주장하였다.99)

이 같은 서북학회의 공업발전론의 특징은 특히 武力·軍事力과 밀
접한 관련을 갖는다는 점이다. 당시 애국계몽운동의 전개 시 무력과 군

---

94) 앞의 글, 3쪽.
95) 「物質改良論」, 『西北學會月報』 제1권 제8호, 1~2쪽 論說.
96) 「國民學과 物質學」, 『西北學會月報』 제1권 제7호, 7쪽 教育部.
97) 『西北學會月報』 제1권 제7호, 3쪽 : 주 67) 참조.
98) 주 67) 참조.
99) 「物質改良論」, 『西北學會月報』 제1권 제8호, 3쪽 論說.

사력은 모든 애국계몽단체·애국계몽운동가들의 관심의 대상이 되었
는데 서북학회는 군사력의 기초로서 실업, 특히 고도의 과학기술에 의
거한 공업을 관련시키고 있다. 즉 무기제조야말로 부국강병의 제1요소
라고 보았던 것이다.[100] 그리하여 열강의 군사력에 대항키 위한 군사
력을 정립키 위해서는 무엇보다 공업·자연과학기술의 발전이 이루어
져야 한다고 보았다.

4. 弊習打破論

서북학회는 우리 대한이 지금과 같이 열등국으로 떨어져 국권을 상
실하게 된 것은 강하게 침투해 있는 폐습에도 큰 원인이 있다고 보고
신문명국가를 조성하고 국권을 회복키 위해서는 이러한 폐습을 타파
하고 신정신을 불러 일으켜야 한다고 생각하였다.

서북학회가 첫 번째로 지적하고 있는 폐습은 國家思想이 없다는 것
이다.[101] 즉 국가가 무엇인지 국가와 국민과의 관계는 어떠한 것인지
를 인식하지 못하고 올바른 국가관을 갖지 못하여 현실의 문제를 바르
게 해결할 수 없다는 것이다.

> 今日我國의 情形을 察ㅎ건대 國家와 臣民이 如何ㅎ 關係가 有홈을
> 不知ㅎ는 者－居多ㅎ며 臣民이 國家에 如何ㅎ 義務가 有홈을 不知ㅎ
> 는 者－不少ㅎ니 當此之時ㅎ야 億萬艘의 鐵艦과 千百門의 大砲가 有
> 홈들 將用於何地乎아.[102]

그리하여 서북학회는 국민들에게 올바른 국가사상·국가관을 심어
주기 위해 무엇보다 국가의 개념을 정리하여 보여 주고 있다. 즉 국가

---

100) 謙谷, 「孰能救吾國者며 孰能活吾衆者오 實業學家가 是로다」, 『西北學會月報』 제1권 제7호,
　　 1쪽 論說.
101) 謙谷, 「告爲人父兄者」, 『西北學會月報』 제1권 제4호, 1쪽 論說.
102) 「權迎出瀛留學生諸君渡國」, 『西北學會月報』 제1권 제4호, 9쪽 敎育部.

는 독립의 주권과 국민·국토로서 성립되는데 그 목적은 公安利益을 꾀하는 것에 있다는 것이다.

> 單獨孤立者는 人類의 性質이 아니라 故로 人이 有ㅎ면 곳 國이 有ㅎ니 人은 國家의 分子라 國家를 離ㅎ고 全完生存키 不能ㅎ지오 國家는 惟一獨立의 主權과 一定흔 國民及國土를 有ㅎ야 成立흔 것인대 其 目的은 公安利益을 圖흠에 在ㅎ야 無形의 團體가 될 것이라.103)

그리고 국민들의 국가에 대한 의무와 권리에 대하여 말하고 있다. 즉 국민의 의무는 통치권에 복종할 의무, 병역의 의무, 납세의 의무가 있으나 우리 대한 국민의 의무는 여기에서 그치는 것이 아니라고 보고 있다. 그리고 국민의 권리는 行爲請求權, 自由權, 參政權임을 설명하고 있다.104)

그러나 역시 우리는 국권피탈이라는 특수한 상황에 놓여 있으므로 국가에 대한 자유·권리보다는 대외적인 자유·권리를 행사하는데 주력할 것을 당부하고 국가에 대한 의무를 권리보다 앞세워 국권회복으로 나아갈 것을 강조하고 있다.105)

또한 서북학회는 국체·정체에 대해서도 자세히 설명하고 있다. 國體는 국가주권의 조직으로, 주권이 어디로부터 비롯하느냐에 따라 차이가 생기는 것으로 共和制度·貴族制度·君主制度·聯合制度·保護제도로 분류할 수 있고, 政體는 주권행동의 형태로 專制·立憲의 2종으로 나누어 볼 수 있다고 설명하고 바람직한 것은 공화제도와 입헌의 조화라고 강조하였다. 즉 서북학회가 구상하는 신문명국가는 立憲共和國이었던 것이다.106)

---

103) 「國家의 槪念」, 『西北學會月報』 제16호, 16쪽.
104) 金翼瑢, 「今日 吾人의 國家에 對흔 義務及權利」, 『西北學會月報』 제1권 제1호, 27~32쪽 雜俎.
105) 앞의 글, 32쪽.
106) 鮮于鎬, 「國家論의 槪要」, 『西北學會月報』 제1권 제11호, 14~18쪽. 제1권 12호, 7~10쪽.

두 번째로 고루하며 수구적이라는 것이다.107) 지금 우리가 살고 있
는 20세기는 전지구가 신세계를 조성하는 시대이고, 우리 한국도 이 시
대를 맞아 국가의 주권을 되찾고 민권을 회복키 위해서는 개명하고 새
로워져야 하는데 우리나라 사람들은 구습·구사상에 젖어 새로운 것
을 추구하지 않는다는 것이다.

> 目今現狀으로 觀ᄒ건대 猶是泥舊의 習慣으로 開明을 反對ᄒ고 姑
> 息의 狀態로 振起를 不圖ᄒ고 絶望의 意想으로 進取를 不肯ᄒᄂ 者가
> 焰焰皆是오 能히 開明思想으로 維新事業에 注意ᄒᄂ 者ᄂ 千分의 一
> 二를 不及ᄒ니 是曷故焉고.108)

그리고 서북학회는 특히 우리나라의 지식인층인 유림들의 固陋·守
舊에 대하여 문제시하고 있다.109)

> 今日 我韓社會에 一般輿論이 皆謂ᄒ되 頑迷固陋ᄒ야 舊習을 膠守ᄒ
> 고 時宜에 茫昧ᄒ 者는 儒林派라 ᄒ며 隱遁自甘ᄒ야 潔身을 徒尙ᄒ고
> 民國을 澹忘ᄒᄂ 者는 儒林派라 ᄒ며 窮年屹屹ᄒ야 故紙를 鑽研ᄒ고
> 新理를 不究ᄒᄂ者는 儒林派라ᄒ며 偓齪自重ᄒ야 義理를 空談ᄒ고 經
> 濟를 不講ᄒᄂ 者는 儒林派라 ᄒ야 開明時代에 一大障碍物이 되ᄂ줄
> 노 思量ᄒ고 指斥ᄒ니 嗟乎라 吾儒家의 本領宗旨가 曷嘗如是哉아.110)

서북학회는 이같은 유림의 태도는 유학계의 3대 문제에 연유한다고
보고, 만일 유교계가 이 3대 문제를 그대로 좌시하고 改良求新하지 않
는다면 유교는 흥왕하지 못할 뿐만 아니라 필경은 滅絶을 면하지 못할
것이라고 보았다.111)

제 1 권 13호, 12~15쪽. 14호, 9~12쪽.
107) 金源極, 「敎育方法 必隨其國程度」, 『西北學會月報』 제1권 제1호, 4쪽 敎育部.
108) 白南散人, 「國民學과 物質學」, 『西北學會月報』 제1권 제7호, 5~6쪽 敎育部.
109) 謙谷生, 「告爲人父兄者」, 『西北學會月報』 제1권 제4호, 1~2쪽 論說.
110) 「賀吾同門諸友」, 『西北學會月報』 제1권 제1호, 1쪽 論說.

서북학회는 유교계의 첫 번째 문제로 '儒敎派의 精神이 專히 帝王側에 在흐고 人民社會에 普及할 精神이 不足' 함을 들고 있다. 즉 유교의 계통이 맹자의 학문계통이 아닌 순자의 학문계통으로 이어져 내려오면서 생겨난 폐단이므로, 이 문제를 해결하여 진실로 文의 功德을 발휘하고 生民의 행복을 꾀하고자 한다면 맹자의 학문을 좇아 널리 시민사회에 보급할 것을 당부하고 있다.[112]

유교계의 두 번째 문제로 '轍環列國흐야 思易天下의 主義를 不講흐고 匪我求童蒙이라 童夢이 求我라는 主義를 是守'함을 지적하고 있다. 그리하여 인민사회에 교화를 보급치 못할 뿐만 아니라 자기 자신의 견문도 고루하여져 물정과 세상 돌아가는 것을 모르게 되고 유교의 공덕을 발휘하지 못하여 사람 살아가는데 행복을 주지 못한다고 보았다. 그러므로 이 점을 개량하여 진취적인 방법을 강구할 것을 주장하였다.

서북학회는 유교의 세 번째 문제로 '簡易直切한 法門을 不要흐고 支離汗漫흔 工夫를 專尙흠'을 지적하였다. 그리고 이 문제점의 해결책으로서 簡單切要한 法門인 陽明學의 보급을 제창하였다.[113]

서북학회는 유교계가 이 같은 세 가지 문제점을 적극적으로 해결키 위해 改良求新한다면 유교가 진정한 학문·종교로서 우리 사회에 빛이 될 것으로 보았다.

세 번째로 당파·편당 때문에 공정한 여론이 조성되지 못한다는 점이다. 서북학회는 근대문명국가에서는 국민주의를 표방하여 모든 중대사건을 국민의 공정한 여론에 따라 처리해 나가는데 우리 대한은 국민의 사상이 통일되지 못하고 행동이 단합되지 못하여 국가 前途에 대한 의견이 천태만상이어서 自强力과 自信力이 없음을 지적하고 있다.

---

111) 謙谷生, 「儒敎求新論」, 『西北學會月報』 제1권 제10호, 12~18쪽 : 愼鏞廈(1977), 「朴殷植의 儒敎求新論, 陽明學會, 大同思想」, 『歷史學報』 73집 참조.
112) 앞의 글, 14쪽.
113) 앞의 글, 17쪽.

그 이유는 붕당의 분립에 있으므로 그 붕당의 폐해를 혁파하여야만 우리의 최대 사업(국권회복 · 민권회복)을 경영할 수 있다고 보았다.114)

> 我韓의 現狀을 觀察ᄒ니 公卿大夫로부터 山樵海賤에 至토록 開口
> 則曰獨立이니 自由이니 言ᄒᄂ 一般社會에 公正ᄒ 輿論이 無ᄒ도다.
> 何故로 至此오 其重大ᄒ 原因은 朋黨의 分立에 在ᄒ니 今日을 當ᄒ야
> 吾儕가 確然大悟ᄒ야 其朋黨의 弊害를 革破치 아니ᄒ면 我韓은 畢竟
> 公平ᄒ 輿論을 造成ᄒ야 國民의 行動을 一致케 홀슈 無홈에 至ᄒ리니
> 豈不懼哉아.115)

네 번째로 懶惰하고 依賴하여 遊衣遊食者가 많다는 것이다.116) 서북학회는 국민진보에 무엇보다 방해가 되는 것이 게으름과 남에게 의지하는 것이라고 보고 이를 제거하는 것을 급선무로 하였다.117)

서북학회는 우리나라에 실업이 발달치 못한 이유도 여기에서 비롯된다고 파악하였다.

> 大抵 實業의 如是未聞ᄒ 原因을 苟究ᄒ면 懶惰成習으로 懶惰를 專
> 主ᄒ고 仕官慾望으로 勞働을 賤視ᄒ는 惡弊陋習에 出홈이라 邇來人士
> 가 不耕不織ᄒ고 遊衣遊食ᄒᄂ者 ― 甚多ᄒ야 仕官一路로 爲平生之大
> 計ᄒ고 爲一身之依托ᄒ야 爵祿之利만 是圖ᄒ고 恒産之心은 全無ᄒ야
> 農工商業ᄒᄂ 者를 一勞働 一奴隷者로 待之홈으로 …… 遊食ᄒᄂ者 十
> 居六焉ᄒ니 實業의 希望을 從何而求得哉아.118)

그러므로 실업진흥 · 국민진보를 위해 무엇보다 懶惰 · 依賴에서 벗어날 것을 강력히 주장하였다.

다섯 번째로, 위와 관련된 것으로 노동의 천시를 들고 있다. 즉 우리

---

114) 友洋生, 「我韓은 公平ᄒ 輿論을 要홈」, 『西北學會月報』 제1권 제14호, 19~21쪽 雜俎.
115) 앞의 글, 20~21쪽.
116) 耳長子, 「甲乙問答」, 『西北學會月報』 제1권 제16호, 52쪽 談叢.
117) 柏軒生, 「進步者生民之基礎」, 『西北學會月報』 제1권 제1호, 23쪽.
118) 劉汝鍾, 「祝賀農林學校」, 『西北學會月報』 제1권 제5호, 17쪽 雜俎.

나라 사람들은 오로지 任官에 나가는 것을 평생의 大計로 삼고 노동을
천시한다는 것이다.

　서북학회는 노동이야말로 인류가 하등동물과 다른 점이고 인류 특
유의 활동으로 파악하고 노동할 것을 강조하였다.

> 　勞働의 最終目的은 何오 人格의 目的을 達홈이라 外部的으로 觀察
> ᄒ면 財産이 되어 發表ᄒ고 內部的으로 觀察ᄒ면 人格이 되야 現出ᄒ
> ᄂ니 卽財産은 勞働이 無ᄒ면 取得치 못ᄒ고 人格은 勞働이 無ᄒ면 養
> 成되지 못ᄒᄂ지라 카—라이 曰 '勞働ᄒᄂ 人은 希望이 有ᄒ다' ᄒ니
> 然則 勞働치 안ᄂ人의 前途은 始終暗黑홀지로다 一言蔽之曰 勞働은
> 分業을 生ᄒ고 分業은 熟練을 産ᄒ야 大功果를 收케 ᄒ며 又勞働은 確
> 信과 責任을 生ᄒ야 人類로 人類를 完成케 ᄒᄂ 者이로다.119)

　즉 노동이야말로 인격·재산을 가져다주는 것으로 인간을 인간답게
해준다고 보았다.

　여섯 번째로, 사리·사욕을 폐로서 들고 있다. 우리 대한 사람들은
사리·사욕에만 집착하여 공리·공익을 돌보지 않음으로써 오늘에 이
르렀다는 점을 지적하고 있다.120) 그러므로 민의를 모으고 지금의 상
황에서 벗어나기 위하여는 사리·사욕에서 벗어나야 한다고 강력히
주장하고 있다.

　그리고 조혼의 폐습,121) 남녀의 차별문제, 지나친 畏外思想122) 등을
지적하고 있다.

　서북학회는 이 같은 우리나라의 폐습들이 혁신되어야만 국권회복과
민권회복이 가능하다고 보았다.

---

119) 「勞働의 意義」, 『西北學會月報』 제1권 제11호, 32쪽 雜俎.
120) 謙谷, 「謹於微와 無我라는 演論」, 『西北學會月報』 제1권 제5호, 28~29쪽 : 友洋生, 「我韓人
　　의 思想界를 論홈」 제1권 제13호, 33~34쪽.
121) 柳景馥, 「男女學生의 早婚을 宜戒」, 『西北學會月報』 제1권 제4호, 24~25쪽 雜俎.
122) 劉元杓, 「民俗의 大關鍵」, 『西北學會月報』 제1권 제4호, 20~24쪽 雜俎.

Ⅳ. 맺음말

이상에서 서북학회의 애국계몽운동의 기반이 된 그 사상적 구조를 살펴보았다.

당시 국권피탈의 상황과 관련하여 서북학회의 사상의 근간을 이룬 것은 국권회복과 그를 위한 애국사상이었다. 서북학회는 그 국권피탈의 원인을 사회진화론적 시대인식으로 파악하여 지금과 같은 생존경쟁의 시대에 우리가 국권을 빼앗긴 것은 힘(실력)이 劣하고 弱하기 때문이라고 보고 국권회복을 위해 무엇보다 실력을 양성해야 할 것을 주장하였다. 그리고 국가의 주인은 국민이라는 민권론에 입각하여 실력양성은 민력양성이어야 한다고 보았다. 또 사회진화론의 진화이론에 의거한 求新사상과 민권론에 따라 민력양성은 신민양성이어야 한다고 주장하였다. 더 나아가 서북학회는 신민양성을 위한 신문명국가의 수립을 강조하였다. 이는 서북학회가 국권회복과 민권신장을 위해 궁극적으로 도달하고자 하는 근대국민국가로 가기 위한 조건의 구비라 하겠다. 그리고 이 같은 새로운 국민의 양성, 새로운 근대국가의 조성을 위해서는 사회개혁이 전제가 되어야 한다고 보았다.

이 같은 國權恢復·社會進化論·民權論·新民論·新文明國家論·社會改革論 등의 기본인식에서 출발하고 있는 서북학회는 그 실력양성론으로 新敎育論·實業振興論·團體論·弊習改革論을 제시하였다.

여기에서 우리는 서북학회의 사상을 몇 가지로 특징지을 수 있을 것 같다.

첫째, 서북학회 사상은 기본적으로 개화자강파의 사상을 계승, 발전시키고 있다는 것이다. 물론 당시 서북학회는 국권피탈의 상황과 관련하여 국권회복을 제일의 과제로 제시하고 있으나 궁극의 목표는 국권회복·민권신장을 통한 근대국민국가의 수립에 두고 있다는 점, 그 정체

는 立憲共和國을 이상으로 하고 있는 점, 그리고 서북학회가 서구근대
문물을 적극 수용하도록 實業發展論·弊習打破論 등에서 주장하고 있
는 점, 또 민권론을 크게 받아 들여 기본인식으로 삼고 있는 점 등은 개
화·자강의 사상을 계승·발전시킨 것으로 볼 수 있다.

　둘째, 한편으로 서북학회 사상은 실학 계통의 사상을 계승하고 있다
는 것이다. 물론 서북학회가 새로운 것을 추구하여 서구근대문물의 수
용을 적극 권장하고 구습타파를 주장하고 신문명국가의 수립을 강조
하고 있으나 구래의 우리의 모든 것을 부정하고 있는 것은 아니었다.
서북학회가 배척하고자 하는 구사상·구습은 현실의 발전을 방해하는
현실과 동떨어진 공리공담적인 것들이었다. 이는 폐습타파론에서 잘
드러난다. 그 예로 서북학회가 유교계의 문제점을 지적하고 새로운 방
향을 제시하는 儒敎求新을 내놓고 있는 점을 들 수 있다.

　셋째, 서북학회 사상은 사회진화론·민권론 등 서구사상의 영향을
크게 받고 있다는 점이다. 사회진화론은 20세기 초 주로 중국의 梁啓超
의 저서를 통해서 우리나라에 들어왔는데 서북학회는 이를 수용하여
국권회복을 위한 실력양성론을 내놓았다. 그리고 이에 기반을 두고서
신민사상과 신문명국가의 수립을 주장하였으며 신교육 사상 역시 이
에서 나온 것이다. 민권론은 이미 개화자강파에 의해 수용되었던 것이
나 서북학회 사상에서 더욱 발전된 면을 볼 수 있다. 민권회복·민력양
성론·신민론·신교육구국론·단체론 등은 모두 이 민권론을 기반으
로 하여 나온 사상이라 하겠다.

(『釜山女大史學』 제1집, 부산여대사학회, 1983.12)

제7장

韓末 國債報償運動에 관한 연구

Ⅰ. 序　論

　國債報償運動은 을사늑약 이후 국권 상실의 상황에서 애국계몽운동의 일환으로 전개되었던 범국민적인 운동이었다.

　1905년 을사늑약에 의해 사실상 국가주관 및 국민주권을 박탈당한 상황에서 국권회복운동은 두 조류로 전개되어졌다. 그 하나는 義兵鬪爭路線으로서 국권상실이란 민족 국가적인 위기에 직면하여 국권회복을 제1차적인 지표로 삼고 일본제국주의와 그에 동조하였던 일부 매판세력에 무력적으로 대항하였던 武力鬪爭路線이며, 또 다른 하나는 愛國啓蒙路線으로 민족적 자주의식의 개발과 교육 및 산업의 진흥을 주장하면서 民族의 實力養成을 통한 국권회복을 표방하던 노선이었다.

　국채보상운동은 이 같은 두 조류의 국권회복운동이 고조된 분위기에서 민족의식이 강한 知識人과 일제의 통감부 지배 아래 추진된 식민지화 재편과정에서 가장 직접적인 피해를 입어 도산의 위기에까지 이른 民族資産家 및 商人層에 의하여 추진되었다. 즉 이들은 한국민을 정치 경제적으로 예속화시키기 위한 식민지화 기초작업의 자금이 이른 바 일제의 공세로 도입된 借款임을 간파하고, 당시의 무능하고 일제에 굴종하는 정부에 기대할 수 없다는 상황 판단 아래, 광범한 국민들의 결집된 힘으로 국채를 보상하여 국권을 회복하자는 것을 제의하고 이를 실천코자 하였다. 이에 광범한 국민들이 적극 참여함으로써 운동은 各界各層을 망라한 汎國民적인 운동으로 발전되어 갔던 것이다.

이 범국민적인 국채보상운동에 참가한 각계각층의 국민들은 국권회복과 그들 자신의 생활권의 수호를 동일의 과제로 보고 당시의 상황과 관련하여 국권회복을 위한 지름길이 국채보상에 있다는 전제 아래 각기 자신들의 생활현장에서 이 운동에 참가하였던 것이다.

그러나 종래 이 같은 국채보상운동에 관한 연구는 단지 언론사적 관점에서 또한 여성운동사적 관점에서만 다루어졌을 뿐이며[1] 그 전체적인 실상이 실증적으로 논증된 바가 없었다.

이에 본고는 종래의 연구 성과에 힘입어 국채보상운동의 실상을 당시 역사적 상황과의 관련에서 구체적으로 부각시키기 위한 의도에서 범국민적인 운동으로서의 국채보상운동의 성격과 그 역사적 위치를 揣定해 보고자 시도해 본 것이다. 그리하여 주로 추진주체의 성격과 관련하여 운동의 전개과정과 좌절을 겪게 된 경위 등을 소상히 밝히고자 한다.

본 연구에 이용했던 자료는 당시 민족지로서 국채보상운동에 적극 참여한 『大韓每日申報』·『皇城新聞』·『뎨국신문』·『大韓民報』,『大韓自彊會月報』·『西友』등 단체·학회의 잡지, 그리고 일본 측의 제1차 사료인 『日本公使館記錄』 등을 이용하였다. 그러나 운동 주체 측의 자료의 부족과 필자의 능력부족으로 충분히 논지를 펴지 못하였다.

---

1) 崔埈(1967), 「國債報償運動과 프레스 캠페인」, 『白山學報』 제3호, 白山學會, 517~547쪽 : 朴容玉 (1968), 「國債報償運動에의 女性參與」, 『史叢』 12·13合輯, 高麗大學校 史學會, 621~643쪽.

II. 國債報償運動의 社會經濟的 背景

1. 日帝의 借款攻勢와 借款債務의 實態

한일 간의 차관문제는 한국과 일본의 힘 관계에 따라 그 양상을 달리하고 있음으로 1880년대 갑신정변을 전후한 시기, 1894년 청일전쟁을 전후한 시기, 그리고 을사늑약을 전후한 시기 등 세 단계로 구획해 볼수 있다.

본고의 과제인 국채보상운동은 셋째 단계와 상관되는 것으로 국채보상운동의 초점인 국채 1,300만원이라는 돈은 1904년 8월 제1차 한일협약으로 目賀田種太郎이 財政顧問으로 취임한 후에 강요한 貨幣整理資金債 300만원, 國庫證券債 200만원, 金融資金債 150만원, 제1차企業資金債 1,000만원 등 도합 1,650만원 중 실제로 도입된 차관액 1,150만원과 그 이자를 지칭하는 것이었다.

먼저 제1차 한일협약 이전의 제1단계 · 제2단계의 한일 차관의 실태를 살펴보면 대략 다음과 같다.

제1단계에 있어서의 일본의 對韓 차관은 소극적이어서 1882년 朴永孝에 의해 제기되어 성립된 17만원 차관이 있을 뿐이다.[2] 당시 한국정부는 재원의 고갈로 수구파의 반대를 무릅쓰고 金玉均 등 개화파를 통해 일본에 교섭하였지만,[3] 일본은 한국에서의 그들의 勢力扶植이 청국에 의해 견제받고 있었고, 또한 그들의 자본주의가 原始資本蓄積段階에 있었기 때문에 소극적 태도를 취하였다.

그러나 제2단계에 이르러, 일본은 청일전쟁의 승리로 청국세력을 한반도에서 구축하게 되자 적극적으로 차관공여를 제기하여 30만원 차

---

2) 日本外務省(編)(1951), 『日本外交文書』 제15권, 동경, 284~289쪽. 17만원 차관은 한국정부와 일본 正金은행과의 차관관계로 성립되었다.
3) 田保橋潔(1940), 「近代日鮮關係의 研究」, 朝鮮總督府 中樞院, 912~914쪽.

관4)과 300만원 차관5)을 성립시켰다. 이 같은 일은 일본자본주의의 재정사정으로 보아 힘겨웠지만 한국에 대한 독점적인 대한침투를 예상하여 강행하였던 것이다.

하지만 이 같은 일본의 對韓勢力扶植은 삼국간섭, 이권을 획득코자 한 구미열강의 차관대여 제의 등 국제관계와 한국 내의 排日親露의 경향, 친로파의 등장으로 저지를 받아 對韓借款攻勢도 역시 그 실효를 거둘 수 없었다.6)

이에 비해 제1차 한일협약 이후인 제3단계에 접어들면서 일본은 노일전쟁의 승리와도 관련하여 엄청난 차관을 도입시켜 식민지 정지를 위한 기초작업의 자금으로 유용하였다.

이를테면 제1차 한일협약에 의해 재정고문으로 취임한 메가다는 취임 즉시 식민지 기초작업의 제일보로 이른바 財政整理事業에 착수하였는데, 먼저 화폐를 정리하기 위한 貨幣整理資金債 300만원안을 제기하여 제1차 차관공세를 전개하였다.7)

1905년 재정고문 메가다에 의해 제정 실시된 貨幣條例8)는 일본화폐제도와 거의 동일한 1901년 新貨幣制度9)를 모델로, 거기에 舊貨와의

---

4) 日本外務省(編)(1951),『日本外交文書』제27권 제1책, 476~481쪽 : 앞의 책, 제28권 제1책, 324~325쪽. 일본공사 井上馨은 한국의 이권을 확보하고 내정간섭의 기회를 마련하고자 이 차관 건을 적극 추진하였다. 그리고 인천·부산·원산의 해관세를 담보로 하였다.

5) 日本外務省(編)(1951), 앞의 책, 제28권 제1책, 337쪽, 356~360쪽. 한국내의 각종 이권을 독점적으로 확보하려는 의도를 갖고 있었다 : 高麗大學校 亞細亞問題硏究所(編)(1965),『舊韓國外交文書』제3권(日案 3), 391쪽 :「朝鮮國公債에 관한 申進의 件」,「朝鮮 公債의 件」,『駐韓日本公使館記錄』.

6) 高麗大學校 亞細亞問題硏究所(編)(1965),『舊韓國外交文書』제3권(日案 3), 422쪽. 親露內閣은 당시 교섭 중이던 對日新借款을 반대하고, 일본과 독점적으로 행해졌던 과거의 정책을 배제하고 가능하면 일본과의 차관관계를 청산하려 하였다 : 日本外務省(編)(1951),『日本外交文書』제29권, 622쪽. 한국조정은 露淸銀行으로부터 300만원의 차관을 교섭하였다 : 日本外務省(編)(1951), 앞의 책, 제32권, 318쪽. 韓國朝廷은 1899년 영국 및 미국에도 차관을 교섭하였다.

7) 日本外務省(編)(1951), 앞의 책, 제40권, 720쪽 : 韓國度支部(1910),『韓國財政施設綱要』, 157쪽.

8) 韓國度支部(1909),『韓國貨幣整理報告書』, 27~36쪽 : 趙璣濬(1973),『韓國資本主義成立史論』, 高麗大學校出版部, 184쪽.

9) 1901년의 新貨幣條例를 보면 발행권은 정부만이 갖으며 金貨를 本位貨로 하고 銀貨·白銅貨

관계를 첨가하고 한편으로는 일본 화폐의 한국에서의 무조건 통용과 제일은행권의 公私간의 통용을 공인한 것이었다. 즉 메가다는 한국의 문란한 통화 유통구조를 개혁한다는 명목으로 일본통화 유통을 확대시키고 한국의 토착적인 상업구조를 재정비하여 일본세력에 흡수하려 하였던 것이다.

1905년 1월 31일 한국정부와 第一銀行간에 체결된 貨幣整理資金債 300만원의 계약안10)을 보면 海關稅를 담보로 한다는 조건이 중점을 이루고 있는데 이것은 일본이 식민지 기초작업의 자금을 충당하기 위해 차관공세를 전개하였을 뿐만 아니라 이를 통해 해관세를 담보로 함으로써 한국재정을 전면적으로 일본에 예속시키려 했다는 것을 잘 증명해 준다.

이에 이어 재정고문 메가다가 1905년 6월 두 번째로 제기한 차관안은 國庫證券債 200만원건으로서 한국정부의 부채정리와 재정융통에 필요한 경비 200만원 지출의 자금을 충당하려는11) 명목이었다. 그러나 사실상 이 국고증권채도 일본의 일련의 식민지작업의 일단인 行政機構改編을 위한 재정지출에 충당하려는 의도에서 계획되었던 것으로 國庫金收入을 담보로 한다는 조건을 중점으로 체결되었다.12)

한편 재정고문은 재정정리사업의 一端이라는 명목으로 대한제국의 황실재정도 정리하여 일본에 예속시키려는 계획을 추진하였으며 이를 시행하기 위하여 한국측에 皇室財政整理資金債 150만원 件을 제기하였다.13)그러나 이 황실비차관 150만원 건은 당시 화폐개혁에서 비롯

및 赤銅貨를 補助貨로 한 것이었다.

10) 韓國度支部(1909), 『韓國貨幣整理報告書』, 40쪽 : 日本外務省(編)(1951), 『日本外交文書』제40권, 724~725쪽.

11) 日本外務省(編)(1951), 앞의 책, 제 40권, 736~737쪽.

12) 韓國度支部(1910), 『韓國貨幣整理報告書』, 156쪽.

13) 日本外務省(編)(1951), 『日本外交文書』제40권, 736~737쪽. 황실재정을 일본자본에 예속시키려는 목적과 국왕회유의 목적을 동시에 얻고자 하여 이 차관을 제기하였던 것이다.

된 금융공황을 구제키 위한 金融資金債案이 대두됨으로서 유산되고 말았다.

당시 실시된 화폐개혁 조례 중 舊貨교환 細則에서는 舊白銅貨를 3종으로 나누어 甲種 백동화는 每個에 2전 5리로 新貨를 교환해주고 乙種은 1전의 비례로 정부에서 매수하며 丙種은 매수치 않는다는 백동화 惡貨의 무가치선언을 규정하여 많은 인민들이 도산에 이르렀으며,14) 또한 어음에 관한 규정이 되어 있지 않아 어음거래가 중지되고 기왕에 발행되거나 거래되어오던 어음을 바꾸려하여 유통이 마비되었다.

이같이 화폐개혁에 기인하여 일어난 금융공황에서 민족기업인들은 도산의 지경에 이르고 상점은 폐업·휴업하여 한국인 토착상인 자본은 몰락에 이르렀으며 1890년대 후반기 이래 창립되었던 민족금융기관도 폐업의 난국에 이르렀다.15)

이런 상황에서 상인측의 商業會議所員들이 정부에 300만원 貸下를 청원하고 일본에까지 가서 공황의 야기를 항의하는 등 상인층을 중심으로 한 국민의 원성이 높아가고16) 금융사정이 더욱 심각하여졌다. 이에 재정고문 메가다는 사태를 수습하고 또한 이 기회에 한국의 상인자본을 완전히 일본의 금융통제기관에 굴복시키기 위한 원대한 식민지

---

14) 韓國度支部(1909), 『韓國貨幣整理報告書』, 35~36쪽 : 趙璣濬(1973), 『韓國資本主義成立史論』, 312~313쪽. 白銅貨 무가치 선언으로, 백동화로 거래해오던 토착상인은 거개가 도산을 당하였으나 外商 특히 日商은 아무런 손실을 보지 않았다 : 『皇城新聞』 1907년 7월 6일.

15) 韓國度支部(1907), 『韓國貨幣整理報告書』, 287쪽 : 趙璣濬(1973), 『韓國資本主義成立史論』, 314쪽. 目賀田 고문에 의해 大韓天一銀行은 황실 內帑金 중에서 5만원을 대부받았고 漢城銀行 역시 정부예치금 중에서 10만원을 10년간의 무이자로 대여 받고 공황의 난경을 타개해 나갔다. 이후 민족계 은행은 目賀田 재정고문의 통제와 간섭을 면할 길이 없었다.

16) 日本外務省(編)(1951), 『日本外交文書』 제40권, 737~739쪽 : 趙璣濬(1973), 『韓國資本主義成立史論』, 289~290쪽. 市廛상인들은 종로의 紙墨都家에 회집하고 정부에 그 구제책을 호소하였으며, 한편 강력한 상인단체를 결성하여 가중되는 일본의 내정간섭에 대항해야 한다는 여론이 비등하여졌다. 이와 같은 商街의 여론에 호응하여 동년 7월 5일에 한성에 거주하는 상인 30명이 독립관에 모여 漢城商業會議所 發起會를 개최하여 金基永을 사무장으로 선정하고 대표를 정부에 파견하여 구제금 300만원을 貸下해 줄 것을 요구했다.

적 통제계획에서 倉庫會社와 手形組合 등을 설치할 것을 계획[17]하고
金融資金債 150만원 건을 제안하였다.

이같이 재정고문 메가다는 토착자본을 일본 자본에 예속시키려는
계획에서 한정부와 제일은행 간의 金融資本債 150만원 건을 체결시킨
뒤[18] 바로 지방농공자금의 공급 및 수리토목자금의 공급이라는 명목
으로 日本興業銀行에서 차관을 도입할 계획을 세웠다. 이 때 일본의 의
도는 이 차관공여를 기회로 재정고문 아래 공업부를 설치하여 기업에
관한 모든 것을 일본에 예속시킬 계획이었으며 또한 미국인에게 허가
된 京城水道敷設權을 뺏고자 한 것이었다.

이 계획은 1906년 2월 통감부가 설치됨으로서 그 실현을 보게 되어
네 번째로 1,000만원의 기업자금채가 3월에 체결되었다.[19]

이렇게 일본은 제1차 한일협약 이후 차관공세를 계속하여 이를 식민
지 기초작업의 자금으로 유용하였는데 앞서 말한 바 4건의 차관을 불
과 일 년여 동안에 성립시켜 한국민은 원금만 하여도 1,650만원에 달
하는 채무를 지게 되었으며 매년 늘어나는 이자 또한 상당한 금액이었다.

또한 이 이후에도 차관공세가 역시 계속되어 식민지로 전락할 때 한
국의 부채는 4,500여만 원에 달했던 것으로 그 실태는 다음 <표 1>과
같다.[20]

---

17) 趙璣濬(1973), 『韓國資本主義成立史論』, 313~314쪽 : 日本外務省(編)(1951), 『日本外交文書』제
  40권, 739쪽, 747~748쪽 : 韓國度支部(1910), 『韓國貨幣整理報告書』, 157쪽.
18) 日本外務省(編)(1951), 『日本外交文書』제40권, 750쪽 : 韓國度支部(1909), 『韓國貨幣整理報告書』,
  311~313쪽.
19) 日本外務省(編)(1951), 『日本外交文書』제40권, 751쪽 : 韓國度支部(1910), 『韓國貨幣整理報告書』,
  157쪽.
20) 韓國度支部(1910), 『韓國貨幣整理報告書』, 159~160쪽.

<표 1> 식민지로 전락한 시점의 對日本 負債表

구　분	借　入　額	借　入　年　月
貨幣整理資金債	3,000,000	1905年　1月
國庫證券債	2,000,000	1905年　6月
金融資金債	1,500,000	1905年　12月
第一企業資金債	5,000,000	1906年　3月
第二企業資金債	12,963,920	1908年　12月
企業公債	1,000,000	1908年　12月 이후
日本政府借入金	11,682,623	1907年　이후
貨幣整理資金借越	8,564,818	－
計	45,711,361	

2. 國權의 喪失과 民衆의 自覺

일본 제국주의 침략정책은 노일전쟁 이전에는 러시아 등 구미열강에 의하여 牽制되어 왔는데 노일전쟁 이후 노골화하였다. 즉 1904년 對露宣戰布告 後 韓日議定書를 체결하여 식민지경영의 제일보를 내딛었으며 이를 근거로 '對韓方針'·'對韓施設綱領'·'對韓施設綱目' 등 이른바 대한경영방안을 마련하였고, 8월에는 제1차 한일협약을 강요하여 재정권과 외교권을 침식하기에 이르렀다.

그리고 노일전쟁에서 승리하자 제2차 한일협약 즉 을사늑약을 강제 체결하여 외교권을 박탈하였고 1906년 2월에는 통감부를 설치하여 '통감정치'를 실시함으로서 한국을 일본의 식민지로 전락시켜 나갔다.

이러한 식민지화의 과정에서 앞서 말 한바와 같이 일본은 식민지화 기초 작업을 그들에 의해 일본에서 도입된 차관에 의존하여 착수하여서 재정·화폐·금융을 장악하기에 이르렀다. 즉 금융공황을 유발시켜 토착자본을 몰락시켰고, 手形組合과 倉庫會社 등 금융기관을 설치하여 한인자본을 흡수하였으며 민족계 은행까지도 그 세력 안에 예속시켰다. 그리고 상업·공업·토지에 이르는 모든 한국민족 경제를 착취의 대상으로 삼았다.

이러한 일본제국주의의 침탈은 한국 민족경제 발달을 저해하여 외적으로는 민족경제를 식민상태에, 내적으로는 봉건적 모순을 더욱 조장시켜 半封建 상태에 빠지게 함으로써 국민경제를 파탄에 이르게 하였다.[21]

이렇게 일본의 정치·경제적 침탈에 의하여 국가주권을 상실하여가고 생활의 기반을 잃어가는 과정에서 민중들은 민족 자본가층의 성장, 근대교육의 성장, 신문·잡지와 지식인들의 계몽 등의 영향으로 각기 나름대로의 위기의식을 갖게 되었다.

먼저 封建地主階層을 보면, 일본에 의한 침탈과정에서 침략세력과 결탁하여 일정한 財富와 지위를 얻은 소수의 매판세력을 제외한 대다수의 봉건지주계층 특히 중소지주층에 속하였던 前·現職 하급관리와 유생들은 끊임없이 일본의 자본에 의하여 자기존재를 위협당하고 있었기 때문에 항일의식이 철저하여 국권회복운동의 전개과정에서 각 지역의 지도적 역할을 담당하였으나 봉건성이 강한 자기의 체질적 취약성으로 일정한 한계를 갖었다.

민족자본의 성장으로 당시 크게 대두되고 있던 民族資産家 및 商人層의 경우를 보면, 이미 일본제국주의의 침략으로 많은 피해를 입고 있었고 을사늑약 이후 일제의 식민지화 재편성과정에서는 더욱 그 지위가 흔들렸으며, 특히 재정고문 메가다의 화폐정리 및 금융정리 등에 의하여 도산의 지경[22]에까지 이르게 되어 당시 민족 상인들의 항일의식은 자신의 생활권과 관련하여 고조되었다. 그렇지 않아도 일본의 상권침해에 대항하여 민족 상권을 수호키 위해 각지에 상업회의소 등을 설치하였었던 상인들은 이러한 상인단체[23]를 통하여 국권회복운동에 앞

---

21) 安秉直(1973), 「19世紀末 ~ 20世紀初의 社會經濟와 民族運動」, 『創作과 批評』, 제8권 제4호, 1110~1118쪽.
22) 주 14) 참조.
23) 趙璣濬(1973), 『韓國企業家史』, 博英社, 231~238쪽. 漢城商業會議所의 설립 의도를 보면 日商의 침투가 기세를 부리고 五江의 客主들이 漢城 상가에 다수 진출하자 이 새로운 사태를 막

장서 주로 도시에 있어서의 국권회복운동으로 나타났던 애국계몽운동의 추진주체의 一翼으로 부상되었다.

勞動者·賤人·雜商 등 도시노동자와 농민들은 도시와 농촌에 있어서의 국권회복운동에 촉발되어 일본의 침략 세력에 저항하게 되었고, 더구나 일본의 경제적 침투 때문에 봉건적 수탈이 강화되자 그들의 경제적 궁핍이 결국 일제의 침략에도 원인이 있다는 자각에서 反封建과 더불어 反日意識을 강하게 갖게 되었다.

이렇게 각 계층의 민족적인 항일의식은 民族資本家層의 성장, 근대교육의 성장, 잡지·신문과 지식인들의 계몽으로 고조되었고 愛國的 奮發과 각기 자신들의 생존권 문제와 관련하여 성장되어 왔다.

당시의 知識人들은 개화사상과 근대교육에 힘입어 이러한 다양한 항일감정을 整合하여 상황에 맞는 민족주의 운동에로 전개시킬만한 역량을 지니고 있었다. 그리하여 지식인층은 중소지주층인 전·현직 하급관리와 유생들 그리고 민족자산가 및 상인층과 유대를 갖고서 도시저변·농촌까지 깊숙이 침투하여 광범한 민중의 국권회복운동을 주도하였다.

이러한 각 계층의 민족적 위기의식은 대체로 두 조류의 운동으로 전개되어 나갔다. 즉 항일의병투쟁과 애국계몽의 두 양태로 나타났던 것이다.

항일의병투쟁은 주로 농촌지대에서 국권회복을 제일차적인 지표로 삼고 일제와 그에 동조하는 매국세력에 무력적으로 대항한 민족운동으로 당초에는 유생들이 선도적 역할을 수행하였다. 그리고 이 운동은 1907년의 고종강제퇴위와 조선군대해산을 계기로 전국적 규모로 확대

기 위해 設立案이 대두되었는데 1900년대에 접어들면서 新進貿易業者, 금융업자 및 객주상이 주동이 되어 보다 광범위한 상인층을 포섭한 商業合議所設立運動이 움트기 시작하였다. 그리하여 前記한 바와 같이 금융공황을 계기로 설립이 촉진되었던 것이다.

되었으며 의병과 그 지도층의 사회적 구성도 광범위한 사회층으로 보
충되었다.

한편 애국계몽운동은 국권피탈과 관련하여 1906년과 1908년 사이
에 절정을 이룬 민족운동으로, 서울을 위시한 중소도시의 대중적 역량
을 흡수하여 발전시킨 실력양성과 자강운동이었다. 이 운동은 주로 언
론기관·학회·학교·단체 활동을 통하여 교육과 산업을 강조함으로
써 실력을 양성코자 하는 방향으로 전개되었다.[24] 즉 정치적 색채를 표
면에 내세우기 곤란한 상황과 관련하여 문화계몽을 표방하였었던 것
이다.

이 같은 애국계몽단체로는 憲政研究會를 모태로 발족한 大韓自强會
를 비롯하여 基督青年會·自新會·新民會가 있었으며, 학회로는 西友
學會·漢北興學會·西北學會·湖南學會·湖西學會·關東學會·畿湖
興學會·嶠南教育會 등이 있었다.[25] 그리고 많은 학교들이 설립되어
져서 1908년에는 사립학교의 수가 3,000여개에 이르렀다.[26] 또한『皇
城新聞』·『帝國新聞』·『大韓每日申報』·『萬歲報』·『大韓民報』 등
신문은 일제의 침략을 銳利한 筆鋒으로 규탄하고 공격하였으며 국민
을 계몽하여 애국심을 고취시켰던 것이다.[27]

국채보상운동은 이같이 국권회복운동이 고조된 상황에서 애국계몽
운동의 일단으로 전개되어진 범국민운동이었다.

---

24) 國史編纂委員會(1977),『韓國史』제20권, 탐구당, 1쪽.
25) 李鉉淙(1966),「大韓自强會에 對하여」,『震檀學報』제29집, 155~173쪽 : 李鉉淙(1974),「學會의
    活動」,『韓國史』제20권, 國史編纂委員會(編), 105~126쪽.
26) 朝鮮總督府(1918),『朝鮮의 保護及 併合』, 378쪽.
27) 李海昌(1974),「言論機關의 活動」,『韓國史』제20권, 國史編纂委員會(編), 탐구당, 41~55쪽.

Ⅲ. 國債報償運動의 展開

1. 運動의 發端과 그 樣相

국채보상에 대한 논의는 제1차 한일협약을 전후하여 일본의 차관공세가 격렬하였던 때부터 있었지만[28] 이 때는 단순히 하나의 안으로서만 제기되었던 것이고 실제 운동으로 전개된 것은 1907년 2월 중순에 이르러서였다. 즉 국채보상운동은 1907년(光武 11년) 2월 중순 大邱 廣文社 사장 金光濟, 부사장 徐相敦 등의 공동명의 격문[29]이 발표됨으로서 그 발단을 보았다.

당시 을사늑약 이후 국권피탈의 상황과 관련하여 민족의식이 강했던 민족자산가와 지식인들은 일본의 경제적 예속에서 벗어나 민족자립 경제를 수립하는 것이 국권을 회복할 수 있는 문제 해결의 첩경이라는 전제하에 애국계몽운동의 일단으로서 교육구국과 더불어 식산흥업에 힘을 기울이고 있었다. 따라서 일제의 경제적 침략과 민족의 경제적 기반의 파괴에 대처하기 위해서 일본 식민지화의 유력한 담보인 國債 問題를 간과할 수는 없었다.[30]

이러한 때 대구 광문사의 廣文社文會를 大同廣文會로 지칭하는 총회가 개최된 자리에서 회원인 徐相敦이 국채보상 문제를 제의하였다. 그는 국채 일천만원을 갚지 못하면 토지라도 주어야 하므로 국고로서 갚을 수 없는 국채를 우리 국민이 3달간 남배를 끊어 그 대금으로 갚자고 제의하였던 것이다. 이에 총회에 참석하였던 200여 명의 인사들은

---

28) 「再論一萬圓借款」, 『大韓每日申報』1906년 3월 25일 論說.

29) 「國債一千三百萬圓報償趣旨 大邱廣文社 社長金光濟徐相敦氏等公函」, 『大韓每日申報』1907년 2월 21일 : 『大韓自彊會月報』제9호(1907년 3월), 146~147쪽.

30) 『大韓自强會月報』제9호(1907년 3월), 22~27쪽.「經濟學摠論」에서 "鐵途及借款等은 必然報償 코 乃己홀지니 …… 上項兩款의 債數가 四千萬圓에 不過홈 인즉 吾二千萬人이 四圜의 收合이 면 當然還完홀 홀지라"

모두 찬성하고 바로 그 자리에서 의연금을 據出하였으며, 사장인 金光濟는 취지서를 발표하는 동시에 報償所 설립을 결정하고 각 郡에도 통첩하였다.31)

발기인인 徐相敦은 일찍이 독립협회의 회원으로, 만민공동회의 간부로서 자주독립·자강·민권을 위하여 투쟁하여온 인사였다.32) 그리고 발기단체인 광문사는 한 때 皇國協會의 기관지로서 보수적 성격을 지녔던 『時事總報』의 후신이지만, 시대적 상황 속에서 면목을 일신하여 玄采·梁在謇·張志淵 등 당시의 애국계몽사상가 등에 의해 새로이 발족된 출판사로 이곳에서는 茶山 등 실학자의 저서를 주로 간행하였다.33) 『대한매일신보』의 기사에 따르면 "淸國廣學會를 連絡ㅎ야 務圖親睦ㅎ고 擴張敎育흠으로 主旨를 完定ㅎ얏다더라"34) 는 것으로 보아 이 출판사의 성격은 지식인과 민족자산가로 구성되어 주로 실학파 학자들의 저술을 편찬하고 신학문을 도입함으로서 민족의 자강의식을 고양시키고 나아갈 방향을 제시하여 준 계몽단체였음을 알 수 있다.

서상돈과 김광제의 명의로 발표된 발기취지서의 요지를 보면 다음과 같다.

> 忠義를 崇尙하면 그 나라는 民이 興하고 平安하며 忠義가 없으면 그 나라는 亡하고 百姓은 滅한다. 지금이 바로 우리가 忠義를 떨칠 때이다. 즉 지금 문제되고 있는 國債 1,300萬圓은 바로 우리 韓帝國의 存亡에 직결되는 것으로 갚지 못하면 나라가 亡할 것인데 國庫로서는 解決할 도리가 없으므로 二千萬 人民들이 三個月 동안 吸煙을 廢止하고 그 代金으로 國債를 갚아 國家의 危機를 구하자.35)

---

31) 『帝國新聞(뎨국신문)』 1907년 2월 16일 雜報 : 『大韓自强會月報』 제9호, 59~60쪽.

32) 徐相敦은 독립협회의 재무과장 및 부장급(1898)을 지냈다. 愼鏞廈(1976), 『獨立協會硏究』, 一潮閣, 138쪽. 徐相敦을 개신유학적 전통을 배경으로 하는 계통으로 보고 있다.

33) 千寬宇(1967), 「張志淵과 그 思想」, 『白山學報』 제3호, 白山學會, 491~499쪽.

34) 『皇城新聞』 1907년 2월 11일.

35) 趙璣濬(1973), 『韓國企業家史』, 205쪽. 당시 출판업과 書舖 등은 영리를 위하여 운영된 것도 있

즉 이것은 무능한 정부에 나라의 존망을 맡기지 말고 광범한 국민들이 스스로 단결하여 국채보상을 추진시켜서 이미 빼앗긴 국가주권과 국민주권을 되찾자는 취지의 내용이었다.36)

이 같은 취지서를 발표한 후 대동광문회에서는 2월 21일 民會所 즉 斷煙會를 설립하여 직접 의연에 나섬으로서 국채보상운동은 드디어 실천적 행동으로 옮겨지게 되었다.37)

대구 광문사의 국채보상운동 발기가 『대한매일신보』·『제국신문』·『만세보』·『황성신문』 등을 통하여 전하여지자 당시의 상황과 관련하여 일제의 경제적 침탈을 각기 자신들의 생활현장에서 지각하고 있었던 각계각층의 광범한 민중들은 운동에 적극 참여하였다.

서울에서는 2월 22일 金成喜38)·劉文相·吳榮根39)·金相萬·高裕相·朱翰榮40) 등이 國債報償期成會를 설립하고 그 취지서를 발표하였으며 처음으로 회칙을 제정하여 합법적 운동으로서의 형식을 갖추었다. 그 회칙을 보면 다음과 같다.

　一. 本會는 日本에 對한 國債 1,300萬圓을 報償하기로 目的흠.
　一. 報償方法은 一般國民의 義金을 募集흠 단, 金額은 多少를 不拘흠.
　一. 本會와 目的이 同一한 團會는 互相聯合하여 目的을 達하기를 務
　　　圖흠.
　一. 義金을 收合하여 右額에 達하기까지 信用이 有한 本國銀行에 任

<hr>

　　　있지만 대체로 국민을 계몽키 위하여 번역서나 서적을 편찬한 계몽단체의 역할을 하였다.
36) 주 29)와 동일함(필자가 해석하여 발췌한 것이다).
37) 張志淵, 「斷煙償債問題」, 『大韓自强會月報』 제9호(1907년 3월) 論說, 1~3쪽.
38) 金成喜는 당시 대한자강회원으로 활약하고 있었다.
39) 吳榮根은 『波蘭國末年戰史』를 譯하는 등 개화지식인으로서 당시 애국계몽운동에 활발히 참
　　여하였다.
40) 趙璣濬(1973), 『韓國企業家史』, 205~209쪽. 金相萬은 廣學西舖, 高裕相은 滙東書舖, 朱翰榮은
　　中央書林을 경영하였는데 이들 書舖는 이 시기의 문화 사업을 담당하는 곳이었다. 회동서
　　관은 『千字文』, 『資治通監』, 『四書三經』, 『春香傳』, 『沈淸傳』 등 古書를 주로 복간, 발행하였으
　　며, 중앙서림은 『牧民心書』, 『欽欽新書』, 『大韓地志』 등 고서를 복간하였다.

置흠 단 收合金額은 每月末에 布告흠.
一. 本會는 目的을 達한 後에 解散흠.

한편 모금소를 夜雷事務所 · 書舖 · 약국 · 대한매일신보사 · 尙洞靑年學院事務所 등으로 정하고 있는 것[41]은 기성회가 대체로 신지식 보급과 계몽에 참여한 지식인이나 상인층에 의하여 설립되었음을 입증해주는 것이라 하겠다.

뒤를 이어 또한 서울에서 國債報償中央義務社가 徐丙炎과 尹興變 등 민족자산가 및 상인층에 의하여 설립되었는데 모금소는 황성신문사로 정하였다.[42]

그리고 각 지역의 유지인사들도 각기의 지역에서 국채보상의 뜻을 알리는 취지서를 발표하고, 더불어 보상회를 설립하였다.

당시 운동 초기[43]에 설립된 각 지역별의 보상소 설립상황을 보면 池基榮 등의 西道義城會, 鄭德溶 등의 忠北沃川郡國債報償斷煙義務會, 文秉喜 · 金紋柱 · 鄭漢正 · 宋商宗 · 崔崙河 · 李完 등의 東萊府國債報償一心會, 國債報償海西同情會, 황해도殷栗郡國債報償會, 金容孝 등의 慶南贊成會, 忠南禮山郡 義捐金募集所, 遂安 李均鎬의 節用同盟會, 朴有豊 · 張基洽 · 金演祐 등의 漢北國債報償團成會, 吳大圭 · 許淑 등의 國債報償關西同盟, 平壤國債報償會, 韓山 金商翼 등의 湖西國債報償期成義務社, 朴恒來 · 권창식 · 高濟學 등의 錦山郡國債報償同盟, 전북 · 전남의 國債報償義務所, 慶南愛國會, 忠北永同郡國債報償會, 濟州斷煙義成會, 재령군報誠所, 國債報償慶南會, 昌原馬山港國債報償義捐所 등 20여 개의 보상소가 각지에서 설립되었다. 그리고 많

---

41) 『皇城新聞』1907년 2월 25일 : 『大韓每日申報』1907년 2월 27일 : 『大韓自强會月報』 제9호(1907년 3월), 62~63쪽.
42) 『皇城新聞』1907년 3월 2일. 이들은 회의를 紙廛都家에서 열고 있는 것으로 보아 상인층으로 보는 것이 합당할 것 같다.
43) 운동의 제1단계에 속하는 3월 말까지의 보상소 설립을 보았다.

은 취지서와 奇函도 발표되었다.

이들 보상소 설립취지의 공통된 내용을 보면 "夫有土而後有民하고 有民而後有國은 世界萬邦之常理也",[44] "有民然後에 有國하고 有國然後에 安民은 古今天下不易之常理也라 今有民而不得保安이면 國從以弱하고 有國不得富强이면 民從以亡"[45]고 하여 민이 있은 후에야 국이 있다고 강조하고 그러나 민이 安을 얻기 위해 국을 필요로 하며 민을 지키기 위해 국이 부강을 꾀하여야 한다는 점을 지적하고 있다.

그리고 결론적으로 "此時가 何時오 可以挽回國權之日也요 再生我民命之秋也"[46]라고 하여 國權挽回와 民命再生을 동시의 과제로 보았던 것이다. 즉 국권과 민명을 상호보완적으로, 그리고 동일의 것으로 보았었다.

이러한 국채보상운동의 전개과정에서 각 계층은 각기 나름대로의 방법으로 운동에 참여하였는데 그 양상[47]을 살펴보면 크게 두 가지 참여방법으로 나타나고 있다. 그 하나는 국채보상을 위한 계몽적 활동으로 민족의식을 환기시켜 애국심을 고취·진작시키는 계몽적 활동이었으며, 또 다른 하나는 실천적 활동으로 직접 의연을 함으로써 운동에 참여하는 일반대중의 참여활동이었다.[48]

먼저 황실·고급관료의 경우를 보면 운동이 일어나자 황제는 '煙草를

---

44) 『大韓自强會月報』 제9호(1907년 3월), 64쪽 : 『皇城新聞』 1907년 3월 2일 : 『大韓每日申報』 1907년 2월 28일 池基榮 등의 『西道義成會趣旨書』.

45) 「國債報償義捐勸告文」, 『大韓每日申報』 1907년 3월 7일.

46) 『大韓每日申報』 1907년 3월 18일. 『皇城新聞』 1907년 3월 9일에 실린 鄭德溶 등의 충북 옥천군 국채보상단연의무회취지서, 또한 『大韓每日申報』 1907년 4월 3일자에 실린 충북 보은군 국채보상단연동맹모집금취지서에서는 "挽回我國權之秋也요 再生我生民之時也"라 하고 있다.

47) 대체로 발단에 대한 반응을 보아 3월 말까지를 그 실례로 들어보았다. 당시의 계층별 분류는 현재 정설이 없을 뿐만 아니라 연구조차도 전혀 없어 부득이 필자가 자료에 충실을 기하여 잠정적으로 대략 고급관료, 하급관료, 민족자산가 및 상인층, 도시노동자(도시저변층), 부녀층, 지식인층 등으로 나누어 고찰하였다.

48) 여기에서 참여활동을 '계몽적 활동'과 '실천적 활동'으로 나누어 본 것은 논문 서술상 편의를 위하여 잠정적으로 용어를 통일한 것이다.

不御'49)하고 또한 영친왕의 吉禮를 음력 7월로 연기하도록 명하였다. 이 같은 상황에서 고급관료들도 처음에 실천적 활동에 참여하였으나 극히 소극적이었다. 前參政大臣 金聲根은 백원을 의연하였으며50) 東華學校 贊成事로 李容稙의 집에 모였던 閔泳韶·李鍾健·韓圭卨·沈相薰·趙東潤·李愚冕·趙同熙 등이 금연을 결심하였다.51) 그런데 이들의 금연은 국가에의 위기의식에서라기보다는 황제의 금연 때문이었다.

이와는 대조적으로 하급관리·儒鄕들은 국채보상운동에 적극적으로 임하였다. 즉 농촌지대와 소도시에서 상인층과 더불어 취지서 발표나 연설을 통해 민중의 의식을 계발시키고 애국심을 고취시켜 국채보상운동에 적극 참여토록 하였으며 報償會를 만들어 수금하는 등 지도적 역할을 하였다.52) 그리고 이러한 계몽적 활동 뿐만아니라 서울의 전·현직 하급관리를 비롯하여 대구의 士儒, 楊洲의 中參尉, 경상북도의 前主事, 前郡守, 前參奉, 개성의 前官吏, 진주의 儒鄕, 경주의 前主事, 만경의 前郡守 등이 의연에 참여하고 있다.

지식인층은 서울·대구 등 도시에서 취지서를 발표하고 의연소를 설립하여 계몽사업에 주력하였는데 이들의 활동은 주로 단체·학회·학교·언론기관 등을 무대로 하여 이루어졌다. 단체·학회로는 대한자강회53)·서우학회54)·한북흥학회55)가 주가 되었고, 학교는 서울의 관립

---

49)『大韓每日申報』1907년 2월 27일 :『뎨국신문』1907년 2월 27일.

50)『大韓每日申報』1907년 2월 27일 :『皇城新聞』1907년 3월 7일.

51)『大韓每日申報』1907년 2월 27일 :『皇城新聞』1907년 3월 2일.

52)『大韓每日申報』1907년 3월 17일. 韓山의 주사 등 하급관리들이 유향과 더불어「湖西國債報償期成義務社趣旨書」를 발표하고 의연소를 설립하였다 :『大韓每日申報』1907년 3월 26일, 春川郡에서는 군수 李明來가 하급관리들과 상인층과 더불어 의연소 설립 :『大韓每日申報』1907년 3월 15일, 遂安에서는 상인층과 군수 등 하급관리들이 節用同盟會를 설립하였다.

53)『大韓每日申報』1907년 3월 3일 :『大韓自强會月報』제9호에서는 雜錄에서 國債報償義捐文과 發起所趣旨書를 대대적으로 게재하고 있다.

54)『西友』제6호(1907년 5월)에서는「國債報償問題」라는 제목으로 유학생들의 來函과 寄函 등을 싣고 있으며, 운동이 발기되자 바로 의연금을 모집하였다 :『大韓每日申報』1907년 3월 15일, 4월 3일.

영어학교, 관흥학교, 普光師範學校, 蛤洞사립학교, 醫學校56)를 비롯하여 지방의 安岳공립학교, 인천 濟寧학교, 연천 日新義塾, 吉州 修進普成學校, 全州郡 養英學校 등의 교장 이하 교사들이 계몽에 힘썼으며 직접 의연에도 참여하였다. 또한 일본 유학생들도 취지서와 의연금을 신문사에 보내왔으며 斷煙을 시작하였다.57) 그리고『대한매일신보』58) ·『제국신문』59) ·『황성신문』60) ·『만세보』 등 언론기관은 어떠한 단체 · 학회 · 학교보다도 국민을 계몽하는데 가장 큰 역할을 하였다.

민족자본가 및 상인층은 일제의 식민지화 재편성정책에서 가장 직접적인 피해를 입었기 때문에 자신의 이익을 되찾으려는 입장에서 어느 계층보다도 적극 계몽 · 실천적 활동을 수행하였다. 즉 서울에서는 지식층과 더불어, 인천 · 원산 · 평양 · 부산 등지에서는 상업회의소 등을 통하여 계몽활동에 참여하였으며, 소도시에서는 하급관리들과 함께 취지서를 발표하고 의연소를 설립하였다. 그리고 서울을 비롯하여 仁川 · 大邱 · 宣川 · 陰城 · 水原 · 慶州 · 海州 · 平壤 · 晋州 · 載寧 · 義州 · 元山 · 楊洲 · 博川 · 永同 · 高山 · 龍川 · 홍원 등지에서 의연활동도 활발히 하였다.

이러한 각 계층의 참여 상황에서 특이한 것은 많은 婦女層이 참여하고 있다는 사실이다.『대한매일신보』는 1907년 3월 3일자「茶牛叢話」

---

55)『皇城新聞』1907년 4월 10일, 李儁, 吳相奎, 梁孝建 씨 등 36인이 국채보상에 대하여 논의.

56)『大韓每日申報』1907년 2월 27일, 관립 영어학교에서는 교장 이하 일반생도가 永爲斷煙을 결심하였다 : 앞의 글, 1907년 3월 2일, 3월 15일, 3월 21일, 3월 28일.

57)『西友』제6호(1907년 5월), 31~33쪽 :『大韓每日申報』1907년 3월 15일, 3월 20일 寄書.

58) 大韓每日申報는 국채보상운동이 發起하자마자 1907년 3월 1일자 論說「韓人忠愛」, 3월 2일자 論說「改良」, 3월 8일자 論說「國債報償」, 3월 12일자 論說「誤導ㅎ 는 忠愛」에서 국채보상운동의 문제점과 해결 방안 등을 제시하는 등 지도적 역할을 하고 있다.

59) 帝國新聞은 1907년 2월 28일에서 3월 4일까지 5일간 論說「國債報償金募集에 關한 사정」에서 국채보상 문제를 여러 면에서 심각하게 논의하고 있다.

60) 皇城新聞은 1907년 2월 25일 論說「斷煙報國債」, 3월 7일 論說「斷煙報債가 즉 親日이오 非排日」, 3월 14일자 論說「一般人民의 注意」에서 국채보상 문제의 문제점을 지적하고, 국민의 애국심을 환기시키고 있다.

에서 "國債報償金募集은 閭巷婦女兒童이 爭出義ᄒ야 忠義所激에 良心이 已發ᄒ니 大韓開明進就를 推此可見이로다"고 하여 부녀층과 소년층의 활동을 알리고 있다.

부녀층의 참여를 보면 서울에서는 '南北村某某家夫人'들이 大安洞국채보상부인회를, 金一堂·金石子 등이 婦人減餐會를 발기하였고, 대구에서는 南一洞佩物廢地부인회, 晋州에서는 愛國婦人會가 설립되었다.61) 이러한 계몽적 활동 외에 대구·평양·진주·강화·부산항 등지에서는 은수저·은주전자·은연화등과 은장도·銀簪 등 패물을 보내 왔으며 바느질 삯으로 의연금을 보내는 등 실천적 활동에도 활발히 참여하였다.

夫人會의 발기인은 某氏妻O氏 某氏母O氏 某氏祖母O氏라고 하는 것으로 보아 주로 전관리나 양반 출신의 부인이거나 小室이었으며, 의연에 참여하고 있는 이들 역시 前侍御·前진사·前의관 등의 부인이거나 소실들이 많았고, 召史라고 불리는 상민 출신의 부녀도 상당수였다.

노동자·賤人 등 도시 저변계층을 보면 주로 실천적 활동에 참여하고 있는데 서울의 노동자·人力車夫·약방기생을 비롯하여 평양의 酒姬, 대구의 白丁·馬夫·丐乞·校奴·仝人, 평양의 妓生, 대구의 妓生, 鎭川의 妓生들이 적은 돈이긴 하지만 의연에 참여하여 그들의 애국심을 보여주고 있다.62) 천인층의 참여에 관해 1907년 3월 16일자『대한매일신보』는「砭耳一針」에서 "大邱에서는 丐乞ᄒᄂ 人이 國債報償에

---

61)『大韓每日申報』1907년 3월 8일, 3월 15일, 3월 20일 : 朴容玉(1968), 앞의 글, 621~643쪽에 여성들의 참여가 상세히 나와 있다.

62)『大韓每日申報』1907년 2월 24일, 漢城 내에 屛門勞動人이 煙草代金을 爭相聚合하였으며, 앞글, 1907년 2월 27일, 北村 人力車夫가 의연, 李局長家床奴 孟七福이 의연 : 앞의 글, 1907년 2월 28일, 약방기생 30여 명이 단연대금을 보내옴 : 3월 1일 內部大臣 李址鎔의 家床奴, 尹承旨의 家床奴, 泥洞 朱錫면의 家床奴 : 앞의 글, 1907년 3월 5일, 詩동 雇傭資生하는 이 등 많은 저변층들이 의연하고 있다. 그리고 樵童, 雇工, 雇傭人, 草鞋商, 大菜女商, 酒食餠을 파는 행상인, 宰人, 童蒙, 退妓, 少技, 老妓, 懲役罪因, 筆工 등 다수 저변층들이 참여하고 있다.

對ᄒ여 일제히 出義ᄒ엿스니 大韓人民의 愛國思想이 腦髓에 漸入흠은 推此可知ᄒ나 京城內富客은 隨力出義가 尙此寥寥ᄒ니 錢客鐵額은 錐末이 不入이로다"고 하여 걸인들의 참여를 알림과 함께 부자들의 불참여를 비난하고 있다.63) 또한 桂白山人의 寄書「國債義捐現狀記」에서도 黃髮末本燥者及干僂村嫗, 幼兒輩, 兵士, 樵童漁子, 雇軍傭僕, 義婦烈孃 등 저변층의 활발한 의연 상황을 알려주고 있다.

이 같은 각계각층의 열렬한 참여로 국채보상운동은 범국민적인 운동으로 전개되어졌다.

2. 運動의 展開와 各 段階의 特徵

담배를 끊어 국채를 보상하자는 국채보상운동 발기는 광범한 민중의 호응을 얻어 각 계층의 국채보상을 위한 계몽적 활동과 실천적 활동으로 활발히 전개되었다.

그러나 국채보상운동은 처음부터 전국적인 규모의 조직이나 지도층이 형성되어 발단된 것이 아니라 국권 상실의 상황과 관련하여 미처 체계를 갖추지 못한 채 몇몇 민족의식이 강한 지식인들과 민족자산가들에 의하여 발기되었음으로 운동전개 과정에서 여러 가지 문제점들이 나타났다. 이를테면 대내적으로는 전국적인 조직 및 지도층의 형성문제, 그리고 이와 관련된 지도층과 민중들과의 결합문제, 또한 지도층 인사들 간의 융화문제 등이었으며, 대외적으로는 일제의 갖은 탄압책동에 대항하여 운동을 추진시켜야 하는 문제 등이었다.

본고에서 국채보상운동의 전개과정을 단계별로 구획하여 보고자 한 것은 이러한 문제들이 운동 성패의 관건이 되므로 이것들을 염두에 두고서 운동을 단계적으로 분석하여 봄으로써 국채보상운동의 성격과

---

63) 『大韓每日申報』 1907년 3월 10일.

실상을 보다 구체적으로 파악하려는 의도에서이다.

국채보상운동의 전개과정은 대체로 세 단계로 구획하여 볼 수 있는데[64] 그 시기와 단계별 특징은 다음과 같다.

제1단계는 운동 발단에서 志願金總合所가 설립되기까지의 계몽적 활동이 주를 이루던 1907년 2월부터 3월 말까지로, 운동을 전국적으로 통할할 기구와 지도층이 형성되지 못하여 운동이 지역별로 각 지역의 지도층에 의해 분산적으로 전개되어 사실상 각 언론이 주도적 역할을 담당하였던 시기이다.

제2단계는 지원금총합소 설립 이후 운동이 본 궤도에 올라 그 절정에 이른 고조기로 1907년 4월 이후부터 12월 말까지로 볼 수 있다. 이때는 전국적 규모의 조직체계와 이 기구를 중심으로 한 지도층이 형성되어 일반대중과의 연대가 보다 확고하여져서 운동이 전국적 규모로 고조되어졌다. 6·7·8월에는 가장 많은 의연금이 모금되었다.

제3단계는 운동의 쇠퇴기로 일제의 탄압책동과 운동주체의 취약성으로 좌절을 겪게 되는 1908년 말까지이다. 이 때 지도층은 소극파와 적극파로 나누어져 소수의 적극파만이 민중과 더불어 운동을 밀고 나갔으며 다수의 소극파 인사들은 운동에 거의 참여치 않거나 친일적 색채를 띠면서 일본측이 날조한 「國債報償金費消事件」에 이용당하였다.

1) 제1단계

이 초기 단계에서, 국채보상운동은 전기한 바와 같이 각계각층의 호응 속에 활발히 전개되었지만, 전국적인 조직과 지도층이 형성되지 못하여 각 지역별로 각 지역의 유지들에 의해 분산적으로 전개되어졌다.

이런 상황에서 보상소 發起文과 趣旨書를 발표하고 민중의 참여 상

---

64) 이렇게 三段階로 구획하는데 무리가 없는 것은 아니었으나 운동의 高潮와 衰退에 기준을 두되 그 상황을 義捐金 收金의 多少에 의하여 파악하였다.

황을 알리는 등 계몽적 활동에 적극 참여하고 있던 각 언론기관은 민중의 요청에 의하여 즉 의연금과 취지서를 계속 보내옴으로 하여 이 시기에 있어서 전국적인 지도층의 역할을 하게 되었다. 그러나 신문들은 통합하여 운동을 지도하기 보다는 각기 분산적으로 국채보상을 위한 계몽적 활동에 참여하였다.

먼저 裵說·梁起鐸·申采浩 등이 중심이 되었던 『대한매일신보』의 경우를 보면 지면을 할애하여 의연소의 설립을 알리고 민중의 의연 상황을 계속 싣고 있으며, 신문사 사원들도 직접 의연에 참여하였다.[65]

그러면서도 1907년 3월 1일자 논설 「韓人忠愛」에서는 "多數韓人이 義捐金과 趣旨案을 帶持ᄒ고 本社에 到來ᄒ나 本記者ᄂᆫ 此計劃이 明確形態에 至하기 前에는 無所可爲라 …… 如此可讚之事를 以報紙可助ᄒᆯ거슨 樂爲之也로다 然이나 此問題를 更願詳聞ᄒ노니 愛讀韓人은 各述意見之敎之어다"고 하였으며, 또한 3월 2일자 논설 「改良」에서 "尙且中央收合所와 廉潔公正한 措置를 確立한 後에야 眞實踐行이 되리라고 可以觀念이로다"고 하여 운동 자체의 성패라거나 효과를 생각해 보고자 하는 신중한 태도를 취하였으며, 운동 성과를 위한 조직 확립과 공정성을 강조하였던 것이다.

이러한 신중한 고려에서 『대한매일신보』는 3월 말 國債報償志願金總合所가 설립될 때까지 의연금을 사절하였고[66] 다만 국채보상운동에 관한 기사만을 게재하였다. 특히 『대한매일신보』는 차관을 도입한 정부와 그들의 차관 流用을 신랄히 비판하고 있다.

순수 민족지인 『황성신문』의 경우를 보면 "今之聞之ᄒ즉 不數日間에 應者如雲ᄒ야 市井商客은 獻其腦力之所得ᄒ고 勞動役夫는 獻其肢

---

65) 『大韓每日申報』1907년 2월 27일.

66) 앞의 글, 1907년 3월 5일 廣告에서 "國債報償金을 本社로 持來ᄒᄂᆫ 이가 逐日沓至ᄒ오나 本社에셔ᄂᆫ 如此重大之事에 對ᄒ야 善後之策을 確實講定ᄒ기 前에는 領受키 難ᄒ기로 姑不收捧ᄒ오니 僉君子ᄂᆫ 照亮ᄒ시읍"라 하고 있다.

力之所得ᄒᆞ야 奉湧潮沸에 猶恐或後라"67)는 등 민중의 참여 상황을 드러내 줌으로써 민중의 애국심을 계발시키는 방향으로 나갔으며『대한매일신보』와는 달리 3월 초부터 모금소로서 직접 의연금을 수취하였다.

그리고 논설「一般人民의 注意」에서 "若或無賴子弟가 利用此機ᄒᆞ거나 貪黠官吏가 甘逞惡套ᄒᆞ야 借此題目에 勒捧强奪ᄒᆞ면 峽邑殘民은 不堪暴威ᄒᆞ고 鄕里饒戶ᄂᆞᆫ 如逢大盜ᄒᆞ리니 …… 如此則眞正愛國出義者도 必也心灰氣沮ᄒᆞ야 …… 銳氣가 將受一大挫할 것이요"68)라고 하여 국채보상을 빙자한 작폐가 있을 시에는 국민의 사기가 저하될 것이므로 지방 관리는 嚴正廉明하게 미연에 폐단을 막을 것을 강조하고 있다.

『제국신문』역시 작폐가 있을 것을 우려하여 5일간 연속하여「국채보상금 모집에 관ᄒᆞᆫ 사정」이라는 표제의 논설을 싣고 있다. 또한 이 논설에서 "그 돈 갚는 날에는 정부政府와 인민人民 사이에 계약도 있을 것이고 죠쳐홈이 있은 후에야 갚을 것이지 人民이 무슨 의무로 성슈도 못한 돈을 政府에 바쳐 관원의 호의호식을 도우며 인민의 돈을 정부에서 무슨 명의로 받겠는가"69)라고 하여 국민이 국채를 보상하는 것은 정부를 위해서가 아니라 다만 국민의 입장에서 국채를 보상하는 것이라는 점을 주장하였다. 즉 정부에 대한 불신감 때문에 인민들의 국채보상운동에의 참여가 적을 것을 우려하였던 것으로 당시 민중들의 賣國정부에 대한 불신의 의사를 잘 반영하여 주고 있다.

이렇게 각 언론기관은 각기의 입장에서 활발히 참여하여 이 단계에서의 실제적인 지도층이었던 각 지역의 지도층을 연결해주는 전국적 指導를 담당하여 주어서 제2단계에서 전국적인 조직과 지도층이 형성될 수 있는 토대를 마련하여 주었다.

---

67)「斷煙報國債」,『皇城新聞』1907년 2월 25일 論說.
68) 앞의 글, 1907년 3월 14일.
69)『뎨국신문』1907년 3월 1일자 論說.

그러면 당시의 실제적인 지도층이었던 각 지역별의 분산적인 지도
층과 그들의 활동상황을 지역별로 구분하여 보면 대체로 서울과 몇몇
의 큰 도시, 그리고 소도시·농촌지대로 나누어 볼 수 있을 것 같다.70)

먼저 서울을 보면 대표적인 기관이었던 期成會는 지식인·민족자산
가 및 상인층에 의해, 中央義務社는 민족자산가들에 의해 설립되었다.
그리고 상업회의소의 상인들의 활약도 컸고, 단체·학회·언론기관들
의 지식인들, 학교의 교사·학생 등 지식인층의 활동도 볼만한 것이었
다. 즉 지식인층 및 상인층이 지도세력으로 부상되었던 것이다.

또한 대도시의 경우를 보면 대구는 지식인과 민족자산가로 구성된
광문사단연회, 평양은 商業衆議所,71) 인천은 紳商會社,72) 부산은 商業
會議所,73) 원산은 元山港商會所,74) 군산은 客主商社가75) 운동의 추진
기관이었다. 이렇게 대도시에서는 상권수호를 목적으로 설립된 상인
단체의 상인층이 운동을 주도하였는데 全州·義州에서와 같이 단체지
회 회원인 지식인층, 학교의 교사, 학생 등 지식인층도 크게 활약하였다.

소도시와 농촌지대의 경우를 보면 湖西 國債報償期成義務社는 金商
益 등에 의해, 遂安의 節用同盟會는 상인층에 의해, 春川郡 國債報償同
盟은 군수에 의해 설립되는 등 하급관리와 상인층의 활약이 컸었고 각
지역에서 보상금모집소를 대부분 상회로 정한 것으로 보아 특히 상인
층이 활발히 계몽적 활동에 참여하였음을 알 수 있다.76) 또한 寄函이나
寄書 등을 보면 아산의 前郡守·前議官,77) 定州郡의 前主事,78) 海州의

---

70) 구분하는데 무리가 없는 것은 아니나 대체로 구획되는 것이 서울과 항구 등지에서의 활동
과 그 외 지역의 활동이다. 여기에서는 편의상 서울과 대도시, 그리고 그 외의 지역을 잠정
적으로 소도시·농촌 지대라 하여 보았다.
71)『大韓每日申報』1907년 3월 6일.
72)『皇城新聞』1907년 2월 21일.
73)『大韓每日申報』1907년 3월 10일.
74) 앞의 글, 1907년 3월 16일.
75) 앞의 글, 1907년 4월 14일.
76) 주 52) 참조.

進士[79] 등 하급관리 및 儒鄕이 그 주류를 이루고 있다.

여기에서 간과할 수 없는 것은 전국적인 지도층의 역할을 했었던 언론기관에서 활약한 인사들이 지식인층이었다는 점이다.

이렇게 볼 때 서울과 대도시·소도시 등 곳곳에서 운동을 실제로 주도하였던 계층이 지식인, 민족자산가 및 상인층이었다고 볼 수 있다. 즉 이들은 운동발단에서부터 민중을 주도하였으며, 또한 직접 실천적 의연에도 적극적으로 참여하여 운동의 추진주체가 되었던 것이다.

이같이 분산적인 지역별 추진주체에 의해 계몽적 활동이 활발히 전개되었지만 이 단계에서는 운동을 지속적으로 성공적으로 전개시키는 데 필수적인 전국적 규모의 조직체는 형성되지 못했다. 운동의 전국적 조직과 수금방법 등의 문제는 사실 운동 초기부터 신문의 논설이나 지역별 지도층의 연설과 취지서를 통해 매번 제기되고 거론되었지만 해결을 보지 못하였다.

맨 먼저 『제국신문』은 1907년 2월 28일자 논설에서 "너도 나도 취지서를 발표하고 보상회를 발기하면 전국에 국채보상회 천지가 될 것이고 이를 운영하려면 경비가 들 것이니 경비로 쓰는 돈을 국채보상에 보태자"고 하고, 3월 1일자에서는 "…… 이제 일을 어대서 쥬장ㅎ든지 의합ㅎ야 한곳에서만 모은다면 중간에 협잡이 없으며 ……"고 하여 무조건 보상회를 설립하지 말고 한 곳에서만 수금하자는 案을 제기하였다.

또한 『대한매일신보』 역시 3월 2일자 논설에서 "尙且中央收合所와 廉潔公正흔 措置를 確立흔 後에야 眞實踐行이 되리라"고 하고, 3월 8일자 논설 「國債報償」에서는 "…… 특히 發起諸人은 世界事로 博識하

---

77) 『大韓每日申報』 1907년 3월 9일, 前議官 宋聲淳의 痛器苟告를 보면, "有國而後有民하고 有民而後有國ㅎ오 …… 外國借款未償하면 我韓疆土難保로세 …… 國債淸帳速ㅎ야 自由國民되아보세"
78) 앞의 글, 1907년 3월 31일.
79) 앞의 글, 1907년 4월 5일.

는 人士와 國民信用에 首居ᄒᆞᄂᆞᆫ 人士로 一總代會를 組織ᄒᆞ기에 勿失 其時어다 ……"고 하여 운동을 올바로 전개시키기 위한 中央收合所의 설립안과 一總代會案을 제기하고 있다.

이러한 언론기관의 문제제기 및 해결책의 모색과 더불어 국채보상운동의 발기인인 徐相敦과 金光濟도 "서울에 總議所를 設始하여 總議長 副議長을 選定하고 各社會名譽人으로 任員을 組織하려고 작정"[80] 하였으며, 의주의 자강회지회 회원인 金義坤도 『대한매일신보』에서 주장하는 一總代會案이 빨리 실현되어 '明示信證'이면 민중의 의연이 더욱 활발하여질 것이라고 주장하고 있다.[81]

이러한 기운 속에서 서울에서는 총회소를 특설하고 사무원은 100인으로 선정한다는 안이 나돌았는데, 이에 『황성신문』은 「公衆注意: 國債報償金募集에 대한 處理方法」이라는 표제로 대서특필하여 이 안에 반대하고 각 사회의 대표자 10인 이내의 總員으로 구성된 의회를 통해 지도방침을 전국에 전달하자는 안을 제시하였다.[82]

그러나 총회소의 설립 및 사무원 100인 선정안과 황성신문이 제시한 각 사회의 대표자로 구성된 의회안도 모두 실현되지 못하였다.

이러한 운동 전개에서의 미숙함은 운동을 지속적으로 전개시키는데 있어서 부정적 작용을 하였다. 사실 지역별 지도층은 광범한 민중을 흡수하여 운동을 지속적으로 전개하기 위해 자신들의 입장을 뒷받침해줄 수 있는 전국적 조직과 지도층이 필요하였던 것이다.

2) 제2단계

전국적 규모의 운동구심체가 형성되지 못하여 지속적으로 광범한

---

80) 앞의 글, 1907년 3월 1일.
81) 앞의 글, 1907년 3월 29일.
82) 『皇城新聞』 1907년 3월 9일.

민중들을 동원하지 못한 결함을 타개하고, 日帝를 포함한 국채보상운동에 반대하는 세력과 강력히 대항해 나가기 위해 일부 지식인들과 민족자산가들은 3월 말 『대한매일신보』의 임원과 합의하여 전국적 기구인 國債報償志願金總合所를 설립하였다.83) 이로써 이제까지 말만으로 거론되어온 中央收合所의 설립이 실현되었다.

국채보상지원금총합소의 설립 시기부터 제2단계로 구분한 것은 그 설립이 운동상에서 많은 의미를 갖고 있기 때문이다. 즉 총합소의 설립은 분산적이던 지역 지도층이 단합될 수 있는 주요 계기가 되었으며, 또한 종래 분산적이던 지역 지도층의 입장을 뒷받침하여 줌으로써 민중들을 조직적으로 흡수·동원할 수 있는 토대를 마련해주어, 국채보상운동은 새로운 단계를 맞아 본 궤도에 진입하게 된 것이다.

전국적 조직체로 부상된 지원금총합소의 公函을 보면 다음과 같다.

> 夫事不歸臺허면 易致紛糾허고 責不任專허면 終涉漫漶함을 勢所必致者也라 …… 各處報償會 收錢所가 各自成立허고 不相統攝ᄒ야 專一ᄒ 機關이 尙無ᄒ즉 日後에 紛挐漫漶의 弊가 無ᄒ을 難保ᄒ지니 此及總合所之所由設也 …… 始勤終怠는 非信也오 徘徊觀望은 非義也라 惟我同胞ᄂ 終始一心ᄒ야 爭先出力ᄒ야 期宗大事之地를 千萬血祝.

이 같은 취지서를 李種一·金光濟·朴容奎·徐丙珪·李冕宇·吳榮根 등의 이름으로 발표하고 더불어 29개조의 총합소 규정을 발표하였다.84)

이에 대하여 『황성신문』은 4월 4일자 논설에서 "國債報償志願金總合所가 생겨서 기뻐하였더니 總合所臨時事務所가 大韓每日申報社內라ᄒ니 탄식甚哉라 此語之謬語也여 該報筆이 雖曰言論激揚ᄒ야 愛我國을 如自國ᄒ며 憐我國人을 如自國人ᄒ니 이것은 환영할 바이나 該

---

83) 『大韓每日申報』 1907년 3월 28일 : 鄭橋(年度未詳), 『大韓季年史』 下卷, 224쪽.
84) 『大韓每日申報』 1907년 3월 28일.

報主筆은 英國人 裴說氏이니 歡迎其言論은 可커니와 昌認以我國報는 不可라"고 하면서 부정적 견해를 표명하였다.[85]

이러한 논평에도 불구하고 대한매일신보사를 임시사무소로 한 총합소는 4월 8일 총회를 열고서 소장에 韓圭卨, 부소장 金宗漢, 회계감독에는 朴容圭·徐丙珏, 검사원에는 李康鎬·梁起鐸·李冕宇, 사무원에는 尹致昊 등 12인, 평의원에는 각 사회유지 12인을 선출하였다.[86]

이 지원금총합소 설립과 거의 때를 같이 하여 4월 초 國債報償聯合會議所가 磚洞 普成舘내 자강회회관을 임시사무소로 하여 설립되었다.[87] 이 역시 "國內에 總所가 無ᄒ면 實難糾合故로 各會社와 13道代表人員이 會同ᄒ야 本所를 組織ᄒ고 ……"[88]라고 그 설립목적을 내세우고 李雋을 의장, 金光濟를 부의장, 尹孝定을 위원장으로 선출하였으며『大同月報』를 월에 한차례 발행하기로 결정하였다.

또한 종로 紙廛都家에서도 중앙義務社를 설립했던 徐丙炎·尹興爕 등이 중심이 되어 國債報償中央總會를 열고 총대를 보성관에 파견하여 각처에 있는 국채보상소를 통합할 것을 건의하였다.[89]

이러한 움직임 속에서 당시 지식인이나 민족자산가들은 전면에 나서서 보상소의 통합을 위하여 힘썼다.

그리하여 연합회의소는 처음 중앙의무사와 통합을 시도하여 聯合會議所로 통칭[90]하고 소장에 李道宰, 부소장에 李容稙을 선출하였으나, 이도재의 사면으로 이용직을 소장, 池錫永을 부소장으로 선정하고 재

---

85)『皇城新聞』1907년 4월 4일.

86)『大韓每日申報』1907년 4월 11일.

87)『皇城新聞』1907년 4월 8일.

88) 앞의 글, 1907년 4월 11일.

89)『大韓每日申報』1907년 4월 16일, 4월 17일.

90) 처음에는 '중앙의무사'를 폐지하기로 결의하였다가 다시 '중앙연합회의'라 하였는데 衆論이 일치되지 못하여 다시 '연합회의소'라 하였다.『뎨국신문』1907년 4월 20일 :『大韓每日申報』1907년 4월 26일.

무처리는 한일은행장 趙秉澤, 천일은행장 金基永, 농공은행장 白宗赫, 한성은행 총무 韓相龍, 창고회사장 趙鎭泰로 정하였다.91)

그러나 이의 통합은 4월 말경 좌절되어서 연합회의소는 독자적으로 위의 임원구성으로 전국 각처의 보상소를 하나로 통합하여 전국 각처의 義金을 수금하고 보관하기 위해 신문에 광고를 내고 규칙을 간행 · 배포하였다.92) 또 13도 대표를 2인씩 선정하여 道義捐總額과 諸般文簿를 '擔着視務'토록 하였다.

이러한 좌절을 겪은 뒤 5월 중순에 이르러서야 2대 총합처였던 국채보상지원금총합소와 연합회의소가 협동결의하기로 작정하였다. 그리하여 지원금총합소에서는 특별회를 열고 제반사무를 확장하였으며 소장은 尹雄烈, 평의장은 趙存禹, 검사원은 연합회의소의 총무인 金光濟로 선정하였다. 그리고 연합회의소와 더불어 京鄕 各處 收金所를 일체 檢査할 뜻을 밝혔다.93)

그리하여 연합회의소는 償債사건에 있어서의 '一般同胞의 指導方針을 掌務'하고 총합소에서는 '收金各處金額을 총괄'하기로 결의하고서, 두 총합처의 검사원이 합동하여 각 수금처의 수입금액을 조사하였으며,94) 13도에 2명씩 파견된 임원들은 '愛國思想을 演說'하고 문서를 조사하고 모집된 금액을 수취하였다.95)

---

91)『大韓每日申報』1907년 4월 29일 :『皇城新聞』1907년 5월 7일.
92)『皇城新聞』1907년 5월 2일.
93)『뎨국신문』1907년 5월 20일 :『大韓每日申報』1907년 5월 25일.
94)『大韓每日申報』1907년 5월 25일, 5월 31일, "志願金總合所에서 검사원 李康鎬 · 金光濟를 派途하여 各收金所의 收入金額을 調査할 次로 書記三人을 帶同ᄒ고 爲先帝國新聞社에 前往ᄒ야 調査中이라더라"고 하고 있다 :『뎨국신문』1907년 5월 31일.
95)『뎨국신문』1907년 7월 10일.

<表 2> 두 總合所의 任員構成

志願金總合所	聯合會議所
發起人 李種一 金光濟 朴容圭 徐丙珪 李冕宇 吳榮根 (大韓每日申報 3.28)	
所長 韓圭卨 副所長 金宗漢 會計監督 朴容圭 徐丙珪 檢査員 李康鎬 梁起鐸 李冕宇 事務員 安德瑢 尹致昊 (大韓每日申報 4. 11)	議長 李儁 副議長 金光濟 委員長 尹孝定 (皇城新聞 4.8)
	所長 李道宰 副所長 李容稙 (帝國新聞 4.20) 所長 李容稙 副所長 池錫永 財務處理 韓一銀行長 趙秉澤, 天一銀行長 金基永, 農工銀行長 白宗赫, 韓城銀行總務 韓相龍, 倉庫會社 趙鎭泰 (大韓每日申報 4.29) (皇城新聞 5.7)
所長 尹雄烈 評議員 趙存禹 檢査員 金光濟 副所長 金宗漢 (大韓每日申報 5.25) (帝國新聞 5.20)	所長 金宗漢 副所長 李容稙 金額調査 尹履炳 姜允熙 鄭惺愚 洪善均 (大韓每日申報 5.29)

備考 : 괄호안은 發表한 新聞과 發表 日字.

이러한 두 총합소의 통합은 국채보상운동에 있어서 일보 전진을 뜻하는 것이었다. 이세까지 분산적으로 전개되있던 운동이 하나로 통합되어 집중적이고 조직적으로 전개되기에 이르렀다.96) 즉 이들 두 기관의 주도하에 국채보상운동은 많은 민중을 흡수하여 지도층과 민중을 결합시킬 수 있었고, 종래의 각 지역별 지도자들의 통합으로 운동이 고

---

96) 그러나 서울의 보상소인 '국채보상기성회'와 '중앙의무소'를 흡수하지 못하였다. '연합회의소'와 '지원금총합소'가 통합할 무렵 '중앙의무사'와 '기성회'도 통합을 꾀하였으나 실현을 보지 못하였다. 『뎨국신문』 1907년 5월 28일.

조되어 나갔던 것이다.

그리하여 이 시기의 운동을 전국적으로 지도한 것은 지원금총합소와 연합회의소의 임원들이었다. 이들 임원의 출신을 살펴보면 대체로 소수의 舊高級 관료층과 지식인·민족자산가 등으로 당시의 역사적 조건과 관련하여 일반대중을 계도할 수 있는 인사들이었다(<표 2> 참조).

지원금총합소와 연합회의소가 韓圭卨이나 尹雄烈97), 金宗漢98)과 같은 顯職을 역임한바 있는 구관료나 민족자산가를 소장으로 내세운 것은 당시의 국내외의 상황과 관련하여 국채보상운동을 범국민적인 운동으로 전개시키기 위한 하나의 방책에서였다. 즉 대내적으로는 이러한 유력한 인사 등을 내세우므로서 각계각층의 국민들을 흡수하려 하였던 것이며 대외적으로는 일본의 탄압을 피하려는 책략에서였던 것이다.

그리고 연합회의소에서 재무처리를 은행가에게 맡기고 있는 것은 의연금 처리문제에서 국민에게 공신력을 주고 업무의 효율화를 기하고자 한 때문이었다.99) 또한 이러한 資産家들이 적극 참여하여 지도자의 입장에 서서 활동하여 주기를 바라는 것이 당시 민중들의 뜻이었으므로 이러한 민의에 따른 것이기도 하였다.

---

97) 大村友之丞(編)(1910), 『朝鮮貴族列傳』, 尹雄烈條와 韓圭卨條 참조. 尹雄烈은 후에 남작의 작위를 받았으며 韓圭卨도 남작의 작위를 받았다. 그러나 韓圭卨은 독립협회 운동시에는 토론회의 대표 토론자로서 토론을 지도하였다. 보통 韓圭卨은 개화파 무관으로 보고 있다.

98) 앞의 책, 246~247쪽. 후에 일진회에 가입하였으며 政友會의 간부로 활약하였고 남작의 칭호를 받았다 : 趙璣濬(1973), 『韓國企業家史』, 114~122쪽, 金宗漢은 1896년에 최초의 민족계 은행인 조선은행을 설립하는 등 민족기업가로써 활약하였는데 처음에는 현직 관리로 있으면서 상인을 상대로 貸金業을 하였었다.

99) 韓一銀行, 天一銀行, 漢城銀行 등 민족계 은행은 금융 공황 이후 이미 일본의 자본에 흡수되어진 상태였고, 農工銀行이나 倉庫회사는 일본측이 韓人 상인자본을 흡수하기 위하여 설립한 금융기관이었다. 이러한 금융기관의 長들이 재무를 맡고 있으며 『대한매일신보』는 韓美 電氣회사 내 은행에, 『황성신문』은 한성은행·농공은행에 의연금을 예치하였다.
천일은행장 金基永은 한성상업회의소 소장으로 활약하면서 민족상인의 상권보호에 힘쓰고 있었으며, 白宗赫은 호남의 근대 기업가였고, 韓相龍은 친일 은행가, 趙鎭泰는 상업회의소의 총무의원으로 또한 실업연구회를 주도하고 있었으며, 趙秉澤은 조사감독의 위치에 있었다.

　　이렇게 책략상 관료층과 민족자산가층을 표면에 내세우고 있지만 이 시기에 실제 전국적 지도자로서 운동을 주도한 것은 단체·학회·언론기관에서 활약하고 있던 지식인들이었다.

　　지원금총합소의 발기인인 朴容圭는 독립협회 회원을 역임하였으며, 李種一100)은 『제국신문』의 사장을 역임하였고 대한자강회의 창립회원으로서 평의원으로 활약하고 있었다. 金光濟는 대구 광문사의 사장으로 또한 자강회 회원으로, 吳榮根101)은 국채보상기성회의 총무로 활동하고 있었다. 그리고 검사원인 梁起鐸102)은 일찍이 독립협회 회원을 역임하였고 신민회 중앙조직의 총감독으로『대한매일신보』의 총무로서 당시 국권회복을 위하여 적극적으로 투쟁하였던 인사였으며, 사무원인 尹致昊는 이미 독립협회 운동을 통하여 민권·자강·자주독립을 위해 투쟁하였던 인사로서 당시 대한자강회의 회장직을 맡고 있었으며 靑年學友會를 창설하는 등 선진사상가로 애국계몽운동에 앞장서고 있었다.103)

　　연합회의소를 보면, 초대회장인 李儁은 헌정연구회의 중심회원으로 활약하였던 인사로, 당시는 한북흥학회를 주도하고 있었으며, 위원장인 尹孝定104)은 독립협회 및 헌정연구회에서 활약하였고 당시는 대한자강회에서 평의원으로 활약하고 있었다. 그리고 소장인 李容稙은 후에 기호학회를 설립하고 관동학회를 주도하였으며, 부소장 池錫永은 자강회 평의원으로, 조사원 尹履炳은 독립협회 회원으로 활약하였었고 同友會 회원으로 활약하고 있었다.

---

100) 崔埈(1974), 앞의 글, 84쪽. 李種一은 李種冕·李種文·柳永錫 등과 제국신문을 창간하였
　　　다 : 李鉉淙(1966), 앞의 글, 157쪽.
101) 주 39) 참조.
102) 林根洙(1972), 「梁起鐸」, 『韓國人物大系』 제7권, 129~138쪽.
103) 李鉉淙(1966), 앞의 글, 162쪽 : 愼鏞廈(1976), 『獨立協會硏究』, 98쪽.
104) 愼鏞廈(1976), 앞의 글, 94쪽. 독립협회 토론회의 대표토론 회원으로, 또한 會計로 활약하였다.

그리고 『대한매일신보』의 Bethell(裵說), 申采浩, 『황성신문』의 朴 殷植 등도 역시 지도층으로 활약하고 있었던 것이다.

이렇게 국채보상운동은 당시의 애국적인 계몽단체·학회·언론의 통합으로 전개되어진 범국민적 운동이었으며, 이 고조기의 국채보상 운동은 애국계몽노선의 결정체라 할 수 있을 것 같다.

두 총합소의 주도하에 전개되어진 이 단계에서의 지역별 참여 상황 을 『대한매일신보』에 발표된 보상소설립취지서를 통해 고찰하여 보 면, 서울을 제외하고 보상소 설립은 경상도가 가장 많고 그 다음으로 충청도·평안도·전라도가 거의 비슷하며 함경도·황해도·경기도· 강원도 지역의 순서로 설립되었다(<표 3> 참조).

<표 3> 각 지역별 보상소 설립상황

도	보 상 소 설 립 지 역
강원도	춘천군(3.26) 원주군(5.12) 추풍령(8.2)
경상도	대구광문사(2.21) 동래부(3.10) 대구남일동(3.8) 국채보상경남찬성회(3.14) 국채보상경남회(3.28) 창원마산항(3.29, 5.28) 청도군(4.4) 상주(4.9) 성주군 (4.12) 의령군덕곡서당(4.14) 부산항좌천리(4.19) 경산군(4.28) 부산항좌천리 단연동맹(5.1) 현풍군(5.14, 5.26), 육궁군(5.14)
경기도	안성군서리(3.29) 수원(3.29) 포천(5.28) 강화군외주동(5.29) 장단
충청도	보은(4.3) 청주군(4.19) 옥천(3.8, 4.14) 서천군남문(4.14) 한산(3.17) 금산군(3.19) 덕산(3.20) 영동군(3.23) 진천군(5.19) 공주군(5.22) 제천, 호서협성회(5.19)
전라도	국채보상의무소(전주, 광주, 3.19) 진안 장수(3.26) 군산항객주상사(4.14) 장성군(5.2) 정읍(5.9) 제주군 신재면 성덕리(5.10) 부안군(6.1) 무장(6.30) 완도 (7.5) 광주(7.5) 구례(7.13) 해남(7.30) 무주(7.30) 태인
황해도	수안(3.15) 재령군(3.28) 은진(4.27) 안악군(5.7, 5.11) 은율군(5.28) 옹진(7.9) 장연
함경도	함흥군(4.7) 함흥주북면(4.19, 5.24) 함흥주북면 상동(4.23) 원산항(5.24, 5.25) 홍원군(5.29) 영흥(6.28) 경성(7.16)
평안도	국채보상서도의성회(2.28) 국채보상의연권고문(3.1) 평양(3.21, 4.17) 한북국채보상단성회(3.21) 국채보상관서동맹(3.31) 정주군(4.11) 통진(4.11) 용천부(4.18) 중화군(4.20) 철산군(5.25, 5.30) 의주(6.26) 태헌(6.29) 영유(9.24)

출전: 『대한매일신보』의 기사에서 정리한 것이다. 괄호안은 신문에 발표된 일자이다.

그리고 5월 말까지 모집된 의연금 액수를 보면 서울이 월등하게 제일 많고 평안도·경상도·황해도·전라도·경기도·강원도의 순서로되어 있다.[105](<표 4> 참조)

<표 4> 지역별 의연금수액

지 역	의연금액수	지 역	의연금액수
서 울	627,350.80	전 북	63,410.05
경 기	139,160.87	전 남	84,088.80
충 북	37,786.25	경 북	238,530.31
충 남	156,693.55	경 남	200,083.14
황 해	242,861.85	함 남	105,055.00
평 남	250,831.85	함 북	9,774.00
평 북	212,777.62		
강 원	42,585.15	총 계	2,310,989(원)13전

출전: 국사편찬위원회(편)(1965), 『한국독립운동사』 제1권, 175~176쪽 참조.

그리고 『대한매일신보』에 수금된 금액을 보면 <표 5>와 같다.(<표 5>참조)

<표 5> 月別收金額數

月	金 額	月	金 額
(1907) 5, 6	26,896圓 91錢7厘	(1908) 1	688圓
7	14,965圓	2	632圓
8	12,867圓	3, 4	2,315圓
9	1,967圓	5	56圓 67錢 5厘
10	1,062圓	6	63圓 20錢
11, 12	488圓	7	70圓 11錢
		8·9·10·11	27圓

이같이 의연금은 1907년 4월·5월·6월·7월·8월 등 5개월에 가장 많이 모금되었으며, 9월 이후는 차츰 저조하여지고, 1908년(융희 2년)에 이르러서는 급하강세를 나타내고 있다.

---

105) 國史編纂委員會(編)(1965), 『韓國獨立運動史』 제1권, 175쪽.

3) 제3단계

국채보상운동이 애국적인 학회·언론·단체의 통합체라 할 수 있는 2대 총합소를 중심으로 지식인과 민족자산가의 주도하에 광범위한 국민운동으로 전개되자, 일본은 친일단체인 일진회를 통하여 제1차적으로 방해공작을 전개했지만106) 한참 고조된 상태에 있었던 운동을 쉽사리 좌절시키지 못하였다.

이러한 국채보상운동과도 관련하여 1907년 당시는 애국계몽운동의 일환으로 학회·단체·언론기관의 항일·자강운동이 가장 활발하였으며, 또한 이를 통하여 민중들의 항일의식도 가장 고조되어 있었다. 그리하여 일제는 이에 대한 책략으로 保安法과 新聞紙法을 제정·공포하기에 이르렀다.

사실 일본은 이미 그들의 침략행위를 진일보시켜 1907년 7월 24일에 제3차 한일협약을 강제 체결케 하여 사법·행정권 및 관리임면권을 통감부의 권한으로 만들었다. 그리고 이에 대한 한국민의 반발에 대처키 위해 언론탄압을 합법화한 신문지법107)을 만들고, 집회결사를 금지하는 보안법108)을 공포하였던 것이다.

이러한 보안법의 공포로 국채보상운동의 핵심적 단체였던 대한자강회109)가 同友會110)와 더불어 강제 해산되었으며, 신문기사의 삭제, 언론인의 감금 추방, 신문지법의 제정 등 일련의 언론에 대한 탄압은 민족지의 언론활동을 위축시켜 이런 것들이 결국 국채보상운동의 기세를 약화시킨 요인의 하나가 되었다.

---

106) 『大韓每日申報』 1907년 5월 10일, 5월 31일.
107) 『朝鮮統監府公報』, 제52호(1908년 5월 2일자) : 崔埈(1974), 앞의 글, 153~158쪽.
108) 韓國度支部大臣官房(編)(1910), 『韓國法典』, 1975쪽. 보안법의 내용은 전문 10조로 되어 있는데 안녕질서를 유지하기 위하여 필요할 때 결사의 해산 명령, 多衆의 운동과 群集의 제한 금지와 해산 명령 등 집회와 결사를 금지하는 것이었다.
109) 『皇城新聞』 1907년 8월 17일 : 李鉉淙(1966), 앞의 글, 169~172쪽.
110) 李瑄根(1963), 『韓國史』, 현대편, 956쪽.

　이 같은 상황에서 연합회의소의 소장을 역임한 金宗漢의 친일단체인 일진회 가입,[111] 자강회가 강제 해산됨으로써 운동의 핵심이 되었던 자강회 회원들의 소극화, 그리고 기성회 총무인 吳榮根의 보상금 횡령혐의 사건[112] 등은 일반인민에게 불신감을 주었다. 그것은 또한 일제의 이간책동이 주효한 것을 나타내는 것이기도 하였다. 즉 일제의 탄압·이간책동과 더불어 추진주체의 취약성으로 일부 지도층 인사가 동요하고 조직이 혼미하여져 1907년 말을 전후하여 운동이 쇠퇴하여져 갔던 것이다.

　그리고 지도층 인사와 조직의 뒷받침에 의해서만 행동이 가능하였던 각 지역의 지도층 인사는 이런 과정에서 점차 힘을 잃어갔다. 또한 이런 상황에서 전국의 의연금수금이 제대로 管掌되지 못하여 도처에서 의연금보관에 불미스러운 일이 발생하였다.[113]이에 일반민중들은 국채보상운동에 대한 회의를 드러내기도 하였다.

　이러한 국채보상운동의 쇠퇴현상에 관하여 昌源港 국채보상의무소장 朴祐永은 그 쇠퇴의 요인을 '上等社會의 猶豫寥閒'한 태도에 있다고 전제하고 "竊願各自省悟ᄒ야 上下團合ᄒ야 爲先國債를 不日償完ᄒ고 群德群知群力을 須盡ᄒ야 保守와 進取에 方針을 務圖ᄒ기를 切祝홈"고 하여 이른바 사회의 상층과 하층의 단합을 호소하였다.[114] 그리고 『황성신문』은 논설 「告國債報償金收合諸氏及一般同胞」에서 '貴族世家'니 '饒戶富翁'의 국채보상운동의 불참여를 쇠퇴의 요인으로 보고 비난하고 있다.[115] 또한 대구 단연보상회의 徐相敦 등은 국채보상

---

111) 『大韓每日申報』1907년 11월 8일, 후에 政友會에 가담하여 總裁에 추대되었으며 합방의 기운을 조성하였다고 하여 남작의 작위를 받았다 : 韓國人物大系編纂委員會(編)(1972), 『韓國人物大系』, 제7권, 475～477쪽.
112) 『大韓每日申報』1907년 12월 31일. 금액이 四千餘圓, 正租가 一百石, 銀金佩物屬 四十餘兩重을 횡령하였다는 혐의였다.
113) 앞의 글, 1907년 10월 11일 : 앞의 글, 1908년 1월 14일.
114) 앞의 글, 1907년 2월 21일.

운동을 계속 진전시키기 위하여 광고를 내고 전국민이 大同決議할 것을 주장하였다.116)

이 같은 상황에서 운동 당초부터 계속 같은 입장을 취하면서 국채보상운동에 꾸준히 참여한 지도층이『대한매일신보』의 梁起鐸·裵說 등이었다.117) 이들은 일본의 탄압과 이간책동에도 불구하고 一貫的으로 민중과 밀착하여 적극 운동에 참여하였던 것이다.

이렇게『대한매일신보』의 梁起鐸·裵說 등을 주축으로 하는 소수의 지도자들이 한결같이 민중의 입장에서 이끌어가자 일본은「제3차 裵說追放工作」·「국채보상금費消事件」등 일련의 사건을 날조하여 언론탄압과 더불어 국채보상운동에 대한 탄압을 강행하였다. 특히 일본 측은 소수의 적극파 지도층이 민중과 밀착되어 있었기 때문에 이들을「費消事件」에 끌어넣음으로써 민중으로부터 신뢰감을 빼앗고 불신감을 조성시키는 것이 국채보상운동을 둔화·좌절시킬 수 있는 문제해결의 첩경이라 생각하였다.

IV. 國債報償運動 挫折의 問題

1. 일제의 탄압책동과「國債補償金費消事件」

한창 고조되었던 국채보상운동은 일진회의 이간책동과 신문지법 및 보안법 등 일련의 탄압책동에 의하여 큰 타격을 받았으나 치외법권을 누릴 수 있었던 영국인 裵說이 운영하고 있던『대한매일신보』를 주축으로 전개되어 나갔다. 이에 일본은 이 국채보상운동을 저지시키고 항

---

115)『皇城新聞』1907년 12월 4일자 論說.
116)『大韓每日申報』1908년 7월 25일.
117) 이러한 것은 일본의 탄압책동인「裵說追放工作」과 이른바「國債報償金費消事件」에서 여실히 나타나고 있다.

일 언론활동을 봉쇄하기 위하여 裵說 추방을 시도하고 이른바 「國債報
償金費消事件」을 날조하였다.

　이러한 탄압책동의 일환으로 일제에 의해 집요하게 책동되어진 「裵
說추방공작」은 1906년 7월에 일차적으로 시도된 바 있으나 법적 근거
가 없어서 실현을 보지 못하였던 것이다.118) 그 후 裵說 主宰의 『대한
매일신보』가 1907년 1월 16일자 지면에서 고종이 London Tribune지
특파원에게 준 "소위 保護條約이란 朕의 아는 바가 아니라 不認한다"
는 친서를 전재·보도하여 한국민의 절찬을 받게 되자 일본은 다시 裵
說추방을 시도하였으며 이 보도사건은 英·日간의 외교문제로 번져서
1907년 10월 裵說에 대한 領事裁判이 개정되어 "裵說은 6개월간의 善
行에 대한 保證金 三千圓을 供託하라"는 판결을 받았다.119)

　그러나 이후에도 『대한매일신보』가 여전히 같은 논조로서 계속 간
행되고 더구나 당시 전국적인 범국민적 운동으로 전개된 국채보상운
동에 앞장서서 나가자, 1908년 5월 말 일본은 다시 「裵說追放工作」을
전개하였다.120) 그리하여 裵說은 일본측의 집요한 裏面工作으로 이른
바 제1종 輕犯罪人으로서 3주간의 금고, 만기 후 6개월간의 善行保證
으로 피고 자신 1,000弗, 보증인 1,000弗, 도합 2,000弗을 납부하라는
판결을 받았다.121)

　그러나 이 역시 금고 벌금형에 그침으로서 일본의 본래 의도가 좌절
되자 일본측은 다시 「國債報償金費消事件」을 조작하여 국채보상운동

---

118) 『日本公使舘記錄』, 「明治 39, 40년 大韓每日申報 배설 事件, 機密 第9號.」: 日本外務省
　　(編)(1951), 앞의 책 제40권, 576쪽.
119) 日本外務省(編)(1951), 앞의 책 제40권, 594~595쪽.
120) 日本外務省(編)(1951), 앞의 책 제41권, 780~787쪽, 일본측의 고소장에서는 大韓每日申報
　　1908년 4월 17일자 「順知分砲殺의 詳報」, 4월 29일자 「百梅特捏이 不足以壓一伊太利라」, 5
　　월 16일자 「學界의 花」 등 기사와 논설을 예증하여 이것은 일본의 한국 보호제도를 轉覆하
　　여 일본인 배척을 煽動한 것으로서 敎唆煽動의 죄를 범한 것이라 하였다.
121) 日本外務省(編)(1951), 앞의 책 제41권, 789쪽 : 『大韓每日申報』 1908년 6월 19일.

을 좌절시키고자 하였다.

「國債報償金費消事件」은 裵說의 공판이 열린 한 달 후인 1908년 7월 일본측이 "大韓每日申報社가 保管한 國債報償金을 裵說·梁起鐸 兩人이 마음대로 하여 3만원을 消費하였다"는 것을 주장한122)데서 시작되었으며, 이를 근거로 梁起鐸을 7월 12일 구속함으로써 사건이 전개되었다.

이에 영국은 梁起鐸의 구속을 영국인 裵說사건의 연장으로 보고, 裵說의 증인이었던 梁起鐸을 구속하는 것은 英·日 양국 간의 외교적인 약속 위반이라는 점을 주장하여 梁起鐸을 석방할 것을 강경하게 요구하였다.123) 이러한 요구에 일본측은 梁起鐸 구속은 裵說사건과의 관계 때문이 아니라 「國債報償金費消事件」 문제를 조사키 위한 것이라고 통고하였다.

이렇게 일본은 영국과의 외교문제를 고려하여 梁起鐸 구속이 裵說사건과 무관하다는 것을 내세운 한편, 또 한편으로는 梁起鐸 기소의 합법화를 위장하기 위해 필요한 증거를 모집하였다. 특히 증거로 내세우려 한 것은 한국인에 의하여 제출된 國債報償金返還請求書였다. 즉 보상금조사건을 보상금에 관계있는 자가 경찰에 조사를 청구함에 마지 못하여 이에 응하는 것 같은 형식을 취하고자 하였던 것이다.124) 이를테면 일제는 이 반환청구서를 증거로 제시하여 梁起鐸을 비롯한 몇몇 소수 적극적인 지도자들의 非行을, 그것도 같이 국채보상운동의 지도급으로 활약하였던 인사들의 반환청구서를 통하여 실증해 보임으로써 민중들에게 적극적인 지도자들에 대한 불신감을 조성시켜 국채보상운동을 좌절시키고 나아가 항일운동에 앞장서고 있던 언론을 탄압하고

---

122) 『日本公使館記錄』, 「明治 41년 大韓每日申報 배설 梁起鐸, 警秘 第248號」.
123) 앞의 글, 「暗號 제139號」, 배설의 재판시 양기탁을 증인으로 채택할 때 영국 총영사는 同재판장으로서 통감부 외무부장 鍋島桂次郎으로부터 영국인 피고의 증인으로 출두한 어떠한 한국인도 韓帝國政府 및 통감부의 방해 혹은 탄압을 받지 않는다는 확약을 얻었다.
124) 앞의 글, 「暗號 第379號」.

자 하였던 것이다.

그리고 일본측이 "梁起鐸의 구속은 裵說사건과는 무관하다"고 하며 이 단계에서는 梁起鐸만을 구속·조사하였는데 그것은 영국과의 외교문제도 있었고, 또 이 「國債報償金費消事件」이 항일인사를 탄압하기 위한 일본의 탄압정책의 일단이 아니라 단순한 형사사건이라는 것으로 위장하기 위해서였다.125)

공판을 서둔 통감부는 8월 13일 우선 前국채보상지원금 총합소장이었던 尹雄烈에게 "報償金中 三萬圓을 英國人 裵說이 詐取하였으므로 그 返還을 要請한다"는 調願書를 제출하도록 하였다.126)

일본측의 이러한 책동에 대한 운동지도층의 태도를 살펴보면, 대한협회에서는 梁起鐸이 구속된 후 동년(1908년) 7월 19일 특별평의회를 열고서 '각 社會에 통지하여 一體 會同 調査'하기로 결정을 보았으며 '通知書 制定'과 '調査所 位置'와 '會同月日'을 吳世昌·尹孝定·李種一세 사람에게 위임하기로 하였다. 그리고 8월 8일 대한협회의 통상총회에서는 국채보상금조사를 실시하기로 결정을 보았다.127) 이러한 결정을 본 대한협회는 친일적인 一進會와 함께 梁起鐸을 둘러싼 국채보상금 횡령문제를 裵說에게 추궁하였다.128)

이렇게 이미 국채보상이라는 민족적 과제를 잊어버린채 일본의 책동에 행동을 함께 하고 있다는 것은 국채보상운동의 소극화된 지도층이 국채보상운동 좌절에 일정한 상승작용을 하였음을 드러내준다.

그리고 지원금총합소의 경우를 보면 前소장 尹雄烈은 일본측의 요

---

125) 앞의 글, 「暗號 제13·14호」.
126) 앞의 글, 「警秘收 第7764號」.
127) 『大韓每日申報』 1908년 8월 11일 : 『大韓協會會報』, 제1권 제5호(1908년 7월), 58쪽.
128) 『日本公使館記錄』, 「明治 41년 大韓每日申報 배설 梁起鐸, 警秘 제291호」, 대한협회의 尹孝定과 일진회 총대 6명은 裵說派의 평의원을 방문하여 報償金費消者를 옹호하는 언동을 힐난하고 충고하였다.

구에 따라 국채보상금반환청구서를 제출하였으며, 또 한편으로는 회계감독인 朴容圭의 보상금 횡령사건을 거론하였는데129) 이것은 이른바 梁起鐸 구속을 확대시키기 위해 일본측에서 일진회를 조종하여 일으킨 국채보상운동 파괴공작의 일단이었다. 또한 평의원회의 임원에는 일진회 회원이 다수 침투하여 자체 내의 분란이 심하여졌다. 즉 지원금총합소의 일진회계 평의원들은 1908년 8월 28일 상업회의소에서 임시평의장인 韓錫振을 선두로 13명이 裵說을 불러 이른바 의연금조치에 관하여 추궁하였다.130) 이에 裵說은 의연금 일부로 콜부란의 金鑛株券을 샀으며, 또한 아스토리아 호텔에 꾸어주었고, 기타는 韓美電氣會社에 예금하였다고 대답 후 그 증거서류를 제시하였다. 그리고 8월 말에 이르러 총합소는 국채보상지원금총합을 정리하기 위해 재무감독을 金允玉 · 金麟, 회계를 柳東悅 · 鄭志永으로 선정하고 '報償金을 合同保管하고자 한다'는 뜻을 밝혔다.131)

일본의 책동에 대한 지도층의 이 같은 일련의 태도는 이미 민중운동에서 이탈하여 단지 의연금을 보관하려는 소극적 태도에 불과한 것이었다.

8월 31일 경성재판소에서 梁起鐸공판이 개정되어 검사 伊藤德統은 '詐欺取財'라는 죄명으로 梁起鐸을 공소하였는데 공소의 내용을 보면 다음과 같다.

> 梁起鐸은 大韓每日申報에서 社長 裵說과 協議하여 國債報償志願金이라는 名義 아래 金圓을 모집하였으며, 따로 Bethell과 其他의 者와 協議하여 設立한 志願金總合所의 役員으로서 會計事務를 擔當하였는데, 실제 大韓每日申報가 받아들인 總額은 132,982圓 33錢인데도 梁起鐸은 겨우 61,042圓 33錢 2厘를 받아들인 것과 같이 紙上에 報告하여 差額 71,939圓 98錢 8厘를 橫領하였다.132)

---

129)『大韓每日申報』1908년 8월 12일.
130)『日本公使館記錄』,「明治 41년 大韓每日申報 배설 梁起鐸, 警秘 第291號」.
131)『大韓每日申報』1908년 8월 30일.

그러나 네차례의 공판 결과 재판장은 "차액 71,939원을 횡령하였다는 공소사실은 그 증거가 충분치 않다"고 하여 무죄를 선고하였다.133)

「국채보상금비소사건」을 야기시켜 梁起鐸·裵說 등을 구속함으로서 언론활동을 통한 민족운동을 좌절시키고, 이들을 중심으로 전개되고 있었던 국채보상운동을 극소화하려던 통감부의 계획은 일정한 성과를 거두었다. 전자의 경우도 일정한 성과를 얻었고 후자의 경우도 완전히 성과를 거두어 이 '국채보상금비소사건'을 계기로 국채보상운동은 암초에 부딪쳤던 것이다. 이후에는 모금운동의 전개가 아니라 의연금을 조사하기 위한 국채보상금검사소134)가 설립되어 이른바 국권회복을 위한 민중운동으로서의 국채보상운동은 사실상 종지부를 찍게 되고 다만 몇몇 인사로 구성된 事後處理會만이 존속하였을 뿐이다.

그 후 1909년 5월에 裵說이 死去하였고 그 후임이었던 萬咸 역시 1910년 5월 대한제국을 떠났으며, 한편 콜브란은 이미 먼저 귀국하였다. 이리하여 裵說이 말한바 있는 의연금의 투자는 그 후 행방이 석연치 않게 되었다. 또한 1910년에 이르러『대한매일신보』는 李承鎔이 사장에 앉게 되어 논조가 일변하게 되었으며, 이에 분개한 유지들은 1910년 8월 10일 13道 대표로 구성된 보상금처리회를 열고서 대한매일신보사에게 都聚한 의연금을 내놓으라고 촉구하고, 한편 이것을 어

---

132) 金正明(편)(1963),『日韓外交資料集成』, 제8권, 50쪽.

133) 앞의 글, 51~53쪽, 제3회 공판에서 배설이 증언을 하였는데 그 내용을 보면 "1908년 4월말까지의 受領額은 육만육천여원이고 그 중 삼만이천삼백원은 총합소에 교부하였고, 佛人 마르뗀에게 27,500원을 여러 차례 500원씩 대여하였으며 인천은행에 예치한 삼만원은 1908년 2월 전기회사 내에 예치하였다가 인출하여 金鑛株 買入代錢으로 骨佛安에게 교부하였으며 나머지 오천원은 4月중 두차에 걸쳐 佛人 마르뗀에게 대여하였다"고 하여 공소사실을 부인하였다.

134)『大韓每日申報』1908년 10월 1일, 국채보상금검사소 임시사무소를 金基文氏家로 정하였다 : 앞의 글, 1908년 10월 3일, 前參判 閔定植이 국채보상금을 검사하기 위해 자기 집에 검사소를 열고 취지서를 발표하였다.

떻게 사용할 것인가를 논의하였는데 兪吉濬을 회장으로 한 處理會에 서는 이 의연금으로 토지를 매수하기로 결의하였다.

또한 劉元均·尹致昊·南宮檍·朴殷植·盧伯麟·梁起鐸 등은『황 성신문』과 국채보상기성회가 모집한 의연금을 民立大學期成會의 기 금으로 쓰려고 6백만圓의 토지재단을 세운바 있으나135) 통감부가 허 용하지 않았다.

이런 상황에서 당시의 민족지였던『大韓民報』는 처리회가 본 기금 을 공공사업이나 교육비용에 轉充하려 한다는 설에 대하여 기금의 목 적을 다시 확인시키면서 本金이 목적에 어긋남이 없이 사용되어야 함 을 강조하였다.136)

이러한 국채보상운동의 좌절 이후에도 부채는 계속 늘어나 1910년 일본의 식민지로 전락할 당시 대한의 부채는 4,500여만圓에 이르렀다.

2. 運動 主體의 問題點

지식층·민족자산가 및 상인층의 주도하에 각계각층을 망라한 범국 민적 민족운동으로 전개되었던 국채보상운동이 1907년 말엽에 이르러 쇠퇴하게 되었던 요인으로 일제의 탄압책동을 들지 않을 수 없지만 또 한 이와 관련하여 운동 주체측의 脆弱性과 많은 문제점을 지적하지 않 을 수 없다.

대체로 운동주체의 문제점은 두 가지로 요약되는데, 첫 번째는 전국 적 지도부의 미성숙과 전국적 조직체의 분파작용이라는 문제점, 두 번 째는 일관적인 지도원리의 결여라는 문제점이다.

첫 번째 문제를 보면 당시 전국적인 운동의 구심체로 부상되었던 지

---

135)『大韓民報』1910년 4월 17일자와 4월 19일자.
136)『大韓民報』1910년 1월 27일.

원금총합소와 연합회의소는 강력한 지도부를 형성하지 못하여 통일적 지도체계를 확립하지 못하였다. 사실 전국적 지도급인사였던 국채보상지원금총합소와 연합회의소의 임원 구성은 강력한 지도부로 부상될 수 없었던 한계점을 처음부터 갖고 있었던 것이다. 친일적 성격을 지닌 고급관료였으며 금융가인 金宗漢, 친일 금융가인 韓相龍, 고급관료를 역임한 尹雄烈과 李道宰 등 두 조직체의 고위층 간부들은 본래 그들의 성분으로 보아 일본에 대한 입장이 애매하였고 상황에 따라 얼마든지 행동을 바꿀 그러한 인물들이었다.

물론 이 두 조직체가 통감부 지배하의 상황을 감안하고 운동을 보다 폭넓은 범국민적인 운동으로 전개키 위한 하나의 책략으로 이들을 내세웠다 할지라도 이들이 표면에 나서고 있었다는 것 그 자체가 지도부의 미성숙 즉 지도부의 사회·경제적 기반의 미약함을 단적으로 나타내 주는 것이라 하겠다.

그리고 이러한 이들과는 달리 꾸준히 운동을 강력하게 주도한 인사들은 처음부터 민중의 역량을 믿고서 운동을 장기적이고 지속적인 운동으로 전개하기 위해 輸出商品製造案[137] 등 여러 방안을 고안하였으며, 일본의 탄압책동을 예상하고 그에 대처키 위한 방안을 세울 것을 건의하기도 하였다.

지도부 인사들이 사회·경제적 기반의 미약으로 전자와 후자가 각기 입장을 달리하였기 때문에 통일적 指導體系가 형성되지 못하여 운동이 강력히 추진되지 못하였다. 이러한 현상은 일본의 탄압책동이 강화되면서 표면화되어 전자의 경우는 임원직을 사퇴하거나 방관하는 등 소극적 태도로 표변하였고 심지어 일본의 탄압책동에 상승작용 내지는 운동을 파괴하는 행위까지 하였다. 이를테면 金宗漢의 일진회 가

---

137) 『大韓每日申報』 1907년 3월 8일. 그러나 案이 제의되었을 뿐 문제해결책은 없었다. 일반적으로 지도원리는 결여되어 있었던 것이다.

입, 尹雄烈의 국채보상금반환청구서의 제출, 제3단계에 이르러 총합소 내에 일진회 회원이 다수 침투하여 裵說을 추궁한 사건 등은 이들의 정체를 드러내준 대표적 예라 하겠다.

이같이 강력한 중앙지도부를 형성하지 못한 조직체계의 미숙성은 또한 다른 단체와 언론을 흡수·통합치 못하여 분파작용을 노정시켰다. 즉 운동 초기부터 중앙수합소로 자처하여온 期成會와 中央義務所, 『황성신문』 등을 흡수하지 못하여 분파작용이 일어났으며 이것은 운동전개에 장애를 초래하였던 것이다.

운동 발기시 맨 처음 서울에서 설립된 期成會는 중앙의무소로 자처하고 나섰으나 『대한매일신보』를 비롯한 각 언론기관이나 지식인들은 인정치 않았다. 특히 『대한매일신보』는 기성회가 대한매일신보사를 收錢所로 정하였는데도 중앙기구가 설립될 때까지 돈을 받지 않겠다고 거절하였던 것이다.[138]

그 후 『대한매일신보』는 통감부의 방해와 탄압을 막기 위해 英韓合辦회사인 社內에 전국적 조직인 총합소를 설립하였으나 기성회는 이와 연관 없이 운동을 전개하여 기성회와 지원금총합소 사이에 軋轢이 생겼다. 즉 총합소가 각 기구와 지소의 의연금을 조사하여 그 수금을 집계하기 위해 기성회에 연락을 하였으나 기성회가 이에 응하지 않아 총합소에서는 "莫重義金을 貯置不明ᄒ고 文簿眩惑ᄒ야 難以明査故로 玆에 廣布"[139]라는 광고를 발표하였으며, 이것으로 후에 기성회의 총무인 吳榮根이 의연금 횡령혐의로 경시청에 연행되었다. 그리고 한편 대한매일신보사에서 다루고 있던 의연금 보관에도 의심할 만한 점이 있다는 설이 기성회를 통해 나오기도 하였다.[140] 이러한 이들의 갈등

---

138) 앞의 글, 1907년 3월 5일.
139) 앞의 글, 1907년 7월 13일.
140) 『大韓協會月報』, 제1권 제5권(1908년 7월), 42쪽.

은 국민대중의 국채보상운동 자체에 대한 열의를 저하시키는 부정적 작용을 하였던 것이다.

그리고 상인층으로 구성된 중앙의무소는 연합회의소·기성회와 통합하려고 시도하였으나 실패한 채 단독으로 운동을 전개하였다.[141]

또한 『황성신문』 역시 대한매일신보사 내에 설치한 지원금총합소의 설립에 반대하고 독자적으로 운동에 참여하였으며 梁起鐸의 구속시에도 이를 방관만 하였던 것이다.

이같이 언론·단체들이 국채보상이라는 민족적인 당면과제를 놓고서도 전국적 통일조직체에 가담하지 않은 채 독자적으로 이기적인 입장에서 분파작용을 하였던 것은 결국 일본의 운동파괴의 마수가 침투할 수 있는 소지를 제공해 준 것이라 하겠다.

두 번째의 문제는 일관적 지도원리가 결여되었다는 점이다. 즉 국채보상운동은 발단부터 체계를 갖추지 못하고 무계획적으로 발기된 것과 관련하여 처음부터 단계적인 치밀한 전략전술을 세우지 못하였고 終局的인 지표와 청사진을 제시하지 못하였다. 사실 국채보상운동은 처음부터 국채보상을 위한 義捐金 據出만을 강조하였을 뿐, 이것올 어떻게 관장하여 어떤 방식으로 일본측에 보상한다는 등 그 구체적인 안을 마련하지 않았으며 차후에 올 일본의 파괴책동과 국내의 저지세력에 대한 대응책도 준비하지 않았다.

따라서 광범한 국민들이 이에 적극 참여하자 지도원리의 결여로 이를 收攬하지 못하였으며, 특히 운동파괴를 꾀하는 국내의 저지세력과 일본의 탄압책동에 직면하자 우왕좌왕하였던 것이다.

그리하여 운동전개 과정에서 당초에 설정한 목표를 벗어나 국민들의 정성어린 의연금을 우선 당분간 다른 용도로 유용하자는 안이 제기

---

141) 『大韓每日申報』 1907년 4월 26일 : 『帝國新聞』 1907년 4월 20일과 5월 28일.

되는 등 일관성 없는 지도원리와 자세를 보여 일반국민 대중에게 불신감을 조성시켰고 운동의 효율적인 전개를 저지하는 결과를 초래하였다.

이러한 운동주체의 문제점과 관련하여 지적하지 않을 수 없는 것은 이 두 문제점의 根本原因이 운동의 주체인 민족자산가 및 상인층과 지식인들의 社會經濟的 기반의 미약에 있었다는 점이다.

운동주체인 민족자산가 및 상인층과 지식인은 계보적으로 볼 때 1880년대 이후의 개화파 조류와 연관되어지는데, 1905년 을사늑약 이후 일제의 식민지화 단계로 접어들면서 종래의 개화파 조류의 운동에도 그 질이 문제시되었던 것이다.

그리하여 민권적 성격이 약한 이들은 처음에는 운동에 동조하는 듯 하였으나 일제에 의한 민족적 세력의 압살과 식민지화 작업으로 인한 경제적 기반의 파괴 그리고 본격적인 매판세력의 육성이 전개되자, 변신하고 운동에서 탈락하였으며 그 후 일제의 사주아래 운동의 파괴활동까지 일삼았다.

한편 민권적 성격이 강한 인사들은 민족적 저항을 강화시켜 이를 효율적으로 전개시켜 나가고자 하였으나, 일제의 탄압책동과 국내의 매판세력의 저지책동 등에 의하여, 또한 그들 자신의 사회 · 경제적 기반의 취약성으로 인하여 효율적으로 운동을 지속시켜 나갈 수 없었던 것이다.

V. 結 論

이상에서 을사늑약 이후 피탈된 국권을 회복하기 위한 광범한 국민들의 나라를 사랑하는 底力과 그 衷情을 과시하였던 국채보상운동에 관하여 살펴보았다.

당시 국권이 피탈되고 일본의 식민지작업이 본격화되어가는 轉變속
에서 일반국민들의 위기의식은 두 조류의 국권회복을 위한 민족운동
으로 전개되어졌는데 국채보상운동은 그 하나의 조류인 애국계몽노선
의 일환으로 전개되어진 범국민적인 운동이었다.

처음, 민족의식이 강한 지식인과 민족자산가는 한국민을 정치·경
제적으로 예속화시키기 위한 식민지화 기초작업의 자금이 이른바 일
제의 차관공세로 도입된 차관이므로 우리 국민들의 힘으로 국채 1,300
만원을 보상하여 국권을 회복하고「民」과「土」를 지키자는 국채보상
을 위한 계몽적 활동을 전개하였다. 이에 각자의 생활 현장에서 위기의
식을 갖고 있었던 각계의 민중들은 실천적 활동에 적극 참여하여, 국채
보상운동은 각계각층을 망라한 범국민적인 운동으로 전개되었다.

이렇게 운동이 광범한 국민이 참여한 운동으로 전개되어지자 일부
지식인과 민족자산가 및 상인층은 이 운동을 좀 더 지속적이고 성공적
인 방향으로 전개시키고자 전국적 통일 조직체로서 지원금총합소와
연합회의소를 결성하여 운동을 구체화시켰다.

이를 계기로 이제까지 분산적으로 지역별 지도층에 의하여 지도되
던 국채보상운동은 새로운 단계를 맞이하여 전국적인 규모를 갖고 전
개되기에 이르렀던 것이다.

이때 두 조직체를 중심으로 운동을 주도하였던 계층은 애국계몽단
체·학회·학교·언론기관 등을 통하여 국민의 애국심 고취에 힘쓰고
있던 知識人層과 그리고 상업회의소, 객주단체 등 상인 단체를 중심으
로 일본의 상권침탈에 저항하고 있던 民族資産家 및 商人層이었다. 이
와 더불어 각 지역에서 유지라 할 수 있는 下級官吏와 儒鄕 등의 활약
도 활발하였다.

그리고 참여계층은 다양하여 위로는 황제로부터 밑으로는 乞에
이르기까지 각계각층이 광범하게 참여하였으며 심지어 운동 초기에는

그 후 친일적인 매판세력으로 변신한 이들까지 참여하였다.

국채보상운동의 이러한 각계각층이 참여한 범국민적인 운동으로서의 양상은 당시 전개된 여타의 국권회복운동에서도 그 유례를 찾아볼 수 없으며 1890년대 후반의 獨立協會·萬民共同會 운동보다도 훨씬 더 광범위한 범국민적인 운동이었다.

그러나 국채보상운동은 처음부터 지도원리가 확립되지 못한 채 애국심으로 일어난 운동이었고 전국적 統一組織體로서 부상된 조직체가 통일적인 지도체계를 확립시키지 못하여 사실상 그 기능을 활발히 유효적절하게 발휘하지 못하였다. 또한 운동지도층의 社會經濟的 基盤이 미약하여 국내의 저지세력과 일제의 탄압책동에 부딪히게 되자 효율적으로 운동을 지속시켜 나갈 수 없었던 것이다. 그리하여 결국 국채보상운동은 광범한 국민들의 절실한 여망을 저버린 채 좌절의 비운을 겪게 된 것이다.

이 같은 취약점을 갖고 전개되어졌으나 국채보상운동에서 나타난 참여 취지를 보면 정부의 힘으로는 갚기 어려우므로 광범한 국민들의 힘으로 국채를 보상하여 국권을 회복하고 국민과 국토를 지키자는 것으로 국가주권이 사실상 피탈된 상황에서 무능한 정부에 대한 일종의 불신이 깔려있다. 즉 국민과 국토를 보호할 수 없는 당시의 무능하고 타율적인 정부가 정부로서의 소임을 다 하지 못함을 비판하고 있는 것이며 적어도 국민과 국토를 지켜줄 수 있는 새로운 형태의 국가를 사실상 요구하고 있는 것으로 볼 수 있다.

그리고 이들이 주장하고 있는 趣旨書와 운동의 전개과정에서 나타나고 있는 사실 관계로 미루어 보아 민권에 대한 새로운 자각과 더불어 國民主權을 터득하고 있었던 것 같다. 즉 광범한 국민들의 결집된 힘에 의한 국권회복이 곧 민권회복이라고 보았으며 그리하여 민권의 신장을 수반하는 국권회복을 劃策하였던 것이다.

　아쉽게도 범국민운동으로서의 국채보상운동은 비록 좌절을 겪고 말
았지만 이때 과시된 민권의 신장과 國民國家 건설에의 지향성은 그 후
광범한 민중들에 의한 민족운동의 정신적 기반을 마련해주었으며, 그
것이 일제하 3·1 운동에 계승·발전하였다는 점에서 더구나 그 역사
적 위치를 돋보이게 해주는 것이라 하겠다.

(『梨大史苑』15집, 梨大史學會, 1978)

찾아보기

(ㅈ)

大韓帝國期의 愛國啓蒙運動과 思想

초판 1쇄 인쇄일	| 2011년 12월 22일
초판 1쇄 발행일	| 2011년 12월 23일

지은이	| 이송희
펴낸이	| 정구형
출판이사	| 김성달
편집이사	| 박지연
책임편집	| 이하나
본문편집	| 정유진
디자인	| 정문희
마케팅	| 정찬용
영업관리	| 한미애 김정훈 신보람
인쇄처	| 월드문화사
펴낸곳	| **국학자료원**

등록일 2006 11 02 제2007-12호
서울시 강동구 성내동 447-11 현영빌딩 2층
Tel 442-4623 Fax 442-4625
www.kookhak.co.kr
kookhak2001@hanmail.net

ISBN	| 978-89-279-0152-5 *93900
가격	| 23,000원

* 저자와의 협의하에 인지는 생략합니다.
  잘못된 책은 구입하신 곳에서 교환하여 드립니다.